基督教文化研究丛书

主编 何光沪 高师宁

九编 第 **10** 册

全球史视角下基督教在英国殖民统治中的作用
——以1841～1914年的香港和约鲁巴兰为例

黄 畅 著

花木兰文化事业有限公司

国家图书馆出版品预行编目资料

全球史视角下基督教在英国殖民统治中的作用——以 1841 ～
1914 年的香港和约鲁巴兰为例／黄畅 著 -- 初版 -- 新北市：
花木兰文化事业有限公司，2023〔民 112〕
序 34+ 目 4+256 面；19×26 公分
（基督教文化研究丛书 九编 第 10 册）
ISBN 978-626-344-225-2（精装）
1.CST：基督教 2.CST：传教史 3.CST：非洲
4.CST：香港特别行政区
240.8   111021869

ISBN-978-626-344-225-2

9 786263 442252

基督教文化研究丛书
九编 第十册   ISBN：978-626-344-225-2

全球史视角下基督教在英国殖民统治中的作用
——以1841～1914年的香港和约鲁巴兰为例

作　　者 黄　畅
主　　编 何光沪、高师宁
执行主编 张　欣
企　　划 北京师范大学基督教文艺研究中心
总 编 辑 杜洁祥
副总编辑 杨嘉乐
编辑主任 许郁翎
编　　辑 张雅淋、潘玟静　美术编辑 陈逸婷
出　　版 花木兰文化事业有限公司
发 行 人 高小娟
联络地址 台湾 235 新北市中和区中安街七二号十三楼
　　　　　电话：02-2923-1455 ／传真：02-2923-1452
网　　址 http://www.huamulan.tw 信箱 service@huamulans.com
印　　刷 普罗文化出版广告事业
初　　版 2023 年 3 月
定　　价 九编 20 册（精装）新台币 56,000 元

全球史视角下基督教在英国殖民统治中的作用
——以1841~1914年的香港和约鲁巴兰为例

黄畅 著

作者简介

黄畅（1989-），女，安徽芜湖人，外国语言文学博士，2019年7月毕业于北京外国语大学全球史研究院（历史学院），2019年8月进入中国社会科学院历史理论研究所工作，现为海外中国学研究室助理研究员。主要研究方向为海外中国学、全球史、中外关系史、中外比较文化研究、非洲史等，对英国汉学家、近代来华西方人眼中的中国语言和中国文化有专门研究。精通英语、日语、拉丁语、希腊语、梵语、约鲁巴语等。主持中国社会科学院青年科研项目"清中前期入华耶稣会士与中国史学研究"（2021YQNQD0031）、中国社会科学院亚洲研究中心资助课题"19世纪30年代郭实猎亚洲沿海考察及其影响研究"（2021YYZX004）、北京外国语大学基本科研业务项目"英国汉学家波大也与香港"，作为主要参与人参与国家社科基金课题"近代来华西人的汉语学习与教学研究（1807-1920）""当代美国的中国观及其历史成因研究"等。

提　　要

从全球史视角来看，对过去的任何理解都可以置于"全球"这一终极坐标体系之中，地方性事件所体现出的全球脉络是结构性的，甚至是系统性的。英国自1841年强占香港岛、开启尼日尔河探险进入约鲁巴兰腹地，香港和约鲁巴兰进入英帝国视野并逐步进入英国殖民统治视野之中。1841-1914年，对于香港和约鲁巴兰来说是其建设发展的重要时期，基督教在政治生态、经济建设、文化发展等方面与英国殖民统治互相配合，使香港和约鲁巴兰呈现出复杂的文化形态，也使得这些地区被迫卷入全球化发展之中。

本书第一章讨论基督教、英国、殖民统治三者之间的关系。英国在19世纪中叶完成了工业革命，在政治、经济和外交政策转变的同时，宗教在社会转型过程中发挥新的社会功能，新教伦理与资本主义精神结合，在亚非国家和地区输出西方知识及其价值观。

第二章论述英国殖民统治前期的建设过程与基督教的配合密切相关。由于英国的殖民扩张活动，中国香港和尼日利亚约鲁巴这两个相距甚远、情况迥异的地区，建立起"关联"，形成全球宏观史的一份子，而基督教活动涵盖了英国殖民统治地区的宗教、政治和经济领域。

第三章论述英国殖民统治时期基督教在政治、经济、社会公共服务建设上配合英国的殖民活动。使香港和约鲁巴兰原有生产体系遭到破坏，被迫进入世界资本主义经济体系之中，进入英国所谓的"文明"世界秩序之中。

第四章考察全球化进程中的文化生态。论述基督教与英国殖民活动配合，语言标准化和书面化推动了英国殖民统治进程，塑造知识分子精英阶层，造成了文化生态的"割裂"。

第五章论述香港和约鲁巴兰的现代化进程。在传教士与英帝国的配合下，香港和约鲁巴兰被迫卷入资本主义世界经济体系之中。

世界的互联性是全球史研究的出发点，香港与约鲁巴兰并非两个隔绝的孤立存在，而是与世界其它地区同步发展，拥有现代社会的所有因素，基督教与英国殖民活动配合的结果是：1. 促进了英国的"帝国"建构；2. 推进了英国殖民统治的建构；3. 瓦解了殖民统治地区自给自足的自然体系，使其被迫卷入世界资本主义经济体系。

"基督教文化研究丛书"总序

何光沪 高师宁

　　基督教产生两千年来，对西方文化以至世界文化产生了广泛深远的影响——包括政治、社会、家庭在内的人生所有方面，包括文学、史学、哲学在内的所有人文学科，包括人类学、社会学、经济学在内的所有社会科学，包括音乐、美术、建筑在内的所有艺术门类……最宽广意义上的"文化"的一切领域，概莫能外。

　　一般公认，从基督教成为国教或从加洛林文艺复兴开始，直到启蒙运动或工业革命为止，欧洲的文化是彻头彻尾、彻里彻外地基督教化的，所以它被称为"基督教文化"，正如中东、南亚和东亚的文化被分别称为"伊斯兰文化"、"印度教文化"和"儒教文化"一样——当然，这些说法细究之下也有问题，例如这些义化的兴衰期限、外来因素和内部多元性等等，或许需要重估。但是，现代学者更应注意到的是，欧洲之外所有人类的生活方式，即文化，都与基督教的传入和影响，发生了或多或少、或深或浅、或直接或间接，或片面或全面的关系或联系，甚至因它而或急或缓、或大或小、或表面或深刻地发生了转变或转型。

　　考虑到这些，现代学术的所谓"基督教文化"研究，就不会限于对"基督教化的"或"基督教性质的"文化的研究，而还要研究全世界各时期各种文化或文化形式与基督教的关系了。这当然是一个多姿多彩的、引人入胜的、万花筒似的研究领域。而且，它也必然需要多种多样的角度和多学科的方法。

　　在中国，远自唐初景教传入，便有了文辞古奥的"大秦景教流行中国碑颂并序"，以及值得研究的"敦煌景教文献"；元朝的"也里可温"问题，催生了民国初期陈垣等人的史学杰作；明末清初的耶稣会士与儒生的交往对话，带来了中西文化交流的丰硕成果；十九世纪初开始的新教传教和文化活动，更造成了中国社会、政治、文化、教育诸方面、全方位、至今不息的千古巨变……所有这些，为中国（和外国）学者进行上述意义的"基督教文化研究"提供了极其丰富、取之不竭的主题和材料。而这种研究，又必定会对中国在各方面的发展，提供重大的参考价值。

就中国大陆而言，这种研究自 1949 年基本中断，至 1980 年代开始复苏。也许因为积压愈久，爆发愈烈，封闭越久，兴致越高，所以到 1990 年代，以其学者在学术界所占比重之小，资源之匮乏、条件之艰难而言，这一研究的成长之快、成果之多、影响之大、领域之广，堪称奇迹。

然而，作为所谓条件艰难之一例，但却是关键的一例，即发表和出版不易的结果，大量的研究成果，经作者辛苦劳作完成之后，却被束之高阁，与读者不得相见。这是令作者抱恨终天、令读者扼腕叹息的事情，当然也是汉语学界以及中国和华语世界的巨大损失！再举一个意义不小的例子来说，由于出版限制而成果难见天日，一些博士研究生由于在答辩前无法满足学校要求出版的规定而毕业受阻，一些年轻教师由于同样原因而晋升无路，最后的结果是有关学术界因为这些新生力量的改行转业，后继乏人而蒙受损失！

因此，借着花木兰出版社甘为学术奉献的牺牲精神，我们现在推出这套采用多学科方法研究此一主题的"基督教文化研究丛书"，不但是要尽力把这个世界最大宗教对人类文化的巨大影响以及二者关联的方方面面呈现给读者，把中国学者在这些方面研究成果的参考价值贡献给读者，更是要尽力把世纪之交几十年中淹没无闻的学者著作，尤其是年轻世代的学者著作对汉语学术此一领域的贡献展现出来，让世人从这些被发掘出来的矿石之中，得以欣赏它们放射的多彩光辉！

2015 年 2 月 25 日
于香港道风山

基督教在非洲：
起源、传播与演变（代序）

李安山

　　你知道吗？被恩格斯称为"基督教的真正父亲"的斐洛·尤迪厄斯出生于非洲。

　　你知道吗？第一部系统论述基督教神学的《基督教原理》的作者奥利金出生在非洲。

　　你知道吗？德尔图良、圣奥古斯丁等基督教巨匠出生在非洲。

　　你知道吗？埃塞俄比亚是最早将基督教定为国教的国家之一。

　　你知道吗？流行于世界各地的修道院制度起源于非洲。

　　你知道吗？非洲在全球各大洲基督教徒人数中占首位。

　　非洲很早就接受基督教。基督教后来的传播与欧洲人的探险、奴隶贸易、殖民瓜分和统治以及非殖民化与政治独立相适应。非洲人民从自主接触基督教，到被动适应其传播，再到主动反应，最后导致非洲独立教会如雨后春笋般地出现。[1]作为一种宗教，基督教所起的作用可谓矛盾的统一：既有赋权弱者

1　主要著作有以下几种：C.P. Groves, *The Planting of Christianity in Africa 1878–1914*, London: Lutterworth Press, 1955; D.B. Barret, *Schism and Renewal in Africa: An Analysis of Six Thousand Contemporary Religious Movements*, London: Oxford University Press, 1967; C. G. Baeta, ed., *Christianity in Tropical Africa*, London: Oxford University Press 1968; Edward Fasholé-Luke et al., eds., *Christianity in Independent Africa*, Bloomington: Indiana University Press, 1978; Adrian Hastings, *A History of African Christianity*, 1950-1975, Cambridge: Cambridge University Press 1979; J. Baur, *2000 Years of Christianity in Africa: An African Church History*, Nairobi: Pauline Publications Africa,1994; E.Isichei, *A History of Christianity in Africa: From Antiquity to the Present*, London: SPCK, 1995; J.N. Amanze, *A History of the Ecumenical*

的功能，又有助力强权的作用。惟有客观认识基督教在非洲的历史，才能更好地认识非洲社会。

基督教在非洲的起源

埃及和埃塞俄比亚对基督教起源及早期活动产生了重大影响。在世纪初，埃及本土宗教一直在起作用，但社会危机使其功能逐渐失效，难以满足人们的精神需求。作为犹太教的一个教派，基督教在埃及顺势兴起。传教士直接用科普特语与底层接触，向被排斥在希腊文化之外的民众传教。生于埃及亚历山大城的犹太人斐洛·尤迪厄斯（Philo Judeaus，前 25-公元 50 年，有不同说法）对基督教神学的初创贡献卓著。他宣称："告诉他们我是谁，那个让他们知道是与不是之间的区别的人，并进一步告知没有任何名字适合于我，即我，只有存在属于我。"[2] 作为犹太—亚历山大学派的创始人，他以"亚历山大的斐洛"（Philo of Alexandria）为人所知。他深刻地影响了新柏拉图主义和基督教神学。斐洛通过喻意解经法来沟通并调和神学和哲学、犹太教和希腊哲学以及信仰启示和理性。[3] 他被恩格斯称为"基督教的真正父亲"。[4] 史书对罗马政权迫害基督教徒多有记载，但罗马皇帝于 313 年不得不承认基督教的合法性。[5] 此

Movement in Africa, Gaborone: Pula Press, 1999; B. Sundkler and C. Steed, A History of the Church in Africa, Cambridge: Cambridge University Press, 2000; Ogbu U. Kalu, Power, Poverty and Prayer: The Challenges of Poverty and Pluralism in African Christianity, 1960–1996, Trenton, N.J.: Africa World Press, 2006; David Tonghou Ngong, A New History of African Christian Thought From Cape to Cairo, New York & London: Routledge, 2017. 中国学者的相关研究，参见雷雨田："论基督教的非洲化"，《西亚非洲》，1990 年第 2 期，第 53-58，80 页；郭佳：《撒哈拉以南非洲基督教的历史与现实》，《世界宗教文化》，2016 年第 3 期，第 62-68 页；郭佳："从宗教关系史角度解读基督教在非洲的传播历程"，《浙江师范大学学报（社会科学版）》，2020 年第 6 期，第 18-24 页。

2 "Tell them that I am he Who Is, that they may learn the difference between what is and what is not, and also the further lesson that no name at all can properly be used of Me, to Whom alone existence belongs"(De Vita Mosis 1.75). Elias Bongmba,"Christian reform movements", in Paul Tiyambe Zeleza,ed., Encyclopedia of Twentieth-Century African History, London & New York: Routledge, 2003, p.81.

3 范明生：《晚期希腊哲学和基督教神学——东西方文化的汇合》上海人民出版社，1993 年，第 3 章"新柏拉图主义、基督教神学的先驱：斐洛"，有关他对基督教及其神学的影响，参见第 235-239 页。

4 恩格斯在著作中多次提到他对基督教的贡献。恩格斯：《布鲁诺、鲍威尔和早期基督教》，《马克思恩格斯全集》第 19 卷，第 328-329 页；恩格斯：《启示录》，《马克思恩格斯全集》第 21 卷，第 11-12 页。

5 G.莫赫塔尔主编：《非洲通史 第二卷 非洲古代文明》，中国对外翻译出版公司/联

后，罗马致力于同化基督教会，使之成为帝国工具，教会逐渐陷入分裂。亚历山大城是基督教重镇，教理学校（亦称为"教理问答学校"）声誉卓著，这里还诞生了系统论述基督教神学理论的《基督教原理》的作者奥利金（Origen，约185-约254年）。[6]圣经考证学派的著名学者穆尔在《基督教简史》中对奥利金的学说进行了详细的分析。作为第一部基督教神学著作，奥利金的《基督教原理》揭示了圣经及其启示具有三重意义的理论：一般人从经文词句中理解的字面和历史的意义，智力较高者理解的道德的教训，智慧者从比喻中发现深奥的灵性真理。他有关圣灵低于圣子，圣子低于圣父的三位一体说虽然遭到否定，但他"为基督教神学史开创了一个新的时代"。[7]迦太基教会、科普特教会以及亚历山大基督教教理学校在基督教理论和实践上贡献突出。北非地区产生了不少基督教巨匠，如德尔图良、西普里安和奥古斯丁等。值得注意的是，这些非洲出生的著名人物均被归于古罗马。[8]德尔图良（Tertullianus，约155-222年）是早期基督教的重要思想家，出生在迦太基城（现突尼斯城）。他在使拉丁语（而非当时流行的希腊语）成为教会语言和基督教的传播工具方面做出了重要贡献，因而被称为"第一位拉丁教父"。他阐明三位一体与基督的神人二性这两个教义，为后来东方与西方两个教会的正统教义奠定基础。[9]二世纪末，迦太基基督教会成为一股强大的力量。西普里安（Cyprian，约200-258年）出生于迦太基一富有家庭。作为公元3世纪的迦太基主教，他是罗马天主教和东正教教会架构的缔造者。他的《论公教的统一》为教会学说制定了经典

合国教科文组织出版办公室，1984年，第164页。对此有不同说法。一说君士坦丁或是君士坦丁和李锡尼皇帝共同在米兰宣布敕令，一说是李锡尼皇帝诏书。G.F.穆尔：《基督教简史》（郭舜平等译），商务印书馆，1981年，第82页；约·阿·克雷维列夫：《宗教史》（王先睿等译），中国社会科学出版社，1984年，第144页。基督教在埃及的传播经历了漫长而艰难的过程，参见王泰、郭子林：《埃及史》，商务印书馆，2022年，第193-199页。

6　范明生：《晚期希腊哲学和基督教神学——东西方文化的汇合》上海人民出版社，1993年，第307-321页。

7　G.F.穆尔：《基督教简史》（郭舜平等译），商务印书馆，1981年，第71-81；艾路明、周遥强：《奥利金寓意解经法探析》，《理论月刊》，2015年第6期，第32-36页。

8　近年来对这一传统说法的批判可参见以下著述。David Tonghou Ngong, *A New History of African Christian Thought From Cape to Cairo*, New York & London: Routledge, 2017; D.A. Masolo, "African philosophers in the Greco-Roman Era", Kwasi Wiredu, ed., *A Companion to African Philosophy*, Blackwell, 2004, pp.52-56; Henry Olela, "African foundations of Greek philosophy", Richard A. Wright, *African Philosophy*: An Introduction, University Press of America, 1984, pp.77-92.

9　参见[古罗马]德尔图良：《德尔图良著作三种》，上海三联书店，2013年。

程式，提出"教会外无教恩"的观点：有正式主教之地必有教会；离开教会即自取灭亡。[10]虽然他最后因与诺斯替派的歧见而被处死，但他在规定和维护教会权威的贡献无人可及。[11]另一位基督教奠基人物、古代基督教会最伟大的思想家奥古斯丁（Augustin, 354-430 年）出生于北非努米底亚的塔加斯特，即现阿尔及利亚的君士但丁地区。作为早期哲学和基督教相结合的典型代表以及教父思想集大成者，奥古斯丁著作堪称神学百科全书。他贡献的基督教智慧对西方思想史的深刻影响足有 1500 年以上。[12]

早期基督教会议或是在非洲召开，或是与非洲主教或神学家有关，对教义的确立起到了重要作用。公元 321 年召开的亚历山大宗教会议将亚历山大基督教神父、利比亚人阿里乌（Arius, 约 256-336 年）及其拥护者撤职。阿里乌主义（Arianism）认为基督是受造者，无神性，与上帝不同性不同体，圣子次于圣父，圣灵次于圣子，并反对教会拥有财产。双方冲突导致 325 年尼西亚宗教会议的召开。此次会议谴责阿里乌主义，宣称圣子与圣父同体，指明圣子是圣父，具有完全的神性。阿里乌被宣布为异端分子，被革职放逐。阿里乌的支持者掌权后成为君士坦丁皇帝的教会事务顾问，阿里乌复职，阿里乌派教徒的教籍得到恢复。然而，这一教派在 381 年遭到取缔。在 435 年随后几年里先后攻占北非多个城市的汪达尔人都是基督教徒，信奉的是阿里乌教派。这是天主教教士所不能容忍的。此派拥护者和反对者多次较量后，阿里乌派失势。[13]现代基督教的一位论派和耶和华见证会的基督论均属阿里乌主义。418 年的迦太基宗教会议是基督教史上的重要会议。出席会议的非洲各省主教支持奥古斯丁，批判佩拉纠（Pelagius, 约 360-420 年，一译贝拉基）人生而无罪并反对婴儿受洗的观点，就原罪、恩典的必要性及其效果作了说明并判佩拉纠学说为

10 G.F. 穆尔：《基督教简史》（郭舜平等译），商务印书馆，1981 年，第 132 页。

11 吴芮：《论西普里安宗教思想与早期主教制的发展》，《长春教育学院学报》，2015 年第 14 期，第 21-23 页。

12 [古罗马]奥古斯丁：《上帝之城：驳异教徒》（吴飞译），上海三联书店，2022 年。他的著作还包括《基督教要旨》《忏悔录》《论三位一体》等。中国学者的有关研究参见范明生：《晚期希腊哲学和基督教神学——东西方文化的汇合》上海人民出版社，1993 年，第七章"基督教神学的奠基人：奥古斯丁"，第 364-467 页；徐龙飞：《永恒之路：奥古斯丁本体形上时间哲学研究》，商务印书馆，2018 年。

13 G.F. 穆尔：《基督教简史》（郭舜平等译），商务印书馆，1981 年，第 83-87 页；G. 莫赫塔尔主编：《非洲通史 第二卷 非洲古代文明》，中国对外翻译出版公司/联合国教科文组织出版办公室，1984 年，第 385-386 页。

异端。[14]亚历山大主教西里尔（Cyril, 412-444）强调基督以一体而具有两种本性，即人性和神性。埃及是基督教徒集中之地，公元 4 世纪末埃及人 80-90% 自认是基督徒。[15]埃及教会自 5 世纪起接受基督一性论。除基督一性论外，科普特与东正教会在教义上一致。尼罗河谷的基督徒比亚历山大的基督徒更务实，认为尘世生活产生罪恶并开始过隐居修道严守戒律的集体生活。这种隐修主义（Monasticism）曾流行于埃及中部和尼罗河一带，后传遍基督教世界，专供修道士居住的修道院即源于此。埃及的亚历山大与北非地区对早期基督教理论和制度建树方面贡献卓著。

阿克苏姆（现埃塞俄比亚）是基督教最早传入之地。圣经称"埃塞俄比亚将她的双手伸向上帝"，圣经上示巴女王与所罗门王相遇是典型事件。[16]埃塞于 4 世纪中叶立基督教为国教，是最早信奉基督教的国家之一。[17]作为独立牧首区，教会以埃及科普特教会亚历山大主教为名誉首脑。[18]1270 年教会得到所罗门王朝资助，从中部和南部及绍阿高地逐渐南移，基督教复兴。修道院制度在埃塞俄比亚得到发挥，逐渐建立严格的规章指导集体生活，并以民主方式选出等级森严的领导层。修道院多建在人烟罕及的地方，修道士或获得捐赠，或从官员那里得到土地、牲畜或其他物品。这些教会和修道院通过提供教育增加影响力。修道院里常住着一批学养深厚的教士，教授各种传统课程及宗教、文化和教育训练。未来教士需接受严格训练，修道院也成为为国家培养人才的重要基地。[19]这一时期重要建筑之一是在拉里贝拉岩石上开凿的圣乔治教堂等 12 座教堂。通往教堂的路十分艰险。由于用现代方式无法解释这些教堂的建造，

---

14 奥古斯丁认为上帝创造亚当时亚当是正直的，具有自由意志，但亚当滥用其自由意志而堕落，将罪传给后代。哪怕没有犯过罪的婴孩出生时也带着原罪，故需要洗礼。G.F. 穆尔：《基督教简史》（郭舜平等译），商务印书馆，1981 年，第 106 页。

15 J.L. Newman, *The Peopling of Africa: A Geographic Interpretation*, Yale University Press, 1995, p.76.

16 Sergew Hable Sellassie, *Ancient and Medieval Ethiopian History to 1270*, Addis Ababa, 1972, pp.89-113.

17 关于国王埃扎纳立基督教为国家的时间有多种说法。如 330 年，333 年，330-340 年间，350-360 年之间，4 世纪中期。皈依基督教后，埃塞国家硬币上的雕像由月神改为基督教十字架。F. Angray, "Les steles du sud: Shoa et Sidamo", *Annales d'Ethipie*, 12, 1982, pp.1-229; S. Munro-Hay, *The Coinage of Aksum*, New Delhi, 1984.

18 Ikonen-Meerum Franfurt, *Arise and go toward the south: 2000 years of Christianity in Ethiopia*, Legat, 2007, pp.17-22; Brendan Pringle, "Ethiopia the First Christian Nation?", 04/03/2013. https://www.ethiogrio.com/news/ 3640-ethiopia-the-first-christian-nation.html.

19 Ikonen-Meerum Franfurt, *Arise and go toward the south: 2000 years of Christianity in Ethiopia*, Legat, 2007, pp. 23-24.

埃塞俄比亚基督教教会的解释是：天使起了作用。[20]基督教还传播到努比亚（现苏丹）。努比亚是一个逐渐形成的地理和社会单位，产生过多个王国。诺巴德王国于 543 年皈依基督教，这归因于罗马的镇压导致基督教徒逃到该地区，与阿克苏姆的良好关系促进商贸来往，基督教既可使人民效忠国王，也打开通往埃及及拜占庭的道路。教会首领也是亚历山大城大主教。[21]北部的战争或入侵使努比亚与地中海隔离，但未阻止文化艺术、建筑水平的提高和经济发展。8 世纪后教堂出现壁画，考古发掘的 120 多幅壁画包括主教的肖像。基督教会与国家政权关系密切，未扎根于民众之中，墓碑主要用科普特文或希腊文，圣徒和殉教者中无本地人，其作为基层社会力量的作用消失。[22]埃塞俄比亚和努比亚的基督教形式上由亚历山大城管理，但联系几乎中断。

8 世纪初，伊斯兰教随阿拉伯帝国（632-1258）传播至北非。埃及科普特人和埃塞俄比亚除外，基督教被逐出非洲。收复失地运动和天主教的十字军东征（1096-1291 年）使基督教通过马格里布地区向非洲渗透。埃及法蒂玛时期见证了基督教教会复兴。科普特基督教的中心从亚历山大转到开罗。然而，科普特基督教在 14 世纪处境较差，信徒减少。

探险活动、教派分裂与基督教的渗透

第二阶段始于欧洲人 15 世纪中叶开始的探险，终于 18 世纪末。这一时期基督教在非洲传播与探险活动、教派分裂和早期商业活动相联。基督教对北非地区的影响局限于少数国家及个别沿海城市及海岛。马格里布地区成为连接非洲和欧洲以及伊斯兰教和基督教的桥梁，其文化交流与融合一直持续。[23]努比亚的基督教占主导地位的是基督一性论，与科普特主教教区有联系，其皈依伊斯兰教的过程漫长。据葡萄牙教士的描述，16 世纪 20 年代努比亚有 150 座教堂，都保留着耶稣的十字架和圣母像。[24]这一时期埃塞俄比亚的教会权力

20　Sergew Hable Sellassie, *Ancient and Medieval Ethiopian History to 1270*, Addis Ababa, 1972, pp.266-276.
21　William Y. Adams, *Nubia: Corridor to Africa*, London: Allen Lane, 1977, pp.440-450, 471-481.
22　G. 莫赫塔尔主编：《非洲通史 第二卷 非洲古代文明》，中国对外翻译出版公司/联合国教科文组织出版办公室，1984 年，第 252-261 页。
23　Georges Berbary, "The Middle East and North Africa, I Egypt and North Africa", in Lamin Sanneh & Michael J. McClymond, eds., *The Wiley Blackwell Companion to World Christianity*, Wiley Blackwell, 2016, pp.452-454.
24　F. Alvares, *Narrative of the Portuguese Embassy to Abyssinia during the Years 1520-*

分散，僧侣制度保持了基督教统一，是教会最自豪的时期，15 世纪后期曾挑战亚历山大的地位。[25]极少为人所知的泽拉·雅各布（Zera Yacob，1599-1692年）是虔诚的基督教徒，潜心探究宗教教义并对权威的宗教经典提出怀疑。他多次置疑宗教圣人（如摩西或穆罕默德）的行为、传教士的解释以及宗教律法中不符合人类发展的规定，用理性精神探究不同宗教教法。例如，他指出，造物主以其智慧通过月经使女性能生育子女，而摩西律法则认为经期中的女性不纯洁，这是蔑视造物主的智慧。[26]天主教传入并与东正教展开竞争。埃塞俄比亚皇帝于 1626 年接受天主教，并在 1630 年将其定为国教。"从那时起，皇帝接受了外国信仰，迫害所有不同意这一宗教的人。"[27]继任者将耶稣会驱逐出境。这场由外来者引发的基督教之间的争斗使欧洲人变成了"来自西方的狼"。

葡萄牙和西班牙人率先向非洲传播基督教与教皇有关。教皇马丁五世曾向两国统治者发布圣谕，宣称其探险将有助于基督教。1441 年，葡船长贡萨尔维斯沿非洲西海岸探险，抓获 12 名非洲人送给亨利亲王。亲王派特使报告征服计划，教皇称"完全赦免所有将参加上述战争的人的罪恶"。奴隶贸易开始蔓延，基督教首次进入非洲。1482 年葡人迪奥戈·卡昂（Diogo Cão）在贝宁湾立石柱以志纪念。1487 年，他见到刚果国王。刚果国王派出使团访葡，后于 1491 年启程回国，随行的包括葡萄牙传教远征队。继任国王恩库武·恩津加（Nzinga Nkuwu，1491-1506 年在位）与其妻决定皈依并接受洗礼。儿子恩津加·姆本巴（Nzinga Mbemba，1506-1543 年在位）也受洗，教名阿丰索一世（Afonso I）。阿丰索一世在 1516 年选派 20 名贵族青年后又多次派送青年前往欧洲学习基督教义和各种技术，并使天主教成为刚果国教。基督教传播和奴隶贸易盛行使他失去对国家主权的控制。刚果最后沦为葡萄牙的殖民

1527, edited and English translated by Lord Stanley of Alderley, London: Hakluyt Society, 1881, pp.351-352.

25 T. Tamrat, *Church and State in Ethiopia*, 1270-1527, Oxford: Clarendon Press, 1971.

26 "First Treatise: *The Treatise of Zera Yacob*", in Claude Sumner, *The Source of African Philosophy: The Ethiopian Philosophy of Man, Stuttgart*, 1986, pp. 122-140; Claude Sumner, *Ethiopian Philosophy, Volume II*, Addis Ababa: Commercial Printing Press, 1976; 李安山：《非洲现代史》（下），华东师范大学出版社，2021年，第 8-15 页。

27 "The Treatise of Zera Yacob", in Claude Sumner, *Ethiopian Philosophy*, Volume II, p.5; Claude Sumner, "The Light and the Shadow: Zera Yacob and Walda Heywat: Two Ethiopian Philosophers of the Seventeenth Century", in Kwasi Wiredu, ed., *A Companion to African Philosophy*, Blackwell, 2004, p.173.

地。[28]1488 年，葡人迪亚士（Bartholomew Dias）等成为第一批登上南非海岸的欧洲人。他树起一根刻有基督教十字架和葡萄牙纹章的石柱。[29]

葡人达·伽马 1498 年 1 月抵达克利马内河口，1499 年与传教士一起将天主教引人桑给巴尔。葡萄牙用武力征服并使素丹的儿子接受基督教教化，但其统治始终处于动乱之中。1609 年蒙巴萨素丹去世，葡萄牙人因王位继承问题执意将哈桑之子尤素福送去果阿培训后再作为统治者。尤素福在果阿皈依基督教。1630 年尤素福被作为统治者送回蒙巴萨。1631 年尤素福以穆斯林方式在其被害父亲墓前祷告，葡萄牙人认为其举动背弃基督教信仰，要审判他。他毅然决定反抗并重新皈依伊斯兰教。这成为一场将葡萄牙人逐出整个东非海岸地区的圣战之始。基督教教士的活动遭到穆斯林的反对，1698 年阿曼的阿拉伯人攻占桑给巴尔并赶走葡萄牙人。[30]1614 年，耶稣会神父访问马达加斯加，1616-1617 年耶稣传教团在当地引起内战，1645 年，英国清教徒也企图建立殖民地未果。非洲西海岸现喀麦隆的洛佩斯角在 15 世纪后期被葡人租借，新教教徒和罗马天主教徒随之而至。1530 年，传教士在尼日利亚传教不成功，在塞内冈比亚也遭受挫折，但在沿海建立机构。一些非洲沿岸港口成为奴隶贸易的基地，传教士随之登岸。1636 年，法国教士前往塞内加尔传教。欧洲人在西非沿岸逐渐建立商站和城堡，还开办小学。海岸地区出现了受过教育或皈依基督教的非洲人，一些小孩被带到欧洲接受教化。加纳的安东·阿莫（Anton Amo，1703-1755，一说 1758）为其中之一。他约 3 岁时被带到荷兰，于 1708 年以安东·威廉的教名受洗。作为另一位少有人知的非洲哲学家，他在哈勒大学完成了标题为《论在欧洲的非洲黑人的权利》的论文答辩，从基督教的角度对奴隶制的进行谴责。[31]另一位加纳人卡皮腾（Jacobus Eliza Johannes Capitein,

28 巴兹尔·戴维逊:《黑母亲——买卖非洲奴隶的年代》（何瑞丰译），三联书店，1965
  年，第 101-139 页；B.A.奥戈特主编:《非洲通史 第五卷 十六世纪至十八世纪的
  非洲》，中国对外翻译出版公司/联合国教科文组织出版办公室，2002 年【1992 年】，
  第 427-460。

29 丰索·阿佛拉扬:《南非的风俗与文化》（赵巍等译），民主与建设出版社，2018 年，
  第 94 页。

30 B.A.奥戈特主编:《非洲通史 第五卷 十六世纪至十八世纪的非洲》，中国对外翻
  译出版公司/联合国教科文组织出版办公室，2002 年【1992 年】，第 598-606 页；
  凯法·M·奥蒂索:《坦桑尼亚的风俗与文化》（高华琼等译），民主与建设出版社，
  2018 年，第 79 页。

31 A. W. Amo, *Antonius Gulielmus Amo, Afer of Axim in Ghana*, edited by D. Siegmund-
  Schultze, translated by L. A. Jones and W. E. Abraham, Halle: Martin Luther University

1717-1747）提出不同观点。他在童年里辗转来到荷兰，1735 年受洗，在莱顿大学受教育。他在题为《基督教自由与奴隶制不矛盾的政治神学》的毕业论文中提出"基督徒占有他人作为自己的财产是正当的"这一观点，认为奴隶制与基督教不冲突。[32]

　　16 世纪的宗教改革运动不仅使天主教进行改革并出现新教派，对新教的迫害致使一些欧洲人流亡非洲并将基督教带到当地。1652 年荷兰东印度公司开普补给站建立，这意味着基督教在南非存在和传播的开始。公司宪章规定要传播基督的名字，促进公司的商业利益。补给站明确了宗教与商业的联姻关系，为欧洲移民的生存和基督教的传播提供了基地。1657 年公司在开普划出一块地鼓励定居。[33]1688 年，156 名胡格诺教徒来到南非定居，1717 年达 2000人，1751 年增至 5000 人，1780 年达到 10500 人。这些人本身就是基督徒。[34]荷兰归正教会最先在南非设立教会，1665 年在开普发展首批会众，1824 年在开普敦召开第一次教会会议。1770 年，荷兰殖民地巴达维亚政府就基督教与奴隶制的关系通过法律，明确规定两条：基督教徒必须向其奴隶传授基督教，必须让那些愿意皈依基督教的奴隶接受洗礼。两条规定引起东印度公司的强烈不满，在南非直接受到基督徒奴隶主和殖民官员的抵制。欧洲移民和科伊桑人以及殖民地的奴隶与基督教和奴隶制的矛盾日益突出。独立于荷兰归正教

Halle-Wittenberg,1968; Aton William Amo, *Aton William Amo's Treatise on the Art of Philosophizing Soberly and Accurately*, edited by Dr. T. Uzodinma Nwala, Enugu: Hillys Press NIG．LTD．1990; Norbert Loghner, "Anton Wilhelm Amo: A Ghana Scholar in Eighteenth Century Germany", *Transactions of the Historical Society of Ghana*, Vol.3, No.3, (1958), pp.169-179; William Abraham, "The Life and Times of Anton-Wilhelm Amo", *Transactions of the Historical Society of Ghana*, Vol.7(1964), pp.60-81; P. J.Hountondji, *African Philosophy: Myth and Reality*, Bloomington: Indiana University Press, 1976. pp.111-130; 李安山：《非洲现代史》（下），华东师范大学出版社，2021年，第 15-23 页。

32 Kwesi Kwaa Prah, *Jacobus Eliza Johannes Capitein 1717-1747 A Critical Study of An Eighteenth Century African*, Trenton: Africa World Press, 1992; F.L. Bartels, "Jacob Eliza Johannes Capitein1717-1747", *Transactions of the Historical Society of Ghana*, 4:1(1959), pp.3-13.有人指出这是基督教士洗脑的结果。

33 R. Elphick and H. Gilionee, eds., *The Shaping of South African Society, 1652-1840*, Wesleyan University Press, 1989, p.523. "基督教徒"当时专指欧洲来的基督徒，当地皈依者无权享有这一称号。

34 R. Elphick and H. Gilionee, eds., *The Shaping of South African Society, 1652-1840*, Wesleyan U.P., 1989, p.67; 丰索·阿佛拉扬：《南非的风俗与文化》（赵巍等译），民主与建设出版社，2018年。第 2 页。

会而服务于非洲人的教士很少，对科伊人和奴隶的洗礼进展很慢。

欧洲白人基督教会的统治在不同地区引发了宗教分离运动或不合作运动。例如，17 世纪 30 年代，刚果人第一次试图建一所自己的教堂。18 世纪刚果王国的女先知津巴·维塔（Kimpa Vita, 1684-1706）受洗后被称为唐娜·比阿特丽斯·津巴·维塔（Dona Beatriz Kimpa Vita）。她领导的独立教会运动引起了一种地区效应。她于 1704 年声称圣安东尼之灵附体并向她传达了关于复兴刚果王国的信息，认为黑人基督将降世，所有的酋长必须在 1706 年基督降临的这一天聚集在圣萨尔瓦多（Sao Salvador，原刚果王国的首都）。这场由她领导的安东尼运动（Antonian Movement）决心将歪曲启示录的白人传教士赶走，但仍然承认教皇的权威，并预言人间天堂的到来及古代刚果帝国的回归。1706 年，她像圣女贞德一样被葡萄牙殖民当局作为异教徒烧死，但她领导的运动的影响力持续至今。[35]后来还出现了其他先知领导的独立宗教运动，如1793 年生于莱索托的曼佐帕·玛哈塔（Mantsopa Makheta）等。

18 世纪，一批获得自由身份的非洲人皈依基督教后开始为非洲人的权利大声疾呼。奥苏达·伊奎亚诺（Olaudah Eqiuano, 1745-1797）和奥托巴赫·库戈亚诺（Ottobah Cugoano, 1757-1800）是两位佼佼者。伊奎亚诺的家乡是尼日利亚，在西印度群岛长大。1759 年他跟随主人到了英国，有机会接受教育，皈依基督教并赎回自由，为他日后投身于废奴主义运动打下基础。他后来更名为古斯塔夫斯·瓦萨（Gustavus Vassa）并成为 18 世纪著名的废奴主义者、社会活动家和作家。[36]库戈亚诺出生在黄金海岸，被带到西印度群岛。他被主人带到英国后皈依基督教并获得自由。他加入废奴运动并积极为拯救黑人奴隶呐喊，其重要著作《对奴隶制罪恶的思考与看法》成为质疑美洲奴隶制与跨大西洋奴隶贸易的最早文献之一。[37]

---

35 Marthinus L. Daneel, *Quest for Belonging: Introduction to a Study of African Independent Churches*, Gweru: Mambo Press, 1987, pp.46-47; Elias Bongmba,"Christian reform movements", in Paul Tiyambe Zeleza,ed., *Encyclopedia of Twentieth-Century African History*, London & New York: Routledge, 2003, p.77. 详细的资料参见 L.Jardin, "Le Congo at la secte des Antoiniens: restoration du royaume sous Petro IV et la 'Sainte-Antoine' congolaise (1694-1718)", *Bulletin de l'institut historique belge de Rome*, 33(1961), pp.411-615.

36 Equiano, Olaudah, *Equiano's Travels: His Autobiography: The Interesting Narrative of the Life of Olaudah Equiano or Gustavus Vassa, the African*, Heinemann, 1967.

37 Quobna Ottobah Cugoano, *Thoughts and Sentiments on the Evil of Slavery*, Penguin Classics, 1999.

基督教与奴隶贸易及其废除

这一阶段从 18 世纪后期到 19 世纪 80 年代帝国主义瓜分非洲前，大致持续了一个世纪。18 世纪后期至 19 世纪初兴起的欧洲传教热受多个因素的刺激，诸如废奴运动、美国革命与法国革命产生的人道主义精神、探险活动和对非洲的逐渐认识、福音派教会的复兴和在非洲建立的商站和沿海据点等。非洲历史学家博亨将这一时期的宗教活动称为"基督教传教会的革命"。[38]这个时期的基督教传播有其特点。一是传教活动与奴隶贸易和废除奴隶制相结合，解放的奴隶成为非洲本地代理人。[39]二是传教活动与西方教育以及《圣经》等本地语言译本相结合，教育对皈依者有很大的吸引力。[40]三是英国传教士利文斯敦（David Livingstone，1813-1873 年）的探险和传教经历刺激并鼓励了基督传教士。四是传教士与早期殖民官员之间虽有矛盾，但双方往往互相支持。殖民官员有时确实认为欧洲基督教徒亲非洲人，或是给殖民活动带来不良影响，但非洲人有更多理由认为这些白人教徒是亲殖民主义者，他们"经常受雇去充当殖民当局和非洲统治当局之间的谈判人，与其说他们是福音传教士，不如说他们是外交官"。[41]殖民当局也给予传教士应有的支持，如在传教团的坚决要求下，英国曾给予埃格巴 6 门野战炮，并派了一个海军军官教授使用方法。[42]基督教传教活动为随之而来的瓜分创造了条件。

埃塞俄比亚虽然是非洲最早皈依基督教的国家，但政治分裂不断出现，在 19 世纪分为三个独立的国家：提格雷、阿姆哈拉和绍阿。提格雷和阿姆哈拉的居民大部分信奉基督教，少数为穆斯林。19 世纪初，阿姆哈拉的多位统治者从信奉伊斯兰教改信基督教。19 世纪下半叶，特沃德罗斯二世（Tewodros II）针对教会的各项改革措施引起反对，成为后期失败的原因之一。[43]约翰尼斯四世（Yohannes IV）统一了埃塞俄比亚，对基督教采取亲和政策。他通过与

---

38 阿德·阿贾伊主编：《非洲通史 第六卷 十九世纪八十年代以前的非洲》，中国对外翻译出版公司/联合国教科文组织出版办公室，1998 年，第 31 页。

39 J.H. Franklin, *From Slavery to Freedom: A History of Negro-Americans*, New York: Knopf (3rd ed.), 1969.

40 J. F. A. Ajayi, *Christian Missions in Nigeria, 1841-1891, The Making of a New Elite*, London, 1965.

41 D.Denoon, *Southern Africa since 1800*, New York: Praeger, 1973, p.65.

42 J.F.A. Ajayi and Michael Crowder, eds., *History of West Africa*, Vol.2, Longman, 1987, p.204.

43 C.J. Jaenen, "Theodore II and British intervention in Ethiopia", *Canadian Journal of History*, 1:2(1966), pp.26-56; D. Crummey, "Tewodros as reformer and modernizer", *Journal of African History*, 10, 3(1969), pp. 457-469.

绍阿统治者孟尼利克联手，同意针对宗教的相关政策，决定用 3-5 年来改宗基督教，并规定所有非基督教政府官员都应受洗。改宗的穆斯林可获得土地，一些穆斯林仍然外逃。改革并不彻底，从而出现了"白天基督徒，夜晚穆斯林"的现象。此外，罗马天主教传教士被逐出绍阿地区。[44]埃塞俄比亚基督教会不断力争摆脱科普特派的控制。[45]基督教在中部和东部非洲的传播早已开始。天主教成为刚果王国的国教后一直占据主导地位。传教士试图改变刚果人的本土宗教信仰。基督教在东非的传播只到 19 世纪中叶才有明显进展。[46]圣会会派出的三名德国教士于 19 世纪 40 年代分别抵达蒙巴萨和拉巴伊。利文斯敦于 1856 年完成了第二次穿越中非的旅行，是第一个从南部非洲前往赞比亚的第一人。利文斯敦的传教旅行记于 1857 年出版，他在东非和中非的传教活动通过斯坦利（H.M. Stanley）传遍了欧洲大陆。他的名望及逝世后被黑人送回伦敦的情景在东部和中部非洲激起了宗教革命。他返回英国后宣布："我会回到非洲，努力发展商业和基督教。"他明确表示要"打开传播商业和基督教义的道路"。[47]从他关于"建立基督教和文明的中心，以促进真正的宗教、农业和合法贸易"的呼吁可看出基督教与贸易的关系。1858 年，伯顿（R. Burton）等人向东非内陆进发并抵达坦噶尼喀湖。1863 年圣灵会到桑给巴尔后于 1868 年抵达巴加莫约，让释奴皈依天主教并训练他们帮助传教。"伦敦布道会"、圣公会正教传教会和"天主教白衣神父会"进入布干达。1875 年一批英国教士成立中非大学传教会并试图进入赞比西河地区。由于河流缺乏通航入口，他们只好转到桑给巴尔投入释奴工作。19 世纪中叶，美国公理会差会派遣 35 名教士到加蓬服务。利文斯敦逝世四年之中有五个传教团进入非洲，如 1875 年由苏格兰自由教会组织的"利文斯敦传教会"，1876 年苏格兰教会组织的"布兰太尔传教会"等。斯坦利 1871 年在乌吉吉找到利文斯敦。他前往刚果的博马途经布干达时送给国王一本斯瓦希里语的《圣经》，并将随行的非洲基督徒留下来传教。

44 R.K.P. Pankhurst, *Economic History of Ethiopia, 1800-1935*, Addis Ababa: Institute of Ethiopian Studies, Haile Sellassie I University, 1968, p.147; D. Crummey, *Priests and Politicians: Protestant and Catholic Missions in Orthodox Ethiopia, 1830-1868*, Oxford: Clarendon Press, 1972.

45 这种情况直到 1951 年才改变，当时亚历山大科普特教宗若瑟二世任命埃塞俄比亚人阿布纳·巴西罗斯（Basilios）为总主教。Ikonen-Meerum Franfurt, *Arise and go toward the south: 2000 years of Christianity in Ethiopia*, Legat, 2007, pp.17-22.

46 B.A.奥戈特主编：《非洲通史 第五卷 十六世纪至十八世纪的非洲》，中国对外翻译出版公司/联合国教科文组织出版办公室，2002 年【1992 年】，第 427-460。

47 R. Oliver, *The Missionary Factor in East Africa*, London: Longmans, Green, 1952, p.27.

1875 年他在英国报纸刊文招募传教士，英国圣公会布干达教会随之成立。

1800 年前后，基督教在西部非洲的传播极其有限，只有三个传教会在这一地区活动：福音传教会、卫斯理宗传教会、格拉斯哥和苏格兰传教会。到 1840年，基督教传教会增加到 15 个以上，包括分别来自英国、北德意志、瑞士、苏格兰、法国和意大利的各种教会。此后又有来自美国的十几个传教会。以尼日利亚为例，这里有天主教、圣公会、浸信会、循道宗等老牌主流教派，后来又发展了非洲卫理公会锡安教派等非洲—美国教会分支，还有深入基督生活会、耶和华见证人、救世军、基督复临派等基督教复兴运动。1822 年，教会在塞内加尔圣路易创建了第一所教堂，建立了土著神学院、教会中小学。法国与非洲混血裔社区也建立了几个重要的教堂。在塞拉利昂，圣公会正教传教会于 1827 年创办了福拉湾学院，后又创办了多所小学和两所中学。英国基督教会、巴塞尔传教团、不来梅都会和卫理公会在黄金海岸开展活动，开办示范农场和技术学校。基督教会将基本读物译成当地语言，先后出版了特维语（Twi）语法和阿肯语（Akan）词典，并逐渐向阿散蒂地区渗透，甚至将卫理公会学校扩展至约鲁巴地区，并接受女童入学。这些教会在 1846 年分别开办了 4 所女童小学和 20 所男童小学。[48]在尼日利亚的东部三角洲地区，各城邦国家自成体系。欧洲人特别是英国人打着废除奴隶贸易和"合法贸易"的旗号，从传教活动到商业渗透发展到武力侵占，给当地社会造成混乱。奴隶出身的塞缪尔·克劳德主教领导圣公会传教会分别在博尼（1864）、图恩·布腊斯（1868）、新卡拉巴尔（1874）和奥克里卡（1880）建立了布道团。利比里亚和塞拉利昂作为美国的非洲裔移民国家，从成立之日起就引入了基督教。在利比里亚一直占主导地位的教派是利比里亚卫理公会。该教派早在 1822 年第一批从美国来的定居者抵达时成立。基督教与西方教育并行不悖，很多学校学生都将毕业后当牧师看作是受教育的唯一目标。美国路德教会于 1860 年开始在此传教，创立了利比里亚路德教会，并进入内陆农村地区发展。[49]令人意想不到的是，甚至基督教会也参加了引进军火的活动。1846 年，基督教传教团进入阿贝奥库塔，随即向该地引进了火器。[50]

---

48 P. Foster, *Education and Social Change in Ghana*, London, 1965.

49 阿佑德吉·奥鲁库举：《利比里亚的风俗与文化》（柴玲译），民主与建设出版社，2018 年，第37-38 页。

50 J.F.A.Ajayi and Michael Crowder, eds., *History of West Africa*, Vol.2, Longman, 1987. p.195.

荷兰人在南非定居较早并随后引来不少欧洲移民，传教活动与当地政治关系密切。有的传教士直接与当地国王成为好友。传教士介入政治事务特别是谈判成为一种惯例，"与其说他们是福音传教士，不如说他们是外交官"。摩拉维亚传教会于 1782 年重返开普，于 1805 和 1808 年建立两个据点，1815 年传教点已有 2500 名科伊科伊人。1824 年，荷兰归正教会在开普敦召开第一次教会会议。随着 19 世纪 30 年代的大迁徙，荷兰移民组织起三个新教会，使得荷兰归正教会数目增至 4 个。天主教逐渐扩展至汉斯顿、伊丽莎白港、德班、比勒陀利亚、布隆芳丹等地区，教徒从 1838 年的 700 人增加到 1862 年的 20000 人。[51] 南非英国国教于 1749 年开始服务，但影响力局限于开普，直到 1820 年英国殖民者到来后才获得发展的机会，原有教会于 1870 年一分为二。伦敦传道会于 1799 年进入开普，1803 年在东部边境建立了第一个永久性定居点，1817 年来到科萨兰，随后格拉斯哥长老会也抵达此地。卫理公会是继非洲独立教会和荷兰归正教会之后的南非第三大教会，农村地区的科萨人皈依者甚多。科萨人社会在 18 世纪末遭受天花疫情，1811-12 年又被欧洲殖民者强行赶出开普殖民地，人们对传统信仰产生怀疑。1820-1835 年成为教会势力扩展时期。卫理公会传教士于 1834 年和 1859 年分别出版第一部科萨语版语法书和科萨语版圣经。19 世纪 60 年代，基督教会在南部非洲已占有相当大的地盘，除荷兰归正教会之外，还包括来自英格兰、格拉斯哥、挪威、柏林、汉堡、巴黎、美国和瑞士等地的传教会。这些传教会分别从开普、纳塔尔和德兰士瓦向北渗透，分别扩展到博茨瓦纳、莱索托、纳米比亚和赞比亚等地。

基督教传教与欧洲文化传播、商业贸易活动和殖民探险扩张相同步。欧洲基督教士的巨大热情和传教活动不断推进，而非洲社会领袖发现自身权威逐渐受到侵蚀。基督教会既受到一些人的欢迎，也受到各种形式的抵抗，如传统宗教、武力抵抗和迁徙。有的国王企图通过基督教来巩固自身权力，如布干达的国王通过基督教来抗衡伊斯兰教，马达加斯加的国王试图在基督教各派中寻求保护自身国家的利益。非洲独立教会开始涌现。一般学术界认为 1884 年在南非成立滕布民族教会（the Tembu National Church）是第一个具有规模的非洲独立教会。[52] 正如上文指出的，反抗欧洲白人基督教会的独立运动早在 17-

---

51 丰索·阿佛拉扬：《南非的风俗与文化》（赵巍等译），民主与建设出版社，2018 年。第 93-94 页。

52 Bengt G. M. Sundkler, *Bantu Prophets in South Africa*, 1961, London: Oxford University Press, 1961[1948], pp. 72-73.

18 世纪已存在。1856-1857 年出现的科萨女先知农加乌斯（Nongqawuse, Nongqause）和恩斯蒂卡纳（Nstikana）将反殖民统治的信息与千年教义结合起来，敦促人们摧毁他们的财产，希望他们的祖先会回来将白人摧毁的地区性自杀事件等。[53]坦噶尼喀的非洲独立教会早在 19 世纪 70 年代已出现，最初目的是为了抗议白人基督教会的刻板和种族歧视。其信仰的特征如下：信仰基督教的上帝，使用圣经作为启示的主要来源；上帝和圣灵是好的体验来源，撒旦是消极体验来源；信仰来世观念；认为其创始人之出生地是神圣的；存在纪念人生各阶段的仪式；经常击鼓让圣灵附体；将本地习惯、语言、符号、物体或仪式与基督教仪式相结合。[54]

殖民统治与基督教的黄金时期

殖民统治时期也是基督教在非洲传播的黄金时期，这主要指 19 世纪 80 年代至 20 世纪 50 年代。肯尼亚总统肯雅塔对基督教的作用描绘得非常形象："当传教士来时，非洲人有土地，基督教徒有圣经。他们教我们闭上眼睛祈祷。当我们睁开眼睛时，他们有了土地，我们有了圣经。"[55]基督教与殖民统治二者起着相辅相成的作用。殖民统治下的基督教会为非洲带来了教育、医疗及相关设施，也为一些劳苦人提供了新选择，但政治压迫、种族歧视和经济剥削却将非洲人民推到了自己的对立面，使其参加民族主义运动的阵营，传教的同时也导致非洲独立教会的扩展。欧洲白人为主导的基督教会对非洲社会、本土宗教及教会本土化看法各异。有的认为应保留非洲社会的特点并培养容忍土著风俗的民族教会，有的认为"去部落化"才是基督教发展的关键；有的认为本土宗教通过神话传说反映良知，有的强调甚至放大基督教教义和非洲本土宗教信仰的不同。有关基督教本土化问题，欧洲传教士的存在本身就是悖论：教会成熟的标志是欧洲教士解除职务让渡权力给非洲教徒，然而让背井离乡来到非洲并已适应当地环境的传教士放弃权力不可接受。

埃及的基督徒从 19 世纪开始自称科普特东正教，以区别于皈依罗马天主教的科普特人和东正教。科普特教会在 1890 年后建立民主管理制度，首脑称

53 Marthinus L. Daneel, *Quest for Belonging: Introduction to a Study of African Independent Churches*, Gweru: Mambo Press, 1987, p. 47.

54 凯法·M·奥蒂索：《坦桑尼亚的风俗与文化》（高华琼等译），民主与建设出版社，2018 年，第 82-84 页。

55 Ali A. Mazrui, *The Africans: A Triple Heritage*, London: BBC Publications, 1986, pp.149-150.

亚历山大与全埃及牧首。科普特教会在埃及设有中小学校，并对不能入科普特教会学校的青少年专设宗教教育。开罗有科普特教会教义研究院，公立学校的宗教课以科普特教会教义为根据。一战前夕，基督教人口的比例在埃及为8%。[56]苏丹和埃塞俄比亚的基督教与科普特教会信仰相同。当时非洲最具影响力的是新教教会。伦敦传道会是南部非洲和马达加斯加的传教先驱，随后有德国和北欧的路德宗教会。英、法、德、荷等国传教士在西非和东非相当活跃。19 世纪后期天主教快速扩展。抵达坦噶尼喀湖和维多利亚湖地区的非洲传教士协会因身穿阿尔及利亚短袍被称为"白衣神父会"。德国传教士被派往德属东非和喀麦隆。19 世纪英国新教与法国天主教在布干达展开竞争。1901 年，英国新教徒在此建立超过 200 座教堂，有 2 万多成员、20 个传教站和 2400 多名当地教师，并印发了数千册《圣经》译本。1878 年，天主教传入坦噶尼喀西部及周边地区。罗马天主教徒在布干达地区建立了 17 个传教站，在首都建造了一座大教堂。[57]19 世纪 80 年代，法国殖民当局在塞内加尔实行传教士本土化。塞内加尔人士被任命为牧师，教会创办了中小学和农业、机械学校，天主教传教士还编写了沃洛夫语和谢列尔语的语法和字典以及《教义问答》、简明《圣经》等。在刚果地区，天主教势力不断增强。1908 年约有 500 名传教士，1920 年增至 1500 名，1958 年多达 6000 名欧洲传教士，669 个传教站，25560名黑人传道师（catechists）。[58]

　　基督教的教会活动以各种方式显现种族区别，或是欧洲人与非洲人在各自社区参加礼拜或仪式；或是两者共用教堂却享受不同的服务；或享有同类服务但欧洲人坐在前面，非洲人坐在后面。然而，强烈的非洲元素开始出现在教堂仪式中，非洲故事被用来讲授基督教经文。最突出的表现形式是"贾阿马（Jaama）"运动。这是将非洲元素用于传播基督教的方法，通过各种有关本民族的寓言、动物故事和神话来传递有关本民族生命力、生育力和爱的价值观，

---

56 Souad Slim, "The Middle East and North Africa, II Christians in the Ottoman Empire and in Bilad al-Sham", in Lamin Sanneh & Michael J. McClymond, eds., *The Wiley Blackwell Companion to World Christianity*, Wiley Blackwell, 2016, p.466.

57 凯法·M·奥蒂索：《乌干达的风俗与文化》（施雪飞译），民主与建设出版社，2018 年，第 37-39，79 页。

58 戴维·范·雷布劳克：《刚果——一个民族的史诗 上卷》（王兴栋译），华中科技大学出版社，2019 年，第 116 页；马兹鲁伊主编、旺济助理主编：《非洲通史 第八卷 1935 年以后的非洲》，中国对外翻译出版公司/联合国教科文组织，2003 年，第 146 页。

以促进贾阿马成员间的民族团结。[59]罗马天主教传教士于两战之间进入坦噶尼喀，此地后来有 29 个由非洲人神父领导的天主教教区。[60]传教士与殖民政府的重要合作领域在教育方面。教会在各地开设教会学校。这种努力为非洲民族主义积蓄了力量。出现了不少受过教会教育的进步知识分子，有利比里亚的爱德华·布莱登（Edward Wilmot Blyden, 1832-1912），尼日利亚的塞缪尔·克劳德（Samuel Crowther, 1806-1891）、塞缪尔·约翰逊（Samuel Johnson）、伊加瑞巴（Jacob Egharevba），黄金海岸（今加纳）的莱因道夫（Carl Reindolf）、约翰·沙巴（John Mensah Sarbah）和阿尔玛托（Raphael Aemattoe），塞拉利昂的霍顿（J.A.Horton, 1835-1883）、西伯索普（A.Sibthorp）和塞缪尔·刘易斯（Samuel Lewis, 1843-1903），塞内加尔的阿贝·布瓦雅（Abbe Boilat），乌干达的阿波罗·卡格瓦（Appolo Kaggwa）等。他们撰写自己民族的历史以恢复民族自豪感，或通过宣扬本土语言、文化和社会，为恢复非洲在世界历史上的应有地位而大声呐喊。一战以后也出现了非洲基督教信徒针对殖民统治的反抗运动。例如，葡萄牙人企图在西南部殖民地募集劳工人数，已经皈依基督教的图兰特阿拉瓦罗布塔（Tulante Alavaro Buta）领导群众反抗葡萄牙这一计划，信奉天主教的北部地区的农民和刚转信新教的巴刚果人均加入他的斗争队伍。[61]

欧洲传教士深信自己拥有的基督教是唯一真理，将其他人视为异教徒。他们对非洲宗教和文化持反对态度，采取的是毫不妥协的态度，决心不仅要非洲人皈依基督教，也要他们成为西方文化的信奉者。基督教会势力的扩张遭遇到非洲人的各种反应，包括适应、接受和拒绝。第一批信教者往往是被社会歧视或遗弃的人，他们从基督教会的接纳看到了希望，接受基督教义并成为传教者。作为殖民统治联盟的白人传教士的权力看似不可动摇，但仍然遭到挑战，一是对教会控制权的掌握，二是非洲独立教会的出现。非洲人逐渐掌握对基督教会的控制权的事例不多，但在黄金海岸（现加纳）表现得比较明显。黄金海岸教会的控制权在 1918 年被交给宗教大会，其中非洲人牧师 28 名、非洲圣公会长老 24 人，大大超过白人传教士的数量。非洲人在宗教大会行政委员会及

---

59 T·D·孟盛马：《刚果的风俗与文化》（胡文佳译），民主与建设出版社，2018 年，第 50-52 页。

60 凯法·M·奥蒂索：《坦桑尼亚的风俗与文化》（高华琼等译），民主与建设出版社，2018 年，第 79-80 页。

61 A·阿杜·博亨主编：《非洲通史 第七卷 殖民统治下的非洲》，中国对外翻译出版公司/联合国教科文组织出版办公室，1991 年，第 149 页。

大会关键职务方面均占优势。1926 年巴塞尔传教团返回后，不得不面对这一局面。[62]白人不愿将教会的领导权让给非洲人，非洲人的直接反应是创立独立教会。[63]南非独立教会创始人奈赫米阿·泰尔（Nehemiah Tile）创立的滕布民族教会（the Tembu National Church）具有象征意义。在南非举行的卫斯理卫理公会的第一次会议拒绝让泰尔完全参与进来，加之教会资金的分配仅由英国教士控制。1882 年奈赫米阿·泰尔决心脱离卫理公会教会，两年后与另一位酋长一起创立滕布民族教会。根据他自己的描述，建立教会的目的"是将欧洲人从控制中解放出来，并最终实现南非有色人种的政治权"。可以说，泰尔对非洲独立教会作出了 5 点贡献：成为具有规模的非洲独立教会的创立者；第一位理解人民疾苦之神学的黑人神学家；将一种新的黑人意识带入基督教的关切点；积极挑战社会经济和政治不公正现象；为后来的埃塞俄比亚教会奠定了基础。[64]

1885-1935 年可谓非洲独立教会的兴盛期。[65]这一时期基督教抵抗运动最著名的是马拉维浸信会牧师约翰·奇伦布韦（John Chilembwe）领导的独立教会。他曾在美国学习，于 1900 年在布兰太尔（Blantyre）附近建立了阿贾纳上帝勤工教会（the Ajana Providence Industrial Mission）。他接受了"非洲人的非洲"的理念，于 1915 年利用基督教反抗殖民统治及欧洲定居者的野蛮、剥削

---

62 A.D.罗伯茨编：《剑桥非洲史 20 世纪卷 1905-1940》（李鹏涛译），浙江人民出版社，2019 年，第 112-116，137-138 页。

63 Victor E. W. Hayward, ed., *African Independent Church Movements*, London: Edinburgh House Press 1963; H.W. Turner, *African Independent Church Vol. 1. History of an African Independent Church: The Church of the Lord (Aladura)*; *African Independent Church Vol. 2. The Life and Faith of the Church of the Lord (Aladura)*, Oxford: Clarendon Press, 1967; B. Jules-Rosette,ed., *The New Religions of Africa*, New Jersey: Ablex Publishing Corporation, 1979; I. Nweke, *African Traditional Religion in the Midst of Secularism*, Onitsha: Spiritan Press, 2017.中国学者的研究，参见黄陵渝："非洲的新兴'独立教会'"，《世界宗教文化》，1989 年第 1 期，第 55-57 页；史纪合："殖民统治时期非洲独立教会运动研究综述"，《高校社科信息》，2001 年第 1 期，第 27-29 页；王涛、黄士顺："基督教非洲本土独立教会的渊源与流变"，《世界宗教文化》，2022 年第 2 期，第 31-43 页。

64 C.C.Saunders, "Tile and the Thembu Church: Politics and Independency on the Cape Eastern Frontier in the Late Nineteenth Century", *The Journal of African History*, 11:4(1970), pp.553-570; Willem Saayman, "Tiyo Soga and Nehemiah Tile: Black Pioneers in Mission and Church", *Missionalia*, 17:2 (1989), pp.95-102.

65 非洲独立教会的各种名称不少，仅就英文缩写词 AIC 即可表示三种意思，分别为非洲独立教会（African Independent Church），非洲本土教会（African Indigenous Church）和非洲发起教会（African Initiated Church）。

及其不人道行为并为之牺牲。[66]独立教会存在于非洲大陆，如中部非洲的基班古教会、南部非洲的守望塔运动、西部非洲的上帝教会以及东部非洲的非洲民族教会等教派，较突出的有西非成立于 1888 年的尼日利亚土著浸礼会（the Native Baptist Church）、南非 1892 年创建的埃塞俄比亚教会、东非于 1910 年在肯尼亚成立的诺米雅—卢奥教会（Nomiya Luo Church）和中部非洲 1921 年由西蒙·基班古建立的耶稣基督之乡教会（Eglise de Jésus-Christ sur la Terre par le Prophéte Simon Kimbangu, EJCSK）。然而，独立教会在西非和南部非洲有更充分的记录。1888 年成立的非洲人浸礼会是尼日利亚第一个非洲人教会土著浸礼会。尼日利亚基督教的特色是宗教独立和创新。当地宗教领袖在使基督教本地化方面采取诸多尝试，主要是将本土文化因素融入到基督教活动之中，如在敬拜上帝时使用本地语言和歌舞，用本土方式医治疾病，驱除恶灵，用鼓声和长时间布道的仪式来加强信徒灵性，以互不排斥的多元化来容纳各种基督教。这些新的本土教派有福音派、使徒兄弟教派、神召会、五旬节派使徒、非洲卫理公会锡安教派、深入基督生活会、耶和华见证人、救世军、基督复灵派等基督教复兴运动。[67]20 世纪 30 年代出现在尼日利亚西南部的上帝教会（The Church of the Lord（Aladura），CLA）比较典型。[68]南非在 1890 年已有各种分离教会约 800 个，分离教会教徒达 76 万人，约占四分之一的南非黑人分属于被认可的各种非洲人教会。[69]东非地区和中部地区存在着多个独立教会运动，如非洲民族教会、上帝最后教会（the Last Church of God）等。这些教会对欧洲传教士将自己的行为方式强加给非洲人的做法十分不满。1910 年，为抗议基督教会的控制，约翰·奥瓦洛（John Owalo）领导卢奥人在肯尼亚西部建立了独立教会。他是罗马天主教徒，又在基库尤参加苏格兰教会，后在马塞诺参加圣公会正教传教会。他宣称自己是先知，受上帝的召唤建立了自己的宗教，

66 Jane Linden and Ian Linden, "John Chilembwe and the New Jerusalem", *Journal of African History* 12:4(1971), pp.629-651.
67 J.B. Webster, *The African Churches among the Yoruba, 1888-1922*, Oxford: Clarendon Press, 1964; R.L. Wishlade, *Sectarianism in Southern Nyasaland*, London: Oxford University Press, 1965; H.W. Turner, *History of an African Independent Churches*, Oxford: Clarendon Press, 1967.
68 E.A.Ayandele, *The Missionary Impact on Modern Nigeria, 1842-1914*, London, 1966, pp.194-198; Jegede Gabriel Gbenga, "The Church of the Lord (Aladura, CLA): An Examination of a Charismatic Movenment in Ekitiland (South-Western Nigeria), 1937-2005", *The Social Sciences*, 5:2(2010), pp.89-95; 托因·法罗拉：《尼日利亚的风俗与文化》（方之等译），民主与建设出版社，2018 年，第57-62 页。
69 Leo Marquard, *The Peoples and Politics of South Africa*, London,1952, Chapter 9.

信徒很快超过一万人。他不仅建立了小学，还要求建立不受"不适当教会影响"的中等学校。[70]这些独立教会的信徒主要是从白人主导的传统基督教会转过来，如西非的上帝教会（the Church of the Lord）从基督教会召募了超过 75%的信徒。[71]非洲基督教徒认识到，非洲人对教会的领导和在教会事务中与白人分享平等权利至关重要，这也成为非洲人在政治和经济事务中追求独立自主的开始。

　　一些杰出的非洲人承担起独立教会的领导责任。南非第一个独立教会的创立者奈赫米阿·泰尔和"埃塞俄比亚教会"的创建者曼吉纳·M·莫科恩牧师（Mangena M. Mokone）、1908 年创立尼亚萨兰的分离派教会守望塔运动领袖埃利奥特·坎瓦纳（Elliot Kamwana）、尼日利亚的"以利亚第二"加里克·布雷德（Garrick Braide）、肯尼亚圣灵教会的创建者雅各布·布卢库（Jacob Buluku）和丹尼尔·桑代（Daniel Sande）及诺米亚·卢奥传道会的创立者约翰·奥瓦洛、比属刚果的西蒙·基班古（Simon Kimbangu）等。有的宗教领袖在反抗殖民统治的运动中被杀害，如西南非洲的赫雷罗人弥赛亚亨德里克·维特布伊（Hendrik Witbooi）死于与德国殖民者的战斗中。[72]一战后也出现过独立教会组织的反对殖民统治的运动。在南非东开普省靠近昆士敦附近的一个所谓的非法移民区，约 3000 名上帝选民派的一个埃塞俄比亚教会分支使徒聚集等待世界末日的到来。在一位非洲先知伊诺克·姆吉季马（Enoch Mgijima）的带领下，这些基督教信徒在那里进行和平祈祷和礼拜。白人当局认为他们非法占用土地。谈判无果后，南非政府决定派遣武装部队将他们驱逐出境。1921 年 5 月 24 日上午，这支由 800 名白人警察和士兵组成的部队手持步枪、机关枪和大炮，杀死了近 200 名挥舞着圆头刀、剑和长矛的独立教会信徒。这就是南非史上被称为"布尔霍克大屠杀"（Bulhoek Massacre）的事件。[73]1935 年传

---

70 A·阿杜·博亨主编：《非洲通史　第七卷　殖民统治下的非洲》，中国对外翻译出版公司/联合国教科文组织出版办公室，1991 年，第 133 页，527-532 页。

71 Marthinus L. Daneel, *Quest for Belonging: Introduction to a Study of African Independent Churches* (Mambo Occasional Papers Missio-Pastoral Series No. 17), Mambo Press, 1987, p.98.

72 Marthinus L. Daneel, *Quest for Belonging: Introduction to a Study of African Independent Churches* (Mambo Occasional Papers Missio-Pastoral Series No. 17), Mambo Press, 1987, p.48.

73 Robert R. Edgar, *The Finger of God: Enoch Mgijima, the Israelites, and the Bulhoek Massacre in South Africa*, University of Virginia Press, 2018. 有关非洲独立教会参见 A·阿杜·博亨主编：《非洲通史　第七卷　殖民统治下的非洲》，中国对外翻译出版公司/联合国教科文组织出版办公室，1991 年，第 424-435，548-549页。

到坦噶尼喀的非洲民族教会明确表示：上帝是父亲，人不分肤色信仰都是兄弟，相信非洲的宗教连同它的传统、法律和风俗是上帝制定的，所以非洲人可以通过他们自己身休力行而了解上帝。非洲民族教会指出："我们相信非洲基督教差会的使命是采取一种适合于人民风俗习惯的方法把基督精神和教育传给人民，而不应当把欧洲国家的不可行的方法强加于非洲人……本教会的宗旨在于提高全体非洲人……努力恢复自古以来普遍存在的、言行一致的、深切而自然的宗教生活的气氛。"[74]

非殖民化与基督教的演变

20 世纪 50 年代以后非洲基督教的特点是非殖民化。基督教是殖民主义的同盟者，非殖民化应该也必须从教会开始。20 世纪 50 年代的非洲有埃塞俄比亚、利比里亚、埃及、南非四个独立国家，以及相继独立的苏丹、突尼斯、摩洛哥、加纳、几内亚等国，但大部分国家的独立始于 60 年代。非洲新形势推动了对宗教特别是基督教的讨论。1956 年出版了天主教会非洲领导人的一部集体著作《黑人教士自问》，1959 年第二届黑人作家和艺术家大会时专门设立了神学家与哲学家小组委员会。1962 年举办第二届梵蒂冈大会时，阿利乌内·迪奥普（Alioune Diop）介绍了非洲基督教知识分子的观点，1963 年专门就梵蒂冈大会出版了题为《非洲特性与天主教》的特刊，他还是多次相关国际会议的组织者。非洲从 20 世纪 60 年代以来举办过多次会议以研讨宗教特别是基督教，如 1961 年阿比让的"非洲的宗教"研讨会、1969 年在伊巴丹由世界教会理事会召开的非洲神学家会议，1970 年在科托努的"作为文明价值观源泉的非洲宗教"的会议和 1977 年阿比让的"天主教会的节日与黑人文明"研讨会。非洲基督教会本土化不是某派别的问题，需要整个基督教的共同努力。金沙萨非洲宗教中心（Kinshasa Centre of African Religions）曾试图在《非洲宗教文献》上以及"基督教与非洲宗教"（1978 年）、"基督教与非洲精神生活方式"（1983 年）和"非洲对圣礼与宗教语言的调和"（1986 年）等有关研讨会上反映这一趋势。[75]

基督教在埃塞俄比亚的地位一直相对稳定。埃塞俄比亚正教即埃塞俄比

---

74 伊·基曼博、阿·特穆：《坦桑尼亚史》（钟丘译），商务印书馆，1976 年，第 260-61 页。

75 马兹鲁伊主编、旺济助理主编：《非洲通史 第八卷 1935 年以后的非洲》，中国对外翻译出版公司/联合国教科文组织，2003 年，第 369-371 页。

亚的东正教，是埃塞俄比亚国内的最大宗教，2400 万教徒在人数上占绝对优势。科普特正教排名第二，约 1000 万教徒。亚美尼亚使徒教会的信徒 700 万人，名列第三。厄立特里亚正教约有 170 万教徒，叙利亚正教 130 万教徒。此外还有其他派别。[76]利比里亚早期移民来自 19 世纪美国南部黑人后裔。居民 85.6%信奉基督教。1965 年，利比里亚的第一位主教得到任命。路德教派与圣公会教派经营一家医院，与其他教派共同经营广播电台、神学院和主日学校。[77]南非荷兰移民的 4 个归正教会在 1962 年合并。尽管它是阿非利卡人教会，也是种族隔离制的拥护者，但有色人信徒多于白人。南非天主教 2000 年有 2500 多座教堂、1000 多位牧师、200 多个兄弟会、5000 多个修女会和 336 个教会学校，在校学生达 87000 人。天主教徒约占人口 9%，教会设有孤儿院、旅馆、医院、药房及相关设施。[78]天主教在刚果（金）、加蓬、卢旺达、布隆迪、坦桑尼亚等国占有优势。1960 年，刚果（金）官方承认非洲人独立教会，新教教徒有所增加，但天主教仍占绝对优势，1960 年有 500 名非洲牧师，1975 年刚果人已有 20 名成为主教，1 名红衣主教。1968 年，布隆迪 71%和卢旺达 55%的人皈依天主教。南非的黑人基督教徒在德斯蒙德·图图、弗兰克·奇坎（Frank Chikane）和阿兰·博萨克（Alan Boesak）等宗教领袖的带领下积极参入了反对种族隔离制的斗争。[79]21 世纪初，天主教徒在坦桑尼亚基督徒中约占 56%，路德教会占 13%，新教和圣公会各占 10%。1891 年创建的摩拉维亚教会已有 494 名牧师和 50 万成员。[80]1985-1989 年间耗资 3 亿美元建的天主教和平圣母大教堂被吉尼斯列为世界最大教堂，它位于科特迪瓦行政首都亚穆苏克罗，相当于罗马圣彼得大教堂的四倍。新教在独立后的非洲国家发展较快。比较有代

---

76 Ikonen-Meerum Franfurt, *Arise and go toward the south: 2000 years of Christianity in Ethiopia*, Legat, 2007, p.25.

77 阿佑德吉·奥鲁库举：《利比里亚的风俗与文化》（柴玲译），民主与建设出版社，2018 年，第 38 页。

78 丰索·阿佛拉扬：《南非的风俗与文化》（赵巍等译），民主与建设出版社，2018 年。第 93-97 页。可参见 G.C.Oosthuizen, ed., *Religion Alive: Studies in the New Movements and Indigenous Churches in South Africa-A Symposium*, Johannesburg: Hodder & Stoughton, 1986.

79 这方面的著述颇多。P. Walshe, *Prophetic Christianity and the Liberation Movement in South Africa*, Pietermaritzburg: Cluster, 1995; Mandy Goedhals, "African Nationalism and Indigenous Church: A Study in the Life of James Calata (1895-1983)", *Journal of Religion in Africa*, 33:1(2003), pp.63-82.

80 凯法·M·奥蒂索：《坦桑尼亚的风俗与文化》（高华琼等译），民主与建设出版社，2018 年，第 81-83 页。

表性的是赞比亚 2005 年建成一个可容纳 1 万人的浸信会教堂，附设演播室、教会学校和小学。[81]

　　非洲独立教会的快速发展是这一阶段的特点。1960 年的非洲独立教会教徒为 218.8 万人，1980 年增至 700 万，1991 年已有多达 1100 万之众的 6000 左右的宗教组织。非洲人基督教徒在西方导向的各种教会中的人数不断下降，在非洲独立教会中的人数则不断上升。目前，独立教会的组织已达 8000 个。[82]非洲独立教会也呈现过统一协同的趋势。1965 年兴起的非洲独立教会协会（African Independent Churches Association, AICA）虽然前期发展势头很好，曾一度包括 400 多个教会，但后来因各种原因在 1973 开始衰落。[83]独立教会是南非规模最大、发展最快、信徒最多的教会。独立教会有多种，如埃塞俄比亚教会、锡安山教会、五旬节派、灵恩运动和千禧年运动等重视恩赐和圣灵及信仰疗法，将基督教和非洲信仰结合，形成重要的力量。[84]殖民统治、被歧视的地位及民族知识分子是非洲独立教会出现的关键因素。《圣经》非洲语言译本成为非洲教徒为寻求解决自身问题以对抗统治者的途径。对非洲独立教会的派别有不同看法。有的认为认为非洲独立教会可分为两类：因不满白人教会而脱离出来寻求非洲人独立的埃塞俄比亚教会和寻求精神力量和祈祷治病的锡安山教会。[85]有的学者将非洲独立教会分为五类：以文化和政治解放为目标的政治救世主运动，将"非洲的上帝"置于中心位置的新传统主义运动，将非洲本土信仰和习俗与基督教信仰融合的调和派崇拜，完全拒绝所有传统宗教的"一神论"，重视预言、强调圣灵启示并从事医疗的教派。[86]妇女先知领导的独立教会在南非、津巴布韦、尼日利亚、赞比亚、肯尼亚等地表现突出。[87]

81　斯科特·D·泰勒：《赞比亚的风俗与文化》（曾芳芝、李杭蔚译），民主与建设出版社，2018 年，第 41 页。

82　Elias Bongmba,"Christian reform movements", in Paul Tiyambe Zeleza, ed., *Encyclopedia of Twentieth-Century African History*, London & New York: Routledge, 2003, p.77.

83　Adrian Hastings, *A History of African Christianity 1950-1975*, Cambridge University Press, 1979, pp.253-254.

84　M.C.Kitshoff, "African Independent Churches: A Mighty Movement in a Changing South Africa", *South Africa International*, 21:3 (January, 1991), pp.155-164.

85　Bengt G. M. Sundkler, *Bantu Prophets in South Africa*, London: Oxford University Press,1961[1948].

86　H. W. Turner, "Bibliography of Modern African Religious Movements, Supplement 1", *Journal of Religions in Africa (Leyden)*, 1(1968), p.178.

87　Marthinus L. Daneel, *Quest for Belonging: Introduction to a Study of African Independent Churches* (Mambo Occasional Papers Missio-Pastoral Series No. 17), Mambo Press, 1987, p.59.

　　非洲独立教会可根据其神学诉求、组织特点和实践方式分为三类：希望脱离白人教会强调独立的非洲人身份的埃塞俄比亚教会（Ethiopian Church）即黑人教会，相信基督教祈祷治病和显圣的精神感召力并强调非洲宗教原素的锡安山教会（Zionists Christian Church），以及追随具有超自然能力的领袖或先知并强调对欧洲统治者和白人传教士的审判即将来临的千禧年运动（Millenarianism, Millenialism）。第一类为埃塞俄比亚教会。该教派代表不愿再受白人教会压迫并一心要掌握自身命运的黑人基督教民众。这一名称取自《圣经·诗篇》第 68 章第 31 节："埃塞俄比亚将她的双手伸向上帝。"这一预言表明，埃塞俄比亚在上帝的心目中赋有特殊使命。"埃塞俄比亚"这里指的并非现在的埃塞俄比亚，而是整个非洲。1892 年，南非曼吉纳·M.莫科恩脱离卫斯理教会后创建了首个明确命名为埃塞俄比亚教会的组织。[88]莫科恩与泰尔不同之处是他召汇了如卡尼安·纳坡（Khanyane Napo）、布兰德（S.J. Brander）、乔纳斯·戈杜克（Jonas Goduke）和詹姆斯·M.杜瓦内（James M.Duwane）等具有广泛代表性的不同民族的宗教精英。[89]埃塞俄比亚教会强调教育、讲道等宗教事务，通过自创、自治和领导的模式成为非洲民族主义的同盟者。1948 年在祖鲁地区传教的瑞典路德派教士本特·桑德克勒首次使用"埃塞俄比亚主义"来称呼非洲人的基督教会，它代表受压迫并决心与白人教会决裂的黑人民众。[90]

　　第二类为锡安山基督教会。这一教派相信圣灵附体和预言以及祈祷可治病等精神感召力。锡安山教会源于 1896 年美国芝加哥的锡安山圣公使徒会，该会于 1904 年派传教士到南非活动，宣传祈祷疗法，相信基督即将复临。非洲锡安山圣公使徒会于 1908 年建立，后衍生出许多独立教会，通称锡安山教

---

88 A·阿杜·博亨主编：《非洲通史 第七卷 殖民统治下的非洲》，中国对外翻译出版公司/联合国教科文组织出版办公室，1991 年，第 429 页。对此有不同说法。一种说法是莫科恩 1892 年离开南非卫斯理教会后于 1893 年建立。G. C. Oosthuizen, "The African Independent Churches in South Africa: A History of Persecution", *Emory International Law Review*, Vol.14(Summer 2000), p.1093. 另一种说法是南非埃塞俄比亚教会是由威利·穆卡拉帕（Willie J.Mokalapa）于 1892 年创建的。Wunyabari Maloba, "Nationalist Movement", in Paul Tiyambe Zeleza, ed., *Encyclopedia of Twentieth-Century African History*, London & New York: Routledge, 2003, p.384.

89 Marthinus L. Daneel, *Quest for Belonging: Introduction to a Study of African Independent Churches* (Mambo Occasional Papers Missio-Pastoral Series No. 17), Mambo Press, 1987. p.49.

90 Bengt G. M. Sundkler, *Bantu Prophets in South Africa*, London: Oxford University Press,1961[1948].

会或圣恩会。恩格拉斯·莱卡尼亚（Engenas Lekganyane）于 1924 年创立的锡安山基督教会以及由祖鲁人宗教领袖以赛亚·申贝（Isaiah Shembe, 1870-1931,一说 1935 去世）在纳塔尔创立的纳查里特浸教会（Nazarite Baptist Church, AmaNazareth Church）发展较快。[91]20 世纪 20 年代之后，在丹尼尔·恩科尼安（Daniel Nkonyane）和保罗·马比利查（Paolo Mabilitsa）等人领导下的锡安山教派形成中坚力量，对周围地区形成辐射效应。在南非与锡安山教会有接触的农业工人将其传人罗得西亚（现津巴布韦），后不断分化。约翰·马兰克（Johane Maranke）建立了以自己名字命名的"约翰·马兰克非洲使徒会（African Apostolic Church of Johane Marande, AACJM）"，其父及两个兄弟也成为他传教的帮手。该教会以乌姆塔利（Umtali）为基地逐渐向外扩展，后来成为津巴布韦规模最大的锡安山教派，20 世纪 60 年代拥有约 5 万信徒，在周围各国也有很多信徒。[92]锡安山教派更多求助于先知的神力干预和摧毁殖民秩序的启示。[93]受利比里亚内战的刺激，五旬节派兴起并劝诫人们忏悔并宣布与过去的罪恶决裂以获得新生。五旬节派使徒最初主要来自社会底层，但现在大多受过良好的教育。[94]类似的教会有尼日利亚祈祷得福会、加纳的灵恩会和其他地区的祈祷得愈派等独立教会。

第三类为千禧年运动。千禧年运动也称千年至福运动，是指在殖民统治建立后，非洲各地的宗教领袖为了反对殖民主义而发动的宗教反抗运动。这种以宗教形式反抗殖民统治的形式也出现在伊斯兰教。[95]这一派强调特定时间在特

---

91 有关伊赛亚·申贝的争论颇多，主要有两派。Irving Hexham, "Isaiah Shembe, Zulu Religious Leader", *Religion*, 27:4 (1997), pp.361-373.

92 Marthinus L. Daneel, *Quest for Belonging: Introduction to a Study of African Independent Churches* (Mambo Occasional Papers Missio-Pastoral Series No. 17), Mambo Press, 1987, pp.39,44,56-59, 98-100, 203-4, 208.

93 有关南非锡安山教派的产生和发展，参见 G. Oosthuizen, *The Birth of Christian Zionism in South Africa*, South Africa: University of Zululand, 1987; Bengt Sundkler, *Zulu Zion and Some Swazi Zionists*, London: Oxford University Press 1976; Adrian Hastings, *A History of African Christianity 1950-1975*, Cambridge University Press, 1979, pp. 73-75. 中国学者的研究，参见徐薇："南非非洲独立教会及其对社会与政治的影响—以锡安基督教会为例"，《世界宗教文化》，2019 年第 2 期，第 40-47 页。

94 阿佑德吉·奥鲁库举：《利比里亚的风俗与文化》（柴玲译），民主与建设出版社，2018 年，第 38 页。

95 李安山：《非洲民族主义研究》，中国国际广播出版社，2004 年，第 49 页。有的学者如克劳福德·扬（Crowford Young）等将这种运动作为一个反抗阶段来分析。C.M. Young, *Politics in Congo: Decolonization and Independence*, Princeton University Press, 1965, pp.281-289.

定地点出现的具有超自然能力的宗教领袖，最突出的例子是基班古主义（Kimbanguism）。这个教派由比属刚果耶稣基督之乡教会创立者、号召人们拒绝向殖民政府纳税和提供劳动力的西蒙·基班古建立。基班古是刚果（金）首位被尊崇为先知的人，也是少有的用名字命名宗教教派的人物。他的巴刚果名字是"根查"（Gunza），意思是"在一起"，这被理解为受天赐才能的象征。他被人称为弥赛亚，注定要统治刚果。基班古在宗教仪式上主张降低十字架在基督教中的作用，他致力于和平传教，宣称将把非洲人从殖民主义压迫下解放出来。然而，他的反殖言论、日益高涨的威望以及"刚果属于刚果人"的口号，使比利时官员决心将他除掉。1921 年殖民当局判处他死刑（后改为终身监禁并于 1951 年死于狱中）。基班古因"宣称自己是上帝派来拯救非洲人脱离殖民统治的使者"[96]以及在比利时当局狱中所呆时间与耶稣基督在世上度过的时间同样是 30 年，从而加强了其教会的感召力。[97]他的去世成为刺激其教派发展的重要因素，基班古教会后扩至数百万。独立前夕，刚果（金）的基班古运动得到承认，基班古的儿子约瑟夫·迪安吉安达成为教会负责人，教徒占刚果宗教信徒的 10%。基班古教会在 1968 年成为世界基督教会联合会成员。教会在 1986-1991 年间建成大教堂，前面设基班古及其三个儿子的陵墓。基班古及其后代至今享受神的待遇。[98]这一现象被宗教社会学家称之为"个人魅力的常规化"。[99]该教会建立了社会服务机构如学校、健康中心、经济项目以及一所培训教会领袖的神学院。该教会现在是世界教会理事会的成员。南非上帝选民派使徒的领袖姆吉季马预言世界末日即将来临，不也是千禧年运动的宣示吗？其他著名的类似基督教运动领袖如尼亚萨兰 1915 年起义领袖奇伦布韦牧师，利比里亚福音传教士并在西非具有广泛影响力的先知哈里斯（William Wade Harris）等。

　　政教联姻是当代非洲基督教的一个特点。由知识分子控制的政治组织使基督教成为重要的政治工具以激发民众的支持。刚果（金）天主教一直参与政

---

96 A.A. Boahen, *African Perspectives on Colonialism*, Baltimore: Johns Hopkins University Press, 1989, p.88.

97 A·阿杜·博亨主编：《非洲通史 第七卷 殖民统治下的非洲》，中国对外翻译出版公司/联合国教科文组织出版办公室，1991 年，第 559 页。

98 其孙西蒙·基班古·基安加尼目前担任基班古教会的教宗。戴维·范·雷布劳克：《刚果——一个民族的史诗 上卷》（王兴栋译），华中科技大学出版社，2019 年，第 155，159-167 页。

99 R.I.J. Hackett, *Religion in Calabar: The Religious Life and History of a Nigerian Town*, Berlin: Mouton de Gruyter.Hackette, 1987, p.334.

治，从殖民时期开始。[100]在刚果民族独立的浪潮中，天主教扮演了重要角色。天主教主教发表声明，宣称已到了刚果人管理国家的时候。由温和的天主教知识分子组成的"非洲的觉醒"集团包括独立后曾任总理的约瑟夫·勒奥（Joseph Iléo）等。[101]布干达新教教徒从 20 世纪 20 年代起通过殖民政府进入政界。当时布索加的 46 名酋长中有 40 名是新教徒，只有 4 名天主教徒和 2 名穆斯林。为了维护殖民统治以及非洲人代理统治的合法性与延续性，英国人还将年青酋长或酋长儿子送到布干达境内的新教学校接受教育。[102]这种实践开启了政教联姻，为独立后的相互关联打下基础。乌干达独立前，天主教领导人认为他们在布干达的特权较少，便充分利用教会开始组织工作。奥博特（A. M. Obote）组建的国民大会党（后改名为人民大会党）在选举中击败以天主教徒为主的民主党，赢得独立后的首次选举。[103]赞比亚的当代政治充分体现了政教联盟的关系。1991 年，自称再生派基督教徒奇卢巴（F. Jacob Titus Chiluba）当选为总统，大大推动了赞比亚的基督教运动。他宣布赞比亚为基督教国家，并将这一条写进国家宪法。另一位赞比亚基督教徒蒙巴（Nerves Mumba）将自己的教会组织全国基督同盟变为全国公民联盟，通过政党参与 2001 年总统大选。他虽然失败，却被利维·姆瓦纳瓦萨（Levy Mwanawasa）总统任命为副总统。[104]尼日利亚的南北矛盾也体现出宗教因素。南部基督教徒利用较早接触西方教育的优势把持重要领域，指责北方的保守影响了国家进步。北方人认为国家发展是以牺牲伊斯兰教和传统为代价。[105]非洲最早获得诺贝尔和平奖的阿尔伯

100 1886 年，教皇利奥十三世宣布将刚果自由邦的宣教任务交给比利时人。除了比利时的各教会派人到刚果传教外，殖民政府有意识培养当地宗教领袖，一些本土人及刚果传统统治阶级也成为传教士。戴维·范·雷布劳克：《刚果——一个民族的史诗 上卷》（王兴栋译），华中科技大学出版社，2019 年，第 119 页。

101 乔治·恩荣格拉·恩塔拉耶：《刚果史——从利奥波德到卡比拉》（沈晓雷译）：民主与建设出版社，2014 年，第 101-102 页；郭佳：《基督教会在非洲国家政治危机中的角色评析——基于刚果（金）的个案研究》，《世界宗教文化》，2018 年第 3 期，第 35-42 页。

102 凯法·M·奥蒂索：《乌干达的风俗与文化》（施雪飞译），民主与建设出版社，2018 年，第 41-43 页。

103 马兹鲁伊主编、旺济助理主编：《非洲通史 第八卷 1935 年以后的非洲》，中国对外翻译出版公司/联合国教科文组织，2003 年，第 163 页。

104 斯科特·D·泰勒：《赞比亚的风俗与文化》（曾芳芝、李杭蔚译），民主与建设出版社，2018 年，第 42 页。

105 托因·法罗拉：《尼日利亚的风俗与文化》（方之等译），民主与建设出版社，2018 年，第 62-64 页；李文刚："'一带一路'背景下尼日利亚宗教格局及宗教风险分析"，

特·卢图利和德斯蒙德·图图均为虔诚的基督教徒。卢图利在 1951 年是基督教协进会副主席。作为开普敦大主教，图图积极领导反对种族隔离制的非暴力运动，在新南非成立后被选为真相与和解委员会主席，贡献卓著。占南非人口 12%的锡安山基督教会（The Zion Christian Church, ZCC）形成一股强大的社会力量，已开始参与总统选举，能够凝聚不同族群的社会组织力量。[106]

余论

目前，世界宗教呈现出三大趋势：人类更加宗教化，宗教日益多元化，宗教自由度普遍下降。[107]在全球各大洲基督教徒人数中，非洲排列占首位。非洲基督徒 1970 年为 1.15 亿，1985 年 2.5 亿人，2000 年 3.59 亿，2015 年 5.4 亿，占非洲人口的 49%及世界基督徒的 22.4%。2018 年非洲基督教徒达 6.31 亿，2020 年达到 6.67 亿。[108]根据美国戈登—康维尔神学院（Gordon-Conwell Theological Seminary）全球基督教研究中心发表的《2015 年全球基督教研究报告》，非洲基督徒的人口最多的 10 个国家依次是尼日利亚（8400 万）、刚果（金）（7300 万）、埃塞俄比亚（5800 万）、南非（4500 万）、肯尼亚（3700 万）、乌干达（3300 万）、坦桑尼亚（3000 万）、安哥拉（2300 万）、加纳（1800 万）、莫桑比克（1500 万）。基督徒人数占全国人口百分比最高的 10 个国家是圣多美和普林西比（96%）、刚果（金）（95%）、佛得角（94.9%）、布隆迪（93.4%）、安哥拉（92.8%）、莱索托（92.1%）、卢旺达（91.5%）、纳米比亚（90.8%）、刚果（布）（89.3%）、斯威士兰（88.3%）。预计未来 35 年基督徒人数增长最快的国家为布基纳法索（3.34%）、赞比亚（3.02%）、坦桑尼亚（2.99%）、安哥拉

《世界宗教文化》，2019 年第 2 期，第 31-39 页。

106 徐薇："南非非洲独立教会及其对社会与政治的影响——以锡安基督教会为例"，《世界宗教文化》，2019 年第 2 期，第 46-47 页。

107 Gina A. Zurlo, Todd M. Johnson and Peter F. Crossing, "World Christianity and Mission 2020: Ongoing Shift to the Global South", *International Bulletin of Mission Research*, 44:1(2020), pp.11-12.

108 David B. Barrett, *World Christian Encyclopedia: A Comparative Survey of Churches and Religions in the Modern World 1900-2000*, Nairobi: Oxford University Press, 1982, p.8; 郭佳：《撒哈拉以南非洲基督教的历史与现实》，《世界宗教文化》，2016 年，第 3 期，第 65 页；郭佳：《非洲基督教现状及其对非洲社会的影响》，《非洲发展报告 No.21（2018～2019）》（非洲黄皮书），社会科学文献出版社，2019 年，第 120-121 页；Gina A. Zurlo, Todd M. Johnson and Peter F. Crossing, "World Christianity and Mission 2020: Ongoing Shift to the Global South", *International Bulletin of Mission Research*, 44:1(2020), p.10.

（2.91%）、贝宁（2.87%）、布隆迪（2.83%）、乌干达（2.82%）、马拉维（2.79%）、乍得（2.75%）、刚果（金）（2.73%）。[109]全非教会大会（All Africa Conference of Churches, AACC）是非洲大陆基督教会团结的一种尝试，包括 42 个非洲国家的 500 个教会，代表着 1.4 亿非洲基督教徒，目前仍很活跃。[110]

基督教为非洲信仰的多元化作出了贡献。基督教不仅提供了各种文化和科学设施，也塑造了一批具有当代特色的非洲基督教徒和信教的非洲民族主义者。基督教教会在参与政治、伸张正义、揭露腐败等方面扮演了重要角色。教会成为和平对话的呼吁者、政治僵局的调解者、市民运动的组织者和民主进程的监督者。[111]然而，我们不应对公民社会的组成原素之一的基督教会抱固定看法，认为它的作用就在于充当民主运动的促进者。在诸多情况下，基督教会成为当权者的同盟军和保护者。必须指出的是，与其他地区一样，基督教会本身成为权力的所在地甚至集中点，强者和弱者都希望从中得到支持和利益。这样，基督教在非洲的作用具有两重性，既可以使民众借助宗教创造性地发展出有效抵抗政治压迫和经济剥削的解放神学，又为有权阶级提供了统治工具。[112]基督教在非洲的传播曾经得力于美国和拉丁美洲的非洲移民的努力。移民利比里亚的爱德华·布莱登和激进的黑人民族主义者马库斯·加维（Marcus Garvey, 1887-1940）都为基督教的早期传播作出了贡献，五旬节教派、锡安山教派等基督教会都得益于美洲黑人基督教徒的引入。[113]今天，基督教全球化再一次在非洲与其他大洲之间体现。坦桑尼亚非洲独立教会充分利用 20 世纪 80 年代以来欧美非洲移民增多的优势，将传教活动发展到这些地区。[114]

---

109 引自郭佳：《撒哈拉以南非洲基督教的历史与现实》，《世界宗教文化》，2016 年第 3 期，第 65-66 页。

110 All Africa Conference of Churches (AACC), https://www.aacc-ceta.org/about.

111 哈斯丁斯在其著作中专门阐述了当代非洲教会与国家的关系。Adrian Hastings, *A History of African Christianity 1950-1975*, Cambridge University Press, 1979. 还可参见郭佳：《基督教会在非洲民主化进程中的角色探析》，《西亚非洲》，2010 年第 3 期，第 27-32 页；郭佳：《非洲基督教会政治立场转变原因分析》，《西亚非洲》，2012 年第 5 期，第 20-33 页；郭佳：《基督教会在巩固非洲政治民主化成果中的作用》，《世界宗教文化》2013 年第 3 期，第 68-72 页。

112 Timothy P. Longman, "Empowering the Weak and Protecting the Powerful: The Contradictory Nature of Churches in Central Africa", *African Studies Review*, 41:1(April, 1998), pp.49-72.

113 Ronald Nathan, "'African Redemption': Black Nationalism and End of Empire in Africa", *Exchange*, 30: 2(April, 2001), pp.125-144.

114 凯法·M·奥蒂索：《坦桑尼亚的风俗与文化》（高华琼等译），民主与建设出版社，基督教在非洲逐渐演变成具有非洲人自身特点的宗教。这种现象有时被称为基督教的"非洲化"（Africanization），具体表现在组织上摆脱西方的控制，在教义、礼仪、神学中融入非洲本土文化的成分，使原为西方文化内核的基督教在非洲日益演变为具有非洲传统精神和文化内涵的、真正为本地区本民族所认同的基督教。[115]基督教的非洲化虽然包括教会名称、神学诉求、圣职机构、圣礼仪式、组织结构等多方面，但非洲独立教会是最基本的表现。非洲独立教会的特点是独立、融合和多元共存。非洲独立教会借鉴基督教的组织形式却不承认欧洲人的理想模式，继承本土宗教的某些方式却不全然认可传统社会。这种创新为民族主义运动提供了文化资源，发展出一种抵抗种族主义的解放神学，成为一种变革力量。非洲基督教信徒中西方倾向最强的南非卫理公会教会（Methodist Church），非洲人所占比例不断下降，非洲独立教会成员却不断上升。1946 年，非洲人会员在卫理公会教会占非洲总人口的 12.9%，非洲独立教会人数占 9.6%；1951 年，双方人数分别是 12.2%和 18.6%；1960 年则为 12%和 20.1%；1970 年为 11%和 23%；1980 年为 9.3%和 29.3%。1991 年，卫理公会教会会员只占南非非洲总人口的 7.5%，而非洲独立教会人数已占 40%。其他教会面临同样的处境。从 1980 年以来，南非的公理教会（Congregational Church）失去了 25%的选区，英国国教（Anglican Church）失去了 20%，卫理公会教会失去了 18%，其他教会也同样不断失去地盘。同一时期，非洲独立教会却增加了 25%的选区。[116]

然而，随着独立国家的建立，非洲社会出现了新的挑战，非洲基督教会的传教和服务方式也随之改变。非洲独立教会将解决新的社会矛盾视为自身的目标，从而为基督教赋予了新使命。非洲独立教会也被称为先知运动、新宗教运动、非洲发起教会和非洲本土教会。这些术语表示了非洲各地存在的独立基督教团体。这些教会有非洲独特的礼拜仪式和教义，在名称、仪式和语言方面多样，但共同点是由非洲人倡议、建立、领导并传播，强调以黑人文化为主，往往由具有预言或神力的反欧洲人的本土先知掌握领导权。他们传播神的启示，并希望建立一个没有压迫、没有白人统治的社会。实际上，非洲独立教会

2018 年，第 81-83 页。

115 郭佳：《撒哈拉以南非洲基督教的历史与现实》，《世界宗教文化》，2016 年第 3 期，第 63 页。

116 G. C. Oosthuizen, "The African Independent Churches in South Africa: A History of Persecution", *Emory International Law Review*, Vol.14(Summer 2000), pp.1089,1098-1099.

是非洲基督教不断进行的宗教改革的一个能动组成部分，既有不断的创新，也有持续的复兴。[117]在新的环境下，五旬节教会与神魅教会（Pentecostal and Charismatic Churches, NPCs）在非洲大陆呈现出快速上升的趋势。长期研究五旬节教会的安德森在指出这一趋势后，承认这是非洲基督教的"复兴和重振"（revival and renewal）。他一方面意识到五旬节教徒的定义有多种，认为 21 世纪初南非的人口中约 10-40%的基督教徒可称为五旬节教徒，另一方面却又表示自己赞成用较宽泛的定义。[118]有的学者甚至认为这是非洲基督教徒自埃塞俄比亚教会和锡安山教会之后对白人基督教会表现的文化霸权的"第三次反应"（third response）。[119]实际上，各种非洲基督教教会特别是独立教会均在根据客观局势及自身特点不断调整自己的存在方式，其服务不仅以非洲人适应的方式进行，从而将基督教信息传入平民社会，还运用广播录音、电子乐器、电视影像等新型通讯手段，传教伴随着热情甚至情绪化宣传。[120]此外，非洲基督教为适应形势的变化，也在力图探讨如环境神学、同性恋等新的社会现象。[121]

---

117 当然，有的非洲独立教会备有特定的圣经、仪式或信条，已经不被认为是基督教会。例如，津巴布韦东部出现的上帝城运动（City of God Movement）有自己的圣经和根据自身等级制度对神圣三位一体作出的解释，已难以被基督教会承认。Marthinus L. Daneel, *Quest for Belonging: Introduction to a Study of African Independent Churches* (Mambo Occasional Papers Missio-Pastoral Series No. 17), Mambo Press, 1987. p.33.

118 Allan Anderson, "New African Initiated Pentecostalism and Charismatics in South Africa", *Journal of Religion in Africa*, 35:1(2005), p.67; A. Anderson, "The Newer Pentecostal and Charismatic Churches: The Shape of Future Christianity in Africa?", *PNEUMA: The Journal of the Society for Pentecostal Studies*, 24:2(2002), pp.167-184.

119 Ogbu U. Kalu, "The Third Response: Pentecostalism and the Reconstruction of Christian Experience in Africa, 1970-1995," *Journal of African Christian Thought*, 1:2(1998), p.3. 有的中国学者似乎认同这一观点，参见王涛、黄士顺："基督教非洲本土独立教会的渊源与流变"，《世界宗教文化》，2022 年第 2 期，第 31-43 页。

120 W. A. Saayman, " Some Reflections on the Development of the Pentecostal Mission Model in South Africa", *Missionalia*, 21:1(1993), pp.40-56; Christoff M. Pauw, "African Independent Churches as a 'People's Response' to the Christian Message", *Journal for the Study of Religion*, 8:1(1995), pp.3-25; A.H. Anderson, *To the Ends of the Earth: Pentecostalism and the Transformation of World Christianity*, New York: Oxford University Press, 2013; Retief Muller, *African Pilgrimage: Ritual Travel in South Africa's Christianity of Zion*, New York: Routledge, 2016; Zandisile M. Dweba & Reuben Z. Rashe, "A Theological Assessment of Clergy Leadership Capabilities in the Ethiopian Episcopal Church in South Africa", *Pharos Journal of Theology*, Vol.102 (August 2021). DOI:10.46222/pharosjot.102.028.

121 M.L.Daneel, *African Earthkeepers: Environmental Mission and Liberation in Christian*

当代非洲基督教信仰主要表现于对一种神圣使命的积极态度，认为圣灵敬拜以及强调神魅对每位信徒的相对平等的感召力。圣灵被认为是无条件地给予每个信徒的，可以实现"此时此地"的救赎，即信仰每天都有神圣的遭遇，即信仰与生活相通，神圣与世俗相融，精神与物质相连，具体表现为信仰可以帮助人们从疾病痛苦中康复，从邪恶势力中解脱。这种宗教的日常化使"圣职人员"（clergy）和"俗世信徒"（laity）之间几乎不存在区别。这样，非洲基督教特别是独立教会的活动也不仅仅与国家政治相关，而是成为生活中最重要的活动，教会无时不刻地影响到各种情况。[122]

......

黄畅的博士论文《全球史视角下基督教在英国殖民统治中的作用——以1841-1914 年的香港和约鲁巴兰为例》经过修改补充，今天得以出版，十分难得。这也是黄畅博士的第一部学术专著，我感到由衷的高兴，也借此机会表示衷心祝贺。她希望我写一篇序言。我与黄畅同学认识较早，她的论文我也一直关注，并多次与她交流意见。论文的主题是基督教的作用，这点非常重要，因为中国学界涉及这一问题的论著很少。进一步细化的专题是基督教在英国殖民统治中的作用，并就中国的香港和尼日利亚的约鲁巴地区进行比较。我在这方面的知识储备比较薄弱。幸运的是，本人曾受《中国大百科全书（第三版）》编辑的委托，撰写了"非洲基督教史"和"非洲独立教会史"、"埃塞俄比亚教会"等多条与非洲基督教有关的条目，便欣然应承了这一艰巨任务。目前，中非关系的快速发展成为国际政治中的突出话题，也促使学界认识到全面了解非洲社会的迫切性。[123]在学术研究范围，非洲的宗教是题中应有之义。《全球史视角下基督教在英国殖民统治中的作用——以 1841-1914 年的香港和约鲁巴兰为例》无疑是一个非常有意义的尝试，涉及面广，比较角度特别。就香港

Perspective, Pretoria: UNISA Press, 1999; Gunda Masiiwa Ragies, "Jesus Christ, Homosexuality and Masculinity in African Christianity: Reading Luke 10:1-12", *Exchange*, 42(2013), pp.16-33.

122 Barbara Bompani, "African Independent Churches in Post-Apartheid South Africa: New Political Interpretations", *Journal of Southern African Studies*, 34:3 (September 2008), pp.665-677.

123 Eric Olander, "China's Surprisingly Durable Reputation in Africa", *The Africa Report*, Sept. 11, 2020. https://www.theafricareport.com/41380/chinas-surprisingly-durable-reputation-in-africa/. Lina Benabdallah, "China's Soft-Power Advantage in Africa: Beijing Isn't Just Building Roads——It's Making Friends", *Foreign Affairs*, December 23, 2021; Li Anshan, "China-Africa in the Context of BRI-B3W", *Brazilian Journal of African Studies*, v.7, n.13, Jan./Jun. 2022.

而言，国人多少知道一点。然而，知道非洲的人本来就少，知道尼日利亚约鲁巴地区的人更少，而知道基督教在英国殖民统治的作用，特别是在这一地区之作用的人可谓聊聊无几。我认为，殖民统治、被歧视的地位及受过基督教教育的民族知识分子是非洲独立教会出现的关键因素。黄畅博士在她的著作中提供了具体案例。在被欧洲传教士边缘化的背景下，精英阶层逐渐成为约鲁巴兰变革的先驱者，开始投入于反殖民事业中。约鲁巴族传教士和牧师于19世纪末开展教会独立运动。约鲁巴族牧师詹姆斯·约翰逊（James Johnson）于1891年9月领导的"非洲联合教会"（United African Church）在拉各斯建立。1901年拉各斯又出现了"非洲反国教教会"（African Bethel Church）。基督教在非洲影响面极广，发展很快。2000年非洲的基督教徒为3.59亿，2015年为5.4亿，占非洲人口的49%及世界基督徒的22.4%，2020年已达6.67亿。基督教徒目前在23个非洲国家（注意：这一数据来自中国外交部网站的"地区（国家）非洲"）占绝大多数，还在不少国家占多数。黄畅博士的著作描述了基督教与初期英国殖民活动的配合，传教士对当地内部事务的干预，传教团作为政权存在以及英国殖民时期基督教在当地社会的渗透与深度参与。从历史的角度看，英国殖民统治及其背后的基督教传播对其占有（或租借）的亚洲和非洲地区的政治、经济和文化产生了深远影响。这一点对我们客观理解当今亚非国家的社会现状非常重要。

是为序。

李安山

2022年国庆假日期间

目

次

绪　论

一、研究缘起：以英国为切入点的全球史（1841-1914）

　　全球史作为一种 20 世纪 60、70 年代兴起的研究方法，突破了 19 世纪以来国别史和"西方中心论"传统，从文明比较的角度建构世界历史，将全人类的文化发展、社会生活的演进作为史学研究的重点，突出文化多元共存的合理性以及人类各区域文明之间交往互动的历史意义。从这点上来说，19 世纪中叶至第一次世界大战前的英国帝国史实际上是以英国为切入点的全球史：英国及受其殖民统治地区进入全球一体化、转向现代社会的进程。因此，本书以整体世界史观，以英国为切入点探讨世界一体化进程。1841-1914 年是英帝国体系建构的重要时期，也是受英国殖民统治的香港（中国）与约鲁巴兰（尼日利亚）参与世界文明互动交流过程的时期。香港岛于 1841 年为英国所占领，1842 年签署的中英《南京条约》第三条规定："因大英商船远路涉洋，往往有损坏须修补者，自应给予沿海一处，以便修船及存守所用物料。今大皇帝准将香港一岛给予大英国君主暨嗣后世袭主位者常远据守主掌，任便立法治理。"[1] 此后 150 余年间，香港遭受英国殖民统治。约鲁巴兰（Yorubaland）[2]位于今

---

[1] 王铁崖：《中外旧约章汇编》（第一册），北京：生活·读书·新知三联书店，1957 年，第 30-33 页。香港从来只是曾被英国殖民管治，但却不是英国的殖民地，因为中国自始至终都对香港地区拥有主权。

[2] "Yorubaland"对应的中文译名有"约鲁巴地方"（如：上海师范大学《尼日利亚史》翻译组翻译的英国学者艾伦·伯恩斯的《尼日利亚史》）、"约鲁巴兰"（如：联合国教科文组织编写的八卷本《非洲通史》）。本书采用"约鲁巴兰"作为"Yorubaland"的中文译名。

历史上约鲁巴兰的内部结构多元而复杂，并未形成统一的社会文化-政治单位，目

西非尼日利亚西南大部，1851年拉各斯被迫向英国交出主权，1861年成为英国在尼日利亚第一个直辖殖民地。1841-1914年是受英国殖民统治的香港和约鲁巴兰建设发展的起步阶段，在这一过程中，基督教在香港和约鲁巴兰两地与殖民活动步步配合，时时推进，深刻改变了当地原先的文化结构，使这两个具有鲜明民族文化特征的地区开始走向与原有文化不同的方向，这不仅体现了英帝国全球战略，也反映了以欧洲为中心世界全球化发展的情势。

1500年前后的地理大发现，使得全球的跨文化互动与文化碰撞相较于以往在一个更大的地理范围内展开，全球历史进入一个新时代，全球一体化进程自此开始。[3]全球一体化进程也伴随着西欧资本主义出现，各国实力不断增强，不断向外扩张，寻找海外市场。"当1500年左右西方开始海外扩张时，这种传统的地区自治便开始让位于全球的统一，诸种族不再互相隔绝。由于欧洲人在这一全球运动中处于领先地位，因此，正是他们支配了这个刚刚连在一起的世界。到19世纪时，他们在政治上以其强大的帝国、在经济上以股份公司控制了全球。他们还享有文化上的支配地位，于是西方文化变成了全球的典范。西方文化等同于文明。"[4]

在1500-1800年的近代早期时代，世界各地区之间建立了更加广泛和紧密的联系，商业贸易、文化传播、物种交流深刻地改变了世界各文明的发展进程。

前对于"约鲁巴兰"的界定基于三种标准：第一种是以语言为标准，即说标准约鲁巴语或约鲁巴方言的地方都属于约鲁巴兰；第二种是以祖居地为标准；第三种是以文化区域为标准。包括本书采用第三种标准，约鲁巴文化区域（法国人种学文献称为"纳戈"）指的是莫诺河-尼日尔河范围内的最广大的文化区。包括：现在的尼日利亚的奥贡州（Ogun）、拉各斯州（Lagos）、奥约州（Oyo）、翁多州（Ondo）和卡瓦拉州（Kwara）东南部，以及贝宁共和国东部科图（Ketu）、安纳（Ana）、萨贝（Sabe）等地区和多哥共和国中部以西的安塔卡帕米（Atakpame）地区。（参见：[尼日利亚]J.F.A.阿贾伊：《非洲通史》（第六卷：1800-1879年的非洲），中国对外翻译出版有限公司，2013年，第604-606页。Toyin Falola, Ann Genova, *Yoruba Identity and Power Politics*, University of Rochester Press, 2006, pp. 96-97）。关于约鲁巴兰的概况将在本书第一章详细说明。

3 杰里·本特利《新全球史》认为公元1500-1800年为全球一体化缘起阶段；麦克尼尔父子的《全球史》认为1450年-1800年，世界性的网络开始编织，世界进入了现代早期的全球化进程；斯塔夫里阿诺斯《全球通史》认为1500年至1763年是全球统一性开始的时期，"是从1500年以前时代的地区孤立主义到19世纪欧洲的世界霸权的过渡时期。"综上研究可见，15世纪至18世纪全球开始进入一体化进程。

4 [美]斯塔夫里阿诺斯著，吴象婴、梁赤民、董书慧、王昶译：《全球通史：从史前史到21世纪》（下），北京大学出版社，第473页。

在这个全球性相互影响过程中,作为主导力量的西欧无疑是最大的受益者,代表国家是英国。英国不仅在北美洲征服了辽阔的殖民地,还在亚洲和非洲建立了许多商业据点,不断将被征服地区卷入到以英国为主导的世界体系中。但是在这个时期,英国对广阔的非洲内陆以及东亚地区的影响力并不明显。[5]

英国在 14 世纪时已经出现资本主义萌芽。到了 16 世纪初,英国的毛纺织业采矿、冶金、造船业的发展、大量手工工场的出现以及随之而来的大规模的"圈地运动",使得英国不仅逐渐在欧洲贸易市场占据首位,而且将海外贸易扩展到全世界。1688 年"光荣革命"为资本主义的发展扫清了道路,资本主义的生产关系在英国取得了统治地位。18 世纪中期英国开始了工业革命,大机器生产使社会生产力迅猛提高,为英帝国称霸世界打下了经济基础。

19 世纪伊始,自由资本主义在英国全面发展,结束了英国沿袭几百年的旧殖民制度,英国完成了政治、经济、外交、宗教、思想等一系列变革,彻底扫除了阻止英国成为"世界工厂"和"世界市场"的障碍,19 世纪的英国开始成为世界第一强国,引领世界全球化进程。

在政治上,19 世纪英国的议会改革,使英国完成了从寡头政治制度向大众民主制度的转变,英国的和平变革的方式,不仅实现了国家权力的平稳过渡,也为国家的经济变革、外交创造了有利条件。

在经济上,18 世纪末,始于英国的工业革命不仅促进了西欧各国的政治、经济、军事能力的增强,也在 19 世纪对整个世界产生了深远的影响。受古典政治经济学的影响,在经济自由主义思想的指导下,英国工业革命在 19 世纪突飞猛进,英国建立了强大的纺织、钢铁、煤炭、机器制造和交通运输五大工业部门。自由贸易政策的确立,为英国工业品的输出和大宗原料、粮食的输入奠定了基础。至 19 世纪中叶,英国成为"世界工厂"和世界贸易的中心。英国的海外投资也快速增长,从欧洲大陆逐渐转向殖民地。19 世纪中叶至 1914 年,英国在工业产量、国际贸易量等方面都位于世界前列。

政治、经济的变革,使英国在 19 世纪经历了现代转型。从 19 世纪开始,英国进入"自觉信仰"的时代。人们普遍相信,英国的繁荣和稳定、自由和帝国都植根于基督教信仰,有组织的宗教是社会的中坚力量,没有宗教,国家会解体。英国国教和其他教派都对自身在社会中的地位重新思考,各教派之间的

5　[美]杰里·本特利、赫伯特·齐格勒著,魏凤莲、张颖、白玉广译:《新全球史:文明的传承与交流》(第三版)(下册),北京大学出版社,2007 年,第 630-631 页。

对立和分歧日渐消退，世俗化成为社会的特征。世俗化的内涵之一就是对宗教的高度宽容，由于宗教情感与世俗社会分属精神领域和生存领域，所以两者并不产生冲突。宗教因此发挥了新的社会功能，同经济、政治、科学、教育、文化、艺术、伦理以至风尚、习俗交织在一起，贯穿于人们认识世界和改造世界的全过程。作为一种意识形态，它自然体现了意识形态的社会功能：为社会提供一种认识世界的方式、一套评判社会行为的价值观念和道德体系。作为一种社会实体，宗教体现了其社会实体的功能：为社会提供一种组织社会的形式，一套调适和整合、凝聚社会的机制和体系，从而在社会转型的过程中继续发挥重要的作用，实现了多元化发展。资本主义精神与新教伦理相辅相承，因此工业化并没有削弱英国的宗教意识，反而使宗教的影响加大了。基督教福音主义传教士不断呼吁教徒前往殖民地去感化异教徒。由于对非洲缺乏了解，许多欧洲基督徒认为非洲人除了穆斯林之外，是没有宗教的。他们认为，亚洲和非洲殖民地的传统宗教及其仪式只是一种迷信，如果对这些国家进行基督教教化，那么撒哈拉以南非洲和亚洲将可以成为基督教繁荣发展的沃土。

英国在思想和文化方面也发生了变化。19 世纪中叶，随着地质学、古生物学和比较解剖学的发展，"进化思想"逐渐取得在思想界的统治地位，以达尔文的《物种起源》的出版为标志。此后，以斯宾塞为代表的英国进化论哲学家将生物进化规律移植到对人类社会的分析中，从生物的进化论演绎出了所谓的"种族优劣论"，用来说明人类社会的进化，形成了所谓的"社会达尔文主义"。"社会达尔文主义"宣扬盎格鲁—撒克逊人至高无上的地位，人种学宣称白色人种优于有色人种，这为大英帝国的殖民政策提供了所谓的理论依据。[6]

为了实现全球自由贸易，19 世纪英国的外交政策作了相应调整。"19 世纪的英国外交有两个基本点，一是捍卫英国的国际地位，二是保障英国的经济繁荣和对外贸易。"[7]因此，19 世纪中叶，随着工业革命的完成和工业生产的进一步扩展，英国加速向海外进行殖民扩张，大量获取殖民地，寻求新的产品销售市场和原料。从历史来看，英国资本主义的发展与其海外殖民密不可分。早在16 世纪后期，英国就开始执行海外殖民政策。1607 年，英国在北美的弗吉尼亚，正式建成了第一块号称"永久的殖民地"——詹姆斯敦。接着，又在北美

6 王觉非主编：《近代英国史》，南京：南京大学出版社，1997 年，第 605-614 页。
7 钱乘旦主编：《英国通史》（第五卷：光辉岁月——19 世纪英国），刘成、胡传胜、陆伟芳、傅新球著，南京：江苏人民出版社，2016 年，第 3 页。

和西印度群岛掠取了很多新的殖民地，并且在印度的西海岸和非洲，占领了一些城市，作为海外贸易和殖民扩张的据点。1776 年，美国赢得了独立，英国失去了它在北美建立的 13 个殖民地，但却取得了对整个加拿大和印巴次大陆的控制。一直到此时，英国奉行重商主义，"将殖民地看作是本国市场的延伸，要求对殖民地的生产与销售进行垄断，将其作为宗主国产品的推销地及原料供应地。为此，英国政府一再颁布《航海条例》，规定殖民地只能与宗主国进行贸易，禁止它们与其他国家通商自由。"[8]而自 19 世纪起，英国开始调整对殖民地的政策。1839 年，达勒姆提出的《英属北美事务报告》（也称"达勒姆报告"）[9]奠定了此后约一个世纪英国殖民政策的基础。对世界市场的需求和自由主义的思想，使得英国的殖民地扩展到世界各地，特别是在非洲、亚洲和大洋洲，取得了大片新的殖民地。

1899 年，英国占有的海外殖民地面积总共达 2410 万平方公里，殖民地人口达 30900 万。[10]正如列宁指出的那样，"英国从十九世纪中叶起，就具备了帝国主义的两大特点：拥有大量的殖民地领土；在世界市场上占垄断地位。"[11]在 1914 年第一次世界大战爆发之前，英国的海外领土已达到了本土的 137 倍之多。殖民地人民从西欧社会的发展中汲取经验，试图将西欧国家的政治和社会原则套用到自己的国家中，重新构建国家和社会。

麦克尼尔在构架其全球史观念时提到："在任何一个时代，世界各文化之间的平衡都会轻易地被打破，扰动可能来自一个或多个文化中心，那里的人们成功地创造了魅力非凡或强大有力的文明。进而，它们的邻居，抑或邻居的邻居，被诱惑或被迫使去改变自己传统的生活方式，有时候是直接移植一些技术或观念，但更多的情况，是加以调整和改变，以便更为顺利地适应当地的环境。在连续几个时代里，对世界造成这种扰动的主要的文明中心有所不同。因此，首先要研究最初的一个或几个扰动中心，然后考察对文化创造的主要中心所产生的革新，世界上的其他民族在（往往是二手或三手）认识或体验之后，做出了怎样的反应或反抗，进而，我们就有可能对世界历史的各个阶段进行概括。"[12]

8　钱乘旦、许杰明著：《英国通史》，上海社会科学院出版社，2012 年，第 294 页。

9　达勒姆报告的核心内容即：殖民地政府既是自治的，也是责任制的。

10　孙文芳：《英伦今昔与帝苑沧桑》，北京：时事出版社，1991 年，第 15 页。

11　孙文芳：《英伦今昔与帝苑沧桑》，北京：时事出版社，1991 年，第 15-17 页。

12　参看：[美]约翰·R·麦克尼尔、威廉·R·麦克尼尔著，王晋新等译：《全球史：从史前到 21 世纪的人类网络》，北京：北京大学出版社，2017 年。

　　无疑，19 世纪中叶至一战前，英国就是麦克尼尔所说的"对世界造成扰动的"主要文明中心。在香港，英国文明与香港本土文明发生碰撞，香港一直稳定的文明生态被打破，此后"英式的香港"的影响对该地区造成了持续的影响。在非洲，基督教强势植入西非，约鲁巴文化遭到挑战，到 1914 年时，英国在西非拥有一定数量的殖民地，并有效地建立起了其对亚洲的控制。而英国之所以能进行这种前所未有的扩张，是因为其现代化进程一直在加速。科学革命、工业化和帝国主义这三个历史进程促使世界各地以前所未有的程度紧密联系起来。全球化的进程波及世界各地区的人口，各种文明在空间上的横向接触，影响着世界政治、经济的发展和社会的变迁。因此，英国殖民统治下的香港和约鲁巴兰在 19 世纪后半期至 20 世纪初的发展变迁，透视地反映了英国殖民建设、发展、革新过程以及当地人民所做出的反应或反抗，再现了香港和约鲁巴兰在英国的影响下进入世界全球化一体化发展的进程。

　　从香港来看，1683 年便有英国东印度公司商船"卡罗莱娜"号（Carolina）来港贸易，这可能是英国人第一次到达香港地区。[13]18 世纪末，英国在殖民槟榔屿时，就有占领香港大屿山的计划。19 世纪初，英国开始搜集大量有关香港水域的情报。[14]19 世纪 30 年代起，英国驻华商务总监律劳卑（William John Napier）正式建议占领香港。1840 年 6 月，英国"远征军"到达中国后，宣布封锁珠江，并于 7 月攻占定海。12 月末琦善与英国全权代表义律（Charles Elliot）在广州开启了中英谈判，英国首次提出占据香港岛的要求。谈判破裂后，英国于 1841 年武力侵占香港岛。在 1842 年中英《南京条约》签订前，英国已经开始在香港岛建立了其所谓的事实上的殖民统治：建立各种军事设施（海军仓库、兵营、炮台、弹药库等），建立香港殖民政府，[15]宣布香港为自由港，拍卖香港土地，以及进行城市建设（修建马路、住宅和市场）。1843 年，香港被迫置于英国殖民统治下，这些建设继续推进，并呈现系统化和规模化。1860 年《北京条约》签订，英国割占九龙半岛，并对其进行建设，除了将其用作军事基地之外，也开始在九龙半岛建医院、私人住宅、船坞、运动场所等，港岛与

<hr>

13　余绳武、刘存宽主编：《十九世纪的香港》，北京：中华书局，1994 年，第 30 页。

14　如从 1806 年起，英国东印度公司水文地理学家霍斯伯格（James Horsburgh）连续多年勘测香港水域情况，并递交英国外交部调查报告。参看：F.S.Taylor, Hong Kong as a Factor in British Relations with China, 1834-1860, Master Phil. Thesis, London, 1967, p.2.

15　"在香港建立巩固和永久的商港和英国政府"，参看英国外交部档案：F.O.881/75A, pp.140-141.

九龙之间的海域变成了香港的"内湖"，香港面积进一步扩大。同时，作为英国在远东的优良转口港和军事基地，香港的重要性也愈加提高。[16]19世纪末，世界资本主义开始进入帝国主义阶段。甲午战争后，帝国主义掀起瓜分中国的狂潮，俄国、法国、德国、日本等的行动在英国本土和殖民统治下的香港引起极大的震动，英国开始调整对华政策，港英殖民政府要求展拓香港界址。1898年英国与清政府签订《展拓香港界址专条》，租借新界，完成了其对中国香港地区领土的占领。

英国占领前的香港拥有清朝正规军的驻守，通行大清律法，清王朝在香港岛上建立了许多村落，实行大清政治制度，当地的风俗习惯、宗教信仰与闽粤沿海一带大致相同。1840年后，香港的政治、经济和社会伴随着英国的殖民活动发生了巨大的变化。英国在香港实行殖民主义政治体系和资本主义经济制度，建立了英国所谓的"直辖殖民地"模式[17]的政治制度，改变了香港原有的社会性质和社会结构。英国占领香港后，便宣布将香港开辟成为自由港。到19世纪末，香港成为"中国沿海、内陆水路贸易的终端及其与国际航运的联结点"[18]，是世界贸易的重要港口，并确立了其作为转口贸易港的地位，使香港成为全球化都市，进入了全球一体化进程中。

从非洲约鲁巴兰来看，在19世纪以前，并不存在"Yoruba（约鲁巴）"一词，也没有"约鲁巴人""约鲁巴民族"的说法。一直到19世纪中叶，约鲁巴兰人民才接触到"约鲁巴"一词，并开始接受和使用这一名称。[19]从15世纪起，欧洲人开始涉足今天的尼日利亚地区，从事奴隶贸易。19世纪以前，欧洲对非洲感兴趣的原因在于非洲能够为开发欧洲新大陆提供廉价劳动力。英国在18世纪晚期开始并于19世纪中叶完成工业革命，机器工业的建立、世界市场的产生、在国际范围内发展的劳动分工以及经济专业化，使其最迫切的问

16　余绳武、刘存宽主编：《十九世纪的香港》，北京：中华书局，1994年，第62-101页。

17　即：由宗主国政府负责管治的殖民地，殖民地居民所享有的代表权受到极为严格的限制。英国学者弗兰克·韦尔什（Frank Welsh）认为更准确的说法是"香港是一个碰巧由英国管治的中国人的殖民地。"参见：[英]弗兰克·韦尔什著，王皖强、黄亚红译：《香港史》，北京：中央编译出版社，第8-9页。但是，根据1972年联合国第2908号决议，香港不属于殖民地，只是曾经遭受英国的殖民统治。

18　余绳武、刘存宽主编：《十九世纪的香港》，北京：中华书局，1994年，第300页。

19　Christopher A. Waterman, "Our Tradition is a Very Modern Tradition: Popular Music and Construction of Pan-Yoruba Identity", *Ethnomusicology*, Vol. 34, No. 3, 1990.

题是必须为工业品寻找新的销售市场、原料产地和投资市场。而非洲因其丰富的自然资源和广阔的销售市场,成为英国觊觎对象。英国自 18 世纪末 19 世纪初开始计划向非洲大陆内地渗透,于是开始对非洲内陆进行有组织有计划地勘探。大批探险家、地理学家、传教士和商人,充当英国殖民扩张的开路者。英国地理协会开始考察西非的水路交通命脉,特别是尼日尔河。数次组织和参加探险的英国船主莱尔德这样写道:"大不列颠的影响和贸易会顺着这条航道渗透到该地区最遥远的角落。一亿人会被引来同文明世界直接接触。我们的工业会获得广大的新市场。土地肥沃、物产丰富的大陆会把自己的财富展示在我们的商人面前。"[20]传教士们参与了这些考察和勘探活动,他们在非洲沿海地区建立据点,并逐步向内地渗透,希望使落后、"野蛮"的非洲民族信奉基督教并使其"文明化"。他们成了欧洲影响的传播者,为欧洲国家提供了许多有价值的信息。从约鲁巴兰来看,18 世纪后期,奥约(Oyo)帝国因持续了约一个半世纪的内部战争而走向衰落。英国利用传教士介入战争,在发动殖民前平息了这一地区的战争,为其后来的"和平渗透"奠定的基础。"约鲁巴(Yoruba)"一词的建构、"约鲁巴民族"的认同与英国的殖民以及英国传教团的活动密切相关。最早的"约鲁巴人"只是用来称奥约人,后来才扩大到其他族体。"约鲁巴人"和"约鲁巴族体"的确立正是英国圣公会确立了"标准约鲁巴语(Standard Yoruba)"的结果。[21]1861 年,英国占领约鲁巴兰拉各斯,并以此为基础开始了征服南、北尼日利亚的进程。

由此所见,英国的殖民扩张与其殖民统治过程与基督教[22]的世界传播紧密联系。正如马克斯·韦伯在《新教伦理与资本主义精神》中指出,新教的理性主义和工作伦理,对资本主义的兴起至关重要。基督教思想包含了促进资本主义精神发展的因素,传教团在殖民地的活动也是帝国扩张的推动力之一,并客观上推动了资本主义以及整个西方文明的发展和传播过程。在英国人看来,向

---

20 苏联科学院非洲研究所主编、顾以安、翁访民译:《非洲史(1800-1918)》(上册),上海:上海人民出版社,1977 年,第 205-206 页。

21 参看:李安山:《非洲民族主义研究》,北京:中国国际广播出版社,2004 年,第 238-239 页。

22 1054 年基督教分裂为东部"东正教"(Orthodox Church)和西部"公教"(Catholic Church),1517 年马丁·路德宗教改革将"新教"(Protestant Church)从罗马"公教"分离出来。因此,广义的基督教分为三大支:东正教、公教和新教。国内学术界多将"公教"翻译成"天主教",新教译成"基督教"。本书所称基督教指的是基督新教(Protestantism)。

全世界拓展贸易不仅是出于经济上的动机，还内含着传播文明与福音的作用，具有宗教意义上的正义性。正如殖民地大臣（Colonial Secretary）格雷所说："商业与和平引领着文明，会使人类生活得更幸福、更富裕，这正是上帝的安排。"[23]1787 年，福音主义者、废奴运动领袖在非洲西岸创立塞拉利昂殖民地；1792、1795 年和 1799 年，浸礼会、公理会和国教会组织传教团，向西非派遣第一批传教士。[24]1807 年，伦敦会派遣马礼逊进入中国，新教开始在中国传播。基督新教在西非和中国的传播，与这些地区的社会转型、社会近代史的开端恰好重合。当地社会从一个自给自足的相对封闭的状态到卷入世界体系中，可以说，宗教是推动这些地区实现近代转型、融入世界体系的重要推手。基督教的进入，对西非和中国的政治、经济、社会、文化、思想、文化和宗教方面有一定的影响，其中必然是夹杂着融合和冲突。

综上所述，传教活动作为一个重要因素，英国基督教传教士在殖民统治地区开展的活动，对受其殖民统治的地区及殖民地的建设、发展起了相当大的作用。因此，本书选取中国香港和西非约鲁巴兰为例，探讨：1. 基督教如何在殖民初期配合英国的殖民活动，对受殖民统治地区的政治、经济、社会、教育、卫生服务和城市化进程产生的影响，以及这些地区如何被迫卷入世界政治经济体系中；2. 基督教如何配合英殖民活动对殖民地及殖民统治地区的文化生态施加影响，又如何通过对本土语言的研究，将欧洲语言带入这些地区，欧洲语言又如何伴随着英国的贸易进入这些地区；3. 伴随着英国殖民进程的逐渐深入，基督教与英国的殖民活动如何间接推动民族意识觉醒，使当地社会有了政治观念和诉求，推动了当地的反殖民活动。

本书选择以中国香港和尼日利亚约鲁巴兰为例，探讨 1841 年至 1914 年基督教活动与英殖民发展的配合，基于以下的考量因素：

从时间上来看，本书选择的时间段是由 1841 年至 1914 年，原因是：从英国来看，维多利亚时代（1837-1901）是不列颠帝国的"黄金时代"。随着资本主义生产方式的建立和发展，自由资本主义的发展，英国不断向海外扩张，发展了大量海外殖民地。1914 年一战后，英帝国走向了衰落。1841-1914 年，英国完成了第一帝国向第二帝国的转型，由重商主义向自由帝国主义（Liberal

23 P. J. Marshall, *The Cambridge Illustrated History of the British Empire*, Cambridge: Cambridge University Press, 1996, p.32.

24 [美]克莱顿·罗伯茨、戴维·罗伯茨、道格拉斯·R·比松著，潘兴明等译：《英国史》（下册：1688 年-现在），北京：商务印书馆，2013 年，第 312 页。

Imperialism）转变。英国人于 1841 年 1 月 26 日（道光年二十一年正月初四）强占香港，[25]随后逐步在香港建立军事和政府机构，为后来港英政府的成立奠定了坚实的基础。一战后，随着英国实力衰退，自 1914 年起，华人在香港政治、经济和社会中开始占据主动地位。从约鲁巴兰来看，英国从 1841 年起，传教士、商人和探险家开始了尼日尔远征，开始建立商站和传教据点，搜集约鲁巴兰情报寄回英国。[26]1914 年，英国建立了尼日利亚殖民地和保护国，尼日利亚作为一个现代政治主体开始出现在世界舞台上。从时间轴上来看，英国、英国殖民统治下的香港、英殖民地约鲁巴兰具有高度的重合性，因此，以香港和约鲁巴为例，结合英国自身的变化，能更好地说明在英国的影响下，全球一体化形成的过程。从经济发展来说，19 世纪中叶起，英国由重商主义向自由贸易转变，英国迫切需要更多贸易原材料以及市场，开始将眼光转向了亚洲和非洲，将中国和尼日尔河三角洲作为亚洲和非洲最重要的销售市场和原材料来源地。而英国一直苦于无法渗入这两大地区的内陆，因此选取了香港和拉各斯港口地区，实行其"和平渗透"政策。通过对英国在香港和约鲁巴兰的殖民活动的研究，有助于我们了解全球一体化进程。

从空间上来看：第一，从基督教发展来看，18 世纪末 19 世纪初西欧和北美兴起了大规模基督教福音运动，基督教新教纷纷成立。从香港的角度来说，1807 年，马礼逊受伦敦传道会派遣来华传教，到达广州，开始在中国传播基督教新教。到 19 世纪中叶，这些新教传教士开始在政治、经济、社会各方面产生影响。同时期的非洲，许多欧洲基督徒由于对非洲缺乏了解，认为非洲人除了穆斯林之外，是没有宗教信仰的。因此，广阔的非洲成为他们传教的重要考量地区。他们坚信，福音的传播，会使这些地区走出蒙昧与黑暗。因而 19 世纪中期开始，传教士伴随着内陆探险（19 世纪 40 年代至 60 年代的三次尼日尔远征）一起在非洲展开了福音的宣讲，英国圣公会在约鲁巴兰（包括拉各斯、阿贝奥库塔、伊巴丹、伊莱莎）和尼日尔河三角洲地区产生了重大影响。因此，从基督教出现、传播及产生影响的角度来说，香港和约鲁巴兰具有时间和影响上的重合度，因此，本书希望以两地为例，说明基督教在英国殖民活动中所起的作用。第二，从地理位置来说，约鲁巴兰和香港拥有天然的地理优势，

---

25 见《中国丛报》第 10 卷第 1 期（*The Chinese Repository*, Vol. X No. 1, Canton, p. 64）；《筹办夷务始末》（道光朝）卷 59，北京：中华书局，第 43 页。

26 参见：*Journals of the Rev. James Frederick Schön and Mr. Samuel Crowther Accompanied by Expedition up the Niger*, London: Hatchard and Son, 1842.

使得基督教传教士容易进入该地区进行传教活动。香港"从各方面看来，无论出口入口，香港水陆环绕的地形，是世界上无与伦比的良港。"英国认为，"占领珠江东部入口处的香港岛，它令人赞叹地适用于各种用途"。[27]约鲁巴兰"南面以拉各斯浅水泻湖，北面以尼日尔河为界，西面与达荷美毗邻，东面与贝宁接壤"；[28]英国意图殖民香港和约鲁兰，一方面是充分发挥其海上优势，另一方面是企图对中国内陆及非洲内陆渗透。因此，本书以香港和约鲁巴兰为例，有助于我们了解英国如何通过在沿海地区建设殖民地，将其转变为贸易港口，从而将殖民地带入世界经济体系之中的意图。第三，从历史发展来说，香港和约鲁巴兰在受英国殖民统治前已经有一定的发展。基督教传教士得以在原有社会、文化发展基础上开始工作。从香港来看，英国占领前的香港，清政府在此已经建立比明代更完备的政权机构，社会经济和文化教育事业也有较大的发展。在受英国殖民统治前，约鲁巴兰和香港都是政治上相对封闭，经济上自给自足的社会。从约鲁巴兰来看，卢加德（Sir Frederick Lugard）勋爵曾将非洲的社会组织分为三类："原始的部落""开化的社会""欧洲化了的非洲人"，而约鲁巴族就属于"开化的社会"。[29]英国殖民前，约鲁巴兰奥约帝国虽因长期战争走向衰落，但拥有自己完善的政治、经济体系。因此，通过以二者为例，有助于我们把握殖民地及殖民统治地区如何被迫卷入资本主义世界体系中。

二、研究意义：中国香港、尼日利亚约鲁巴兰、英帝国与世界的全球化进程

本书从全球史视角探讨英帝国与世界的全球化发展中基督教影响亚洲（中国）、非洲（尼日利亚约鲁巴兰）进入全球化进程的过程，研究意义在于：

第一，剖析英国殖民化过程中基督教对世界的全球化进程产生的影响，有助于我们准确细致地了解全球一体化发展进程。正如约翰·达尔文（John Darwin）（2015）所说，"英国的扩张史是英帝国与其他地区经历的一系列遭遇

27　《英国议会文书：1840年有关对华鸦片战争文件》第265-266页。转引自：余绳武、刘存宽主编：《十九世纪的香港》，北京：中华书局，1994年，第32页。

28　[英]艾伦·伯恩斯，上海师范大学《尼日利亚史》翻译组译：《尼日利亚史》，上海：上海人民出版社，1974年，第19页。

29　Frederick Lugard, *The Dual Mandate in British Tropical Africa*, 2nd edition, London: William Blackwood & Sons Ltd., 1923, p.23.

的历史，以接触交流为始，以建立殖民社会为终，这就是帝国的构建过程。"[30]除了一个"有形帝国"的存在之外，还有一个"无形帝国"的存在，即英国的工业、技术、思想、文化向殖民地或殖民统治地区传播：欧洲语言被引入贸易共同体中，本土和英语在殖民地或殖民统治地区混合形成了皮钦语，如香港的洋泾浜语，约鲁巴兰的克里奥尔语；欧洲人的服饰在殖民地或殖民统治地区被接受；殖民地或殖民统治地区通过引进新作物，如约鲁巴兰引进了木薯和玉米等，香港引进了玉米和红薯等，改变了当地人民的饮食习惯。这种传播过程并不是单线的，非洲文化也因英国传输到新大陆，巴西、古巴、特立尼达岛、海地等就受到约鲁巴文化的影响；而香港自 19 世纪中叶起，成为中西文化交流的中心。世界各地的文明并不是一个个孤立的文明，各文化之间的相互影响以及不同的文化人群之间的交流接触是促使文明演变的主要动力。当英国试图在海外进行殖民统治或建立殖民地的时候，殖民者们需要适应新环境、新作物品种，他们带上岸的器物、制度以及信奉的价值观必须根据殖民地条件作出调整或改变。殖民者们需要建立一种新型或者混合型社会，不同的政治、经济政策、宗教观等相互融合和反抗，一直伴随着殖民地社会的建设过程。受殖民统治地区的政治、社会、经济结构都会发生不同程度的变化。英帝国也是在这种殖民进程中完成自我的帝国建设。而在这个过程中，基督教作为一种世界性宗教发挥了重要作用，传教士参与了受殖民统治地区的政治、经济、文化建设。因此本书希望以中国香港和尼日利亚约鲁巴兰的建设和发展过程为例，说明在基督宗教的影响下，殖民统治地区与英国殖民活动在政治、经济、思想文化等方面的互动，从而形成的全球一体化进程。

第二，全球化进程中基督教在民族文化的形成和发展中所产生的影响。宗教对文化具有推动意义。基督教对本土文化的推动，形成了香港文化和约鲁巴文化新特点。将约鲁巴兰和香港置于全球史框架下，结合约鲁巴兰和香港分别作为英国的殖民地和殖民统治地区的地位，有助于我们准确细致地把握两个地区的文化特点。对于约鲁巴兰而言，英国殖民政府在圣公会的帮助下，赋予约鲁巴语口头文字书面化，约鲁巴文化得以保存，在文化保存形式上和历史书写上做出了一定贡献。对于港英政府而言，原有中国传统文化基础之上杂糅了欧洲文化，改变了原有的文化走向，赋予其文化新特点。而所有的新历史都源

---

30 [英]约翰·达尔文著，冯宇、任思思译：《未终结的帝国：大英帝国，一个不愿消逝的扩张梦》，北京：中信出版社，2015 年，第 12 页。

于旧历史。今天的约鲁巴兰不仅是殖民统治前历史的产物，也不只是近代殖民时代的历史产物。正如英国历史学家巴兹尔·戴维逊（Basil Davidson）在《现代非洲史》中指出，"非洲的今天是与欧洲、美洲重商主义和早期资本主义体系之间存在的直接贸易关系的产物。这种贸易关系始于 1500 年以前，到 1650 年前后才逐渐产生巨大影响，并持续了长达 200 年之久，直至后来帝国主义派军队入侵非洲……这种洲际关系对双方都有影响，而且是深远的……帝国主义入侵的缘由是资本主义体系产生了新的需要。"[31]同理，今天的香港是从昨天的发展而来的。要想说明香港的今天，必须结合 19 世纪中叶以来英国、欧洲大陆和中国的政治、经济、军事和文化的发展，而这些国家和地区的发展并不是呈现单线论的发展模式，所发生的事件具有相关性，决定性地影响着香港的发展进程。香港的历史进程与中国同英国和欧洲大陆的关系，以及欧洲对华态度的演变交织在一起。此外，19 世纪的香港是西方在中国沿海建立的"最早的滩头阵地之一"，也是中西文化和技术交流的一个中心。到中国传教或贸易的欧洲人通常先到达香港，熟悉了中国情况后，再进入内地；想要去西方学习新文化、新技术的中国有志之士也会先在香港逗留，学习西方的制度和法律等。所以，对 1841 年以后香港历史梳理，不仅有助于我们理解香港的建设和发展过程，也有助于我们增进对香港现状的认识。

　　第三，在 19 世纪全球史中信仰、宗教和宗教派别占据的十分重要位置。宗教功能涵盖个人价值取向、集体意识和身份认同、社会等级结构划分、政治斗争、日常生活建构形式等。19 世纪，英国的贸易市场和大规模的传教活动在全球得到开发。根据英国圣公会 1867 年的档案记录，中国和尼日利亚约鲁巴城邦是其重要的传教基地。[32]1807 年，英国新教传教士马礼逊以东印度公司翻译的身份开始在贸易条件相对宽松的广州和澳门展开传教活动。鸦片战争后，随着通商口岸的开放，新教各宗派传教士开始大规模进入中国，这对包括香港在内的中国的政治、经济、文化、思想和教育产生了一定的影响；在非洲，1800 年左右传教活动开始在非洲西部和南部地区缓慢和分散地进行。1840 年代，新教所有宗派和教会派传教士们渗入西非腹地进行传教活动。1870 年代，在欧洲大规模侵入非洲前，非洲传教规模再次扩大。诸如约鲁巴兰等许多地

---

31 [英]巴兹尔·戴维逊著，舒展、李力清、张学珊译：《现代非洲史：对一个新社会的探索》，中国社会科学出版社，第 5-6 页。
32 The Church Missionary Gleaner, Vol. 15, June 1865, p.63.

区，传教和贸易活动甚至先于英国的殖民活动。发生在传教士与当地人之间的事件应当被视为一种"平衡的互动关系"，[33]传教活动与帝国扩张和殖民统治之间的关系，传教士与殖民政策制定者、实施者之间的关系都需要从多角度进行研究。可以说，基督教活动与受英国殖民统治地区自身的发展、与全球一体化进程有着非常重要的联系。

第四，全球化进程中不同地区的民族的自我意识的变迁。在基督教对英国殖民活动的配合下，英国在亚州香港和非洲约鲁巴兰采取了不同的殖民政策。由于香港实质上不是英国的殖民地，英国对香港采取了所谓的"直辖殖民地"的管理模式[34]，使得香港在很大程度上远离了中国大陆的管控。而对约鲁巴兰实行的是"间接统治"的管理模式，面对非洲的生存环境和语言环境，英国人从殖民初期就开始培植本土黑人传教士和管理阶层，殖民当局意识到不可能完全使用欧洲官员取代约鲁巴兰的酋长制度。这种管理制度后来被卢加德进行总结为"间接统治"制度。通过对英国这两种不同殖民统治模式的研究，不仅有助于完善英国殖民史的研究，有利于我们把握这两地民族主义产生和兴起的背景及情况，了解其自我身份认同的依据。

综上所述，在英帝国与世界全球化发展过程中，基督教推动香港和约鲁巴兰进入世界一体化发展的过程。因此，本书以英国在中国香港和非洲约鲁巴兰殖民政策、殖民活动为基础，探讨这些地区如何在英国及基督教影响下进入全球一体化进程中，这不仅有助于为我们细致准确地了解全球一体化的发展进程，了解全球化对世界不同地区民族语言、文化、宗教乃至民族文化和民族意识的影响，有助于在世界未来全球化继续发展中保持语言生态和文化多样性，使全人类共享世界文明的财富和成就。

三、研究综述：关于基督教与香港、约鲁巴兰及英国的全球化发展问题研究已有进展

关于本论题从全球史视角透视基督教在中国香港和尼日利亚约鲁巴兰对英国殖民统治地区和殖民地的建设和发展的配合活动的相关研究暂告缺如。现有研究成果大多集中在三方面：1. 香港和约鲁巴兰的地区研究；2. 基督教

---

33 [德]于尔根·奥斯特哈默著，强朝晖、刘风译：《世界的演变：19 世纪史（III）》，北京：社会科学文献出版社，2016 年，第 1613 页。

34 英国殖民地部文件（Colonial Office, CO 129, 3 June 1843）上曾记载了英国对香港的殖民政策："香港必须实行其他英国殖民地闻所未闻的做法。"

在英殖民活动中的性质及影响；3. 基督教在香港、约鲁巴兰的发展情况。

（一）关于英国殖民统治下的香港研究

最先开始展开对英国殖民统治下的香港研究的是英国在港的传教士和外交官，这就决定了他们关注基督教对英国殖民活动的配合，关注基督教在英国对香港殖民的推动作用。如：传教士欧德理（Ernst John Eitel）[35]、外交官波大也（James Dyer Ball）[36]、塞耶（Geoffrey R. Sayer）[37]等。这些著作虽然是关于香港的通史类研究，但基督教和传教士在香港政治、经济和社会发展中产生的影响，基督教对英国殖民活动的配合在这些著作中都占有一定比例。他们多从殖民宗主国的角度梳理香港历史，主要观点沿袭了自黑格尔以来对中国的看法。认为受英国殖民统治前的香港是一个停滞的社会，基督教在香港的传播使香港从一个"野蛮的（barbarian）"社会，逐渐过渡成为"文明的（civilised）"的社会。所参考的资料多为官方报告或本地英语报刊。詹姆斯·威廉·诺顿-凯希（James William Norton-Kyshe）[38]，从英国的殖民管治对香港法律和法制的影响方面，阐述了基督教和传教士在香港法律制度的建设、法院设立上所起的作用。早期传教士和外交官的研究所使用的材料多为政府报告、殖民档案和英语报刊，研究角度为"英—中"（Anglo-China）研究，将香港视为英国殖民地，从殖民宗主国的角度书写香港，研究重点在于港英政府的政治制度和对香港的殖民政策。这种研究充斥着"西方中心论"的思想。

关于基督教在香港的研究，成果较多。学者们使用丰富的中外史料，对基督教新教（包括公理宗、信义宗、浸信宗、循道宗等）在香港的传播起源及发展进行研究，为马礼逊（Robert Morrison）、裨治文（Elijah Coleman Bridgman）和叔未士（Rev. J. L. Shuck）等传教士立传，对传教士在香港的早期活动的探究，对香港基督教教会历史进行梳理，钩沉了基督教新教的发展与英殖民之间

35　Ernst John Eitel, *Europe in China: The History of Hong Kong from the Beginning to the Year 1882*. London: Luzac & Company, Hong Kong: Kelly & Walsh, ltd., 1895.

36　James Dyer Ball, *Things Chinese, or Notes Connected with China*, Hong Kong: Messrs, Kelly & Walsh, etc., 1892/1893/1900/1903/1904/1906/1925.

37　Geoffrey R.Sayer, *Hong Kong 1841-1862: Birth, Adolescence and Coming of Age*, London: Oxford University Press, 1937. & *Hong Kong 1862-1919: Years of Discretion* (edited and with additional notes by D. M. Emrys Evans), Hong Kong: Hong Kong University Press, 1975.

38　James William Norton-Kyshe, *The History of the Laws and Courts of Hong Kong from the Earliest Period to 1898*. Hong Kong: Vetch and Lee, reprint, 1971.

的联系。如：刘粤声（1941）[39]等。研究基督教在香港的政治、经济、社会发展中所起的作用，如：李志刚（1987）[40]等。从传教士与近代香港的中西文化交流角度进行研究，论述香港在世界交通上的地位、香港在西洋文化东传上的作用以及香港在中西文化汇合与对外辐射上的作用，关注来华传教士和华人精英基督教徒在中西文化沟通桥梁的作用。如：罗香林（1961）[41]、施其乐（1985）[42]、雷雨田（1997）[43]等。

关于香港的研究，香港华人学者从反殖民的视角出发，对香港史的研究集中在三方面，第一是注重研究香港古代历史，罗香林、饶宗颐等学者在这方面作出了贡献。如：罗香林（1963）[44]等。第二是以中国人民反帝反殖民的斗争为主题书写香港史，论述香港被英国侵占的经过以及被占领后的情况，及中国人民的反英斗争。如：丁又（1958）[45]等。第三是强调华人对香港政治、经济发展的重要作用，论述香港对近代中国现代化做出的贡献，如：霍启昌（1992）[46]等。

---

39 刘粤声主编：《香港基督教会史》，香港：道声出版社，1941 年。该书分为会宗史、堂会史、联合实业、慈善事业、社会事业和个人传记等七个专题，梳理了香港基督教新教的传播历史和教会发展史。为研究基督教在英国殖民统治时期香港的发展提供了丰富的史料。

40 李志刚：《香港基督教教会史》，香港：道声出版社，1987 年。该书从早期传教士由澳迁港的事业及贡献、香港基督教首次会议、马礼逊纪念学校的创立经过及影响、郭士立在香港的历史及其所遗中文资料、西洋传教士与洋务运动缘起之关系、洪仁玕在港与西教士之交游、香港基督教会与孙中山现代化思想等九个专题论述香港基督教与香港的发展、与中国的政治事件、现代化之间的关系，并从历史背景探究香港基督教教会在香港所担任的政治角色。

41 罗香林：《香港与中西文化之交流》，香港：中国学社，1961 年。该书第二章论述了香港早期教会及理雅各、欧德理等传教士对香港的贡献、以及对中国学术自香港传播于欧美的贡献；第五章涉及了传教与香港早期西医书院的创立、香港医学与科学的发展之间的关系。

42 Carl T. Smith, *Chinese Christians: Elites, Middlemen, and the Church in Hong Kong*, 1985.

43 雷雨田：《传教士与近代香港的中西文化交流》，《广州师院学报》（社会科学版），1997 年第 3 期。该文从香港传教士的著译出版事业和传教士与香港的教育事业两方面论述香港传教士为近代中西文化交流所做出的贡献，以及香港在近代中西文化交流史上的重要作用。

44 罗香林：《一八四二年前之香港及其对外交通:香港前代史》，香港：中国学社，1963 年。

45 丁又（杜定友）：《香港初期史话（1841-1907）》，生活·读书·新知三联书店，1958 年。

46 霍启昌：《香港与近代中国》香港：商务印书馆，1992 年。该书从明清时期香港的地区海防、清末香港的中西文化交流、香港及其华人与近代中国政治和经济发展等方面

　　20 世纪 50 年代起，以香港大学历史系教授安德葛（George Beer Endacott）
为代表的学者们开始展开了对香港史的专业化研究。在史料的使用上注意到
香港本土的中文档案；研究内容更加丰富，对香港的政治、经济和社会发展都
有所研究。将香港的成功归于历任港督的施政，没有呈现完整的香港历史面貌
[47]这一时期的研究也关注到在港的西人群体，整理相关人物及论著，进行文献
编目，为英国在香港的重要的或比较有名的官员、传教士和商人立传[48]，为后
来学者的深入研究奠定了基础。西方学者们以殖民者视角，以香港的行政制度
和政治事件为主要研究对象，研究英国殖民统治下香港的官学生制度、外交官
和学者、日本侵略前香港的社会阶层、种族等以及 19 世纪欧洲工人阶级在香
港的生存状况等，为我们了解西人在香港的工作和生活情况以及英国对香港
的外交政策提供了一定的参考价值，但并没有关注到华人对香港社会发展的巨
大贡献。如：李必治（Henry Lethbridge）（1978）[49]等。近些年香港通史的编写
从比较客观的角度，论述香港从沦为英国殖民统治到回归中国近两个世纪的历
史，如：王庚武（1997）[50]等。并结合了过去两个世纪以来英国、欧洲大陆和
中国的政治史，联系英国其他殖民地所发生的时间，将其放置在英国和欧洲所
发生的一系列事件的大背景下，论述英国政府对香港反复的政策以及香港的
发展，如：韦尔什（2007）[51]等。关于香港的研究也具体和细化到各方面，对
英国殖民统治对香港地区法律文化的影响的研究[52]、对香港殖民政府早期医疗

论述香港对近代中国现代化做出的贡献。强调华人在香港现代化进程中所起的作用。

47　安德葛：《香港政府与人民（1841-1962）》（*Government and People in Hong Kong, 1841-1962*）、《香港史》（*A History of Hong Kong*）等。

48　安德葛：《早期香港人物传略》（*A Biographical Sketch-book of Early Hong Kong*）

49　Henry Lethbridge, *Hong Kong: Stability and Change, a collection of essays*. Hong Kong: Oxford University Press, 1978.

50　王庚武主编：《香港史新编》，香港：三联出版社，1997 年。该书从历时角度论述香港的发展，其中第三章"历史的转折：殖民体系的建立和演进"梳理了英国占领香港的原因和经过、英国殖民后香港政治制度（港督、行政局、立法局、司法制度、公务员体制、洁净局、团防局等）的建立与沿革、英国管治香港的方针政策、港英政府与华人社会的关系。对香港的殖民体系梳理的很完整、很清晰，史料丰富，论证清晰。第十九章"天主教和基督教在香港的传播与影响"论述了天主教事业与基督教事业对香港社会变迁所起到的作用。

51　[英]弗兰克·韦尔什著，王皖强、黄亚红译：《香港史》，北京：中央编译出版社，2007 年。

52　如：《法律文化研究》2016 年第九辑以"香港法律文化"为专题，收录了多篇英国殖民统治对香港地区法律文化的影响。

的研究[53]、英国殖民政策的研究[54]、对香港教堂的研究[55]等。

关于英国殖民统治时期香港研究，自英国推行殖民活动开始就已经展开，研究成果也比较多。对基督教在香港殖民过程中所起的作用，也有论著有所涉及。但专书、专篇研究并不是特别多。

（二）关于英国殖民地约鲁巴兰的研究

从历史角度，关于英殖民地约鲁巴兰的研究，分为四个阶段：

第一阶段：英国殖民时期，约鲁巴族人对本民族语言和历史进行研究

以塞缪尔·克劳瑟（Samuel Crowther）[56]、塞缪尔·金（Samuel King）[57]、塞缪尔·约翰逊（Samuel Johnson）为代表的约鲁巴知识分子开始了对本民族语言的研究和对本民族历史的书写。19 世纪欧洲的殖民使非洲人开始关心自己的语言和历史，"在西非尤其是这样，那里和欧洲人接触最早而且时间最长。在西非，特别是成为英国殖民地的那些地区，在 19 世纪初期，已有一种建立欧洲正规教育的要求……到 19 世纪后期，非洲人对罗马字稿已能读能写，他们已认识到必须在完全被欧洲人和他们的历史所吞没以前，把他们的历史记

---

53 杨祥银：《试论香港殖民政府的早期医疗服务》，《社会科学战线》，2009 年第 2 期。

54 刘曼容：《英国统治香港的"主权在英"原则述评》，《武汉大学学报》（人文科学版），2006 年，第 59 卷第 4 期。

55 黄文江：《十九世纪香港西人群体研究：愉宁堂的演变》，《香港社会与文化史论集》，第 37-56 页。

56 克劳瑟为了在约鲁巴传播基督教，《圣经》翻译成约鲁巴语。他用约鲁巴语翻译了：《摩西五经》第一卷《创世纪》（1853）、《马太福音》（1853）、《摩西五经》第二卷《出埃及记》（1854）、《大卫的诗》（1854）、《箴言和传道书》（1856）、《路加福音》（1856）、《使徒行传》（1856）、《雅各书》（1856）、《彼得前书》（1856）。并在翻译圣经的同时，编写了多部关于约鲁巴语言的著作：

塞缪尔·克劳瑟：《约鲁巴语词汇（附约鲁巴语语法要素）》（1843）（Samuel Crowther, *Vocabulary of the Yoruba Language to which are prefixed the Grammatical Elements of the Yoruba Language*, London: printed for the Church Missionary Society.)、《约鲁巴入门》（1849）（*The Yoruba Primer. Iwe Ekinni on ni tu awon ara Egba ati awon ara Yoruba*. London: Church Missionary Society)、《约鲁巴语语法》（1852）（*A Grammar of the Yoruba Language*, London: Seeleys, Fleet Street, and Hanover Street, Hanover Square.)、《约鲁巴语词汇》（由塞拉利昂主教 O.E.维达尔撰写导言）（1852）（A Vocabulary of the Yoruba Language, London: Church Missionary Society)。

57 塞缪尔·金（1857）对以撒·华滋的新约和旧约教义进行研究，并翻译成约鲁巴语。（见：Samuel King, *Katekismu Itan, ti Dr. Watts, Testamenti Lailar on Testamenti Titun. & Katekismu Ekezi, ti Watti*, London: Church Missionary Society, 1857.）

载下来。"[58]约鲁巴人也开始关注自己的历史书写，并尝试对自己的历史进行分期，如：塞缪尔·约翰逊（1897）从人口、城邦、语言、习俗、历史等全方面介绍了从远古时期到成为英国保护领的约鲁巴。[59]将约鲁巴兰的历史分为四阶段：第一阶段为神话时期；第二阶段为约鲁巴的成长、繁荣和遭受镇压时期；第三阶段为战争和混乱时期；第四阶段为奥约帝国（Oyo Empire）分裂、内战、成为英国保护领时期。这种历史分期为后来许多学者所采用，开启了约鲁巴族历史的研究先河。自圣公会确立了"标准约鲁巴语"（Standard Yoruba）之后，约鲁巴语由口头语言变成一种可书写的语言，为研究约鲁巴兰奠定了基础。约鲁巴族人开始用约鲁巴语展开研究。如：M.C.阿德耶米（1914）对新旧奥约帝国历史展开研究，时间跨度从奥约帝国初期到1914年。[60]

这一时期的研究呈现两大特点：其一是这些研究在英国殖民政府和教会（特别是英国圣公会）的推动和资助下完成的，大多数在伦敦出版，多数用英语写成；其二是这些约鲁巴族作者多为传教士，因此有其局限性：或是关于圣经的翻译，或是关于约鲁巴的概述，并不算严格意义上的历史著作。大多数传教士接受的是英国教育，决定了他们对本土文化的某种误解。

第二阶段：尼日利亚伊巴丹历史学派[61]对约鲁巴兰的研究

20世纪50年代起，随着反殖民运动的高涨和民族主义运动的推动，尼日利亚伊巴丹学派展开了约鲁巴兰的研究，对约鲁巴的本土宗教进行研究，构建约鲁巴神话，从而抵制欧洲至上主义的神话，如：J.O.卢卡斯的《约鲁巴宗教》（1948）[62]。对约鲁巴人的起源、对约鲁巴兰各城邦历史的书写，并在历史书写中，关注到约鲁巴人对传教士和奴隶贸易的反应。如：I.B.阿金耶勒（1951）对伊巴丹及其附近的伊沃、奥索博和伊基伦历史的书写，以及对新旧奥约帝国的研究；S.O.比奥巴库1951年博士论文《伊格巴及其邻邦1842-1872》《约鲁

58 J.基-泽博：《非洲通史》（第一卷：编史方法及非洲史前史），北京：中国对外翻译出版有限公司，2013年，第12页。

59 Samuel Johnson, *The History of the Yorubas: From the Earliest Times to the Beginning of the British Protectorate*, Lagos: C.M.S. (Nigeria) Bookshops.塞缪尔·约翰逊《约鲁巴人的历史——从远古时期到成为英国保护领》完成于1897年，1921年出版。1937年、1956年、1957年、1960年多次重印。

60 M.C.Adeyẹmi, *Iwe Itan Ọyọ-Ile ati Ọyọ Isisiyi abi Ago-d'Ọyọ*, London: Church Missionary Society, 1914.阿德耶米是英国圣公会培养的传教士，毕业于弗拉湾学院。

61 关于尼日利亚伊巴丹学派的研究，参见：李安山：《论伊巴丹历史学派——其形成、发展及批判》，《世界史研究动态》，1990年第3期。

62 J.O. Lucas, *The Religion of the Yorubas*, Lagos, 1948.

巴族的起源：1955 年在尼日利亚广播的卢加德讲演》[63]等。伊巴丹学派的历史学家们，关注英国殖民时期基督教传教团对尼日利亚的政治、经济和社会的影响，这种影响是双重的，带来殖民主义的同时，也推动了尼日利亚的精英阶层（elite）的形成，唤醒了尼日利亚的民族意识。

1960 年代起，非洲的民族主义运动不仅推动非洲的现代化，更呼吁要回归传统，寻求前殖民时期与当今非洲之间的联系。因此，尼日利亚新史学倡导者阿德·阿贾伊和阿严德拉呼吁用"非洲教会史"（African church history）研究，取代旧史学中的"传教史"（mission history）研究。阿贾伊《新精英的形成：尼日利亚的基督教传教团（1841-1891）》（1965）[64]论述了自 1841 年至 1891 年尼日利亚基督教传教团对尼日利亚社会，特别是新精英阶层形成的影响；阿严德拉《传教士对近代尼日利亚的影响（1842-1914）：基于政治和社会的分析》[65]从传教士对尼日利亚政治和社会的冲击论述传教士的影响。在新史学派学者关于非洲宗教研究的经典著作中，我们可以看出他们极少强调教会与殖民主义之间的联系，而是将侧重点放在基督教对非洲精英阶层的塑造之上。阿贾伊和阿严德拉从马克思主义殖民双重性的角度出发论述基督教影响，认为基督教培养了尼日利亚一批精英知识分子的同时，给尼日利亚也带来了殖民主义。这一时期的研究特点为：非洲学者从"欧洲中心论"逐渐转向以非洲为中心的研究，从非洲人自身的角度论述非洲的历史和演进，体现了尼日利亚文化民族主义，但是在研究方法上有局限性，方法论上也显不足。[66]

第三阶段：20 世纪 50 年代至 2000 年，世界范围内展开的约鲁巴兰研究

20 世纪 50 年代，非洲一些国家摆脱殖民统治，走向独立，世界的非洲史研究也随之展开。关于约鲁巴兰的研究体现在三块，一是通史类著作（包括非洲史和尼日利亚史），如西克·安德烈（1973）[67]、杨人楩：《非洲通史简编——

---

63 这两篇文章讨论了约鲁巴人的起源和伊格巴的发源，他论证了约鲁巴是迦南人后裔的移民，在公元七到十世纪离开近东，定居伊费。

64 J. F.A.Ajayi, *Christian Missions in Nigeria, 1841-1891:The Making of a New Elite*, Evanston: Northwestern University Press, 1969.

65 E. A. Ayandele, *The Missionary Impact on Modern Nigeria, 1842-1914: a political and social analysis*, London: Longmans, 1966.

66 关于伊巴丹历史学派研究：参见李安山：《论伊巴丹历史学派——其形成、发展及批判》，《世界史研究动态》，1990 年第 3 期。

67 [匈]西克·安德烈著、上海新闻出版系统"五·七"干校翻译组译：《黑非洲史》（第一卷）（上下册）、第二卷（上册），上海：上海人民出版社，1973 年。

—从远古至一九一八年》(1984)、艾周昌、郑家馨《非洲通史(近代卷)》(1995)、联合国教科文组织《非洲通史》第六卷(1800-1879 年的非洲)以及第七卷(1800-1935 年殖民统治下的非洲) 等通史类著作里散见关于约鲁巴兰及基督教与英殖民地约鲁巴兰发展的相关研究。关于非洲各国的国别史研究在这一时期也展开，艾伦·伯恩斯的《尼日利亚史》(1963、中译本 1974)[68]涵盖了尼日利亚被英国占领前至 1960 年获得独立的历史、宗教、教育、土地制度、司法制度、交通、贸易、工业等方面的沿革和发展概况。伯恩斯在尼日利亚英国殖民政府供职多年，对尼日利亚非常了解。这也决定了他的视角是基于殖民者的研究。这些国别史的研究为我们提供了一定的参考。第二是整理约鲁巴兰相关史料，进行图书编目。如：保罗·海尔《对尼日利亚语言的早期研究：文章及书目》(1967)[69]。第三是从政治、经济、文化、宗教等多个角度进行具体的研究。对基督教与英殖民地约鲁巴兰发展必须要提的学者是伦敦大学亚非学院的皮尔教授。他的《阿拉杜拉：约鲁巴的宗教运动》(1968)[70]从社会学角度论述西非约鲁巴阿拉杜拉教堂自立的过程。他在《宗教的相遇与约鲁巴的形成》(2000)[71]一书中基于 1845 年至 1912 年传教士档案，论述了在基督教新教传教士的影响下，约鲁巴人完成了自我身份的认同。关于非洲宗教连续性研究，必须要提到罗宾·霍顿篇幅不长却很重要的《非洲的皈依者》[72]，该文尝试寻求在过去的一个多世纪中许多非洲人趋向一神教论的原因。他认为，非洲人宗教信仰的改变主要在于内部原因，而非殖民的外加影响。他的研究价值在于他并不认为非洲宗教变化的原因是简单的外部力量的结果，而是将其置于非洲长时段历史之中。这也是 1970-1980 年代非洲宗教研究的主要思想。

第四阶段：二十一世纪后的约鲁巴兰研究

进入 2000 年后，对约鲁巴兰的相关研究呈现出系统化、专业化和全面化的特征。通史类著作有托因·法洛拉的《尼日利亚史》(2008、中译本 2015)，

68 [英]艾伦·伯恩斯著，上海师范大学《尼日利亚史》翻译组译：《尼日利亚史》，上海：上海人民出版社，1974 年。

69 Hair, P. E. H., *The Early Study of Nigerian Languages: Essays and Bibliography*, London: Cambridge University Press, 1967.

70 John David Yeadon Peel, *Aladura: A Religious Movement Among the Yoruba*, Oxford University Press, 1968.

71 John David Yeadon Peel, *Religious Encounter and the Making of the Yoruba*, Bloomington: Indiana University Press, 2000.

72 Robin Horton, *African Conversion*, London: Cambridge University Press, 1971.

该书论述了从殖民前的邦国到 21 世纪尼日利亚的发展，涵盖了政治、经济、文化、宗教等各方面，是尼日利亚研究不可或缺的参考文献。其中包括约鲁巴地区历史、政治、经济、宗教、文化发展状况。[73]法洛拉和奥严尼伊主编的《尼日利亚》（2014）从尼日利亚地理、历史、政府与政治、经济、社会、文化、当代问题七方面系统梳理了尼日利亚自起源至 2012 年以来的发展状况。其中在涉及了约鲁巴历史、语言和文化发展状况。[74]工具类著作有 A.D.奥古舍叶的《对约鲁巴早期语言和文献研究的书目来源》（2001），对世界范围内约鲁巴研究的著作进行了系统性梳理，为学者研究约鲁巴兰提供了重要参考。[75]百科全书式著作有法洛拉和阿金耶米主编的《约鲁巴百科词典》（2016），集全世界范围内约鲁巴研究学者之力，以 A-Z 的词条形式对约鲁巴的政治、经济、文化、宗教、医疗等各方面所涉及关键词进行梳理和介绍。[76]关于约鲁巴地区宗教研究有皮尔的《基督教、伊斯兰教和奥里莎宗教：三种宗教的对比与交流》（2016），从比较宗教学的研究视角，系统地梳理了约鲁巴地区的宗教生态状况，爬梳了基督教、伊斯兰教和本土宗教的相遇、碰撞和调适过程。[77]奥卢费米·沃甘的《宗教与尼日利亚的形成》（2016）爬梳了伊斯兰教、基督教和本土宗教在殖民前、殖民时期和后殖民时代对尼日利亚的影响。[78]皮尔和沃甘的这两部著作在研究方法、史料运用和观点上极为相似。

随着中国"一带一路"倡议的提出，中国学者开始关注非洲宗教生态状况。国家社科基金重大项目"一带一路倡议实施中的宗教风险研究"中，涉及了当代发非洲宗教生态研究、非洲基督教风险、基督教在非洲国家政治中的角色、尼日利业伊斯兰教什叶派研究等。[79]此外，中国学者也出版了关于非洲宗教研

---

73 [美]托因·法洛拉著，沐涛译：《尼日利亚史》，上海：东方出版中心，2015 年。

74 Toyin Falola and Bukola Adeyemi Oyeniyi, *Nigeria*, Oxford: ABC-CLIO, LLC, 2014.

75 F.Adetowun.Ogunsheye, *Bibliographical Survey of Sources for early Yoruba Languages and Literature Studies, 1820-1870*. Ibadan University Press, 2001.

76 Toyin Falola and Akintunde Akinyemi ed, Encyclopedia of the Yoruba, Indiana: Indiana University Press, 2016.

77 J. D.Y Peel, Christianity, *Islam, and Orisa Religion: Three Traditions in Comparison and Interaction*, California: University of California Press, 2016.

78 Olufemi Vaughan, *Religion and The Making of Nigeria*, Durham and London: Duke University Press, 2016.

79 郭佳："基督教会在非洲国家政治危机中的角色评析——基于刚果（金）的个案研究"，《世界宗教文化》，2018 年第 3 期，第35-42 页；郭佳："一带一路倡议实施中的宗教风险探析——非洲基督教的视角"，《世界宗教文化》，2017 年第 3 期，第27-31 页；李维建："当代非洲宗教生态"，《世界宗教文化》，2017 年第 3 期，

究的专著，如周海金博士的《非洲宗教的传统形态与现代变迁研究》（2017）通过对非洲三大主要宗教（基督教、伊斯兰教和传统宗教）在各时期历史演进过程的梳理，剖析其对非洲社会发展和文化所产生的影响，并对未来宗教发展趋势和宗教问题进行预测，对中国非洲宗教研究具有参考意义。[80]但就目前所见，国内涉及到尼日利亚约鲁巴兰宗教研究成果并不多。

四、研究理论和研究方法

（一）研究理论

1. 文化形态学（文明史观）和全球史观

本研究以文化形态学（文明史观）和全球史观为理论基础展开。

由于人类历史具有整体性，导致文明可以在共时性层面和历时性层面进行比较。文化形态学"把文化（或文明）作为一种具有高度自律性的，同时具有生、长、盛、衰等发展阶段的有机体，并试图通过比较各个文化的兴衰过程，揭示其不同的特点，以分析、解释人类历史的发展进程。"[81]以斯宾格勒和汤因比为代表的文化形态学派用文化多元论替代了自兰克以来的"西方中心论"和"单线论"，提出各种文明的价值是等同的，因而可以将"文明"作为历史研究单位，各种文明在空间和时间上的横向接触使得各种文明之间可以进行比较。在斯宾格勒和汤因比之前，布罗代尔在《文明史》中就提出，需要在"长时段"下考察文明的多样性。[82]汤因比《历史研究》中核心理论之一就是文明的"挑战和应对"，即：文明的起源、发展与建设都源于"挑战与应战"。从内部说，在某个文明发展的进程中，始终存在着传统与革新这两者之间的挑战与应战；从外部说，在某个文明发展的进程中，也始终存在着域外文明与本土文明之间的挑战与应战。这种内部与外部的"挑战与应战"，推动了社会的前进。[83]香港和约鲁巴兰即是有力的证明，自 19 世纪中叶起，这两个社会、两

第 32-42 页。周海金："关于非洲传统宗教的若干问题研究"，《世界宗教文化》，2017 年第 3 期，第 43-50 页；李文刚："尼日利亚伊斯兰教什叶派初探"，《世界宗教文化》，2017 年第 3 期，第 51-57 页等。

80 周海金：《非洲宗教的传统形态与现代变迁研究》，北京：中国社会科学出版社，2017 年。

81 张广智、张广勇：《现代西方史学》，上海：复旦大学出版社，1996 年。

82 [法]费尔南·布罗代尔著，常绍民等译：《文明史：人类五千年文明的传承与交流》，北京：中信出版社，2014 年。

83 [英]汤因比、萨默维尔著，郭小凌译：《历史研究》，上海人民出版社，2010 年。张

种文明于内部面临着传统与革新的挑战，于外部面临英国的殖民，在这种挑战与应战的过程中，在基督教的影响下，香港和约鲁巴兰入了全球一体化进程中。

受弗兰克"低度发展理论"以及沃勒斯坦"世界体系理论"的影响，可以将小规模社会的变迁放在较大的世界政治经济历史框架中理解，探讨外在于这些社会的大规模的历史发展（尤其是殖民主义和资本主义扩张）对小规模社会变迁的影响。以威廉·麦克尼尔为代表的史学家据此提出全球史观，人类历史具有整体性，各种文明不仅可以在共时层面进行比较，在历时性层面也可以进行比较。全球史观提倡"把人类作为一个整体来作一番概览"。每个社会都是全球的组成部分，但每个社会都不是孤立的存在，社会与社会之间互为发展条件，相互之间的竞争、交融、碰撞以及力量对比关系都是推动全球发展的重要动力。[84]

因此，本书以文明史观和全球史观为理论基础，将中国香港和尼日利亚约鲁巴地区二者放在全球政治经济背景下，探讨在英国殖民统治下这些社会的产生、发展和变化。

2. 马克思"殖民双重使命论"

1853 年 7 月 22 日马克思在《不列颠在印度统治的未来结果》一文中，提出了殖民主义的"双重使命论"理论："英国在印度要完成双重的使命：一个是破坏性的使命，即消灭旧的亚洲式的社会；另一个是建设性的使命，即在亚洲为西方式的社会奠定物质基础。"[85]"破坏性使命"和"建设性使命"是殖民主义固有的内在的二重性。破坏性使命的实现一方面消灭了停滞的村社结构，对自然经济等传统结构给予摧毁性打击，为资本主义生产的发展造成了有利的条件，与此同时，在许多地区则破坏了人民的和平生活，甚至导致种族灭绝，摧毁了本地的民族工业，夷平殖民地社会中伟大和突出的一切，消灭了当地的传统文明。而出于殖民主义私利，破坏性使命对旧式社会结构的摧毁，在任何地方又都没有比较彻底地完成；在实现建设性使命中，殖民利益高于一切，牺牲殖民地人民利益，宗主国绝对不许建立殖民地极其需要而可能与宗主国形

广智：《汤因比史学的当代意义》，《云南大学学报》（社会科学版），2017 年第 2 期，第 57-59 页。

84 [德]塞巴斯蒂安·康拉德著，杜宪兵译：《全球史是什么》，北京：中信出版集团，2018 年。

85 《马克思恩格斯全集》第 9 卷，北京：人民出版社，1961 年，第 247 页。

成竞争的工业部门，对不顾阻遏建立起来的民族工业则百般压抑、限制，对关键性工业则予以扼杀，因而形成殖民地工业的片面、畸形发展，以及对宗主国经济的结构性依赖。因此，本书将从"双重使命论"角度出发，探讨在基督教活动配合下的英殖民对亚非的破坏性和建设性影响。

3. "族群——象征主义（Ethno-Symbolism）"理论

以安东尼·史密斯（Anthony D. Smith）为代表的"族群——象征主义"兴起于 20 世纪 80 年代，并逐渐成为当下民族和民族主义研究的主要范式之一。该理论主张用一种历史的视野，对民族形成过程进行历时性的分析。将民族和民族主义置于布罗代尔所提出的"长时段（longue duree）"历史中，追溯其起源、形成过程和影响。[86]

本书第五章以"族群——象征主义"为理论基础，将香港和约鲁巴兰的民族主义活动置于全球史背景下，论述其形成过程和影响。

（二）本研究的理论方法

由于本研究从不同的侧面考察香港和约鲁巴地区在基督教的推动之下的发展过程，内容涉及历史学、社会学、宗教学、语言学等多个学科领域，因而采用多个学科领域的研究方法，最终将论题集中于全球一体化进程中的英殖民的发展。

1. 历史文献学

本书运用历史文献学方法，系统收集保存在香港政府档案馆、香港大学图书馆、香港浸会大学图书馆等所获得的关于港英殖民政府材料[87]、英国殖民部香港档案、英国殖民部非洲档案，并进行全面整理与分析，整理北京外国语大学图书馆数据库资源《Adam Matthew 亚当马修历史档案之英国外交部解密档案：非洲（1834-1966）》[88]以及《Adam Matthew 亚当马修历史档案之英国圣公

---

86 参见：[英]安东尼·史密斯著，叶江译：《民族主义：理论、意识形态、历史》，上海世纪出版集团，2006 年。

87 这些档案包括：英国殖民地部档案编号一二九的原稿本书信公文（1842-1951）（Great Britain Colonial Office Series 129, 简称 CO129）、《香港蓝皮书》（*Hong Kong Blue Book*）、《香港政府宪报》（*Hong Kong Government Gazette* 19 世纪时中文名为《香港辕门报》）（1842-1941）、《香港立法局议事录》（*Hong Kong Hansard*）（1890-1941）、《香港立法会会议文件汇编》（*Hong Kong Sessional Papers*）（1884-1940）、《香港行政政府报告》（*Hong Kong Administrative Reports*）（1879-1939）。

88 Confidential Print: Africa, 1834-1966: 此机密文件系列是英国政府在 1820 年-1970 年间发布的，覆盖欧洲强国对非洲大陆进行殖民化的整个阶段，是对非洲政治、

会差会期刊模块》[89]中关于约鲁巴兰资料。以全球史理论为依据，全面展开本论题的研究。

2. 社会史的研究方法

社会史研究"历史上社会结构与日常社会生活的运动体系，它以社会群体、社会组织、社会等级、阶级、社区、人口的社会构成，以及上述成分所形成的社会结构及其变动，构成社会结构的人群的日常生活行为及其观念为研究范畴，揭示其在历史上的发展变化及在历史进程中的作用和地位。"[90]通过基督教的影响，推动了约鲁巴兰和香港社区的发展，形成新的凝聚力。本书以全球史理论为依据，使用社会史的研究方法，对基督教影响下英国殖民统治下的香港和英殖民地约鲁巴兰的社会结构的形成和变化进行分析和研究，探讨全球化对世界不同地区民族文化和民族意识的影响。

3. 比较宗教学的方法

从近现代比较宗教学观点来看，宗教的神圣是社会本身的象征表现。社会文化生活的各个方面和各个领域，政治、法律、伦理、风俗习惯、人性、人格、人的生活态度以及决定它的终极价值观念都与宗教密切相关。[91]因此，本书使用比较宗教学的方法，从宗教四因素（宗教的观念或思想、宗教的感情或体验、宗教的行为或活动、宗教的组织和制度）[92]的角度，阐述基督教在英国殖民统治地区建设和发展中所起的作用，以及全球化对世界不同地区宗教信仰的影响。

4. 语言人类学（文化人类语言学）的方法

语言人类学透过对语言诸要素的分析，辨析出它们所体现的诸多民族文化要素。透过对语言结构、语言要素的细致的人类学性解读，把隐藏在语言中

社会及经济研究的基石。所有文件均标有"机密"，当时均立即印刷并传阅给外交部、内阁和英国驻外机构的高层人员。

89 Church Missionary Society Periodicals Module I，包括：Church Missionary Gleaner, CMS Outlook, CMS Intelligencer, Ruanda Notes (MAM News) and the South American Missionary Magazine 等，时间跨越 1804 年至 2009 年。

90 参看：冯尔康：《社会史研究的探索精神与开放的研究领域》，载周积明，宋德全：《中国社会史论》，武汉：湖北教育出版社，2000 年，第 87 页。

91 参看吕大吉：《宗教学通论新编》（下），北京：中国社会科学出版社，1998 年 12 月，第 689-700 页。

92 参看吕大吉：《宗教学通论新编》（上），北京：中国社会科学出版社，1998 年 12 月，第 74-87 页。

的丰富的民族文化信息揭发出来，进而还原出一个民族的文化从发生、发展到渐变、质变的嬗变轨迹。[93]19 世纪欧洲对亚洲和非洲的语言进行谱系研究，在传教士和欧洲语言学家的共同努力下，殖民地语言纳入到其研究范围中。语言的历史背后体现的是文化的历史和民族的历史。因此，本书以全球史为理论依据，使用文化人类语言学的方法，将语言的研究和种族、民族以及历史的研究相结合，探讨英国在殖民时期对殖民统治地区语言的研究缘起、过程以及对语言史产生的影响，讨论语言在世界建构过程中的作用以及全球化对世界不同地区民族语言的影响。

---

93 赵杰、田晓黎：《语言人类学》，北京：民族出版社，2015 年，第 4 页。

第一章　基督教、英帝国与殖民统治

　　全球史研究认为，"全球"是一个将空间和时间汇聚在一起的概念。全球空间性意味着全球的历史。世界是由不同的地区组成的，每个社会都是全球的组成部分，但每个社会都不是孤立的存在，社会与社会之间互为发展条件，相互之间的竞争、交融、碰撞以及力量对比关系都是推动全球发展的重要动力，各地区因此逐渐形成相互关联，由此产生"全球"一词的意涵。不同的空间产生独特的历史进程和传统，要识别不同的空间，不可能独立于这些过程。全球史研究的任务，便是研究"空间之间"，关注在历史的推演变化发展过程中各空间（即世界各地区）内以及空间之间所发生的一切。全球史这种全球时空的视角的重要性在于掌握联系和独特过程的变化特质。因此本书关注两个空间——香港和约鲁巴兰，这两个空间由于英国的帝国历史进程建立了联系，而基督教在这两个空间被迫进入现代化进程中发挥了一定的影响，这不仅体现了这两个空间之间的联系，是英国帝国发展的重要阶段，也是全球史的重要组成部分。

　　19世纪是自由资本主义在英国全盛发展的时期。英国在19世纪中叶完成了工业革命，经历了政治、经济改革，成为世界第一强国。生产力的发展、技术的进步，导致其原料来源需要扩大，产品市场需要扩大，为英国的海外殖民提供了政治和经济依据。19世纪英国的宗教、思想文化发展配合了英国的殖民活动。基督教福音运动促使传教士不断呼吁教徒前往殖民地去感化异教徒。由于对非洲缺乏了解，许多欧洲基督徒认为非洲人除了穆斯林之外，是没有宗教的。他们对中国的狂热较之18世纪呈现衰退趋势，他们将香港和约鲁巴兰的传统宗教及其仪式视为迷信，认为撒哈拉以南非洲和亚洲将成为基督教繁荣发展的沃土。英国在 19 世纪经历了现代转型，宗教也发生了相应变化，从 19 世纪开始，英国进入自觉信仰的时代：人们相信英国的繁荣和稳定、自由和帝国都植根于基督教信仰，有组织的宗教是社会的中坚力量，没有宗教，国家会解体。因此，国教和其他教派都对自身在社会中的地位重新思考、各教派之间的对立和分歧日渐消退，世俗化成为社会的特征，世俗化的内涵之一就是对宗教的高度包容，宗教情感与世俗化并不冲突（精神领域和生存领域）。宗教因此找到了新的社会功能，从而在社会转型的过程中继续发挥重要的作用，宗教由国教发展到多个教派并存发展的情况。新教伦理与资本主义精神结合，为英国海外殖民提供了宗教支撑。在思想上，达尔文的进化论思想由自然学科应用到社会学科，社会达尔文主义宣扬盎格鲁—撒克逊人至高无上的地位，人种学宣称白色人种优于有色人种，为英国在亚非的殖民活动提供了思想支撑。

第一节　19 世纪英国的宗教和思想的发展

一、福音奋兴运动与 19 世纪英国的传教事业

　　1517 年由路德发动的宗教改革使得新教脱离天主教而成为基督宗教三大分支之一。作为 16 世纪宗教改革的产物，1534 年亨利八世定英国国教为圣公宗（Anglican Communion）即：国王为教会的主要首领。17-18 世纪，国教的管理落后、与下层民众疏离等体制化弊端使教士们开始反思，以约翰·卫斯理（John Wesley）带领循道宗（Methodism）从国教分离自成一派的福音奋兴运动（Evangelical Revival）在英国展开，福音奋兴运动更新了英国及其殖民地的宗教生活。循道宗的迅速发展促使了英国国教福音主义运动（Evangelical Movement）的兴起。主张所有人不论身份如何都可以获得上帝拯救的"福音主义者"在福音奋兴和福音主义运动中产生，近代新教传教事业兴起。到 18 世纪末，新教团体扩大传教范围，成立了新的教会组织。1792 年建立大英浸信会（Baptist Missionary Society）、1795 年建立跨宗派的伦敦传道会（London Missionary Society），接受来自英国国教之外的其它教派的传教士入会；1795 年国教内部提倡社会改革、推动废除奴隶贸易的"克拉彭派"（the Clapham Sect）成立；1799 年国教创立"非洲和东方传教差会"（Society of Missions to Africa and the East，即后来的圣公会差会（Church Missionary Society），旨在为异教徒宣传福音知识；1804 年英国圣经公会（The British and Foreign Bible Society）

成立，苏格兰和美国随后也成立了类似圣经传播机构，旨在推动《圣经》在全世界广泛的传播。[1]

工业革命和社会变革引起的社会再调整对宗教影响深远。19 世纪以前，基督教新教因教派发展情况、气候条件等客观因素，在海外传播并不顺利，只在欧洲殖民地有几个据点，在非洲和亚洲的传播屡次受阻。19 世纪随着自由主义在英国的高歌猛进，人们愈发相信自由和帝国植根于宗教信仰，有组织的宗教是社会的中坚力量。人们也意识到，宗教情感与世俗化社会并不冲突，相反在社会转型过程中起到非常重要的作用，宗教因此寻找到了新的社会功能，从单一向多元化过渡。非国教宗派在 19 世纪得到了不同程度的发展。[2]传教差会先于英国殖民进入亚非国家和地区，其目标在于"教化"（civilizing）亚非国家和地区：通过输出基督徒的生活方式，进而输出一种他们认为更文明、更优越的欧洲人生活方式。大英帝国仅建立在商业和殖民基础上实现商品市场、劳动力市场和资本市场的全球化是不足够的，更要通过新教和传教士的努力，实现文化的全球化，以巩固大英帝国的建立基础，合理化大英帝国对外扩张的原因。

二、废除奴隶贸易运动

1442 年第一批非洲奴隶运往欧洲，开启了长达四百多年的奴隶贸易。欧洲殖民者的奴隶贸易方式主要有三种：（1）跨印度洋贸易贩卖至印度洋沿岸国家及其它亚洲国家；（2）跨撒哈拉贸易贩卖至地中海地区；（3）跨大西洋贸易贩卖至美洲。奴隶贸易是资本主义原始积累的主要因素之一。[3]15 世纪中叶葡

1　关于福音奋兴、福音主义运动，参见：[美]威利斯顿·沃克著，孙善玲、段琦、朱代强译：《基督教会史》，北京：中国社会科学出版社，1991 年，第 592-595 页；[美]雪莱著，刘平译：《基督教会史》，上海：上海人民出版社，2012 年，第 337-347 页；O. U. Kalu eds, *The History of Christianity in West Africa*, London: Longman, pp.14-17. J. F. Ade Ajayi, *Christian Missions in Nigeria 1841-1891: The Making of a New élite*, London: Longmans, 1965, pp. 7-8.

2　19 世纪英国非国教宗派主要有：长老宗（Presbyterians，产生于 16 世纪的瑞士，包括在亚非活跃的英国长老会）、公理宗（Congregationalists，16 世纪末从英国资产阶级革命中兴起的宗派，包括在亚非活跃的伦敦会）、浸礼宗（Baptists，17 世纪从英国清教徒独立派分离出来的宗派，包括在亚非活跃的浸礼会）、循道宗（Methodists，18 世纪产生于英国，恪守约翰·卫斯理宗教思想）等。

3　"美洲金银地的发现，土著居民的被剿灭、被奴役和被埋葬于矿井，对东印度开始进行的征服和掠夺，非洲变成商业性地猎货黑人的场所：这一切标志着资本主义生产时代的曙光，是原始积累的主要因素。"（参见：马克思《资本论》第 1 卷，载《马克思恩格斯全集》中文版第 23 卷，第 819 页。）

萄牙出现在西非海岸到 17 世纪中叶，奴隶贸易主要被西班牙、葡萄牙、荷兰和丹麦等国垄断，奴隶贸易体制尚未建立；17 世纪中叶资本主义发展致使西印度和美洲的种植园经济扩大，至 1807 年英国宣布禁止奴隶贸易，奴隶贸易体制形成，大西洋奴隶贸易发展达到顶峰，主要参与奴隶贸易的国家为英国、葡萄牙和法国。[4] 英国为了和非洲更好地进行奴隶贸易，1660 年给英格兰皇家冒险者开发非洲公司（Company of the Royal Adventurers of England trading into Africa）[5] 颁发特许状，1663 年查理二世在完善的特许状中正式提出进行奴隶贸易。[6]1701 年，英国向非洲派出 104 艘奴隶船，开启了英国经常性的奴隶贸易，1713 年英国的奴隶贸易向私人开放。[7] 随着欧洲对原糖的需求刺激了美洲殖民地西印度群岛甘蔗种植园规模的扩大，欧洲的贸易重点逐渐转向美洲和东方。大西洋贸易由早期殖民扩张逐渐转向"由垄断性重商主义特别是以奴隶贸易为中心的三角贸易"，[8] 在 18 世纪大西洋奴隶贸易争夺战中，英国成为最大的奴隶贸易国家，西非黄金海岸、贝宁海岸和尼日尔三角洲逐渐成为英国奴隶贸易中心。奴隶贸易推动了英国工业发展和城市发展，利物浦和布里斯托尔这两个最大的港口城市在奴隶贸易和三角贸易中兴起。到 19 世纪初，英国已经掌握欧美 90% 的奴隶贸易。[9]

但 1776 年英国在北美十三块殖民地的丧失和亚当·斯密（Adam Smith）《国民财富的性质和原因的研究》的发表，英国逐渐从奴隶贸易转向合法贸易。1787 年，英国成立"废除非洲奴隶贸易协会"（Society for the Abolition of the African slave trade），18 世纪末，基督教福音主义运动和新教教派发展推动

4　关于奴隶贸易的阶段性划分，本书参考：[法]凯瑟琳·柯克里-维德罗维什著，金海波译：《非洲简史：从人类起源到种族、宗教与革命》，北京：民主与建设出版社，2018 年，第 138-152 页；[美]丽莎·A·琳赛著，杨志译：《海上囚徒：奴隶贸易四百年》，北京：中国人民大学出版社；[苏]斯·尤·阿勃拉莫娃著，陈士林、马惠平译：《非洲：四百年的奴隶贸易》，北京：商务印书馆，1983 年，第 3-5 页。

5　即：皇家非洲公司（Royal African Company）的前身。

6　见大英图书馆藏查理二世特许状手稿。https://www.bl.uk/collection-items/charter-granted-to-the-company-of-royal-adventurers-of-england-relating-to-trade-in-africa-1663.

7　[苏]斯·尤·阿勃拉莫娃著，陈士林、马惠平译：《非洲：四百年的奴隶贸易》，北京：商务印书馆，1983 年，第 71、73、80 页。

8　郑家馨：《殖民主义史·非洲卷》，北京：北京大学出版社，2000 年，第 182 页。

9　Great Britain. Parliament. The Parliamentary Debates From the Year 1803 to the Present Time. Vol. 2, 1813, p.652.

了英国的废奴贸易运动。在威廉·威尔伯福斯（William Wilberforce）和亨利·桑顿（Henry Thornton）等人领导和组织下的克拉彭派，联合其他新教教派的福音主义者合力迫使议会废除了奴隶贸易（1807 年）和奴隶制（1833 年）。英国奴隶贸易禁止和奴隶制的废除是自由贸易发展、工业化完成、政治改革、基督教福音主义者的宣传合力的结果。[10]废奴贸易运动与基督教新教的海外传播相配合，将目光转向殖民地。1837 年，英国议会宣布成立由福音教徒托马斯·福韦尔·巴克斯顿（Thomas Fowell Buxton）领导的特别委员会，巴克斯顿提出著名的"圣经与犁"（the plough and the spade）口号，"英国通过在欧洲的外交和在大西洋的海上实力并不能有效地禁止从非洲运输大量奴隶，而是需要让传教士带上圣经，与非洲当地的农业发展相结合，使英国与非洲国家合法贸易。在非洲，人与人之间的信任因此增加，文明自然而然地推进，而基督教是这些可喜变化的直接原因。"[11]被解放了的非洲奴隶回到非洲后从事传教事业，例如被解放的奴隶在英属殖民地弗里敦（Freetown）成立了弗拉湾（Fourah Bay）基督教学院，弗里敦和约鲁巴人紧密联系，成为英国在西非传教的重要基地之一，同时加速了英国在西非的殖民进程。

大西洋奴隶贸易使非洲被迫为正在形成的世界资本主义经济体系提供大量劳动力，英国大西洋奴隶贸易中完成资本积累，在非洲殖民地不断扩大；非洲被卷入世界经济体系之中，正如 A·G·霍普金斯所说，奴隶贸易的禁止和合法贸易的发展，标志着非洲现代经济的开端。[12]但是，非洲的社会结构和生产方式却未发生变革，这也成为之后欧洲列强瓜分非洲殖民地的原因之一。

三、社会达尔文主义对殖民的推动

18 世纪末 19 世纪初的废除奴隶贸易运动产生和形成了对待非洲的"种族主义"，种族主义的目的是为了使奴隶贸易合法化，非洲人同欧洲人相比是"劣

---

10 参见：Eric Williams, *Capitalism and Slavery*, Chapel Hill: The University of North Carolina Press, 1944.

11 T. F. Buxton, *The African Slave Trade and its Remedy*, London: John Murray, 1840, pp. 282, 511.（巴克斯顿的"圣经与犁"思想 1838 年首次在私人备忘录（"致墨尔本勋爵（Letter to Lord Melbourne）"）里提出，1839 年发表评论《非洲奴隶贸易》，随后因为害怕法国和阿拉伯人抢先一步占领尼日尔地区，他向英国政府提出了《非洲奴隶贸易和拯救措施》。）

12 A. G. Hopkins, *An Economic History of West Africa*, London: Longmans, 1973, p. 124.

等"种族。[13]19 世纪 30 年代，随着自由贸易发展、议会改革、奴隶制的废除，英国人对自己世界地位的看法发生转变，并"最终形成了维多利亚时代的主导思想"。[14]纵观整个 19 世纪，英国对世界认知的意识形态的核心是"文明使命感"（civilizing mission）。基督教配合贸易和通商，解放受压迫民族和非基督教信仰国家。

而达尔文的生物学进化论为解释一些社会比其它社会更快更全面达到某种发展程度提供了理论框架。[15]作为新型社会理论的进化论在 19 世纪 40 年代的英国成型，它强调了一种持续调整的过程，解释了不同社会不同文明之间为什么会有如此大的差别。1850 年，英国哲学家赫伯特·斯宾塞（Herbert Spencer）在《社会静力学》（Social Statics）中提出了普遍进化观，认为人类社会与生物界一样，存在着出生、发展和灭亡的过程，社会进化是一个普遍的过程。随后他在《社会学原理》中阐述了社会有机理论，即人类社会作为一个整体研究。斯宾塞之后，社会达尔文主义内容得到进一步发展，个人主义与种族主义成为社会达尔文主义宣扬的主要内容。

19 世纪兴起的人类学和民族学又为英国的种族主义思想提供了理论指导。种族主义者认为，人类种族的发展遵循自然选择的规则。在数量和质量上较高的种族压迫、奴役低等的种族是完全的合理的，是人类历史已经证明了的铁律。[16]英国受种族主义影响，在殖民地的统治塑造民族类型化，即人为制造"族裔"。[17]种族主义与社会达尔文主义的结合，将"生存斗争"的论调推到了历史高潮。

到 19 世纪中后叶，社会达尔文主义主张国家之间、民族之间存在适者生

---

13 关于对待非洲种族主义的产生和形成有三种观点：第一种观点是种族主义产生于奴隶贸易之初，非洲人从其和欧洲人的最初接触始，就被认为是劣等民族；第二种观点是产生于 19 世纪美国为废除奴隶制而斗争时期，种族主义开始变成一种"理论"；第三种观点是 18 世纪末和 19 世纪初在禁止奴隶时期产生和形成的。本书采用第三种观点。

14 [英]约翰·达尔文著，冯宇、任思思译：《未终结的帝国》，北京：中信出版集团，2016 年，第 252 页。

15 社会理论中"进化"概念与达尔文生物学意义上的"进化"内涵并不一致。社会进化论强调的是一种持续调整的过程。

16 [英]彼得·狄肯斯著，涂骏译：《社会达尔文主义：将进化思想和社会理论联系起来》，长春：吉林人民出版社，2005 年，第 1 页。

17 英国在殖民地的统治体系是将秩序复杂化，以人类学、民族学等为指导，通过人口统计等手段，在殖民地制造差异，再进行归类。（参见：[德]于尔根·奥斯特哈默著，强朝晖、刘风译：《世界的演变：19 世纪史》II，北京：社会科学文献出版社，2016 年，第 885 页。）

存的竞争意识和优胜劣汰的淘汰准则，为殖民扩张提供了理论依据。民族压迫和殖民扩张被认为是符合人类社会发展规律，成为西欧各国瓜分非洲的思想武器。英国也利用社会达尔文主义强调的种族优劣论的合理性，美化其推行强权政治和霸权行为的侵略行为。例如，英国前首相张伯伦（Joseph Chamberlain）在演讲中，就宣扬盎格鲁·萨克逊是世界最优秀的民族。他声称，大英帝国对他国的侵略、对所谓"野蛮"民族的管理是大英帝国的"责任和使命"。他认为，大英帝国将推动人类社会传播文明，发展落后的地区和种族将在英国治理下获得繁荣。[18]在这样的社会思潮之下，英国出现了许多扩张主义者，包括向外开拓新市场的愿望、加强海上力量、传教士必须向"野蛮"地区传播福音，英国的霸权必须要延伸到世界各地。

第二节　自由贸易与大不列颠"帝国体系"：英帝国的全球视角

一、经济：从重商主义到自由贸易

自 17 世纪始，英国开始执行垄断性贸易政策，并在重商主义的指导下，先后与西班牙、荷兰、法国就海外贸易与殖民扩张展开武力争夺，赢得了海上霸权，建立起其庞大的殖民帝国。贸易与殖民地、商船与海军军舰成为重商主义时期的重要关键词。但是自 18 世纪中期始，伴随着英国工业革命，英国的经济结构发生了重大转变。重商主义理论所主张的国家干预政策和垄断政策与不断推进的工业革命无法适配，帝国政策的经济基础遭到打击。对外贸易对英国工业发展日趋重要，成为英国工业增长的发动机。[19]自由主义指导下的自由贸易理论逐渐成为第一帝国向第二帝国过渡的核心思想。英国开始进入"自由贸易"时代。[20]1776 年，亚当·斯密（Adam Smith）在《国民财富的性质和原因的研究》中，批判了重商主义的经济思想和政策主张，提出自由贸易的经

18　Charles W. Boyd, *Mr. Chamberlain's Speeches*, Boston and New York: Houghton Mifflin Co., 1914, pp. 24-38.

19　Vincent T. Harlow, *The Founding of the Second British Empire, 1763-1793, Vol.1, Discovery and Revolution*, London: Longman, 1952, p.199.

20　学界普遍认为：1783-1815 是从重商主义向自由贸易过渡的时期，1815-1849 年是自由贸易理论全面推广并取代重商主义的时期。——参看：钱乘旦主编：《英国通史》（第五卷：光辉岁月——19 世纪英国），刘成、胡传胜、陆伟芳、傅新球著，南京：江苏人民出版社，2016 年，第 14 页。

济主张，反对贸易必须顺差，反对以金银量代表一国财富，反对政府干涉贸易和经济。[21]19 世纪初，大卫·李嘉图（David Richardo）在斯密自由贸易理论基础上，提出比较成本学说或相对优势的国际分工论，各个国家应当充分有效地利用自己的资源只生产自身条件有利的、成本较低的产品，用其与其他国家交换自己所需要的原料和产品。而想要达成此目的，需要在全世界实行自由贸易。[22]李嘉图的经济学说，不仅反映了在机器化大生产的驱动下，英国亟需扩大国际市场的需求，同时也为世界各民族打破壁垒、实现全球贸易提供了一种可能。而 19 世纪初期，传统经济政策下旧体制产物《谷物法》（Corn Laws）[23]和《航海条例》（The Navigation Act）[24]对贸易的种种限制，严重阻碍了英国社会经济和海外贸易的发展。自 1824 年由商务大臣威廉·哈斯基森（William Huskisson）倡议颁布的《互惠关税法案》（Reciprocity of Duties Bill）促进英国对外贸易的迅速发展，到 1840 年代，曼彻斯特学派（Manchester School）的"反谷物法同盟"（The Anti-Corn Law League）将斯密和李嘉图的学说由理论推向实践，英国政府终将自由贸易政策作为国家经济政策。

自 1820 年代自由贸易运动的兴起，到 1840 年代《谷物法》和《航海条例》

---

21 "所谓利益或利得，我的解释，不是金银量的增加，而是一国土地和劳动年产物交换价值的增加，或是一国居民年收入的增加。"（参看：[英]亚当·斯密著，郭大力、王亚南译：《国民财富的性质和原因的研究》下卷，北京：商务印书馆，1974 年，第 61 页。）

22 李嘉图在 1817 年《政治经济学及赋税原理》一书中提出"在商业完全自由的制度下，各国都必然把它的资本和劳动用于最有利于本国的用途上，这种个体利益的追求很好地和整体的普通幸福结合在一起"，"最能保障整体利益的莫过于把总资本作最有利的分配，也就是实行普遍的自由贸易。"（参看：[英]大卫·李嘉图著，郭大力、王亚南译：《政治经济学及赋税原理》，北京：商务印书馆，1962 年，第 113 页、第 294 页。）而这种论调也出现在第二代利物浦伯爵罗伯特·班克斯·詹金森（Robert Banks Jenkinson, 2ⁿᵈ Earl of Liverpool）辩论 1815 年谷物法（Corn Laws）是否通过的演讲中，"每个国家都按可能需要，从那些能够生产并从能以最低价格和最好质量运回的地方购买随便什么商品……无疑，只有它是所有国家必须作为最合适的和最理想的制度来加以考虑的制度。"（M.W.Flinn, *Readings in Economics and Social History*, London: MacMillan, 1964, p. 186.辜燮高等选译：《世界史资料丛刊：一六八九-一八一五年的英国》下册，第 137 页。）

23 1815 年英国议会通过的《谷物法》为了保护贵族利益，规定只有粮价超过 80 先令/夸脱，才可从国外进口谷物。

24 《航海条例》是自查理二世以来大英帝国体系内垄断性贸易政策的基础。它规定其他国家的货物只有由英国船员指挥的英国船只才可以进入英国，否则将会征收高额关税。

相继废除，英国人口迅速增长，工业化完成，旧的殖民体系与新帝国不再适配。[25]自由贸易政策的确立，使英国工业产品在国际市场发挥竞争优势，为英国的工业品输出和原料的引进提供了前提条件。英国出于商业和贸易的考虑开始积极寻求海外扩张。[26]同时，自由贸易打破了东印度公司对亚洲长达一个多世纪的从香料到丝绸几乎各类商品的贸易垄断。1834 年东印度公司退出广东市场，在广东的英国散商得以代表欧洲与中国进行贸易，并在 1841 年迁至香港。[27]

　　自由贸易的实行"对大英帝国政策及其殖民地产生了重构性影响"，[28]不仅促成了 19 世纪中叶英国成为"世界工厂"和世界贸易中心，也推动了自由主义贸易家和传教士的联手，他们开始推行自由贸易与传教事业相结合的"教化使命"（civilizing mission），即：不再满足商业扩张和资本输出，企图通过文化和宗教输出，教化和改进愚昧落后的非欧洲世界的原住民成为了英帝国的目标。

二、政治：从寡头政治制度到大众民主制度

　　工业化及其带来的人口增加和城市化进程，推动了自由贸易的实现，自由贸易改变了英国的社会结构，从垂直等级结构转向横向的阶级结构，从传统等级社会进入现代的阶级社会。从亚当·斯密到李嘉图，一种新型的阶级分析方法出现了。[29]"中等阶级"（middle classes）[30]的兴起，从经济上和政治上向贵

25　P. J. Cain and A. G. Hopkins, "The Political Economy of British Expansion Overseas, 1750-1914", *The Economic History Review, New Series*, Vol. 33, No.4, Nov.1980, p. 478.

26　L. W. White and W. D. Nassey. *Government in Great Britain, the Empire and the Commonwealth*, Cambridge, 1965, p.207.

27　传教士欧德理在《欧西于中土：香港史》一书中，提出：英国的自由贸易思想和政治改革对于香港历史发展而言，是促进香港发展的潜在因素。参见：E. J. Eitel, *Europe in China: The History of Hong Kong (From the Beginning to the Year 1882)*, Hong Kong: Kelly & Walsh, Ld., 1885, p. iii.

28　参见：英国帝国史学者菲尔德豪斯的著作《殖民帝国：自 18 世纪起的比较研究》，他认为实行自由贸易是 19 世纪大英帝国两大重要特征之一，英国自 1830 年起成为自由贸易国家，这对其国家政策的制定和海外殖民地的重塑有着重大意义。（D. K. Fieldhouse, *The Colonial Empire: A Comparative Survey from the 18th Century*, London: Macmillan Publishers, 1982, p. 242.）

29　亚当·斯密认为社会可以根据生活来源分为不同的阶级；李嘉图在斯密的基础上阐释了三阶级划分论，即：社会由地主、资本家和工人构成。"劳动、机械和资本在土地上面联合使用，所生产的一切土地生产物分归社会上的三个阶级：地主、资本家和劳动者。地主有土地，资本家有耕作土地的资本，劳动者则以劳力耕作土地"。（李嘉图：《政治经济学及赋税原理》，中华书局，1949 年，"原序"，第 1 页。）

30　英国更习惯用"中等阶级"（复数形式，即：法国的"bourgeoisie"（资产阶级））表达处于社会上层与下层之间的中间等级。"在 19 世纪英国，它具体指处于贵族与工

族体制挑战，逐渐成为 19 世纪英国社会的中坚力量。19 世纪 30 年代起，新兴阶级要求打破原先由贵族寡头掌握国家政权的"旧制度"（the old system），由此引发了英国议会改革（Parliamentary Reform）运动。议会改革是 19 世纪英国政治的主线，其目标就是削弱贵族力量，改变贵族垄断政权的局面，实现从寡头政治制度向大众民主制度的转变。1832 年的议会改革，标志着英国开始寻找一条适合自己发展的道路，用一种和平的方式完成了自我更新。也标志着英国从贵族制开始向民主制转变，"确定了英国作为一个现代工业国家将坚定地走渐进非暴力的道路"。[31]议会改革推动的民主制度、催生的平等思想，实现了英国式的和平、渐进的改革道路，为其赢得了稳定的国内政治环境，为其对外扩张、发展海外贸易创造了条件。功利主义思想[32]在维多利亚时期英国的行政制度和意识形态中突出体现：即英国通过建立一个以文明和民主为基础的国家，进而将知识传播给"无知"的殖民地人民。因此，殖民地的扩张被看作是"有益的国家扩张"。[33]

三、外交：从均势外交到炮舰外交

1805 年的特拉法加海战（Battle of Trafalgar）使英国获得了制海权，控制了英吉利海峡和大西洋港口，从而掌握了地中海资源，成为海上霸主。1815 年维也纳会议确立了英国的海上霸权。拿破仑战争后，法国和西班牙等国的海外殖民地大大缩小，而英国自丢失北美殖民地后海外殖民地数量日益扩大。至此，英国"无论在海上称霸还是在世界贸易方面，它都不怕任何对手。"[34]英国

人之间的广大阶层；不仅具有经济内涵，还包括文化的、社会的、思想状态的'中间地位'。"——钱乘旦主编：《英国通史》（第五卷：光辉岁月——19 世纪英国），刘成、胡传胜、陆伟芳、傅新球著，南京：江苏人民出版社，2016 年，第 206-207 页。

31 E. J. Evans, *The Great Reform Act of 1832*, London: Methuen & Co. Ltd, 1983, p.43.

32 由杰瑞米·边沁（Jeremy Bentham）倡导的功利主义哲学认为"能通过系统地运用一个关键评判标准，即法律或制度是否为大多数人的幸福服务来构建一个理想社会。"这种功利主义思想在维多利亚时期的英国官方意识形态、行政改革以及对海外殖民地的管理（如在殖民地实行"治安官制度"）中明确体现。参见：[英]约翰·达尔文著，冯宇、任思思译：《未终结的帝国》，北京：中信出版集团，2016 年，第 64 页。

33 英国国内的民主制度和平等思想理所当然在殖民地传播，因此殖民对于殖民地而言"有益"。这种帝国观是维多利亚时期主流观点。如罗伯特·希里（Robert Seeley）在其影响深远的著作《英格兰的扩张》（1883 年）中，就将英国的殖民描绘成英国的自然扩张。

34 [英]保罗·肯尼迪著，蒋葆英等译：《大国的兴衰：1500 年到 2000 年的经济变迁和军事冲突》，北京：中国经济出版社，1989 年，第 175 页。

的稳固状态也使得更加意识到均势外交（balance of power）的重要性：维持欧洲均势才能保障英国的安全。英国在拿破仑战争后的目标是通过和平外交，尽可能多第获取海外贸易及补给点。

"贸易优先"成为英国新的海外殖民政策。英国的海外扩张以贸易为目标，用商品和资本打开落后国家的市场。世界力量的平衡支点已经由西方向东方倾斜，从地中海向太平洋过渡。[35]1830 年帕默斯顿（Palmerston）担任英国外交大臣，为了推行"自由贸易"，加上英国当时所拥有的海军绝对优势，对于公开抵制英国自由贸易的国家，他主张用武力强迫对方接受，炮舰政策逐渐成为英国外交的主导。中英鸦片战争即为英国炮舰外交政策的典型案例。[36]为了改变英国在中英贸易中的出超地位，英国向中国大量输入鸦片，并发动对华战争，从而迫使香港岛被割让，中国香港的传统社会结构因此濒临瓦解。英国在西非通过炮舰政策，攻打黄金海岸部落，并成功进入西非腹地。

19 世纪，英国通过自由贸易和议会改革增强了本国的经济实力，提升了海军力量。凭借经济和军事优势，英国在欧洲执行均势外交政策，维持内部稳定，之后通过炮舰政策打开了世界市场，不仅提升了国际地位，也保障了英国的经济增长。

第三节 英国殖民统治前香港和约鲁巴兰概况

一、1841 年前的香港

香港包括 1842 年《南京条约》割让给英国的香港岛、1860 年《北京条约》割让给英国的九龙半岛南端和昂船洲、1898 年《展拓香港界址》租借给英国的新界陆地及邻近 233 个岛屿。早在新石器时代，香港地区就有人类活动的足迹，属于华南文化体系的一部分。在英国殖民管治之前，中国历代王朝在香港都设立了官职治理。香港在秦、汉、三国时期属番禺县管辖。东晋咸和六年（331年）至唐至德元年（756 年）属宝安县管辖。随后至明隆庆六年（1572 年）属

---

35 E. J. Eitel, *Europe in China: The History of Hong Kong (From the Beginning to the Year 1882)*, Hong Kong: Kelly & Walsh, Ld., 1885, p. iv.

36 《澳门新闻纸》（1839 年 5 月 15 日）载："中国若不准英吉利国家所求之事（按：与中国贸易），即必会合各国封禁中国所有之大港口，而中国之人若见英吉利、佛兰西（按：法国）、育奈士跌（按：美国）之水师兵船皆在中国之海岸上，即不用流血，而中国之人亦必肯设立章程，为外国贸易平安有利益之地步。"——参见：中国史学会主编：《鸦片战争》（第二册），上海：神州国光社，1954 年，第 478 页。

东莞县管辖。明万历元年（1573年）至清道光二十一年（1841年）英国人占领前，属新安县管辖。唐代设屯门镇（彼时香港称"屯门"，是广州对外交通的重要外港）；宋代置官富司，治理民事，在大溪山（今大屿山）驻摧峰军，保护商旅；元代设巡检司，负责海防；明设广东海道，分路巡防；康熙四十三年（1704）设立水师营，管辖九龙汛、大屿汛、红香炉（香港）汛，派兵防守；英国占领香港岛之前，清政府在香港岛设千总、把总等职。[37]

英国与香港的接触追溯至明崇祯年间，1635年12月，英国派遣海军上校约翰·威德尔（John Weddell）率领的4只商船前往中国（于1636年6月抵达中国，停靠在大屿山湾），这是英国历史第一次正式派遣商船来中国。1637年伦敦棉业联合会商船抵澳门受阻，遂经香港从珠江口到广州。[38]1683年东印度商船"卡罗琳娜（Carolina）"号从澳门到香港大屿岛（Lanto Island）停泊二个多月，这可能是第一条到过香港的商船。[39]1689年东印度商船"防卫（Defence）"号曾在澳门东15海里处停泊。[40]1741年由船长安森（Anson）指挥的英国兵船"（Centaur）"号在香港南部停泊修理。1793年马嘎尔尼（George Macartney）使团访华，要求之一"欲求相近珠山地方小海岛一处"作为商人"停歇以及收存货物"之用，要求之二"拨给广东省城小地方一处居住商人，或准令澳门居住之人自便"。[41]但这两个要求都被清政府驳回。综上所述，17-18世纪，香港逐渐进入英国人视野中，绘制的地图上标记了"Hong Kong"，[42]但并未深入了解香港，香港只是英国船只抵达澳门、强行进入内地的突破口

---

37 参见：刘蜀永：《香港历史杂谈》，河北人民出版社，1987年，第7页；丁又：《香港初期史话》（1841-1907），北京：生活·读书·新知三联书店，1983年，第3页；丁新豹：《香港早期之华人社会（1841-1870）》，香港大学博士论文，1988年，第11页；陈昕、郭志坤主编：《香港全纪录》（第一卷），上海：上海人民出版社，1997年，第2页。

38 俞强：《近代沪港双城记：早期伦敦会来华传教士在沪港活动初探》，北京：宗教文化出版社，2008年，第53页。

39 Geoffrey Robley Sayer, *Hong Kong 1841-1862: Birth, Adolescence and Coming of Age*, Hong Kong: Hong Kong University Press, 1980, p.21.

40 指的可能就是香港。见：丁又：《香港初期史话》（1841-1907），北京：生活·读书·新知三联书店，1983年，第18页。

41 魏源：《海国图志》，邵阳急当务斋刻本，清光绪六年（1880），第77卷，第16-18页。

42 1780年英国东印度公司"约克"（York）号海特船长（Captain Hayter）绘制的珠江河道地图上，已经标有"Hong Kong"。参见: Henry D. Talbot, "A British Maritime Chart of 1780 Showing Hong Kong", *Journal of the Hong Kong Branch of the Royal Asiatic Society*, Vol.10, 1970, pp. 128-133.

以及用来补给和修整的港湾。英国有意夺取一个岛屿作为立足点，储存货物并不在中国政府监管下进行贸易的意图由来已久。但因觊觎葡萄牙在澳门的控制权，尚无夺取或占领香港的计划。

19 世纪初，广州是中国唯一对外开放、进行贸易的港口，欧洲商船大多先在香港仔瀑布湾补充食水再北上广州。随着英国资本主义的发展、对华贸易的扩大以及 1808 年英国抢占澳门的计划失败，英国逐渐将注意力转向香港。至 1841 年占领香港岛之前，英国进行了多次深入的勘测和调查。1806-1819 年，英国东印度公司水文地理学家霍尔斯伯格（James Horsburgh）在香港海域进行勘探，认为"铜鼓门、金星门、伶仃西南面部，港岛南面的大潭湾，都是避风的良港和船只停泊的理想之地。"[43]1816 年，英国派阿美士德（William Pitt Amherst）使团来华在香港短暂停留，[44]他们对于港口和全岛作了仔细的调查，回国后并依此递交了调查报告，盛赞香港的天然优势，"从各方面来说，无论出口入口，香港水陆环绕的地形，是世界上无与伦比的良港。"[45]这份报告因使团在京的外交失败并未引起英国国内重视。随着英国对华鸦片走私规模的扩大，1820 年代英国鸦片船只经常停泊在香港。"东印度公司此时选择维多利亚港作为它在珠江口外主要的船只抛锚场所"。[46]但英国已经不满足于只在港口活动，一直想渗入腹地。1828 年，英国用二十五万两银子从两广总督李鸿宾处购得香港附近的恃山，作为"往来安歇地"，建立楼房，囤积货物。后被广东巡抚朱桂桢收回，并拆毁英国所建房屋。[47]恃山计划失败后，1829 年英国

43　Geoffrey Robley Sayer, *Hong Kong 1841-1862: Birth, Adolescence and Coming of Age*, Hong Kong: Hong Kong University Press, 1980, p.23.

44　阿美士德使团与英国东印度公司驻广州特别委员会代表小斯当顿（Sir George Thomas Staunton）约定在香港（薄寮洲北面的香港瀑布湾）汇合一同前往北京。"香港"也第一次记录在东印度公司的档案中。——参见：丁又：《香港初期史话》（1841-1907），北京：生活·读书·新知三联书店，1983 年，第 24 页。

45　Arnold Wright, *Twenty Century Impressions of Hong Kong, Shanghai and other Treaty Ports of China*. London: Lloyd's Greater Britain Publishing Company, 1908, p.56.

46　维多利亚港：当时英国人称为 Hong Kong Harbour。参看：余绳武、刘存宽主编：《十九世纪的香港》，北京：中华书局，1994 年，第 32 页。

47　"自英国辟来贸易，已百余年，屡被天朝沃恩，臣等宜有以酬，遑敢生事？所以带兵来粤者，盖自有故。昔贵朝大吏李鸿宾，于道光八年（1828）六月十二日移书臣等，将香港外之恃山，为臣往来安歇之地，在此建立楼房，可以积囤货物。于是抢材拘工。而李鸿宾则索地价，即送价银二十万两，又公司行外余地价五万两。嗣来朱桂桢将余地毁去，屿地追回，银未偿。及英国来粤，商民求生补得，欲死不能。"见："英吉利国臣义律谨致书大清国皇帝"，"犀烛留观记事"，中国史学会主编：《鸦片战争》（第三册），上海：神州国光社，1954 年，第 260 页。

东印度公司对香港岛西北角和东面的鲤鱼门进行勘测，考察进入香港的可能性。次年，东印度公司将船只移到九龙。[48]1834 年 8 月 21 日，英国驻华商务监督律劳卑（William John Napier）致函英国首相格雷时，正式提出侵占香港的主张："用武力占据珠江东入口香港，是极为有用的。"[49]1837-1838 年，香港海面上已经聚集了大量英国鸦片船只，英商活跃于香港和尖沙咀一带。1839年林则徐下令驱逐广州和澳门的英商，英商退居香港，决定将香港作为"永久居留之地（Permanent Settlement）"。[50]19 世纪初至鸦片战争前，英国因抢占澳门失败，对香港勘测后明确了香港优越的地理位置、适宜开发贸易港，怡和洋行甚至鼓吹英国如果占领香港"十年后，它将成为好望角以东最大的商业中心。"英国在鸦片贸易巨额利润的推动下，决意用武力敲开中国的大门，进而开拓中国市场。1840 年 6 月，懿律（George Elliot）和伯麦（Gorden Bremer）率领的"东方远征军"集结于香港海面，以香港为总部（headquarters），企图攻陷广东进而北上逼迫清廷就范。1841 年 1 月 21 日义律单方面宣布成立穿鼻条约（Chuenpee Treaty）；[51]1 月 25 号，英军在"硫磺号"（Sulphur）船长贝尔彻（Edward Belcher）的带领下强占香港岛。[52]

依据英国占领香港岛后，全权公使（Plenipotentiary）义律（Charles Elliot）于 1841 年 4 月 13 日所做的人口普查，香港所涉村落详情及人口分布如下：[53]

---

48 H. B. Morse, *The Chronicles of the East India Company Trading to China 1635-1834*, Vol. 3, 1926, p. 213.

49 Geoffrey Robley Sayer, *Hong Kong 1841-1862: Birth, Adolescence and Coming of Age*, Hong Kong: Hong Kong University Press, 1980, p.31.

50 Arnold Wright, *Twenty Century Impressions of Hong Kong, Shanghai and other Treaty Ports of China*. London: Lloyd's Greater Britain Publishing Company, 1908, p.56.

51 在《穿鼻条约》中关于香港问题，义律提出：香港之岛及港让与英国，所有在港商业上应交清英国正当诸税，如数交纳，如在黄埔之时，此地亦然。……广东之通商于阴历春初十日以内开放；在香港未布置好以前，仍在黄埔进行贸易。——（参见：H. B. Morse, *The International Relations of the Chinese Empire 1834-1960*, Vol. 1, London: Longman Green,1910, p. 271.）

52 贝尔彻在回忆录中写道："我们奉命驶往香港，开始测量。1841 年 1 月 25 日（星期一）上午 8 时 15 分，我们登上陆地。作为真正的首批占领者，我们在'占领峰'（Possession Mount）上三次举杯祝女王陛下健康。26 日舰队到达，海军陆战队登陆，在我们的哨站升起了英国国旗。司令官伯麦爵士在舰队其他军官陪同下，在陆战队的鸣枪礼和军舰隆隆的礼炮声中，正式占领该岛。"——（参见：刘蜀永：《简明香港史》（第三版），香港：三联书店（香港）有限公司，2016 年，第 24 页。）

53 见《香港钞报》（*The Hongkong Gazette*）1841 年 5 月 15 日，《中国丛报》（*The Chinese Repository*）1841 年 5 月第 10 卷第 289 页。

（1）香港岛包括：

赤柱：首府，大镇，2000 人；

香港：大渔村，200 人；

黄泥涌：主事农业的村庄，300 人；

公岩：拥有石矿的贫穷村庄，200 人；

石凹：拥有石矿的贫穷村庄，150 人；

扫箕湾：拥有石矿的大村庄（这里因人口大量移民而逐渐荒芜，现存的居民以石矿赖以为生），200 人；

大石下：拥有石矿的小村庄，20 人；

群大路：渔村，50 人；

扫竿浦：小村庄，10 人；

红香炉：小村庄，50 人；

柴湾：小村庄，30 人；

大浪：小渔村，5 人；

土地湾：拥有石矿的小村庄，60 人；

大潭：小村庄、近大潭湾，20 人；

索鼓湾：小村庄，30 人；

石塘嘴：拥有石矿的小村庄，25 人；

春坎、浅水湾、深水湾、石牌：这四处为废弃的渔村，无人居住；

以上村落共计 4350 人，此外，还有小贩 800 人、疍民 2000 人、来自九龙的劳工 300 人，截止 1841 年香港岛现居人口共 7450 人。

（2）九龙半岛（或尖沙嘴）：包括邻近的九龙、大鹏、鲤鱼门等村庄，共 800 人。

从义律的统计可以看出，英国人清楚地知道"香港地方"与"香港岛"的区别，"名则借求香港，实则欲占全岛。"[54]英国占领香港岛之前，香港并不是荒岛，以村落为行政单位，赤柱是香港最大最重要的镇（town），[55]居民多以捕

---

[54] "祈贡等奏查覆虎门礮台炸裂及琦善与义律讲话各情形折"（道光二十一年五月二十八日），《筹办夷务始末》（道光朝）卷 30，北京：中华书局，1979 年，第 1103 页。

[55] 关于英军占领香港岛前，香港是否有"镇"这一问题，英人的描述存在分歧，参与占岛的参逊（A. R. Johnson）则认为在南京条约签订前，香港没有"镇"。他对赤柱的描述是："赤柱村（the Village of Chek-choo）是该岛最大最重要的村落。"

鱼、采矿、打石、经商和农耕为生。从 1841 年闽浙总督颜伯焘奏折[56]和两广总督祈贡、广东巡抚怡良的奏折[57]中，也可以清晰地看出清朝对香港的完整准确认识。

1841 年英国占领香港岛时，在港中国人主体为广东人，多居住在赤柱和石排湾，他们被外国人称作"Punti（本地人）"；客家人（Hakka）、学佬人（Hoklos）多住在香港仔；疍家（Tankas）居无定所，活跃于港岛沿岸；[58]在港外国人分为五类：（1）政府官员、海军和陆军军官；（2）商人及员工；（3）普通水手和士兵；（4）传教士（英美新教、意大利罗马天主教）；（5）无业游民。[59]

以上为 1841 年英国占领香港岛时港岛基本情况。

二、1841 年前的约鲁巴兰

（一）非洲与欧洲的接触史

非洲与欧洲的互动历史悠久。印度洋和红海是商业和旅行的战略要地，因此北非自其早期文明发展之初就接待了欧洲游客。自 2000 多年前古希腊人和罗马人扩大势力范围以来，非洲人和欧洲人进行了重要的文化、物质、语言和宗教交流。非洲人和欧洲人之间的这种长期接触，特别是自 16 世纪之后的五个世纪中，对非洲的发展产生了重要影响。但两大洲之间的关系转向以现代化和西化思想为中心，这对非洲现代历史的塑造产生了重大影响。

欧洲物质文化渗透非洲的一些早期迹象出现在中王国时期（the Middle

关于赤柱的人口数，他与义律的统计也有较大的出入，他认为"英军驻扎赤柱后，赤柱共有 800 人（500 男，100 女，其余为孩童）。"（参见：A. R. Johnson, Note on the Island of Hong Kong, London Geographical Journal, *Hongkong Almanack & Directory for 1846*, Hong Kong: China Mail, 1846.）

56　"香港为商船内驶必由之路，其岛曰红香炉，上有营汛居民，并非偏僻小港可比……香港一岛，亦与定海何异？"（参见："颜伯焘奏探闻广东情形折"，《筹办夷务始末》（道光朝）卷 30，第 1094-1095 页。）

57　"臣等谨查香港全岛，东西绵亘起伏，共一百四十余里，统名香港。就中分析，则香港地方在岛之西南，由香港而西而北而稍东为群带路，再东为红香炉，由香港而东为赤柱，地名虽分，其实诸峰均相连。香港全岛，北通海面，往西约三十里为尖沙嘴，往东约五十里为九龙山，均属新安县地界。"（"祈贡等奏查覆虎门礮台炸裂及琦善与义律讲话各情形折"，《筹办夷务始末》（道光朝）卷 30，第 1102-1103 页。）

58　G.B. Endacott, *A Biographical Sketch-Book of Early Hong Kong (New introduction by John M. Carroll)*, Hong Kong: Hong Kong University Press, 2005, p. 39.

59　G.B. Endacott, *A Biographical Sketch-Book of Early Hong Kong (New introduction by John M. Carroll)*，p. 39。

Kingdom）的古代埃及，当时埃及扩大的贸易网络产生了与地中海群体的互动。几个世纪以来，商业交流愈演愈烈，伴随着希腊对埃及的占领，亚历山大大帝（Alexander the Great）在公元前 332 年发起了西方向非洲的第一次重大进军。随着科普特语（Coptic language，希腊/埃及混合语）的发展，希腊语作为官方语言的使用以及农民土地所有权的税收制度的结束，希腊在埃及的影响变得明显。尽管如此，埃及一些独特的文化体系仍然没有受到影响。在进入公元（the Common Era）之前的几年里，古罗马在北非就有殖民地，为罗马不断增长的人口提供谷物。红海成为商业、语言和文化交流的中心。欧洲商人沿着东非海岸进行了零散的冒险，但行程的长度使大多数商人专注于北非。[60]北非的罗马殖民地充当了几个世纪后在整个非洲发生的殖民化的原型。罗马领导人将北非视为日益壮大的帝国的必要齿轮，并着手将非洲变成一个多产的卫星国。这种早期的殖民实验也有助于基督教进入非洲。由于北非靠近新兴宗教的中心，一些非洲人很快就接受了基督教。科普特教会（the Copic Church）在埃及创立并传播到埃塞俄比亚，并于公元 451 年成为独立教会。随着古罗马确立自己作为殖民统治者的地位，一些非洲人将基督教视为抵抗外国统治的一种方式。罗马统治者对非洲臣民强征税收和施行法律，在罗马帝国于公元 380 年接受基督教为其官方宗教之前，非洲人将基督教视为一种抵抗殖民化的方式。

随着贸易的扩大，欧洲和非洲的互动更加密切，使更多的非洲人与欧洲人接触。跨撒哈拉贸易在 7 世纪和 10 世纪之间因引进骆驼而蓬勃发展。随着西非资源进入地中海，黄金变得重要。通过贸易，基督教传入更远的非洲南部和西部。更为深刻的影响是伊斯兰教的传播，它改变了欧洲人、中东人和非洲人之间的商业和文化互动。随着伊斯兰世界的加强，红海对区域贸易的重要性降低，欧洲人发现自己失去了在非洲贸易中的既定立足点。之后的几个世纪，欧洲与非洲的互动相对停滞。欧洲各国国内政治发展使其更专注于内部活动。到 15 世纪初，欧洲人对非洲的兴趣重燃，尤其是由于葡萄牙航海家亨利王子的热情。他探索非洲大陆的动机是欧洲几个世纪以来对该大陆感兴趣的基础。亨利想要将基督教传播到非洲，不仅是因为他自己的宗教信仰，还因为他将非洲视为欧洲与日益强大的奥斯曼帝国之间的前线。他开辟了贸易并希望在西非

---

60 参看：Martin Bernal, *Black Athena*, Piscataway NJ: Rutgers University Press, 1991; Stephen Howe, Afrocentrism:*Mythical Pasts and Imagined Homes*, London: Verso, 1998.

发现新的有利可图的商品。[61]

亨利对非洲感兴趣的这两个方面——基督教和通过贸易进行的剥削——在几个世纪以来影响了欧洲人和非洲人之间的交流。非洲的"现代化"和"西方化"事业基本上是在葡萄牙人进入非洲开始的。几个世纪以来，欧洲对该非洲陆地海上探索仅限于沿着海岸线。非洲西海岸拥有罕见的天然港口和危险的水流，除了少数几个地方外，船只很难停靠，因此欧洲人和非洲人之间的互动发生在海岸上。非洲内陆不为人知，欧洲商人不愿冒着生命危险进入内陆。疾病，特别是疟疾和其他热带热病，使欧洲人对在非洲度过太多时间持谨慎态度。欧洲人限制了他们的探索范围，以减少他们暴露于非洲人面前的频率，希望避免受到武装的非洲人的不友好接待。在这些最早的交流中，欧洲人依赖非洲群体的热情好客和帮助，与非洲人建立了牢固的联系。[62]

最早对探索非洲有浓厚兴趣的欧洲人是葡萄牙人。他们希望找到黄金并利用其利润来抵抗他们的西班牙邻国并扩大葡萄牙帝国范围。他们与非洲人的交往以探险、基督教扩张和商业开发为标志。他们的兴趣超出了非洲，因为他们计划通过香料贸易远征亚洲。这使得非洲变得重要，因为它必须环球航行才能到达印度洋和亚洲，而非洲的黄金可以用来资助这种旅行。他们还相信他们可以传播基督教，并与新的基督教国家结成联盟，以阻止伊斯兰教的传播。1497 年，葡萄牙探险家瓦斯科·达·伽马（Vasco da Gama）绕过非洲最南端开辟印度洋贸易。在不到一个世纪的时间里，葡萄牙人以一种决定了几个世纪以来事件轨迹的方式曝光了非洲。除了贸易，他们还在岛屿上建立种植园，但仍然没有将影响力扩大到内陆。他们的武器在占领沿海城镇时很有用，但大炮和火枪在茂密的内陆森林中无法使用。葡萄牙人享受了两个世纪以来与其他欧洲国家的最小竞争。然而，到 18 世纪初，主要是因为奴隶贸易，英国和法国在非洲的影响力要大得多。从 15 世纪开始，很明显，非洲将因欧洲的影响而发生巨大变化。整个大陆，特别是撒哈拉以南非洲，由于欧洲对非洲的兴趣重燃，将在文化、语言、宗教、经济和政治方面经历重大转变。

19 世纪的探索在欧洲和非洲互动的下一阶段发挥了决定性作用。凭借所谓的科学证据和第一手观察，欧洲人确信非洲人需要欧洲带来文明和进步。在

61 Charles Raymond Beazley, *Prince Henry the Navigator: The Hero of Portugal and of Modern Discovery 394-1460*, Whitefish Mont: Kessinger Publishing, 2007.

62 Peter Russell, *Prince Henry "The Navigator": A Life*, New Haven, Conn.: Yale University Press, 2000.

工业革命期间的技术进步和抗击疾病的新药的推动下，欧洲扩大了其在整个撒哈拉以南非洲的影响力。伴随着熟悉的老掉牙的宗教和经济"正当"理由，欧洲人在 19 世纪中叶登陆非洲。有些人带着圣经，有些人带着枪。"白人的责任"的观念使许多欧洲人相信非洲需要拯救。基督教传教是欧洲殖民发展的第一阶段。除了与早期探险家和贸易商的不太频繁的互动外，非洲人对欧洲人的经验很少。但是，传教士的到来改变了这一点，他们开始与非洲人密切合作并逐渐确立自己作为非洲人的邻居定位。尽管传教士专注于改变非洲人的精神生活，但他们也激发了重要的物质和社会变革。关于服装、食物、礼仪、识字、性别、劳动、教育、语言和卫生的所谓欧洲新观念进入非洲视野，非洲人从最初的"观察者"（observer）到逐渐被教导，从而使欧洲的思想观念在非洲大陆传播开来。"文明化"的口号不仅回应了人道主义理想，也满足了欧洲的商业目标。传教士通过逐渐将非洲人实行西方化，而充当前殖民生活和殖民生活之间的联络人。[63]在传教士的推动与影响下，越来越多的欧洲人移居非洲。有些人去寻找农田，而另一些人则成为企业家。欧洲各国政府对非洲自然资源的渴望加剧，批准私营公司进入非洲探索可能的资源。19 世纪中后期，由于欧洲在非洲活动的加剧，学者们将其称为"争夺非洲"时期。到 19 世纪 80 年代，欧洲认为殖民化进程正式化十分必要。德国总理奥托·冯·俾斯麦（Otto von Bismarck）在 1884～1885 年召集召开柏林会议，划分欧洲殖民地。欧洲国家和美国的代表相见，提出殖民主张和规则，但并没有非洲代表出席。到 1885 年，非洲被划分成几十个殖民地，主要由英国、法国和葡萄牙等占领。

非洲大陆分裂后，很少有关于殖民地治理的计划。管理者会在出现问题时才处理每个问题——每个殖民地都是不同的，因此管理者致力于满足每个殖民地的独特需求。大多数国家都明白，建立一个能够优化利用资源的体系需要时间。首要目标是让殖民地自给自足。一旦实现了这一目标，殖民重点可能会转向自然资源的开发上。

从广义上讲，殖民管理可以分为间接或直接统治的范畴。在由英国发展的间接统治下，殖民地政府努力实现权力下放和政策连续性的目标。权力下放有助于阻止任何一个非洲群体获得权力并阻止群体之间建立联盟。通过政策的连续性，英国人希望，在几乎没有明显变化的情况下，非洲人不会抵制殖民化。间接

---

63 Chima Korie et al., *Missions, States and European Expansion in Africa*, New York: Routledge, 2007.

统治在很大程度上依赖于将执法和地方管理授权给非洲领导者。法国人支持直接统治模式，该模式侧重于同化作用。法国殖民主义旨在逐步将其非洲臣民变成法国公民，管理者认为，通过语言和文化的适应，非洲人最终可以成为法国人。

（二）1841 年前的约鲁巴兰

约鲁巴族自史前时代定居伊莱-伊费(Ile-Ife)，自认是奥杜杜瓦(Oduduwa)的后裔。公元 10 世纪起建立了贝宁王国，公元 14 世纪起建立了奥约帝国。13 世纪，约鲁巴人就已经创造出精美青铜人像和赤土陶器。公元 11 世纪至 18 世纪初，约鲁巴地区建立了完善的政治组织结构和强大的城邦制，约鲁巴成为热带非洲农业文明的发源地。发达的农业文明和健全的政治制度加速了该地区的城市建设，伊费（Ifẹ）、伊杰布（Ìjẹbúú）、伊杰莎（Ìjèṣà）、科图（Kétu）、奥耶（Ọyẹ́）、翁多（Ondò）、奥沃（Ọwọ）、奥乌（Òwu）和萨贝（Ṣábẹ）等成为中央集权城邦，这些城邦构成今日约鲁巴兰的主体。在阿拉芬（aláàfin）[64] 领导下的奥约帝国（Ọyọ Empire）成为约鲁巴兰最强大的城邦，其首都加丹加（Katanga）成为非洲人口最多、最发达的城市。塞缪尔·克劳瑟对 19 世纪前的约鲁巴王国做出这样的总结："前约鲁巴王国，拉各斯沿岸的一片疆域，覆盖从加丹加至伊杰布。这个庞大的王国仍然说同一种语言（但有不同方言分支，尼日尔河沿岸所说的卡坎达语（Kakanda）也被称作是"约鲁巴语的女儿"。）虽然'加丹加'总被提起，但约鲁巴人自己称首都为'奥约'。加丹加这个名字是欧洲旅行者从豪萨民族那里获得的，豪萨人称约鲁巴为'雅里巴'（Yarriba）或'雅鲁巴'（Yaruba），但这些都是豪萨语的发音，就约鲁巴语发音而言，约鲁巴（Yoruba）更为准确。"[65]从克劳瑟的描述中，我们可以看出早期欧洲人对约鲁巴的认识是通过北部非洲获得的，塞缪尔·约翰逊的描述可以佐证这点，"这个国家最早通过非洲北部为欧洲人所知，经过那些在北非和中非的旅行者相传。因此我们在韦伯斯特的地名词典中可以看到对'雅里巴'词条的描述：'雅里巴，位于西非，在达荷美（Dahomey）以东，面积七万多平方公里，人口约 200 万，首都加丹加（Katunga）'，这里的'雅里巴'和'加丹加'是豪萨语中对'约鲁巴'和'奥约'的称谓。"[66]1835 年，阿拉芬的权威和政权削

---

64 奥约帝国的国王成为"阿拉芬"。

65 Samuel Crowther, *A Grammar of the Yoruba Language*, London: Seeleys, Fleet Street, and Hanover Street, Hanover Square, 1852, introductory remarks, p. i.

66 Samuel Johnson, *The History of The Yorubas: From the Earliest Times to the Beginning of the British Protectorate*, Lagos: C.M.S (Nigeria) Bookshops, 1921, p. xix.

弱，奥约帝国分崩离析。内忧外患中，阿拉芬寄希望借助英国力量恢复奥约帝国昔日辉煌，因此也给英国人进入约鲁巴兰提供契机。

英国与约鲁巴兰的联系追溯至 17 世纪，英国许多奴隶贸易商[67]在威达（Whydah）、阿拉达（Allada）、波多诺伏（Porto Novo）等大西洋海岸线港口建立据点。而这些港口彼时为约鲁巴奥约帝国所广泛使用。18 世纪，英国人在巴达格里（Badagry）从事大量商业活动，而巴达格里的居民此时多为约鲁巴人，英国人有了和约鲁巴人直接联系的机会。19 世纪初，英国贸易商开始到访拉各斯（Lagos）沿岸，他们记录关于拉各斯岛及邻近伊杰布地区约鲁巴民族的政治、风俗和贸易情况并寄回英国。[68]但早期英国与约鲁巴兰的联系仅限于沿海港口城邦。直到 1825 年末，探险家休·克拉珀顿（Hugh Clapperton）和兰德兄弟（Lander brothers）经过旧奥约帝国（Old Ọyọ Empire），至此约鲁巴腹地的居民才与英国人有了直接的实质性接触。此时旧奥约帝国衰微，帝国部分城邦如埃瓜多（Egbado）和奥克奥贡（Oke Ogun）等对这些探险者的到来表示热烈欢迎，因为这些约鲁巴居民认为英国人可以为其存在的政治和社会问题提供有效解决办法。旧奥约帝国阿拉芬马角图（Majotu）向克拉珀顿求助，希望英国帮助约鲁巴城邦击退来自富拉尼（Fulani）的威慑以及收复被叛军占领的伊洛林（Ilọrin）。随后，理查德·兰德获得奥约帝国军事指挥权，在英国人的帮助下，旧奥约帝国暂时平息了与富拉尼人的战争。[69]国王及其臣民对英国人的求助揭开了英国人在约鲁巴城邦宗主权的序幕。

自 19 世纪 30 年代起，英国传教士、商人和世俗官员纷纷进入约鲁巴内陆，在英国建立殖民之前，这三类人群并非独立存在，而是互相合作、相互影响，虽目标存在分歧，但在前殖民时代却互相补充。传教士不只是以传播福音和宗教信仰为己任，他们的任务还包括提高传教地区的生活质量，鼓励约鲁巴兰发展经济，鼓励他们与世界工业国家尤其是欧洲商人保持密切联系；商人是维多利亚时代基督传教团的一部分，他们在与约鲁巴人贸易的同时宣传基督教化地区比"异教徒"地区更可能接受西方的生活方式和品味；海陆军官通常

---

67 如英国探险家、驻黄金海岸（今加纳）总督阿奇博尔德·达尔泽尔（Archibald Dalzel）、英国探险家前往达荷美王国的罗伯特·诺里斯（Robert Norris）等。

68 John Adams, *Remarks on the Country Extending from Cape Palmas to the River Congo*, London, 1823, p.7.

69 E. A. Ayandele, *Nigerian Historical Studies*, London: Taylor & Francis e-Library, 2005, p. 13.

是基督徒，他们将自己视为大英帝国在约鲁巴利益的保护者，他们有权保护传教士和商人。但这三类人群有一个共同理念：在约鲁巴兰推行和平稳定局势，建立新秩序取代原有的本土"异教徒"政府的"专制独裁"。[70]在这三类人的相互活动下，英国逐渐在英——约关系中占据主导地位。

三、民族的象征资源

民族的思想内容包括记忆、传统、神话和象征。祖先、共同体、领土、历史和命运共同构成了族群对民族维度的回答。每一个维度都与民族形成的社会和象征性过程有关。"先祖和起源的神话讲自我定义的过程转化为象征性的术语"，[71]族群历史的神话记忆，呈现出一种独特的公共文化的理想化记忆。"文化资源在一个特定的民族共同体中存在的越多，其范围和强度越大，民族认同感就越强、越生动、越广泛"。[72]

（一）宇宙观与世界观

大多数非洲传统的宇宙神话都将至高无上的存在描述为天地万物的创造者。所有故事的共同点是至尊神作为卓越的创造者的概念。至高无上的存在的创造力通常反映在其不同的名称中。例如，塞拉利昂的曼代（Mende）人称其为"恩盖欧"（Ngewo）。这个名字的含义是"从天而降的永恒统治者"，并且以这种身份成为万物的存在。加纳的阿坎（Akan）人和加（Ga）人分别称其为"奥亚米"（Onyame）和"尼欧莫"（Nyonmo），意为"在万物之前或万物之上的光明、荣耀的天地之神"，或者简单地说是"全力的神或满足的神"。[73]

在阿坎人中给予奥亚米的赞美和属性的名称更加清楚地说明了他作为卓越创造者的本性和品格。在这些名称中，值得注意的是 *Odomankoma*（"万物的作者"）和 *Borbore*（译为："开凿者""创始人""发明者""挖煤者"或"创造者"，还有一些其他译法）。在曼代人中，恩盖欧创造了地球及地球中的一切事物，并创造了第一对夫妇——一男一女。蒂夫（Tiv）部落认为上帝是雕刻

70 E. A. Ayandele, *Nigerian Historical Studies*, London: Taylor & Francis e-Library, 2005, p. 14.

71 [英]安东尼·史密斯著，林林译，《族群——象征主义和民族主义——一种文化方法》，中央编译出版社，2021 年，第 112 页。

72 [英]安东尼·史密斯著，林林译，《族群——象征主义和民族主义——一种文化方法》，中央编译出版社，2021 年，第 123 页。

73 J. O. Awolalu and R. A. Dopamu, *West African Traditional Religion*, Ibadan: Onibonoje Press & Book Industries, 1979, pp. 42-43.

世界的伟大木匠，从世界中创造出不同类型的形状和样式。

　　然而，约鲁巴兰将至高神（*Olodumare*）视为卓越的创造者，坚信他通过奥里莎大神（*Orisa-nla*）的帮助做到这一点的。在约鲁巴人的宇宙观中，至高神与人类之间的关系最初是顺畅的，天堂与地球非常接近，但后来由于一个人或另一个人的冒犯这种顺畅被打断，导致天堂——上帝的居所，从地球上撤出。关于天堂与人类的分离，约鲁巴兰的宇宙观体现了非洲的某些宇宙观，其中一种说法是将其这种分离追溯到一个女人的不端行为，她经常用杵敲打天堂。另一种说法是将这种分离与一个人因吃太多食物后对至高无上的不端行为联系起来。这两种观点在非洲其他民族也很常见。[74]例如，加纳的阿散蒂（Ashanti）从人类世界到一位女人（圣经中夏娃的一种表述类型），追溯上帝（和他的天堂）撤离的原因，她"用日常捣碎食物（fufu）的长杆，不断敲着上上帝的门对抗他（上帝）"。[75]当这对上帝来说变得忍无可忍时，他决定将他的住所搬到更高的地方。为了拼命尝试接近他，这位女士的孩子们在母亲的建议下，着手建造"凡人之塔"（一种圣经中的"巴别塔"）。但这摧残并杀害了他们中的许多人，因此幸存者放弃了这项任务。刚果民主共和国西部的马尼安加（Manianga）神话将上帝与人类之间甜蜜交流的变形归于在第一个人——马洪古（Mahungu）的行为中。根据神话，马洪古起初居住得离上帝非常接近，上帝用一切美好事物来满足他。然而，他后来开始认为上帝的做法是理所当然的。因此，上帝对马洪古的懒惰和未能保持对他的信念感到愤怒。因此，"上帝从地球上退离，不再干预人类事务"。[76]在马尼安加人看来，与基督教和穆斯林思想相比，死亡远非对人类不当行为的惩罚，而是上帝后来引入的一种仁慈行为，将人类从由第一个人马洪古造成的无助和痛苦中拯救出来。

　　除了这两种叙述，还有其他一些不同的表述。塞拉利昂的曼代人在他们自己的神话中将上帝与人类的分离归因于人类永不满足的需求，这让恩盖欧感到疲惫。因害怕人类很快把他累坏，上帝在某天晚上，人类还在睡觉的时候，偷偷地把他的住处从人类的住处撤离。对于班布提（Bambuti）人和梅鲁（Meru）人来说，上帝与人类的分离是由于一名孕妇无法抗拒地想要吃一种叫做塔胡树（tahu）的禁果。

　　非洲世界观强调精神的存在和活动。对精神世界的信仰广泛存在于所有

74　E. B. Idowu, *Olodumare: God in Yoruba Belief*, London: Longmans Group, 1962.

75　J. S. Mbiti, *Concepts of God in Africa*, London: SPCK, 1970, p.170.

76　B. C. Ray, *African Religions*, Englewood Cliffs: Prentice Hall, 2000, p.8.

非洲部落中。非洲人普遍坚信早于人类存在的神灵/精神的存在。它们中的一些被认为是好的，而另一些则是邪恶的精灵（恶魔）；它们中的有些受到广泛崇拜，而另一些则在当地具有重要意义。这些灵体的实际数量无法准确得知。它们都被认为是至高神的"孩子"，仅仅是因为它们从远古时代就从上帝那里而来，并直接或间接地在上帝治理世界的过程中为他的目的服务。

总而言之，非洲的宇宙神话和世界观将至高无上的存在描述为终极现实、第一无因之因，所有其他生物都来自并通过它而存在。他被认为是万物的维持者，所有人最终都必须归还给他。除了人类世界，人由神的创造而加冕，还有一个神的世界，上帝至高无上，掌管世间事务，神灵/精神作为他的大臣。对于约鲁巴兰而言，有如下几个核心理念深刻影响着约鲁巴民族的精神世界。

1. 精神力量——*Orí* 文化

Ori 是尼日利亚南部约鲁巴族约鲁巴语中的一个词。它的意思是"头"。它既指外部的、物理的头（*Orí Òde*），也指内部的、非物质的、无形的头（*Orí Inú*）。外部的头代表认知和感觉能力，这些能力构成了人类最直接可及的身份以及他们与环境互动的最直接方式。内在头脑是"精神力量"（*àsé*）的中心，是使存在和生成成为可能的创造力。这种力量是所有活动的基础，但即使是它授权的代理人，也常常无法立即识别出来。

作为个体中"精神力量"（*àsé*）的中心，一种使存在和从一种存在状态转变为另一种状态的力量，"内部的、非物质的、无形的头"（*Orí Inú*）被理解为个体形成和创造性活动的核心。"精神力量"（*àsé*）的这种化身对于从人类到动物和精神的所有生物中的"内部的、无形的"性格至关重要，因为它体现了个人的最终能力和他或她存在的可能性。

在阿比姆博拉（Abimbola）的《伊法伟大的十六首诗歌》（*Sixteenth Great Poems of Ifá*）[77]中，有一首伊法（Ifá）传统的诗歌，叙述了古典约鲁巴思想的核心认知话语，它将"内心的力量"（*Orí Inú*）描述为可以在最遥远的旅程，死亡之旅中跟随个人的朋友，因为它被理解为早于人类的诞生并且比身体的死亡更长寿。因此它被理解为"受尊敬的力量，一个人物理世界的守护神。"

---

77 Wande Abimbola, *An Exposition of Ifa Literary Corpus,* Ibadan, Nigeria: Oxford University Press, 1976. 阿比姆博拉关于这一知识体系的最全面但非常清晰的著作。对"头"的自我探索和被伊法包装的人类生活进程的知识进行了深入探讨，并大量使用了伊法文献。

（*Ori Apere*，*Asiniwaye*），"头"的概念采用物理的、可见的头作为自我不可见方面的隐喻。

自我的物质和非物质方面在头部概念中的整合在古典约鲁巴文化及其当代探索中普遍存在，融合了广泛的思想和实践，从伊法占卜到口头和造型艺术和身体美学，到"形而上学、伦理学和本体论的哲学分支"。

外部头脑和内部头脑可以被理解为在塑造个人生活进程的辩证关系中运行。传统中的权威文本以各种方式描述了这种关系。"内部头脑"被理解为体现了个人在离开地球出生之前所做的命运选择。阿德格博耶加·奥兰贡（Adegboyega Orangun）《命运：未显现的存在》（*Destiny: The Unmanifested Being*）将伊法文学描述为包含强调"内部头脑"在塑造个人生活中体现的出生前选择至高无上的表达，以及强调推理判断的重要性的对比文本，这是外部头脑的领域。后面的这些文本表明，通过明智的判断和行动，可能在伊法的口头神谕智慧的帮助下，个人可以将不幸的命运重塑为积极的命运。这种敏感性也被描述为对于实现需要个人敏锐判断和行动来实现的有利命运的潜力至关重要。[78]

"头"作为伊法占卜中的中心动因："内部头脑"的特征和活动模式在伊法文学中作为占卜过程中的核心角色的描述中得到了暗示。"内部头脑"的存在及其认知可能性在传统上对个人来说是不可用的，因为它的性质与人类生活的物质环境不同。它是通过占卜达到的，它的影响可以通过推理，通过它对个人生活的表现来辨别。

阿比姆博拉的《伊法文学语料库的展示》（*An Exposition of Ifa Literary Corpus*）将伊法追随者的"内部头脑"描述为一种动因，其影响在塑造占卜工具所采用的模式及其相关的神谕声明时，最具决定性的影响。这些工具由巴巴拉沃（Babalalwo）铸造，他拥有关于伊法的深奥知识，回应追随者的询问。因此，"内部的头脑"被描绘为一种无形但具有强大活性的动因，能够超越时间和空间，连接物质宇宙和精神宇宙，拥有关于实体的过去、现在和未来的知识，对于"头"的描述强化了这种解释，即唯一可以跟随其奉献者踏上遥远旅程、死亡旅程的代理人。阿比姆博拉将它的影响描述为取代任何其他动因要素，包括奥里莎（Òrìṣà），根据古典约鲁巴人对宇宙的理解，奥里莎的影响无处不在。

---

78 Abiodun, Rowland. "Understanding Yoruba Art and Aesthetics: The Concept of àsé." *African Arts* 27, no. 3 (1994): 68-78; 102-103.这篇文章与其他关于"头"的描述取得了平衡，因为它通过强调"头"作为一种赋权力量的重要性，将这个概念超越了通常与之相关的命运领域。将语言艺术和视觉艺术联系起来。

这种无形但有知觉的动因的卓越意义导致它通过仪式和艺术受到崇敬。奥里莎本身被理解为拥有自己的"头",这是通过伊法的卓越洞察力被接触到的。

约鲁巴文学和视觉艺术中的头:约鲁巴文学中与"头"相关的叙述,特别是在伊法语料库中,调动了一系列本身就非常令人愉快的表达策略,同时传达了关于神秘和人类潜力多样性的概念。许多故事都集中在从"头"的塑造者、陶艺家阿贾拉(Àjàlá)的家中选择"内部头脑"的行为上。作为一个前后矛盾的工人,他制作了各种不同质量水平的"头"。在他永远缺席的情况下,人们只能选择自己的"头",因为他躲藏起来,所以他们没有关于如何做出选择的指导。许多人因此选择了有缺陷的"头"。有一次,某人选择的一个特定的"头"的建造很差,以至于在他出生在地球上的旅程中,"头"开始溶解在雨中。

与"头"有关的诗歌和谚语也非常令人难忘。阿德格博耶加·奥兰贡在《命运:未显现的存在》中,在他对"头"的讲话中暗示了这些文学形式所揭示的态度的精髓,他将其描述为"财富的荣耀灯笼/唯一的探路者……他使鱼陶醉/在海床上安然无恙/他推动渡鸦/使它畅通无阻的飞行"。阿德格博耶加将自然力量归于"头",这让人联想到"头"与至高无上的存在奥洛杜马雷(Olódùmarè)的关系的可能性,奥洛杜马雷的"精神力量"或创造力量,使"头"充满活力,作为宇宙之首的"头"可以被理解为在与个人的"头"相关的宇宙中,与人类和精神相关的角色中发挥作用。"头"有时被认为是"个人的造物主"(*Elédá eni*),这个也被认为是识别奥洛杜马雷的属性。这种相关的归因表明个人内在的、不朽的自我与创造自我的创造者之间的存在和权力的共享。巴巴顿德·拉瓦尔(Babatunde Lawal)的《Orinolise:约鲁巴人的头部和发型的诠释学》(Orinolise: The Hermeneutics of the Head and Hairstyles among the Yoruba)中引用的谚语暗示了终极创造者和个人创造者的这种结合:*Orílo da ni, enikan o 'd'Orío*,意思为"是头部创造了我们;没有人创造了头";*Oríeni, l'Eleda eni*,意思为一个人的头是一个人的创造者"。[79]

---

79 Babatunde Lawal, "Orinolise: The Hermeneutics of the Head and Hairstyles among the Yoruba." *Tribal Arts 7,* no. 2 (Winter 2001/Spring 2002): 80-99. Available at http://www.tribalarts.com/feature/lawal/ Last accessed 19 January 2009.这是一篇出色的文章,在约鲁巴文化的过去和现在的发展背景下,通过对形而上学和宗教概念和实践以及从宗教到装饰的一系列约鲁巴艺术形式之间的相关性进行无与伦比的探索,总结了对"头"的大部分描述性研究。它展示了这些概念和实践与发型设计的实际和日常活动之间的关系,从而表明可以理解为古典非洲思想中对具体化的强调。

"头"往往是与其创造力相关的语言和视觉艺术形式的焦点。例如，在约鲁巴语诗歌（*Oriki*）的文学体裁中，*Oriki* 的意思是"向头部致敬"；一个人的历史和社会关系，正如通过他或她的"头"使之成为可能，它们被唤起以激励个人，从而暗示情感的刺激和以头脑为中心的认知能力。

在对身体的呵护中，"外部的头"（*Orí Òde*）上的头发是为了审美或宗教目的而养成的，它被想象成一片小树林，与之相关的是"内部的头"的神秘力量。在雕塑中使用头部作为独立形式的惯例中提出了外部头部作为其他不可见品质的展示的特征，通过它的表达来强调理想的人类品质。

哲学中的"头"探索："头"概念引发的哲学问题的考察涉及命运与自由意志之间的关系，自我的本质及其死后的生存的关系，以及关于"内部头脑"存在的主张的有效性。由于"头"概念所引发的问题与从非洲到亚洲和欧洲的自我表达的其他表述之间的关系，对"头"概念的考察有望成为一个更丰富的研究领域。

2. 桑戈（Sango）

桑戈（Shango，也称 Sango）是旧奥约帝国的守护神，作为雷电之神存在于约鲁巴人的礼仪思想中。桑戈在约鲁巴诸神中的卓越地位与其与神灵相关的深刻的超自然力量有关。他被认为是这片土地上最火热的神灵之一。他的崇拜非常普遍，他的追随者遍布约鲁巴兰（尼日利亚）、达荷美（现在的贝宁共和国）、加勒比海和美洲。在他被神化之前，桑戈被认为是奥约的第四任阿拉芬（*Alaafin*，国王）。他被认为是奥约王国的创始人奥兰米扬（Oranmiyan）的儿子，也是奥杜杜瓦（Oduduwa）的小儿子。阿拉芬桑戈代表了奥约皇室的力量和超自然影响的经典例子。[80]

在他的一生中，阿拉芬桑戈发展出了一种巨大的神圣倾向。他被认为有从嘴巴和鼻孔喷火和冒烟的习惯。他还拥有召唤雷电的能力。他巨大的神秘力量最终将带领他走向不同寻常的豪迈气概、征服和暴政。他在位七年，这一时期他的执政特点是一系列的冒险和滥用神秘力量。据说他在自己的宫殿中尝试了他的一些神秘力量，这导致了一场悲剧，导致他的年轻妻子和孩子死亡。在皇宫事件之后，他异常暴躁的脾气也导致了他的许多臣民的死亡。由于这些事件，他被乱石所砸并被赶出他的王国。在他的追随者和他的年长的妻子（*Oya*）

---

[80] J. F. Ade Ajayi. and Michael Crowder, eds. *History of West Africa*. London: Longman, 1976. 该书包含西非研究的多个主题和内容。

在流放途中抛弃了他之后，他后来在一个叫科索（Koso）的地方上吊自杀。他深受良心谴责的追随者和支持者后来以雷电的燃烧力量的形式宣称他的持续效力，他们以此维持他的名声和权力。这些成为表达桑戈作为一种神圣力量的多维度力量和影响力的最突出手段。

为了纪念他被可耻地用石头乱砸并被赶出王国的那一天，有一个特定的日子被献给了对桑戈的崇拜称作 *Jakuta*（与石头战斗）。他的朋友们需要消除他悲惨结局的耻辱，以及消除人们从心灵中对他的奚落，最终导致他们重演了桑戈的一些事件。随后有几人死于闪电和频繁的大火，他的朋友们将其归因于桑戈的报复。这些展示和重演所产生的形而上学的挑战导致人们有意识地、系统地和持续地否认他上吊自杀的事实。这产生了广为接受的叠句的乐曲《科索国王》（Oba Koso，"国王没有被绞死"），最终成为桑戈最受欢迎的代名词之一。此后，他的朋友们开始将他作为神献祭，以终结归因于已故国王的灾难。他们开始了一种称为"莫格巴"（Mogba，仲裁者和倡导者）的生活，他们的后代一直担任这一职务。[81]

对桑戈的崇拜是高度仪式化的。他的祭司[被称为"埃莱贡·桑戈"（*elegun Shango*）]、信徒[阿多苏（*adosu*）]和他的追随者的意识和意志都服从于神的意识和意志。桑戈的每个仪式之前都必须至少有一个非洲柯拉果（*obi abata*），以表达对他可敬的母亲耶莫加（Yemoja）的敬意。桑戈他本人是通过使用苦味可乐（*orogbo*）来接近他母亲的。[82]

对桑戈的崇拜需要完全的情感投入，一种恍惚的性格被用来肯定他被封为神。在他一年一度的节日期间，高潮仍然是被称为"皮奥顿"（p'idon）的仪式魔术表演，这是一种团契，涉及来自不同地区的桑戈信徒。形而上学实力的展示涉及跨维度游戏，如果处理不当可能会导致死亡或肢解。这些包括头顶着火，含在嘴里，然后吐出；用锋利的细刀刺穿腹部；以及放在祭司（埃莱贡·桑戈）胸口的迫击炮用尽全力的敲击声。

神的肖像是由木头雕刻而成的，包括雷电（*edun ara*）和双斧（*Ose Sango*）。这些散发着桑戈的力量，赋予祭司们力量、权力和宗教权威，这些权威有时会转化为政治权威。例如，当桑戈的祭司从被闪电击中的房屋中提取闪电时，会

---

81 参看：Lorand J. Matory, *Sex and the Empire That is No More*, Minneapolis: University of Minnesota Press, 1994.这部书以桑戈崇拜为重点内容，探讨赛约帝国的权力关系及与性别的关系。

82 参看：Lorand J. Matory, *Sex and the Empire That is No More*。

在现场放置一顶玛瑙贝的王冠。然后，被闪电击中的场所或家庭必须提供清洁房屋或场所的仪式所需的全部成分。为祭祀购买的物品是桑戈祭司享有的特权。此外，该场所还有第二批货物要供应。这些是遭受雷击的家庭支付的罚款。收益然后由国王和该镇当局分享。受难者还必须将一个儿子交给祭司，以被领入了解桑戈崇拜的奥秘之门。

　　然而，除了双斧（*Ose Sango*）和雷电（*edun ara*），还有其他与这个神灵相关的仪式物品和乐器，其中最重要的一个是巴塔鼓（bata），一种用木头制成的约鲁巴小鼓。这仍然是一个独特的文化标志，它的节奏是音乐制作、舞步和表演献给他的追随者和追随者对桑戈的崇拜的基础。这位神祇仍然是在他们的祭司中表现最强烈的约鲁巴神之一。[83]进入桑戈崇拜奥秘的新人必须提供仪式品目和物品，其中必须包括以下内容：公羊、一种叫"奥辛"（*Osin*）的水鸟、乌龟、蜗牛、犰狳、一只大老鼠、蟾蜍、蝌蚪、奥图图（*Otutu*）和奥鹏（*Opon*）珠子、鹦鹉的红色尾巴、珍珠鸡、乳木果油和多种其他仪式材料。

　　桑戈祭司被禁止接触当地称为"塞塞"（*Sese*）的大白豆，因为它是一种主要的工具，用于抵消神灵对受害者召唤闪电的邪恶影响。被闪电击中的城镇或地区总是被暂时置于禁令之下，而桑戈祭司可以从灾难附近夺取任何东西而不受惩罚。这些可能包括绵羊、山羊、家禽或价值较低的物品。即使在当代，对桑戈力量的信仰的效力仍持续统治着人们的生活。以他的形象创作的雕塑公开矗立在尼日利亚拉各斯的码头，作为尼日利亚公共电力机构尼日利亚电力控股公司的象征。当代最伟大的约鲁巴剧作家之一杜罗·拉迪波（Duro Ladipo）的戏剧《科索奥巴》（*Oba Koso*）不仅改编和重演了桑戈的仪式，而且成为近来重新唤起人们对桑戈兴趣的有力文化工具。[84]

　　3. 奥里莎（Orisha）

　　奥里莎是起源于尼日利亚南部的约鲁巴族内生宗教的神灵。[85]它们与宇宙

83　E. B. Idowu, *Olodumare, God in Yoruba Belief*. London: Longman, 1962.这部作品清晰地再现了约鲁巴社会宗教的本质和特征。

84　Olupona, Jacob Kehinde, and Terry Rey. *Orisa Devotion as World Religion: The Globalization of Yoruba Religious Culture*. Madison: University of Wisconsin Press, 2008.这本书探讨了奥里莎信仰作为一种世界宗教的出现。它是关于约鲁巴宗教的权威文本。

85　Karin Barber, "How Man Makes God in West Africa: Yoruba Attitudes Towards the 'Orisa.'" *Africa: Journal of the International African Institute* 51(3) (1981): 724-745.该书对奥里莎语言结构中技术和基本原理的经典探索，具有丰富的分析见解，拥有

的各个方面相联系，尤其是元素形式以及存在的具体和抽象维度。奥里莎传统已经传播到非洲其他地区、西印度群岛和美洲，非洲裔和其他种族背景的人都在实践这种宗教思想。它已在不同语境下被改编，从整合其思想的奴隶到他们从祖国背井离乡后被迫信奉的基督教，到艺术家、科学家和文学和文化评论家最近努力从中获得与他们自己的学科有关的意义。

与奥里莎交往中的解释性语境：奥里莎的所有概念，从古典到世界主义，都代表着解释的优势。解释可能性的首要地位由理解代表——索因卡（1991）强调巴伯（1981）在她对奥里莎概念转变的研究中提出——没有人类就没有奥里莎，这是一个本体论和认识论的悖论，由无数奥里莎的变化所展示的观念灵活性和多样性强化。[86]然而，与此同时，提供与奥里莎相关的基本思想的概要是可能的，特别是与每个奥里莎相关的基本思想，因为这些是在不同的语境下发展起来的。

奥里莎的特征：最著名的奥里莎之一是埃舒（Èshù）。他在古典文学中被描述为与矛盾并存的化身。这一特征在一首诗中得到总结，这首诗将他描绘成违反自然法则的化身。正如诗中所说，房子和阳台太小，他睡不着，但在坚果里，他可以伸展自己；他今天扔了一块石头，昨天打了一只鸟；如果不是因为他的身高太高，他走在街上时就不会被人看到。埃舒对反面的整合通过他被形象化为位于十字路口而得到加强，从不同方向引导的路径的汇合，强调他的性格是比较可能性的整合，这个角色在他带领的两个宣誓的朋友的故事中得到了进一步发展。他戴着一顶一边是黑色的帽子，另一边是红色的帽子，他的两位朋友在他们相邻的农场之间行走时发生了激烈的争吵。每个朋友只看到了帽子的一侧，并认为他看到的颜色是帽子的专属颜色。这种仅从个人所暴露的角度来感知现象的认知限制表明，排除了他们同样相关，但他们并不知情的可能性，这与埃舒在各种存在形式之间，特别是人类与奥里莎之间的交通联系中的角色相关。他的位置意味着他在实体之间以及理解现象的方式之间进行调解。他体现了构成存在多样性的对比但最终互补的本体论和认识论可能性。他

大量的约鲁巴文学的引文，以及作者自己融合了富有想象力和批判性的识别以及语言力量和精湛技艺。它突出了奥里莎传统中的一个核心人文维度，并引发了关于巴伯的本体论和认识论含义的问题，最终证明了奥里莎文学中约鲁巴箴言的戏剧化，即没有人类就没有奥里莎。

86 Karin Barber, "How Man Makes God in West Africa: Yoruba Attitudes Towards the 'Orisa.'" *Africa: Journal of the International African Institute* 51(3), 1981, pp.724-745.

也是每一种可能性和经验中的未知因素，如果这种努力要成功，就必须考虑到他。[87]

文化评论家阿比奥拉·伊雷雷（Abiola Irele）将埃舒解释为一个富有想象力的类比，它具有秩序和看似无序之间的相关性，科学的发展代表了对秩序和宇宙结构的经典概念的挑战。这方面的例子是混沌理论（chaos theory），其中无序被理解为更具包容性的更大形式的秩序。另一个是突变理论（catastrophe theory），它关注与勒内·汤姆（René Thom）相关的突然变化过程——正如亚历山大·伍德考克（Alexander Woodcock）和蒙蒂·戴维斯（Monte Davis）的巨灾理论（*Catastrophe Theory*）所引用的——将宇宙描述为"不断的创造、进化和破坏形式"，与埃舒以创造破坏而闻名，尽管他是"精神力量"（*àsé*）的特权体现，他创造的能量使存在和生成成为可能。与此相关的是相对论中时间和空间的矛盾结合，其中，就像在埃舒的概念中一样，过去和现在被认为能够在某个时间点相遇。[88]

埃舒是奥伦米拉（Orunmila）的信使和执行代理人，奥伦米拉是终极智慧的化身，人类和奥里莎都接近奥伦米拉，以从甚至终极创造者奥洛杜马雷（Olódùmarè）在创造宇宙时参考的整体愿景中获得洞察力。奥伦米拉出现在每个人的创造过程中，因此了解个人的一切。他由奥杜（Odù）代表，根据约瑟夫·奥霍米纳（Joseph Ohomina，私人交流）的说法，这些符号体现了所有存在可能性的精神名称或本体论身份。

奥伦米拉曾经生活在地球上，但被他的门徒冒犯了，他撤回了奥伦，后来他被发现在一棵十六枝树枝的棕榈树下，每个树枝都有房子的大小，这棵树唤起了十六个主要的奥杜，在这里根据他们的范围进行具象化，从某种意义上说，它以类似于北欧神话之树"尤克特拉希尔"（Yggdrasil）的方式包含了存在的全部可能性，它传播到了宇宙的所有世界之中。

奥伦米拉作为终极智慧的化身的品质被奥杜（作为他的妻子）的集体身份强化了，从而表明了男性形象奥伦米拉和女性形象奥杜之间互相作用的关系，在产生智慧的过程中出现了伊法的发展，这是一种占卜形式，在占卜盘（ọpọn Ifá）的空心中心强化了生育活动图像，作为占卜工具铸造的奥杜样式形成的托

---

87 Wole Soyinka, The Credo of Being and Nothingness. Ibadan: Spectrum Books is association with Safari Books, 1991.该书结尾的一首七节诗，对奥里莎的基本想象进行了概念化的介绍。

88 参看：Susanne Wenger and Gert Chesi, *A Life with the Gods*, Austria: Perlinger, 1983.

盘，从而呈现出生成空间的特征。奥杜与放置占卜工具的葫芦之间的联系放大了这种生殖特征，葫芦被视为宇宙的象征，宇宙被想象为物质和精神两方面的和谐，因为葫芦由两部分组成，一部分在顶部，另一部分在底部。占卜盘的空白空间的图像，以及葫芦的幅度和圆形，都唤起了存在的可能性的整体性的表现，进一步暗示了子宫和阴道象征意义的生育关联。

这些视觉和观念上的相关性本身在奥杜和地球（Ìyán Nlá）之间的联系中得到了加强，奥杜可以将其作为女性的母性形象与之联系起来，因为地球作为母亲的母亲的原始角色，所有生命都在她的身体上喂养，它是生命存在的空间。她是植物生长的大地滋养的黑暗，以及身体开始过程的陆地黑暗，导致其在尘世旅程结束后溶解到土壤中。受精和溶解的黑暗之间的这种平衡反映在地球对这个星球上积极和消极可能性的体现。她的培育力量与那些神秘的、经常具有破坏性但可以再生的力量一起出现，就像人类在自然灾害中经历的自然重构，以及她的榜样"我们的母亲们"（àjé, Awon Iya Wa）拥有的可怕力量，她们既能以生命为食，又能维持生命。[89]

与地球（Ìyán Nlá）密切相关的是女性奥里莎，尤其是和成为女性一起，其中一些还体现了元素力量。奥孙（Osun）与奥孙河相关，这是她的主要表达方式。温格将她描述为所有人都可以接触到的年轻美貌，以及沉浸在古老而神秘的知识和力量中的古代女性。她的力量的一种表现是通过子宫承受生命的能力。地球的一个方面是奥洛坤（Olókun），体现在世界的水生区域。这

深海的震动，以及海洋深处巨大而平静的力量，都体现了她的存在。在她的海底宫殿里，她穿着洁白无瑕的白衣，随着鼓声翩翩起舞，欢迎着从一个存在点到另一个存在点的各种存在。[90]

葫芦里装满了清澈的水，黎明时分从溪流中取出，以免被任何人打扰，是奥巴塔拉（Ọbàtálá）的象征。他的本性展示了未受污染的水所唤起的精神的纯洁和头脑的清晰。他还体现了水的安静和无情的力量，特别是它能够长时间磨

89 Bọlaj iIdowu, *Olódùmarè: God in Yoruba Belief.* London: Longman, 1962. First published in 1962.在古典约鲁巴宇宙论的全面阐述中，该书也许是最全面的了，通过对约鲁巴神圣文献的反思来解释宇宙学。该书考察了与奥里莎有关的古典约鲁巴人的至高神的概念。它试图找到一种将奥里莎和奥洛杜马雷——至高无上的存在联系起来的模式，以反映作者在基督教一神论研究方面受过训练的影响。然而，它仍然是对约鲁巴人口头文学和思想的巧妙运用，分析细致，研究详细，是研究约鲁巴一部不可或缺的著作，无论是专业学者，还是普通读者都可以阅读。
90 Susanne Wenger and Gert Chesi, *A Life with the Gods*, Austria: Perlinger, 1983.

损岩石等强大的自然形态。大象的克制力量和安静的尊严也暗示了这个性格，这种尊严通过奥巴塔拉穿着纯洁的白色而得到进一步彰显，这种颜色反映了他精神的纯洁，以及由于白色本身包含光谱中所有颜色的事实，正是奥巴塔拉被他嫉妒的奴隶阿通达（Atunda）粉碎成无数碎片，才导致了奥里莎的扩散。在奥巴塔拉的存在被分裂之后，奥伦米拉将这些碎片收集进一个葫芦，并将它们散布在地球上。构成了他现在被熟知的奥巴塔拉，可以理解为是他的本质，是他的自我的核心身份，在他存在的其他方面消散后仍然存在，他将其特征化的"伟大的奥里莎"（Òrìshànla）所揭示的历史。[91]

奥巴塔拉被认为是生命起源的核心，这一认识得到了加强，因为他被认为是"将血液转化为孩子"的人，他塑造了未出生婴儿的身体形态，为至高神奥洛杜马雷赋予生命的人类形态做准备。

奥贡（Ògún）是完美战士的化身，也是开拓新机遇、新领域的冒险精神的体现，当他们越过将他们的领域与人类分开的深渊时，他为奥里莎扫清了通往人类世界的道路。使他能够体现这种能力的创造力使他变得不稳定和危险，然而，正如他在代表伊雷（Irè）人民的战斗中肆无忌惮地表现出来的那样，在战斗中，他因战斗欲望而疯狂，屠杀了他的两个手下，直到一个圣人的呼喊将他从杀戮的恍惚中唤醒。然而，与此同时，他是有需要的人的捍卫者和正义的分配者。他体现了人类使用金属的悠久历史中实现的破坏性、创造性和变革性的可能性，为了在农业、建筑结构和战争中重塑自然。

奥贡唤起的联系范围出现在他在不同语境中的换位中，尼日利亚作家沃莱·索因卡（Wole Soyinka）的杰出代表作中的核心美学灵感来自奥贡。在索因卡笔下，奥贡神话成为人类经验方面的典范，通过外部和内部调动的资源来抵抗压迫，实现了在要求严苛的宇宙中为自己雕刻意义的努力。奥贡通过令人生畏的海湾完成了奥里莎河的伟大穿越后，撤退到山里独自生活，这对索因卡来说，成为一种沉思精神的表达，它隐退到孤独中孵化自己，探索内在领域，这是一种与勇敢探索和参与物质世界中具有挑战性的环境相关的沉思过程。

桑戈（Shàngó）是另一个奥里莎神，他展示了需要谨慎对待的力量和爆发力量的特质。他被理解为奥约的阿拉芬（Aláàfin），他将自己变成了奥里莎，他的出现以闪电的形式表达。他被描述为体现了当闪电单挑并惩罚罪魁祸首

---

91 John Mason and Gary Edwards, *Orisa Studios in the New World*, New York: Yoruba Theological Archministry, 1998.

时出现的迅速正义，而罪魁祸首在人类有限的理解中是未知的。在尼日利亚电力控股公司拉各斯办事处的入口处，桑戈手持权力斧头的雕像唤起了桑戈作为发光能量、创造的和危险的化身的形象。

奥里莎本体的探索：伊多乌（Idowu）、温格《与神同在的生活》（*A Life with the Gods*），以及曼森和爱德华《奥里莎的研究》（*Orisa Studies*），以统一的术语描述了奥里莎，这些术语对他们的个人特性很敏感，但将他们与宇宙的统一性联系起来。伊多乌将他们描述为宇宙的创造者至高神的部长，他们代表造物主管理存在的不同方面。曼森和爱德华将他们理解为存在于至高神的力量，是存在的创造力和控制力以及自然的整体表现，他们管理着宇宙中不同但相互关联的方面。温格将每个奥里莎描述为一个力的场，他在自身内部整合了存在的各个方面，与体现宇宙特定视角的本体论核心有关。由无数奥里莎所体现的本体论和知识论的可能性及由此产生的总体被理解为至高神奥洛杜马雷，即存在的联系和基本。[92]

史蒂夫·肖通瓦（Steve Shotonwa）将元素奥里莎的存在模式描述为类似于气体和空气之间的关系。它们有时与之相关的元素形式暗示了它们的存在通过这些形式扩散的可能性。古典约鲁巴本体论与西方赫尔墨斯魔法相融合，表明有可能将这种有知觉的非哺乳动物形式的存在集中在人类建造的物质对象中，这种现象负责被描述为圣殿的"精神力量"（*àsé*）或创造力以及其他仪式物品。

4. 奥贡（Ògún）

约鲁巴神奥贡（Ògún）是万神殿中最强大和最普遍的神（òrishà）之一。声调在约鲁巴语中很重要，Ògún——低—高声调，最后一个音节鼻化。英文字母"o-g-u-n"也拼写其他重要的约鲁巴语单词，包括：ogun（战争）；ogún（表示 20 和继承）；oògùn（医药）；oógùn（汗水）。奥贡他是"国民"，而不是当地的神；该神的变体在一些邻近的西非社会中受到崇敬，他在奴隶贸易中被带到大西洋彼岸，并在新世界的许多地区蓬勃发展。

奥贡主要是掌管铁、铁加工、铁器、武器和战争的神；因此，他是铁匠、猎人和战士的守护神；但是，像所有约鲁巴的奥里莎（òrishà）一样，他的个性和功能是复杂而深刻的。而且，像许多其他奥里莎一样，他是灵活和具有适

---

92 John Mason and Gary Edwards, *Orisa Studios in the New World*, New York: Yoruba Theological Archministry, 1998.

应性的，随着社会而变化和现代化。在现代，他已成为汽车机械师和司机的守护神。

在约鲁巴万神殿中，全高无上的奥洛伦（Olórun，天堂的主人），也被称为奥洛杜马雷（Olódùmarè，全能的上帝）是遥远的，人们无法直接接近。他授权奥里莎代表他并处理人们的特定需求。奥里莎被概念化为占据上帝和地球之间的中间水平者，并且同样能够自由地上升到上帝或下降到人类水平。他们被拟人化和人格化，他们具有特定的个性和特征，有特定的喜欢和不喜欢，尽管它们都与增加和"生育能力"相关，但它们往往会主持人类事业特定部门。

每个奥里莎都有一个解释这一切的神话身躯。每个人都被等级森严的男性神职人员直接服务，有时还有女性神职人员，他们通过学徒制担任兼职专门人员。他们了解了与奥里莎有关的神话和仪式，以及如何接近他们并处理与他们的直接面对和被他们占有，这些情况对未经训练的人来说是危险的。奥里莎有他们自己的寺庙和节日，他们的牧师为他们组织和执行所有祈求仪式，代表社会实行的历法仪式，以及个人偶尔向他们提出的具体要求。

奥贡是男性，他的崇拜是男性主导的；他与力量、勇气、危险和丛林的野性联系在一起。但他也拥有男性最崇高的品质：保护、领导、公平、性活力。他很容易发怒，他的怒气很可怕；但他对待恳求的态度很冷静，而且深思熟虑。这样一来，奥贡就表现出明显的双重性；但是在许多对不公正做出迅速反应但又是公正裁判官的非洲神灵中可以找到这种特征。暴怒而狂暴，但又平静而温和；好战，但也爱好和平。这种双重性只对于局外人来说是显著的；对于他的追随者来说，他一点也不模棱两可，而且大多数人都非常乐意让奥贡站在他们这一边。他们的积极情绪反映在许多象征着对奥里莎的忠诚的个人名字中。

像其他主要的奥里莎一样，奥贡可能会以个人名义出现，由在母亲怀孕期间感觉受到神灵祝福的父母给孩子取名。成功为人父母的一个关键衡量标准是生孩子，不生育是一种可悲的状况。例如"奥贡迪佩"（Ogundipe）这个名字，意思是"奥贡已经结束了我的请求"，可能是父母尝试各种自然和超自然的手段，最终向奥贡祈祷后怀上的孩子。"奥贡达沃"（Ogundawo）的意思是"奥贡揭示了一个秘密"；"奥贡德"（Ogunde）的意思是"奥贡归来"；"奥贡德勒"（Ogundele）的意思是"奥贡归家"；"奥贡塔约"（Oguntayo）的意思是"奥贡生产了快乐"；"奥贡耶米"（Ogunyemi）的意思是"奥贡拥抱我"；"奥贡瓦"（Ogunwa）的意思是"奥贡来了"，等等。

　　奥贡最喜欢的祭品是狗，因为狗是人类最忠实的伴侣。他的标志是一把剑或砍刀；他被概念化为带有可怕的魔法魅力和药物——传统上和今天都使用——作为战争和狩猎的防御性和侵略性武器。在神殿中，他的形象可能是带有箍或平台的小铁杖，上面展示着微型钳子和其他火工工具。奥贡与草药治疗密切相关，草药师在战斗中陪伴着战士。他们携带类似于奥贡的铁杖，但展示了像锄头和锻铁鸟等其他铁器，标志着草药师与自然世界的特殊联系。因此，与治疗之神奥山印（Osanyin）的联系强调了奥贡的双重、明显模棱两可的性质。

　　奥贡出现在尼日利亚贝宁王国的埃多（Edo）民族中，在那里，他的属性与约鲁巴人相似。在丰人和他们的邻居所处的现代国家贝宁（以前的达荷美）中，他以"铁"（Gu）的身份出现。与铁有关的最著名的物件是位于巴黎人类博物馆（Musée de l'Homme）的一座 5.5 英尺高的铁雕像；它的双手握着剑和铃铛，头饰上固定着微型铁匠工具。

　　与许多其他非洲神灵一样，奥贡通过奴隶贸易横渡大西洋，并被固定在几个以非洲为基础的混合宗教体系中，包括巴西的坎东博雷（Candomblés）和乌班达（umbanda）、古巴和波多黎各的桑特里亚教（Santeria），以及海地伏都教（Vodou），并由此传播开来与加勒比移民一起进入北美各个城市。他在新大陆被称为奥古姆（Ogum）或奥勾（Ogou）。他几乎保留了他所有的非洲属性，但在海地，他的特征变得与众不同，他分化为不同的伊瓦[Iwa，这个词具有非洲和天主教属性的神灵意思，来源于约鲁巴拉·瓦沃（l'awo，拥有秘密或神秘知识）]。

　　像非洲神灵一样，天主教圣徒是专门化的。早期的传教士带来了他们喜爱的圣人的彩色石版画，展示了他们的某些诊断装备，非洲人很容易在他们身上看到他们自己的神灵的属性。例如，圣帕特里克被描绘成一位尊贵的大胡子老人，站在海岸上，右手食指指向大海，而蛇则听从他的命令，滑入大海并溺水身亡。只有古老的达荷美神灵丹巴拉（Damballah）对蛇有这样的权力。圣彼得被描绘成在天堂之门拿着一串钥匙；他显然是约鲁巴神埃舒（Èshù），大门和十字路口的守护者。圣母玛利亚被认为是各种女性神灵，如以母性、同情心和家庭安宁而闻名的丰族的埃子丽（Ezili）和约鲁巴的奥孙（Oshun）。

　　随着奥贡加入海地万神殿，他的属性出现了分歧。作为奥勾·弗雷（Ogou Feray，feraille，铁），他被等同于长者圣詹姆斯（St.Jacques），后者被普遍描绘成骑着白马，挥舞着剑，在与异教徒的战斗中将下落的军队召集在基督教旗帜周围。也唤起了 1797 年海地革命领袖杜桑·卢维杜尔（Toussaint L'Ouverture）和让——雅克·德萨林（Jean-Jacques Dessalines）以及杜桑的将军亨利·克里斯托弗（Henri Christophe）的流行形象。奥勾（Ogou）与民族主义和革命以及海地的国徽联系在一起，并且在海地的暴力历史中一直很突出。他的红色和他的标志——砍刀经常出现在伏都教的横幅和墙壁设计上，海地的国徽经常出现在伏都教寺庙的墙壁上。

由于奥贡有铁甲保护，他也可以提供精神和草药保护；作为奥勾·巴塔拉（Ogou Batala）——来自约鲁巴创造神奥巴塔拉（Obatala）——他协助医生；作为奥勾·巴达格里（Ogou Badagri），他协助草药师和伏都教祭司准备治疗药物；他以奥勾·巴兰德乔（Ogou Balandjo）的身份保护旅行者。事实上，对海地历史和民族情感的研究表明，奥勾是所有岩画中最重要的；他甚至被认为等同于耶稣，作为穷人和受压迫者的殉道者和拥护者，并在看似不可能的情况下提供希望。

5. 坎东博雷（*Candomblés*）

坎东博雷是源自非洲的宗教秩序、寺庙或神权场所。从历史上来看，在巴西东北部的巴伊亚州萨尔瓦多（Salvador da Bahia）最盛行，它们也以不同的名称存在于其他地区。例如，它们在里约热内卢被称为"马昆巴"（*Macumbas*），在伯南布哥州（Pernambuco）、塞尔希培州（Sergipe）和阿拉戈斯州（Alagoas）它们被称为"桑戈"（*Xangôs*）。近几十年来，坎东博雷/宗教权力场所（Ilés Axé）已在明显欧洲化的圣保罗建立。

作为复杂的、多义复合体（商定多个深层意义的机构），坎东博雷/宗教权力场所从非洲的系谱起源来看不再主要是非洲的，而是基于非洲的、泛巴西化的组织。坎东博雷纳戈（Candomblés Nagô）紧密地模仿在尼日利亚和西非贝宁的非城市或城市周边地区实践的约鲁巴宗教。[93]

坎东博雷的定义：虽然"宗教权力场所"特指坎东博雷纳戈（以约鲁巴为基础），但坎东博雷是巴伊亚人在大众语言中使用的通用称谓，指的是巴西宗教，其概念或实践的基本起源可追溯到非洲。该术语起源于班图语单词"Kandombele"，意思是"非洲的音乐表现或节日"。在单数形式中，"坎东博雷"（*Candomblé*）一词表示被奴役的非洲人带到巴西的仪式实践和信仰的全部

---

[93] 他们的成员/启蒙者称他们为"宗教权力场所"（Ilés Axé）——约鲁巴人的权力之家。

文献。目前，该词作为除了天主教、新教、唯林论（Espiritism）和乌班达（Umbanda）教之外所有非洲巴西宗教的比喻词语。

在复数形式中，坎东博雷（Candomblés）指单独的教派或寺庙，在那里，圣物得以荫蔽，启蒙得以进行，受限的宗教仪式和公共仪式得以举行。内行的人将"坎东博雷"（Candomblé）一词与"特雷罗"（Terreiro）、"礼拜堂"（Casa de Culto）互换使用，"特雷罗"指的是某些场所或一群人组织起来崇拜奥里莎神（Orixás/Orisás）。所有这些都意味着准自治、等级森严的协会，意味着坚持他们自己深奥的基于非洲信仰体系的组织、实践和新入会的人在内部使用的语言形式。[94]

在当代巴伊亚，坎东博雷还表示每个群体的意识形态和文化（视觉艺术、舞蹈、音乐、神话、认识论、世界观、社会等级、心理结构、价值观、礼仪、适当的举止和道德）的整体聚合。有时，巴西本土的能量——卡伯克洛（Caboclos）——会受到非洲神明的赞誉。

今天的巴伊亚宗教均所依旧巩固着植根于约鲁巴兰 ilé 的概念根源和实践包括：Ilé Axé Opó Afonjá（圣贡萨洛-杜雷蒂罗）；Ilé Moroailaje（马塔图德布罗塔斯）；Ilé Omolu/Xapana（贾迪姆洛巴托）以及 Casa de Omulu/Obaluaiye（巴伊亚州的库鲁苏和伊塔帕里卡）。

虽然不言自明，在坎东博雷中颂扬的非洲巴西人的"非洲"理念是从他们的新的环境、祖先的、集体记忆中汲取而来的一种折衷的、社会的重建，一个基本要素就是主观能动或有意识选择的概念。因此，坎东博雷是围绕非洲核心的巴西轮廓的动态融合。这方面的一个例子是在坎东博雷/纳戈区域内的个人和公共仪式中非洲语言的口头使用和优先使用的口头/非口头语言是约鲁巴语用语（而不是使用葡萄牙语——巴西的官方语言）。

葡萄牙裔巴西人的社会经济矩阵：在跨大西洋奴隶贸易（1538-1888 年）期间被运送到新世界的被奴役的非洲人积累的文化认知和世界观在坎东博雷的神圣空间内仍然奏效，尽管新的文化形式已经并将继续被发明出来。因此，坎东博雷不仅是创造性的，而且是动态的"政治实体"，因为它们直接或间接地作为"文化抵抗和权力的中心"。这种抵抗是基于非洲仍然活跃的戒律和认识论框架，尽管更广泛的卢西亚人（葡萄牙裔）——巴西社会做出了持续不断

---

94 尤其是在"宗教权力场所"中，流利的约鲁巴语对于通过礼仪知识表达身份和特权至关重要。

的、常常难以捉摸的努力。

在巴西（正如在北美），肤色通常与经济阶层、教育、权利、特权和社会流动性密切相关。采用西方的或欧洲倾向的思想、"良好"的外貌（欧洲的面部特征和直发）、价值观和行为模式会获得奖励。尽管也强调个人的成功、高等教育和财富作为衡量成功和社会地位的一些标准，但对履行对于核心家庭成员和大家庭成员的承诺给予了极大的关注。"美白"（Branqueamento）是实现跨代社会流动的普遍策略——通过混血获得白色或浅色肤色。个人还可以通过获得非凡的名声、高等教育和物质财富来获得"荣耀的"白人的地位。

坎东博雷作为抵抗中心：作为一个阶级的非洲裔巴西人被剥夺了在巴西社会中晋升和参与活动的充分机会。坎东博雷作为小型社会/微观世界（可与美国的民权组织和激进组织相比）准自治地运作。对于巴西的许多拥有非洲血统的人来说，坎东博雷可以作为抵抗的关键和动态的舞台，在心理上平衡葡萄牙裔巴西人霸权中的边缘地位。它们为基于非洲价值观的自尊、社会团结、声望和向上的社会流动性以及非洲行为模式、语言、深奥的礼拜仪式知识、视觉艺术和舞蹈的熟练程度提供了替代机会。

与其过度关注个人，不如强调群体成员和集体实体的福利。坎东博雷经常作为其活跃成员的互助协会，土地归共同所有，遵循传统的西非经济原则。坎东博雷也是通过入会仪式追踪血统/谱系的大家庭单位，取代了个体的生物联系。综上所述，约鲁巴地区拥有完整和丰富的世界观、宇宙观体系，并在英国殖民前其影响已辐射至世界各地。

（二）原有文化形态

约鲁巴兰贝宁王国的历史与它的艺术品不可分割，尤其是青铜器。换言之，在讨论贝宁历史时，布莱伯利（R. E. Bradbury）认为，贝宁艺术史本身就是贝宁历史的一个重要方面，这个论点怎么强调都不过分，更重要的是，青铜器、象牙和木雕通常有叙述历史人物和事件的意义。因此，青铜器和象牙作为历史文献是有用处的。贝宁艺术象征着过去的历史知识的生产过程，因为它帮助展现了口头传统的替代版本。青铜器尤其包含许多关于贝宁漫长的社会、文化和历史的潜在的有价值的信息。这些青铜器属于贝宁的奥巴（Oba，神圣的国王），它们旨在记录贝宁社会的历史，尤其是皇室历史。

六百多年来，贝宁市是一座繁荣、有序的与帝国同名的首都。在 14 世纪和 15 世纪的鼎盛时期，帝国从达荷美延伸到尼日尔河，向南延伸到海岸。从

15 世纪到 19 世纪，强大的贝宁王国拓展至尼日利亚南部。尽管奥巴统治着这个国家，但他的许多首领在国家管理中提供了帮助。他们被组织于一个高度等级化的体系之中，服装的元素反映了他们的等级。

贝宁的宫殿是一个复杂的封建社会的顶峰，其特点是权力、声望和财富的广泛竞争。来源于贝宁的最丰富的艺术之一是手工铸造的青铜艺术品。它们以"贝宁青铜器"的名号而知名。青铜铸造严格来说是一种皇家艺术，任何未经皇室许可铸造青铜的人都将面临处决。每当国王或重要人物去世时，都会用青铜铸造一个美丽的纪念头像来纪念他。这些头像被展示在整个皇宫的神社中。在皇宫中还发现了八块墙壁大小的青铜牌匾，每块牌匾上都绘制了涉及历史事件的贝宁国王、酋长和伟大的战士们。

贝宁艺术的成熟性和象征意义说明了君主将艺术用作国家工具的能力。几个世纪以来，随着酋长的影响力越来越大，奥巴办公的地方变得越来越仪式化。结果是，宫廷仪式和艺术聚焦在使奥巴与酋长区别的地方：奥巴拥有神圣起源的能力。贝宁君主制的神性与造物主奥萨诺布阿（Osanobua）及其长子奥洛昆（Olokun）有关，奥洛昆与人类世界以及财富、繁殖和美貌等方面密切相关。今天，青铜在贝宁仍然是一种贵金属合金，过去只能在奥巴许可的情况下佩戴。戴在髋部的青铜吊坠有人类、公羊、鳄鱼、狒狒和豹头的形状。

与所有为奥巴制作或保管物品的人一样，青铜铸工隶属一个世袭行会（Igun Eronmwon）。尽管行会内部肯定有创造力的空间，但仍希望符合某些固定模式，学徒培训鼓励了传统的连续性。仅在奥巴命令下工作的青铜铸工行会，为祖先祭坛创作了了失蜡浇铸（cire perdue）头像和人物，为首领制作了吊坠、手镯和其他装饰品。每一任新奥巴都预定了失蜡浇铸法头像作为祖先祭坛的中心装饰，为了纪念他已故的前任。这个祭坛由一个土制的平台组成，上面展示了各种物品，例如雕刻的象牙、金属的剑和铃铛。在铸造之前，行会成员会洗涤自己、禁止性欲以达到理想的仪式状态。然后，他们向他们的祖先、他们的个人引导神（ehi）、铁神与战神奥贡（Ogun，工具和金属的人身）祈祷并进献。虽然铸工在他们自己的城区制作小物品（可能包括髋部装饰品），但在宫殿中秘密制作了更多具有仪式意义的物品。在这种情况下，奥巴本人也参与了金属的浇注工作。

15 至 19 世纪，青铜器在贝宁王国盛行。贝宁国王的王宫装饰着带有高浮雕人物的青铜饰板，数百个这样的饰板曾经覆盖在宫殿庭院的木柱上。1700 年以后的游记中没有提到这些饰板，但在 1897 年英国的贝宁远征时，在一座宫殿的仓库中发现了大约 900 块饰板。作为宫廷礼仪生活的记录，大多数饰板都展现了一个或多个男性的形象，包括贵族、官员和国王本人。1897 年的贝宁远征开启了英国的殖民统治。到 19 世纪末期，英国通过贸易和"保护"条约扩大了对尼日利亚南部部分地区的政治和商业控制。1897 年，代理总领事詹姆斯·菲利普斯（James Phillips）决定造访贝宁市，以寻求与当时的这个独立王国缔结更强有力的贸易协定。奥巴奥文拉姆文·诺贝斯（Oba Ovonramwen Nogbaisi）要求菲利普斯推迟他的行程，直到节日结束，因为在庆祝节日期间陌生人被禁止进入这座城市。菲利普斯无视奥巴的信息，和其他八名英国人——在数百名非洲搬运工的陪同下——向贝宁挺进。被他们的行为侮辱，贝宁将军拦截了这个团伙并杀死了他们中的大部分人。作为迅速的报复，英国海军进行了惩罚性的攻击，他们征服了贝宁王国，审判并处决了几位首领，免除了奥巴的罪行流放了奥巴。奥巴于 1914 年去世，但英国人允许他的儿子加冕，他的孙子作为第 38 任君主统治着今天的贝宁王朝。

在英国征服期间，这座城市被烧毁，成千上万的青铜器、其他宫殿和主要珍宝被当作战利品。其中一些物品在尼日利亚拉各斯出售；其他的则由在伦敦的英国外交部拍卖，以使在贝宁远征中丧生的英国士兵的遗孀受益。许多精挑细选的物品仍掌握在私人手中；奥柏林装饰品显然是这些私人纪念品之一。尽管贝宁王国于 1897 年灭亡，但奥巴继续使用艺术来激发民众的忠诚和自豪感，并在 20 世纪尼日利亚的改革中保存历史记忆。

四、英国殖民统治前基督教在香港和约鲁巴兰发展情况

（一）香港开埠前基督教在华发展情况

基督教在香港传播和扎根，与英人管治香港有直接关系。英国人占领香港前，香港并没有基督教差会和传教士。1807 年伦敦传道会传教士马礼逊来华开启了新教在华传教历史。1842 年前已有多所差会派遣传教士来华：伦敦传道会（The London Missionary Society，1807 年来华）、荷兰传道会（Netherland Missionary Society，1807 年来华）、美部会（American Board of Commissioners for Foreign Missions，1830 年来华）、美国浸信会（American Baptist Missionary Union，1834 年来华）、美国圣公会（The Protestant Episcopal Church in the USA，1835 年来华）、英国圣公会（The English Church Missionary Society，1837 年来华）和

美国长老会（The Presbyterian Board of Foreign Missions，1838 年来华）等。英美来华传教士仅有 58 人，多属伦敦传道会和美部会。其中，英国差会仅有 1807 年来华的伦敦传道会和 1837 年来华的英国圣公会，伦敦会有 19 名传教士，圣公会有 1 名传教士。[95]英军占领香港岛之后，罗马天主教传信部于 1841 年 4 月 22 日颁令香港为"宗教监牧区"（Prefecture Apostolic），天主教传教工作即在香港展开。[96]1841 年英军登岛后，基督教也曾派一小队传教士从澳门前来考察香港是否适宜传教，[97]但直至英人管治香港后，基督教才将传教重心迁至香港。1842 年 2 月 21 日，浸信会叔未士牧师（Rev. Jehu Lewis Shuck）、罗孝全牧师（Rev. Issachar Jacox Roberts）由澳门迁港在中环设立"皇后道浸信会"（The Queen's Road Chapel）；11 月 1 日马礼逊教育协会（The Morrison Education Society）由澳门迁港，香港逐渐成为西方传教士集结中心，基督教在中国的各种教务工作逐渐展开。[98]

综上所述，受中国"禁教"和对外贸易政策的影响，香港开埠前，基督教很难进入内地传教，只能在沿海的广州和澳门对华人展开一些传教的预备工作。香港开埠，差会和传教士迁港，香港逐渐成为传教士进入中国的"踏脚石"。可以说，基督教在香港的发展与香港社会的变迁息息相关。

（二）基督教在约鲁巴兰的早期传播

1. 非洲的基督教发展总况

随着欧洲传教士的到来，基督教于 19 世纪初传入非洲。传教士坚持非洲人的"异教主义"和"无宗教信仰"，以证明传教活动和殖民时期欧洲"文明使命"的正当性，这一论断得到了巩固。尽管从历史上看，非洲的宗教和伊斯兰教在 19 世纪初一直是非洲大陆的主要宗教，但同样真实的是，基督教只是从 20 世纪初才逐渐成为整个大陆的力量。然而，基督教传入非洲的时间要早得多。事实上，北非（埃及和努比亚）和埃塞俄比亚是世界上最早的一些基督

---

95 新教来华差会及教士人数根据《中国丛报》第 12 卷第 4 期、第 16 卷第 1 期、第 20 卷第 8 期整理，来华新教名单也可见于这三期。*The Chinese Repository*, Vol. 12 No. IV, Canton, 1843, p. 223; *The Chinese Repository*, Vol. XVI No. I, Canton, 1847, pp. 12-14; *The Chinese Repository*, Vol. XX No. VIII, Canton, 1851, pp. 514-517.

96 《香港天主教会一百五十周年纪念特刊》，第 5 页。

97 李志刚：《香港基督教会史研究》，香港：道声出版社，1987 年，第 34 页。

98 参见：李志刚：《天主教和基督教在香港的传播与影响》，载《香港史新编》（下册），第 739-743 页。

教中心。基督教在 2 世纪进入埃及，但在 19 世纪和 20 世纪，撒哈拉以南非洲的许多地区都接受了基督教。它现在是非洲大陆上最大的宗教信仰之一。

基督教早在公元 4 世纪就传入北非、埃及。与巴勒斯坦的接近和强大的商业联系对于埃及早期基督教的出现非常重要。港口城市亚历山大港是当时地中海东部最重要的港口，在历史的十字路口上，吸引了基督徒来到埃及。基督教成为北非抵抗日益衰落的罗马帝国的高税收和压迫性法律的工具，罗马帝国在后法老时代控制着北非。解释为什么埃及在 4 世纪容易接受基督教的其他论点与古埃及宗教和基督教相似的事实有关，特别是在万神殿中神灵的地位和活动方面。例如，伊西斯之子形象为鹰头人身的荷鲁斯死而复生的故事在人们的心目中得到了公正地体现，在人们的心目中这也与玛丽之子耶稣基督的死而复生相似。基督教中这样的故事和事件，与法老宗教中的故事或事件相似，使人们更容易从非洲宗教过渡到基督教。

在公元 2、3 世纪，基督教传播到北非城市的许多地方。如在港口城市亚历山大港和靠近迦太基的锡利亚，基督教成为穷人的和受压迫者的宗教。非洲基督教在宗教的成长、发展和传播中充满活力和主动性。非洲基督徒建立了北非最早的教理学校之一，即迪达斯卡里亚（Didascalia）。这所学校以早期基督教的学习而闻名，许多早期的教会的主教聚集在城市学习和讨论神学。它成为神学讨论的焦点。非洲基督教在一个方面也很显著——它产生了一批真正的基督教学者，他们对基督教发展的影响是显著的。基督教神学家，如奥古斯丁、克雷芒、俄利根、特土良和迦太基的塞浦路斯人，都对基督教神学的发展产生了影响。

在基督教出现在埃及之后的某个时候，基督教从北非渗透到埃塞俄比亚高地和上尼罗河谷，这在很大程度上得益于经过红海和印度洋的古老贸易联系。在公元 330 年至 350 年，阿克苏姆国王埃扎纳（King Ezana）在亚历山大教堂的两名叙利亚成员，之前在今天的埃塞俄比亚遭遇海难的弗鲁门蒂乌斯（Frumentius）和埃迪修斯（Aedisius）的帮助下皈依了基督教。公元 4 世纪初的阿克苏姆硬币以铸币上的基督教图像的形式记录了对基督教的接受。

埃扎纳的皈依促进了基督教在阿克苏姆（埃塞俄比亚）的传播。在公元第 5 世纪，圣经被翻译成当地的语言格厄兹语（Ge'ez）。修道院就是在这个时候建立起来的。到公元 6 世纪，在埃塞俄比亚君主卡莱布（Kaleb）时代，基督教已经在这个国家根深蒂固。从 9 世纪开始，阿克苏姆王朝通过凯布拉·纳格斯特（Kebra Neghast）的发展巩固了其合法性。该文献声称该王朝是以色列所罗门王朝的后裔。然而，埃塞俄比亚的基督教遵循科普特传统，直到 1950 年左右，埃及科普特教会才向埃塞俄比亚教会提供主教。

基督教传教士在 18 世纪将西方基督教带到了埃塞俄比亚。这些传教士被极大地鼓励这样做的原因是埃塞俄比亚君主渴望进行宗教对话以及西方军事技术。但埃塞俄比亚与基督教传教士的关系在 19 世纪末特沃德罗斯皇帝（Emperor Tewodros）统治期间（1855-1868 年）变得紧张。埃塞俄比亚教会继续沿着本国的路线发展。

在撒哈拉以南非洲的其他地区，基督教是在 15 世纪由葡萄牙人引入的，后来又由来自其他欧洲国家的传教士引入。在西非——黄金海岸、瓦里、贝宁——基督教于 15 世纪被引入，但在 18 世纪之前取得的成就微乎其微。在中西部非洲——刚果——基督教在 16 世纪阿方索一世国王（King Alfonso I）统治期间（1506-1545 年）成为国教。

直到 19 世纪，西非和中非抵制传教的活动一直收效甚微，持续的传教活动伴随着奴隶贸易的废除以及欧洲在非洲的政治和商业扩张。非洲的福音化成为欧洲各个殖民政府所谓的文明使命的延伸。英国圣公会差会（The Church Missionary Society）、卫斯理教会（the Wesleyans）、圣灵教父（the Holy Ghost Fathers）、海外福音传道会（the Society for the Propagation of the Gospel）、巴色会（the Basel Missionary Society）、非洲传教协会（Society for African Missions）和其他一些组织开始在非洲开展福音传播计划。在最初的抵制传教活动之后，非洲人对基督教传教的态度软化了，许多非洲人在殖民后期接受了基督教。

西方教育对基督教在 19 世纪和 20 世纪在非洲的扩张起到了一定的作用。西方教育为非洲人的社会经济进步提供了机会。在某些情况下，传教工作伴随着医疗工作，这也有助于非洲人接受传教士及其宗教。传教教育和皈依基督教导致了受过教育的精英阶层的产生，并在许多情况下扰乱了非洲社会，因为传教士破坏了非洲的宗教、礼仪和信仰。同时，非洲人在 19 世纪和 20 世纪的传教努力在基督教传播中的关键作用不容忽视。非洲人在推动传教事业方面担任传教士、教师和口译，尤其是在欧洲人在非洲的死亡率非常高的时候。然而，20 世纪中叶的种族主义、歧视和文化傲慢导致了非洲宗教运动或埃塞俄比亚运动的形成，导致了新的非洲化基督教会的形成。这些教会分布在西非、东非和中非。

尽管新的非洲精英在很大程度上接受了基督教（尤其是作为西方教育的来源的基督教），但其他人寻求使基督教适应当地的关注和需求，而不是受白人控制。在西非，阿拉杜拉（*Aladura*）教会成为新的独立基督教教会的缩影。阿拉杜拉运动的奠基人之一是阿比奥顿·阿金索瓦（Abiodun Akinsowa），她是一位年轻女性，最初是一名英国圣公会教徒。阿拉杜拉教会调和了约鲁巴和基督教的宗教思想：祭司从天使那里得到启示。

马拉维（当时称为尼亚萨兰）和英属中非反对殖民主义的大规模抗议采取了分离派教会的形式。英国人约瑟夫·布斯（Joseph Booth）创立了一系列不同的传教团，鼓励分离派非洲教会领袖。布斯的一名助理约翰·切林布维（John Chilembwe）在美国一所历史悠久的黑人大学学习。1906 年，他回到马拉维，创立了普罗维登斯工业传教团（Providence Industrial Mission）。由于仍然担心欧洲人对待非洲人的问题，切林布维于 1915 年领导了起义。起义初期有两名欧洲人被杀，但很快起义就被镇压，切林布维本人也被杀害。

最大的反对白人统治的宗教运动是 1908 年至 1909 年间在马拉维成立的非洲瞭望塔教会（the African Watchtower church）。它由艾略特·柯南·卡玛瓦纳（Elliot Kenan Kamawana）领导。这个由非洲人控制的教会仿照总部设在美国的耶和华见证人（Jehovah's Witnesses）瞭望塔组织，宣扬世界末日即将来临，以及非洲的白人统治即将结束。这场运动成为缓解非洲人沮丧和屈辱感的手段。尼亚萨兰的殖民政府对教会的指数级增长感到震惊，于 1909 年流放了卡玛瓦纳，直到 1937 年才允许他回国。但即使在他缺席的情况下，运动依旧很激烈，并蔓延到现在的赞比亚和津巴布韦。

在南非，最初由伊利诺伊州的美国传教士创立的锡安教会（Zion Church）发展了自己的圣经和先知领袖。一位南非荷兰人彼得·路易斯·勒·鲁（P. L. Le Roux）脱离荷兰归正教会（the Dutch Reformed Church），成立了犹太复国主义教会（the Zionist Apostolic Church）。受锡安教会的美国传教士的影响，勒·鲁有一个庞大的非洲会众。1908 年，丹尼尔·恩科尼亚内（Daniel Nkoyane）成为犹太复国主义教会的许多非洲教会领袖中的首位。犹太复国主义教会强调信仰治愈、说方言，保护免受巫术侵害。从南非返回的矿工移民将犹太复国主义教会传播到津巴布韦和其他南部非洲国家。

今天，非洲，尤其是撒哈拉以南地区，正在经历世界上最高水平的基督教皈依，尤其是五旬节派和灵恩派。这一次，基督徒人数的增长是非洲的福音传播工作而不是欧洲传教士的工作，尽管仍有一些欧洲传教士在非洲工作。就某些人而言，上帝的力量和圣灵在治疗中的征服性力量是鲜活的。为了应对挑战，人们从基督教神学的资源中汲取了许多，尽管伴随着非洲的陷阱，以及精神成长的新举措。基督教会的队伍在非洲继续壮大，因为许多非洲人对他们生活的时代做出了回应。剧烈的社会变革时期使一些非洲人与他们的信仰发生了动态的相遇。同时，讲道坛上的正式的神学话语也考虑了传播福音的社会环境。在某些情况下，讲道坛上的话语已经与话语被宣讲的人们的实际现实——道德、性、种族——与经济和文化的需求并存。简而言之，基督教会已经非洲化，以至于基督教不得不以非洲的方式与非洲人见面。

2. 在贝宁和瓦里的传教失败

15 世纪葡萄牙人出现在今尼日利亚沿岸，开启了基督教在尼日利亚的传播。早期的葡萄牙人传教活动在贝宁地区展开，葡萄牙传教士在贝宁建立教堂。但早期的传教活动只是附带，主要依附于葡萄牙与贝宁的奴隶贸易、商业活动和政治活动。[99]贝宁奥巴[100]只是为了传教士提供的弹药而允许其传教，传教士与商人合作推动了葡萄牙的奴隶贸易和胡椒贸易。1570-1733 年，基督教得以在贝宁传播，但只限于宫廷，受众只有国王和王子们，臣民为了取悦国王自称基督教徒，而国王和王子并非因为信仰而选择基督教，只是为了借传教士力量解决内政问题，这就决定了传教根基不稳。1733 年后随着葡萄牙势力衰退，在贝宁的贸易减少，统治阶级开始反对基督教在贝宁的传播。[101]基督教将传教重点转向瓦里（Warri），从 16 世纪始，瓦里奥鲁（Olu）[102]希望借助葡萄牙实力使瓦里从贝宁独立，允许基督教在瓦里传播，并随着奴隶贸易区域的转移，圣奥古斯丁修士在瓦里建立定居点，在随后的两百年里基督教在瓦里和尼日尔河沿岸传播，然而因自然环境恶劣、热带疾病肆虐、语言不通、交通不便、传教士人数不足、缺少传播机会，基督教一直在贝宁、瓦里、约鲁巴地区无法广泛传播，更重要的是，基督教受到来自伊斯兰教的强大阻力，伊斯兰教因拥有一大批非洲信徒使其得以顺利进入非洲各主要国家。自 14-15 世纪伊斯兰教

---

99 参见: Jacob Eghareuba, *A Short History of Benin*, Ibadan: Ibadan University Press, 1968.

100 贝宁国王称为"奥巴"（Oba）。

101 A. F. C. Ryder, "The Benin Missions and Missionary Activity in the Kingdom of Warri to the Early Nineteenth Century", *Journal of the Historical Society of Nigeria*, Vol.2, No.2, 1961, p. 242.

102 瓦里国王称为"奥鲁"（Olu）。

进入博尔努（Bornu）和豪萨（Hausa）之处，为了适应当地君主制度和社会习俗而制定了一套宗教崇拜思想，这种思想逐渐和宫廷、军队、商业和文人结合成为一种范式，从北部沿尼日尔河而下进入努佩（Nupe）和伊加拉（Igalla），穿过尼日尔河进入约鲁巴。[103]

综上所述，自 1472 年葡萄牙人进入尼日尔三角洲，到 18 世纪末基督教在贝宁、瓦里、邦尼（Bonny）和卡拉巴尔（Calabar）建立永久驻足点的希望落空，宣告了基督教在尼日尔河流域的传教失败。但却是贝宁、瓦里、约鲁巴兰等尼日尔河流域民族与欧洲文明的首次接触和交往，更因为传教士的活动与商业和政治活动交织，超越了宗教意义上的影响，为 19 世纪皇家学会尼日尔探险和传教士进入西非提供了宝贵的档案材料和经验借鉴。

3. 约鲁巴兰基督教发展的可能原因

第一，受英国福音主义运动和反奴隶贸易的影响，塞拉利昂殖民地成立，福音派基督徒深受威廉·威尔伯福斯及其领导的克拉彭派影响，由本土宗教皈依基督教。被解放了西非奴隶从新世界来到塞拉利昂，塞拉利昂成为基督徒在西非的定居点，这些被解放的奴隶在基督教的影响下开始接受西方的生活方式，从服饰、建筑、语言、教育、宗教甚至姓名都遵照西方模式。以阿贾伊（Ajayi）为例，1825 年他接受了英国圣公会约翰·拉班（John Raban）神父的受洗，获得"塞缪尔·克劳瑟（Samuel Crowther）"这个名字，之后成为英国圣公会的一员。克劳瑟这样记录塞拉利昂生活的影响："当我从奴隶解放成为人后的第三年，我被教化，我的身上还有另外一种更为糟糕的奴役状态，即我的原罪。令我开心的是，上帝打开了我的心扉，我被这里的基督教堂所接受，我在上帝的旗帜下开始像一位士兵与精神敌人勇敢地斗争"。[104]1827 年，为了获取在塞拉利昂基督教领导权，英国圣公会决定在塞拉利昂提供高于殖民地平均水平的教育，结果是基督教教育机构在塞拉利昂建立，后来发展成为弗拉湾学院，并最终成为热带非洲第一所高等教育机构。原籍约鲁巴兰的奴隶在塞拉利昂接受了基督教会教育和感化，开始与约鲁巴兰重新建立联系，重返家乡，定居约鲁巴兰，但他们依旧保持与塞拉利昂的联系，继续着在塞拉利昂时的基督徒

103伊斯兰教在西非的传播参见：J. Spencer Trimingham, *A History of Islam in West Africa*, Oxford University Press, 1970.

104A. F. Walls, "A Second Narrative of Samuel Ajayi Crowther's Early Life", *Bulletin of the Society for African Church History2*, 1965, p.14.

生活方式，并在约鲁巴开始传播基督福音。[105]

第二，1841 年，在托马斯·福韦尔·巴克斯顿领导下英国传教士和商人，在西非当地人的帮助下，开启了尼日尔远征（Niger Expedition），这次远征旨在将"基督教"（Christianity）、"商业"（commerce）和"文明"（civilization）结合在一起，以废除奴隶贸易运动、摧毁奴隶制，为尼日尔带来和平与繁荣为名。尼日尔远征队倚重在塞拉利昂接受过教育的非洲本地译者和其他志愿者，因此在远征途中，他们发掘克劳瑟的潜力，远征结束后他们将克劳瑟送往英国深造，为在约鲁巴兰培养本地主教做准备。[106]

基于上述两个原因，基督教传教士认为已具备在约鲁巴地区传播基督教的可能性。19 世纪 40 年代，随着英国自由资本主义和福音运动的发展，基督教顺利进入约鲁巴兰，在随后的七十多年里，传教活动作为推行英国殖民政策的有效手段，对约鲁巴兰历史发展产生了深刻的影响。

本章小结

18 世纪末至 19 世纪初，伴随着第一英帝国解体，英国在政治、经济等方面调整政策，建立了第二英帝国。随着自身实力的增强，英国开始从全球角度思考问题，秉持着"自由帝国主义"的理念，在世界近四分之一的疆域中推行其自由贸易、法治等。到 19 世纪早期，英国已经形成了一个以征服世界为基础的新帝国模式，改革和领土托管观念也逐渐形成。由在印度任职的托马斯·麦考莱（Thomas Macaulay）倡导的"英国的殖民是解救当地人民，带领他们走出混乱、暴力和落后"观点，逐渐发展成为维多利亚时期的帝国观念，即通过自由主义的"进步"和"文明"观念证成。自由贸易关系有利于思想交流，互补的经济产生了互补的文化。殖民统治地区或殖民地知识范围的扩大对帝国思想与实践互相影响，与英帝国扩张相伴生的是全球化及知识的多样性。从发现"新世界"，与东方语言和文明的相遇，到"对非洲的争夺"，引发了人们对文化多样性的反思。英国在通商（Commerce）、传教（Christianity）、文明

---

105 从塞拉利昂返回的被解放的约鲁巴奴隶，称作"Sàró"（参见：Toyin Falola and Akintunde Akinyemi, *Encyclopedia of The Yoruba*, Bloomington: Indiana University Press, 2016, p. 65）。这一人群对早期基督教在约鲁巴的发展做出了许多努力，本书第二章第一节将对此详述。

106 塞缪尔·克劳瑟的经历参见：Jesse Page, *The Black Bishop: Samuel Adjai Crowther*, London: Hodder and Stoughton, 1908.

（Civilization）、殖民（Colonization）的"四 C 政策"[107]下逐渐形成了其全球帝国视野。

正如英帝国史学者约翰·达尔文所言，"英国的扩张史是英帝国与其他地区经历的一系列遭遇的历史，以接触交流为始，以建立殖民社会为终，这就是帝国的构建过程。"[108]基督教的发展是其帝国建构过程中的重要因素之一。福音奋兴运动更新了英国及其殖民统治下地区的宗教生活。循道宗的迅速发展促使了英国国教福音主义运动的兴起。主张所有人不论身份如何都可以获得上帝拯救的"福音主义者"在福音奋兴和福音主义运动中产生，英国近代新教传教事业兴起。到 18 世纪末，新教团体扩大传教范围，成立了新的教会组织。大英浸信会（1792）、跨宗派的伦敦传道会（1795）、"非洲和东方传教差会"（即圣公会差会，1799）、英国圣经公会（1804）等新教差会接连成立，推动英国废奴运动，并展开海外传教。在各新教组织蓬勃发展的同时，国教内部开始提倡社会改革，"克拉彭派"产生，为英国奴隶制和奴隶贸易的废除做出了重要贡献。基督教先于英国政府进入亚洲和非洲国家和地区，传播福音的同时，输出英国的思想和生活方式，为殖民政府的进入奠定扎实基础，对英帝国的形成、全球一体化进程的发展产生了一定作用。

---

107 John Flint ed. *The Cambridge History of Africa, Vol. 5: From c.1790- c.1850*, Cambridge University Press, p.490.

108 [英]约翰·达尔文著，冯宇、任思思译：《未终结的帝国：大英帝国，一个不愿消逝的扩张梦》，北京：中信出版社，2015 年，第 12 页。

第二章　英国殖民统治前期基督教会的考察活动与初步建设

　　由于英帝国的殖民活动和不断扩展的贸易圈和知识圈，使得其分属不同大洲、不同国家的殖民统治地区或殖民地不再是一个个孤立单位，跨越政治边界和地理边界，趋于一致。因此，中国香港和尼日利亚约鲁巴兰这两个地处遥远、情况迥异的地区，建立起"关联"，形成全球宏观史的一份子。而英国殖民活动前期的建设过程与基督教的配合密切相关。从约鲁巴兰来看，19 世纪40 年代和 50 年代，英国圣公会先后两次组织"尼日尔传教团"对尼日尔河流域进行考察。"尼日尔传教团"的活动涵盖了政治、宗教和商业领域。传教团在传播福音的同时，建立农场，开拓贸易机会，与当地统治者签署合作条约。这个传教团产生了圣公会第一位黑人主教约鲁巴人塞缪尔·克劳瑟（Samuel Ajayi Crowther）。此后，各教会团体派遣传教士前往约鲁巴兰（集中在西南部的巴达格里、阿贝奥库塔、拉各斯、伊巴丹、奥约、尼日尔河三角洲）以及东南部伊博（Igbo）人聚居区，当地居民许多皈依了基督教，促使基督教逐渐成为今尼日利亚南部地区和"中部地带"的主要宗教，甚至被传入了北部穆斯林聚居区域。从香港来看，在港的英国人及传教士在英国传教政策的指导下，开始商讨以香港为基地（station）进入中国传教，他们对中国可能存在信仰进行研究，对基督教在中国的可能发展前景进行预估，得出结论：基督教将拯救半开化的中国，对中国产生深远和长期影响。

第一节　基督教对初期英国殖民活动的配合

一、基督教在香港的初期活动

（一）香港成为基督教入华的基地

如果英国殖民统治下的香港的存在是为了英国进入中国，那么基督教在香港的发展，很大程度上也不能摆脱"进入中国"的目的和企图。[1]1842 年前中国海禁未开，中国境内严禁出版和散发宗教书刊。[2]《南京条约》签订后，中国虽开放了五口通商口岸，但对于传教活动没有任何明确规定。[3]伦敦传道会于 1843 年 5 月在埃克塞特大厅（Exeter hall）召开会议商讨鸦片战争后在华传教计划，确定扩大中国传教规模、将"上帝"（God）观念引入中国。会议通过了诺埃尔牧师（Rev. B. Noel）提出的将马六甲英华书院（Anglo-Chinese College）迁至香港的方案，并指出传教士们集中全力在香港传教，以期打开中国传教大门。[4]各传道会对华传教尚无对策。《中国之友与香港钞报》（1843 年 5 月 11 日）上刊登了英国对基督教在香港活动的必然性和影响。"关于香港，我们发现近日的报道并不能让英国政府满意。传教士创办的英华书院即将由马六甲迁往香港。由于对耶稣会士和多明我会士的误解，比起其他外国人群，中国政府对传教士格外憎恨。如果他们意识到传教士在香港岛的努力，中国政府将会理解英国当局无法阻止传教士来华，也会理解英——中关系尴尬之原因……在这件事上，政府必须在最大程度上给予传教团体自由裁量权。无论是从理性还是宗教角度，政府都应该允许福音的自由传播……他们因此将会看到传教士们将学院迁至香港的好处，他们尽可能用这所神学院教化和指导当地所有人民，而不是只局限于新教徒。他们将给香港带来实用性和装饰性艺术、科学，最重要的是带来医药……某种程度上耶稣会士也曾向中国儒生解释和介绍基督宗教教义，要不是他们经常鲁莽地干涉托钵修会秩序和章程，他们可能会在中国站稳脚跟。现在在香港的传教士们吸取了耶稣会士的教训，他们

1　邢福增：《战前香港基督教文字出版事工研究（1842-1941）》，载国家宗教事务局宗教研究中心编：《基督教与中国文化》，宗教文化出版社，第 224-225 页。

2　Rev. John Hkes, The American Bible Society in China, the Story of Eighty-three Year's Work.

3　1844 年 7 月 3 日（道光二十四年五月十八日）中美《望厦条约》才有外国人可以在中国口岸"设立医院、礼拜堂及殡葬之处"的条文。（参见：王铁崖：《中外旧约章汇编》（第一册），北京：三联书店，1957 年，第 54 页。）

4　The Friend of China and Hong Kong Gazette, May 11th 1843, p. 34.

怀有极大教化热情希望改变香港的面貌。英国政府大力鼓励在香港的英国人聘用那些受过基督教化（educated）的明智的中国人，并且会全力支持这些中国人。因此在香港的中国人应该都被送往基督教神学院接受教育。这样英——中关系的尴尬局面也会避免。香港未来将会成为中国文明化（civilization）进程中最重要一部分"。[5] 从这篇时评描述中，我们可以看出英国强占香港后，英国政府与基督教会相互配合，政府希望借助教会在香港的努力（带来艺术、科学和医药）让中国人接受基督教义，理解英国占领只是希望"教化"中国，使中国文明化，从而更好地理解英——中关系，为占领香港、进而进入中国开脱。而基督教会在香港开埠后，在英国政府的支持下，在香港的活动更为顺利，如：1843 年 6 月 1 日伦敦会传教士合信（Benjamin Hobson）利用售卖澳门医院和物业所得资金，在湾仔摩利臣山建立医院，成为伦敦会在香港的第一个立足点。[6] 基督教会摆脱了之前传教局限性，打破差会各自为营局面，各差会传教士开始互联互通、商量制定和完善在华传教对策。香港因此成为基督教进入中国的前哨，也是英国政府进入中国的重要环节之一。

　　1843 年 8 月 1 日伦敦会来华传教士聚集在香港合信住所，召开"弟兄会议"（Conference of Brethren），[7] 参加会议的有：塞缪尔·戴耶尔（Samuel Dyer）、合信、理雅各（James Legge）、麦都思（Walter Henry Medhurst）、约翰·施敦力（John Stronach）、亚历山大·施敦力（Alexander Stronach）等传教士，时任商务监督秘书和翻译的马礼逊之子马儒翰（John Morrison）也参与会议，协助传教士与港英政府交涉。[8] 会议旨在探讨和部署伦敦会日后在华传教工作以及将马六甲传教站迁港事宜，作出如下决议：（1）伦敦会将结束南洋传教事业，今后首要任务是进入中国，建立香港、上海和厦门三大传教站；（2）成立"伦敦会中国传教团委员会"（The General Committee of the Chinese Mission of the London Missionary Society），负责管理新开基的三大教区。关于香港教区，由理雅各和合信负责。理雅各负责马六甲英华书院迁港事宜；合信负责在香港开设医院事宜。[9]

5　*The Friend of China and Hong Kong Gazette*, May 11th 1843, p. 34.

6　Benjamin Hobson, *A General Report of the Hospital at Kum-le-fau in Canton, from April 1848 to November 1849*, Canton: Samuel Wells Williams, 1850.

7　"Letter of Samuel Dyer", London Missionary Society Archives, South China Box 4-1843, No. 62, Hong Kong, August 21, 1843.

8　刘绍麟：《香港华人教会之开基》，香港：中国神学院，2003 年，第 102-103 页。

9　刘绍麟：《香港华人教会之开基》，第 104 页。

1843 年 8 月 22 日至 9 月 4 日新教其他宗派差会到达香港，首次译经会议在香港召开，旨在统一《圣经》中译版原本，规范术语翻译，会议期间成立专门小组就"Scripture""Deity""Baptism"和"God"四个关键词展开讨论和议决。为了更好地展开《圣经》（包括《新约》和《旧约》）中文翻译和传播工作，此次会议决定成立总委员会（General Committee），所有在华基督新教传道会不论宗派和国籍都加入其中。下设地区委员会（Local Committee），由各地区传教士构成。地区委员会负责搜集该地区传教士圣经翻译工作相关资料，推选代表参加总委员会《新约》和《旧约》翻译工作会议。《圣经》重译本和修订本都必须交由总委员会审核，通过后递交英国圣经公会（The British and Foreign Bible Society）以及美国圣经公会（The American Bible Society）审定出版发行。[10]首次译经会议虽只限于四个关键词研讨，[11]也并未达成一致建议，但是译经

10 香港基督教首次译经会议日程及讨论结果如下：8 月 22 日会议主要申述中文圣经译本现状，议决应成立委员会，搜集各版中译本，改进和完善圣经译本。委员会主持《旧约》重译工作，并同时开展《新约》修订本；8 月 23 日会议确定原文版本以供翻译，各传教士对圣经的中译需符合希伯来语和希腊语原意，所用中国成语需符合圣经原意，度量衡钱币等词应切合中国制度；8 月 24 日会议议决不同地方出现的相同段落需保持翻译一致，关于"上帝"等专有名词一律采取直译，不得采取"迂说法"（Periphrasis）；8 月 25 日议决统一"Baptism""Deity"和"Scripture"等词的中文译名，其中"Baptism"一词翻译交裨治文（Elijah Coleman Bridgman）、粦为仁（William Dean）组成小组讨论，"Deity"一词翻译交麦都思、理雅各组成小组讨论，"Scripture"一词翻译交麦都思、美魏茶（William Charles Milne）组成小组讨论。并请马儒翰相助；8 月 28 日议决成立在华传教会总委员会，由麦都思担任总委员会理事，请求英国圣经公会和美国圣经公会经费资助。因此圣经修订本需经总委员会审核、英美圣经公会许可方可出版。圣经修订工作包括五部分：（1）使徒行传、希伯来书、彼得后书；（2）马可福音、彼得前书；（3）马太福音、腓立比书、哥罗西书、帖撒罗尼迦前后书、提摩太前后书、提多书、腓利门书；（4）路加福音、罗马书、加拉太书、以弗所书；（5）约翰福音、约翰一二三书、犹大书、启示录；9 月 1 日议决因小组讨论对"Baptism"一词翻译并未达成共识，各差会可按照自己所属宗派酌情翻译；9 月 4 日议决因"God"一次中译并未达成共识，交由总委员会裁决。（参见：李志刚："香港基督教首次会议之新探"，《香港基督教会史研究》，香港：道声出版社，1987 年，第 34-37 页。）

11 1846 年第二次译经会议扩展至"Angel""Apostle""Church""Conversion""Conscience""Covenant""Devil""Divine""Election""Evangelist""Hell""Holiness""Heart""Mercy""Messenger""Messiah""Mind""Mystery""Offerings""Prayer""Priest""Prophet""Preacher""Repentance""Sabbath""Sacrifice""Saint""Soul"等词翻译问题。（参见：*The Chinese Repository*, Canton : Printed for the proprietors, Vol. XV, 1846, p. 109.）

翻译委员会的成立、规章制度的建立、翻译要求的明确，为之后在华传教事业和《圣经》翻译工作带来了立竿见影的影响。译经会议召开后，香港教区新教传教士（理雅各、麦都思、美魏茶、裨治文、约翰·施敦力）立即展开《圣经》中译本重译工作，新译本因在新成立的委员会指导核定下完成，因此后来也被称作"委办译本"或"代表译本"（Delegates Version）。欧德理在《欧西于中土：香港历史》一书中，给予该译本非常高的评价："'委办译本'无论在文体还是措辞方面，都是迄今为止（1895 年）最佳译本。"[12]而地区委员会的设立，使得各地传教士开始注意到中国各方言与《圣经》之关系，促成了各方言版《圣经》的诞生，推动了地方传教士事业。译经会议是来华各差会第一次联合会议，打破了之前各差会零散传教局面，增强了来华传教差会的凝聚力。[13]

"弟兄会议"和译经会议的召开，标志着以香港为基地的中国基督教传教事业正式展开。1843 年 11 月，伦敦会理雅各牧师将英华书院由马六甲迁至香港，旨在培养中国牧师。香港英华书院由预备学院和神学院，1844 年秋落成鸭巴甸和士丹顿街。1843 年英国圣公会委认史丹顿（Vincent J. Stanton）为"殖民地牧师"（Colonial Chaplain），12 月 22 日史丹顿抵港后，立即着手在香港创办教会培训学校事宜，旨在培养与安立甘宗紧密联系的本土牧师，即后来的圣保罗学院（St. Paul's College）。事实上，学校地址早已于 5 月 26 日由英国政府授意选定。传教士的文字出版重心也从马六甲转移至香港，《遐迩贯珍》于 1853 年 8 月在香港创刊，由香港英华书院印刷及发行，伦敦会传教士麦都思（Walter H. Medhurst）担任主编。《遐迩贯珍》是最早在港出版的中文报刊，虽为教会刊物，但其内容却"首为政治，次为文化科学知识，最后才是宗教，这反映了外人所办的中文期刊在鸦片战争后对华宣传重心的转移。"[14]

综上所述，英国占领香港岛后，基督教在亚洲的传教事业由南洋和澳门逐渐转至香港，基督教与英国政府、教会与英国殖民进程紧密联系、互相配合，企图以香港为中心，深入中国内地。伦敦会、公理会（两宗后来合并成中华基督教会）、巴冕会（礼贤会）、浸信会、圣公会、巴色会（崇基会）及循道会先后在港开基创会，构成香港七大公会。刘粤声曾对香港基督教发展及贡献作了

12 E. J. Eitel, *Europe in China: The History of Hongkong (from the beginning to the year 1882)*, Hongkong : Kelly & Walsh, ld. 1895, p. 191.
13 关于圣经的粤方言翻译见本书第四章第一节"圣经的粤方言译本与'E-B'系统"。
14 李谷城：《香港报业百年沧桑》，香港：明报出版社，2000 年，第 72 页。

概括性总结："基督教之美种，于一八四一年由福音使者之手移植香港……基督教在香港既'得天独厚'，对于祖国、社会、以及侨胞、亦确有相当贡献，在世界基督教全史中，应占有相当位置。"[15]开埠初期的香港成为欧美差会进入中国或华南地区传教的踏脚石及后勤基地，并逐渐发展成为差会华南教区下的一个基地（station）。

（二）差会入港或迁港

1843 年伦敦会由马六甲迁往香港。[16]伦敦会进入香港后，购入香港岛 98 号地段（士丹顿街与伊利近街交界处），伦敦会在香港的总部在此成立，包括：书院、传教士和学生宿舍以及印刷所。又购入下市场（lower bazaar，即今文咸街附近）第 191 号地段，建立了伦敦会在香港的第一所以华人为传教对象的教堂。[17]伦敦会开始在香港布道事工。1844 年 8 月理雅各向伦敦会提出在香港建立一所采用中英双语传道的教堂供在港的欧洲人和华人使用。随后伦敦会批准购入总部大楼旁边地块，新建西人联合教堂（Union Chapel）投入使用，该教堂命名为"Union"（追求合一），体现了其希望团结在港不同教派背景的基督徒，以及联合西人和华人一起传教的决心。[18]伦敦会随后在黄泥涌、赤柱等地设立布道所，奠定在香港的根基。[19]

1843 年，伦敦会迁港后，同年，英国圣公会派遣史丹顿牧师到港担任"殖民地牧师"，筹划建立圣约翰座堂（St. John's Cathedral）和圣保罗书院（St. Paul's College）。1849 年，英国颁布《英王制诰》（Royal Letters Patent），[20]宣布成立维多利亚教区（Diocese of Victoria），施美夫（Bishop George Smith）[21]

---

15 刘粤声：《香港基督教会史》，香港：香港浸信教会，1996 年重排增订版，"序言"。

16 伦敦会集结香港合信住所、召开"弟兄会议"商讨进入香港传教见本节第一部分。

17 丁新豹、卢淑樱著：《非我族裔：战前香港的外籍族群》，香港：三联书店（香港）有限公司，2014 年，第 21 页。

18 参见：黄文江：《十九世纪香港西人群体研究：愉宁堂的演变》，载刘義章、黄文江主编：《香港社会与文化史论集》，2002 年，第 39-40 页。

19 丁新豹、卢淑樱著：《非我族裔：战前香港的外籍族群》，香港：三联书店（香港）有限公司，2014 年，第 21 页。

20 也有学者将此译为《香港宪章》。

21 施美夫 1840 年按立为牧师后，成为英国圣公会的一名传教士。1844 年 9 月 25 日，他与麦丽芝牧师（T. McClatchie）作为圣公会在华传教先驱者抵达香港，考察圣公会在华传教前景，他认为应将宁波作为圣公会在华传教重心。1847 年，因健康原因，施美夫返回英国休养，并出版了其在华期间（1844-1846 年）对中国沿海通商被委任为第一任主教。同年，圣约翰座堂落成。新教区的成立标志着圣公会在香港的缓慢成长。1850 年 3 月 29 日，施美夫抵达香港，虽然施美夫个人一直认为应以浙江宁波为圣公会传教重心，但实际上，英国圣公会派遣到香港的传教士比中国任何一个地区都多。施美夫主教与其继任者柯尔福主教（Charles Richard Alford）管辖了圣公会有史以来幅员最广的区域，不仅包括中国城市，还包括日本。[22]1860 年，施美夫主教按立罗心源为香港首位华人会吏，并开始在他的管辖区内修筑教堂。1862 年，司徒灵芝（Thomas Stringer）成为圣公会首位驻香港传教士，此后英国传教士陆续来港，为香港及中国沿海其它城市的海员传道事工，推动基督教在华传教事业。[23]随着维多利亚教区传教工作成熟，香港社会变化以及基础设施完善，英国开始将维多利亚教区经验推广至中国其它地区，在中国成立新教区。[24]

口岸的考察行纪《1844、1845、1846 年代表圣公会对中国领事城市及香港岛和舟山的探索之行纪》（参见：George Smith, *A Narrative of an Exploratory Visit to Each of the Consular Cities of China, and to the Islands of Hong Kong and Chusan: In behalf of the Church Missionary Society, in the years 1844, 1845, 1846*, London: Burnside & Seeley, 1847.）1849 年被任命为维多利亚教区主教后，1850 年施美夫返回香港就任，致力于在华和亚洲其它国家传教工作，担任圣保罗书院第二任校长。1864 年施美夫回国，1865 年卸任维多利亚教区主教一职。施美夫担任维多利亚教区主教的 15 年（1849-1864）正是圣公会在香港创基和打开中国大门的时代。（参看：Angela Bickley, "George Smith (1815-1871)", *Oxford Dictionary of National Biography*, Vol. 51, pp. 124-125.）

22 自施美夫（1849-1864 年在任）担任首任维多利亚教区主教后，截止 1914 年，维多利亚教区主教依次为：柯尔福（1867-1872 年在任）、包尔腾（John Shaw Burdon, 1874-1897 年在任）、霍约瑟（Joseph Charles Hoare, 1898-1906 年在任）、伦义华（Gerald Heath Lander，1907-1920 年在任）。

23 自司徒灵芝成为圣公会驻港传教士后，陆续来华的传教士有华连（Charles Warren）、皮柏（John Piper）、赫真信（Arthur Hutchinson）、何约翰（John Brown Ost）、文明理（G. A. Bunbury）、白烈士（Ernest Judd Barnett）、兰哲（C. I. Blanchett）等牧师。（参见：丁新豹、卢淑樱著：《非我族裔：战前香港的外籍族群》，香港：三联书店（香港）有限公司，2014 年，第 23 页。）

24 1906 年福建成为一个新的教区，成为圣公会在华最大的中心。1909 年，广西——湖南教区产生。1947 年云贵教区产生。
关于圣公会在香港的发展史，本书根据：香港圣公会档案馆教省历史及各座堂历史、传教士季理斐的调查成果（D. MacGillivray, "South China Mission of the C.M.S.", *A Century of Protestant Missions in China (1807-1907): Being the Centenary Conference Historical Volume*, Shanghai: Printed at the American Presbyterian Mission Press, 1907, pp.38-41）、安德葛关于维多利亚教区研究成果（G. B. Endacott, *The Diocese of Victoria, Hong Kong: A Hundred Years of Church History*, Hong Kong: Kelly & Walsh, 1949.）、香港华人基督教会研究成果（〈香港圣公会——浅谈早期来华的

英国圣经公会（British and Foreign Bible Society）1804 年在伦敦成立之初，目标就直指中国。1843 年首次译经会议在香港召开后，英国圣经公会立刻香港开设代理机构。在英国圣经公会的推动下，《圣经》翻译"译名"问题、文体等得以确定。1847 年《新约》绝大部分内容翻译成中文，1850 年《四部福音书》出版，1852 年《新约》翻译完成，1854 年《旧约》完成。这些翻译和出版工作或是在香港完成，或是经香港印刷发行。1853 年在香港共印刷 50000 本《新约》，数量仅此于上海。1854 年，圣经公会在香港设立地方委员会，将香港纳入"百万本新约出版计划"（Million Testament）之内。[25]

1851 年 1 月循道会（The Wesleyan Methodist Missionary Society）俾士牧师（Rev. G. Piercy）以传教士身份自费到达香港，年底北上于 1852 年抵达广州，同时负责牧养在广州和香港的英国士兵心灵需求。俾士牧师虽然在香港和广州牧养时间不长，但他的布道和传播福音的努力引起了循道会伦敦总部的注意，他们同意在中国开辟循道会教区。俾士牧师作为循道会来华先驱，被按立为传教士，承担这项工作。循道会很快就派遣其它牧师前往香港和广州协助俾士工作。1852 年底，以香港和广州为中心的"英国循道会华南教区"成立。

至此，以伦敦为总部的英国主要差会陆续进入香港，在香港开展了基础设施建设，为港英殖民政府的建立和发展奠定了坚实基础。

二、基督教在约鲁巴兰的初期活动

（一）弗里敦（Freetown）与"塞拉利昂回归者"（Sàró）

18 世纪末，随着欧洲贸易活动和殖民活动的展开，传教活动自沿海向非洲大陆渗透。进入 19 世纪，随着英国人对西非知识的增加，废奴主义者发现虽然 1807 年的废奴法案取得了胜利，但是非洲西海岸仍然为新世界的种植园提供了奴隶劳动力。这些奴隶们由葡萄牙、西班牙、法国、美国和巴西的船只运往新世界，奴隶贸易并未停止。福音主义者、人道主义者和英国政府很快意识到只靠法律废除奴隶贸易并不够，他们必须寻求新的方法不仅阻止英国，更要阻止其它国家运送奴隶。为了达到这一目标，英国与欧洲和美洲奴隶贸易国

香港圣公会历史〉，《基督教周报》（第 2622 期），2014 年 11 月 23 日）、《圣保罗书院 120 周年特刊（1851-1971 年）》整理而成。

25 D. MacGillivray, "South China Mission of the C.M.S.", *A Century of Protestant Missions in China (1807-1907): Being the Centenary Conference Historical Volume*, Shanghai: Printed at the American Presbyterian Mission Press, 1907, pp.553-558.

家缔结条约，允许英国皇家海军在公海逮捕外国奴隶贸易者。尽管耗费了大量人力财力，英国人道主义者坚称奴隶贸易并未取缔，英国必须在西非雨林中从事合法的原材料交易。这意味着非洲人力将从新世界和印度的种植园解放出来，从而回归到非洲本土的农业生产之中。而只有通过培养工业化意识以及传播基督福音，西非人民才可以获得新生。这个观念最早由格兰维尔·夏普（Granville Sharp）[26]于 1787 年在英殖民地塞拉利昂弗里敦（Freetown，"自由之城"）提出。[27]自 1807 年英国禁止在海外从事奴隶贸易以来，英国企图改变与西非主要国家或地区的之前的奴隶贸易关系，希望借助其强大的海军力量建立新型关系。于是，弗里敦逐渐成为英国海军非洲分舰队的补给站和获释的西非奴隶居留地，被解放了的奴隶集中于此，在基督教传教士的启发下，他们意识到自己也可以过着自给自足的自立生活。塞拉利昂逐渐成为英国在西非殖民的前哨，英国商人在冈比亚和黄金海岸设立商站、奴隶屯集栈及其它贸易基地，用花生、棕榈等取代奴隶成为冈比亚和黄金海岸合法出口商品。[28]但是在奴隶海岸和尼日尔河沿岸，充当"中间人"（middleman）的西非人和欧洲商人在奴隶贸易中依旧有很大比重的投资，英国很难阻止奴隶贸易在西非的进行。自 1790 年约鲁巴兰成为主要的奴隶贸易地区，到 19 世纪初，约鲁巴兰的奴隶贸易量仅次于中非，成为非洲重要的奴隶出口地区。被奴役的约鲁巴人遍及大西洋世界，尤以塞拉利昂、古巴、巴西、特里立达居多。[29]而弗里敦的建立以及基督教福音的传播，推动了 19 世纪 30 年代弗拉湾学院（Fourah Bay College）的诞生，这是非洲的第一所现代高等教育机构。以圣公会为主体的牧师教授已经信教的非洲本地教徒欧洲语言，让他们把圣经中的话语传讲给他们的非洲同胞。当黑人走出这个地区时，这里便成为传播基督教的中心。

---

26 格兰维尔·夏普（Granville Sharp，1735-1813），英国第一批废除奴隶贸易倡议者、圣经学者，提出安置将获释黑人奴隶安置于塞拉利昂，在塞拉利昂成立了圣乔治湾公司（St. George Bay Company，今塞拉利昂公司的前身），他致力于建立弗里敦行省（Province of Freedom，即后来的塞拉利昂弗里敦），被誉为"塞拉利昂国父之一"。

27 K. Onwuka Dike, *Origins of the Niger Mission 1841-1891*, Ibadan: Published for the C.M.S. Niger Mission by the Ibadan University Press, 1962.

28 参见：[美]罗伯特·罗特伯格著，上海电影译制厂翻译组译：《热带非洲政治史》，上海：上海人民出版社，1977 年，第 459-460 页。

29 Olatunji Ojo, "The Organization of the Atlantic Slave Trade in Yorubaland. ca.1777 to ca.1856", *The International Journal of African Historical Studies*, Vol. 41 No. 1, 2008, pp. 77-78.

而那些从塞拉利昂返回约鲁巴兰的获释奴隶，有了一个专属名称"Sàró"（意为"塞拉利昂回归者"，"Sàró"都是约鲁巴人（Yorùbá））[30]。"Sàró"有一个典型特征：他们的名字中保留了约鲁巴语名，姓改为英语。以塞缪尔·阿贾伊·克劳瑟为例，他保留了约鲁巴语名 àjàyí，更为英语的姓。因此，名字中有"威廉姆斯"（Williams）、"泰勒"（Taylor）、"约翰逊"（Johnson）、"科尔"（Cole）等可能就是"塞拉利昂回归者"。从名字的更改可以看出英国对"塞拉利昂回归者"的影响和"塞拉利昂回归者"身上的"西方性"和"本土性"双重特质。对于约鲁巴兰统治者而言，他们和欧洲传教士一样，代表着欧洲军事、技术、外交和商业资源，他们会给约鲁巴兰带来了新的发展机会，但也带来了冲突和危机。因此，1840 年代至 1850 年代，阿贝奥库塔、伊巴丹、伊贾耶（Ìjàyè）和奥约统治者欢迎这些"塞拉利昂回归者"及其白人传教士朋友们进入。在阿贝奥库塔和拉各斯，传教士们努力使其改变宗教信仰，成为基督教信众。"塞拉利昂回归者"中有相当一部分人皈依安立甘宗，成为传教会核心成员，如塞缪尔·阿贾伊·克劳瑟成为第一位尼日利亚圣安立甘宗按立牧师，领导圣公会在阿贝奥库塔三所传教基地之一。"回归者"们加速了约鲁巴兰基督教皈依进程。他们虽然接受了英国福音主义和近代伦理秩序，但身上保持着约鲁巴文化的依附性，在阿贝奥库塔，他们用能引起约鲁巴人民共鸣，符合约鲁巴族社会政治观、经济观和哲学观的方式介绍基督教教义和伦理价值观，在这些"塞拉利昂回归者"和约鲁巴本地基督教领袖的努力下，欧洲传教团传教不顺利的局面得以转变。传教范围自 19 世纪中叶的阿贝奥库塔和拉各斯，到 19 世纪末扩展至伊巴丹、伊杰布、伊莱莎、奥博莫绍（Ògbómòṣó）、翁多（Ondó）、奥约、伊费（Ifè）等约鲁巴兰主要城市。到 1921 年，除去阿贝奥库塔、伊巴丹和奥约主要基督教城市外，约鲁巴兰其它主要城市的社会阶层中有 15%至 20%人口为基督徒。[31]

---

30 关于从塞拉利昂返回的约鲁巴籍奴隶，研究多集中于塞缪尔·阿贾伊·克劳瑟等个案。而对于"Sàró"这一群体特征和影响研究较少见。与"Sàró"这一群体同时期还有一个群体称为"àgùdà"，指的是"非洲巴西回归者"。与"塞拉利昂回归者"群体只是约鲁巴人不同，"非洲巴西回归者"不仅有约鲁巴人，还有贝宁王国、加纳人和多哥人。（关于这两个概念，参见：Toyin Falola and Akintunde Akinyemi eds, "Sàró and àgùdà", *Encycolpedia of the Yoruba*, Indiana: Indiana University Press, 2016, p. 298-299.）

31 Toyin Falola and Akintunde Akinyemi eds, *Encycolpedia of the Yoruba*, Indiana: Indiana University Press, 2016, p. 65.

（二）尼日尔探险与尼日尔传教团

福音奋兴运动后，传教士与其它力量合力试图禁止西非奴隶贸易，从而使英国可以在西非进行"合法贸易"，实质为英国商品开辟非洲市场。但是英国对西非地理环境、政治制度、社会文化知之甚少，1788 年由 12 名英国人成立"推动非洲内陆发现协会"（The Association for Promoting the Discovery of the Interior Parts of Africa），[32]其首要任务就是设法解开尼日尔河之谜，确定其位置、源头、终点。非洲协会的成立标志着"非洲探险时代的开始"。[33]直到 1795 年非洲协会的调查都没有实质性进展。东印度公司苏格兰外科医生芒戈·帕克（Mungo Park）1795、1805 年两次探险尼日尔河，得出两个结论：（1）尼日尔河经过廷巴克图，流入豪萨地区，最终流向世界的尽头；（2）尼日尔河与尼罗河是同一条河。[34]帕克死后，加上拿破仑战争的爆发，尼日尔河探险暂时中断，1816 年始英国陆续派出探险队但都无果而终，直到 1822-1826 年休·克拉珀顿（Hugh Clapperton）获得了关于尼日尔河的新情报，证实尼日尔河和油河地区一致，他带着理查德·兰德（Richard Lander）乘船前往巴达格里，向北穿过约鲁巴地区到达卡诺（Kano），试图寻找通往西非内陆的捷径。1827 年克拉珀顿因病去世后，兰德从卡诺南下受阻又返回巴达格里。1829-1830 年兰德兄弟再次探险尼日尔河，证实确实存在一条捷径，通往西非内陆。克拉珀顿和兰德兄弟的行纪中，他们从埃格巴多（Egbado）出发到达约鲁巴王国首都奥约（Eyeo）或加丹加（Katunga），沿途受到了约鲁巴民族的盛情款待，根据行纪记录，他们到达了如下约鲁巴地区：[35]

---

32 即后来的"非洲学会"（the African Association）。该学会于 1788 年 6 月 9 日在伦敦由英国学会成立，初衷是为了勘探尼日尔河的源头和流向，以及寻找"金矿之城"廷巴克图（Timbuktu，今西非马里共和国通布图）。1788 年第一次尼日尔河勘探的 12 名学者中有 10 人是皇家学会会员，包括：政治家皮特（Pitt）和福克斯（Fox），商人约瑟亚·韦奇伍德（Josiah Wedgwood），福音传播者威尔伯福斯（Wilberforce）和克拉克森（Clarkson）等。

33 Frank T. Kryza, *the Race for Timbuktu: In Search of Africa's City of God*, New York: Harper Collins, 2006, p.11.

34 关于芒戈·帕克 1805 年对非洲内陆的探险，参看：The Journal of a Mission to the Interior of Africa in the Year 1805, by Mango Park , together with other Documents, Official and Private, relating to the Same Mission. London,1815.结论一见该书第 163-164 页。

35 说明：地名本书摘抄原文，不做翻译，原因是：可以发现克拉珀顿和理查德·兰德同一次行纪关于同一地名有不同的记录方式或有不同说明，兰德兄弟行纪也有重合地名，以作对照。

克拉珀顿 （1825）[36]	理查德·兰德 （1825）[37]	兰德兄弟 （1829）[38]	说　明[39]
巴达格里（Badagry）巴德维市场（Badwie market）		巴达格里（Badagry）（途径）巴德维（Badwie）	即：今天的巴达格里，和小伊巴韦（Ibawe Kekere）
奥约普卡地区（Puka 'a district of Eyeo'）	布卡（Bookhar）		今伊波基亚（Ipokia）
		沃（Wow）	今奥沃（Owo）
伊萨科村（Isako village）	伊萨科（Isako）		今埃特萨科（Etsako）
达格摩村（Dagmoo village）	达格诺（Dagno）		
		萨格布（Sagbu）	今伊莎格博（Ishagbo）
		芭莎村（Basha village）	今芭莎（Basha）镇
忽姆巴（Humba）	废墟中的忽姆巴镇（Humba town）		今伊忽姆博（Ihumbo）
阿卡罗村（Akalou village）			
	阿孔古杰（Akongujie）		
艾拓（Eto）	艾拓（Eto）		
伊萨多（Isado）	萨托（Sattoo）		
穿过河流的毕德杰（Bidgie crossed river）	毕德杰（Bidgie）	耶瓦河附近的毕德杰（Bidgie close to River Yow）（第一次回到 1825 年路线）	今耶瓦河（River Yewa）畔的伊贝基（Igbeji）

36 Clapperton, Chap. I, "From Badagry over the Kong mountains to the city of Eyeo or Katunga", *Journal of a Second Expedition into the Interior of Africa from the Bight of Benin to Soccatoo*, Philadelphia: Carey, Lea and Carey, 1829, pp.25-67.

37 Richard Lander, *Records of Captain Clapperton's Last Expedition to Africa*, 2 vols., London, 1830.

38 Richard and John Lander, *Journal of an Expedition to Explore the Course and Termination of the Niger: With a Narrative of a Voyage Down That River*, 3 vols., London, 1832.

39 根据三者记述、彼得·莫顿—威廉的考证（参看：Peter Morton-Williams, "The Ọyọ Yoruba and the Atlantic Trade, 1670-1830", *Journal of the Historical Society of Nigeria*, Vol. 3, No. 1, 1964, pp. 35-37）、Google 地图、和约鲁巴本地人的帮助，探讨今日之可能地点及拼写方式。有些无法考证出来，暂且留白，待日后考证。

阿塔利奥波罗村（Ataliobolo）	阿图拉博拉村（Atulabora）		
	丰尼小镇（Funnie）		
		拉图（Latoo）	
拉布（Laboo）（所附地图上写的是拉卢Laloo）	拉布（Laboo）	拉罗（Larro）	
贾那（Jannah，国王阿拉芬的奴隶所在处）	贾那（Jannah）		今翁多州伊贾那（Ijanna）
巴奇（Bachy）	比奇（Beechy）	毕德杰（Bidgie）	今伊贝萨（Igbesa）
周（Tshow）	周（Tshow）	周（Chow）	今沙旺（Shawon）
埃嘎（Ega，同行的道森在这里去世）	埃格博（Egbo）	埃嘎（Egga，主要的市场，镇）	今伊甘·奥克托（Igan Okoto）
艾玛多（Emado）			今阿耶托罗（Ayetoro）附近的艾琳玛多小河（Erinmado）
例阿博村（Liabo）（由泥墙包围，其它地方用木头栅栏围住）			
艾科瓦（Ekwa）			今埃基帕（Ekipa）
		贾度（Jadoo）	
恩格瓦（Engwa，同行的皮尔斯在这里去世,听闻莫理循也在这里去世,并埋在伊贾那）	恩格瓦（Engwa，贫瘠且多岩石）	恩格瓦（Engua）	今埃旺（Ewon）：埃格巴多以北地区
	阿肯尼河（Akkeni）交汇处	查卡（Chakka，与阿肯尼河（Akeeny）交界处）	今伊萨卡河（Ishaka）
阿芙拉（Afoora）	阿芙拉（Afoora）	阿芙拉（Afoora）	今阿布卢（Aburu）
阿苏拉（Assula）	阿苏拉（Assula）	阿辛那拉（Assinara）	今阿苏诺拉（Asunora）：伊巴丹的一个小村庄
伊塔利亚村（Itallia）			

阿索多（Assoudo，设立了防御工事的镇子，人口大约10000人）	阿索多（Assoudo，第一个设立防御工事的镇子）——但是请参照利阿博村		
	泰迪村（Tedi）	埃图蒂（Etudy）	今图蒂山（Tudi Hill）
乔克（Chocho）	乔克（Choko）	乔格（Choughou）	

从三人的行纪可以看出，几乎穿越了约鲁巴兰的大部分地区，经过的地方大多都是富庶之地，他们发现：（1）无论从巴达格里还是从达荷美港口出发进入西非内陆都要经过伊波基亚（Ipokia）至旧奥约这段路，而且都非常便利。（2）从巴达格里到这段路上有许多收费站，征收通行税，除了过往的马匹和马车之外，人们携带的货物也要征税。因为受英国政府保护，探险队不必缴税。伊波基亚附近的村庄保留着"阿拉芬"（国王）建立的"过门费"（Bode-Aṣe）制度，大臣需要将税收交给阿拉芬，当地居民因为日益繁荣的本地市场而收入增加。[40]由于受到约鲁巴兰民族的热情招待，包括埃格巴多伊拉洛"奥卢"（国王）在奥约帝国全国性节日"须芒草节"（Bẹrẹ）[41]上向他们致意，这三本行纪不仅提供了一条进入非洲内陆的路线，更向大英帝国展示了约鲁巴兰极其正面的形象，吸引了英国政府、传教士和贸易家前往。

彼时英国政府在西非废除奴隶贸易的方法无果，自1807年英国废除奴隶贸易法案的实施至1841年尼日尔探险队出发前，英国在西非禁止奴隶贸易的方式主要有三：一是通过与西海岸的非洲统治者签署禁止奴隶贸易协议；二是派遣禁卫队驻扎西非抓捕奴隶贩子；三是鼓励英国商人与当地人进行贸易，销售非洲产品。[42]然而这三种方式都收效甚微，奴隶贸易在西非盛行，严重阻碍

---

40 Richard and John Lander, *Journal of an Expedition to Explore the Course and Termination of the Niger: With a Narrative of a Voyage Down That River*, Vol.1, London, 1832, p.32.

41 "Bẹrẹ"须芒草亚族单苞茅属（*Anadelphia Arrecta*），是沙漠中一种常见的草类，用来修葺屋顶。"须芒草节"是奥约帝国全国性节日，节日当天奥约帝国所有臣民从四面八方带着须芒草和礼物进献给国王（奥卢）。参见：S. O. Babayẹmi, *"Bẹrẹ Festival in Ọyọ"*, Journal of the Historical Society of Nigeria, Vol. VII, No. 1, 1973, pp. 121-124.

42 C. C. Ifemesia, "The 'civilising' mission of 1841: aspects of an episode in Anglo-Nigerian relations", O. U. Kalu ed, *The History of Christianity in West Africa*, London: Longman, 1980, p. 81.

了英国"合法"贸易的推行。1832-34 年两位英国商人麦格雷戈·莱尔德（Macgregor Laird）和理查德·奥德菲尔德（Richard Oldfield）将兰德兄弟的发现应用于实践，探索尼日尔河商业发展问题，他们于 1837 年出版的关于尼日尔河奴隶贸易不减反增的报告[43]吸引了英国政府的关注和福音主义者巴克斯顿的注意。巴克斯顿认为需要联合海军、政治、经济和福音传播者的力量一起帮助西非消灭奴隶贸易。

1839 年 12 月 26 日，彼时担任"殖民地大臣"（Colonial Secretary）的约翰·罗素勋爵致信英国财政部部长，全面阐释成立尼日尔探险队的必要性："英国政府应与非洲首领或政权建立新的贸易关系，这种关系不仅要存在于从事内部奴隶贸易的非洲国家之中，也要存在于充盈受害者的奴隶贸易之外的国家。为了达到该目标，女王已经派遣人臣与这些非洲首领和政权进行谈判或缔结条约。这些条约的签定基于两点：（1）放弃和绝对禁止奴隶贸易；（2）在互惠互利基础上，允许消费品进入该国，英国的产品或在该领土上的制品归英国管理支配。在这些首领中，统治权力最大、管辖范围最广的当属那些邻近尼日尔河及较大支流的国家。因此，我们提议进行此次探险队，乘坐蒸汽船沿着尼日尔河而上，到达主要支流汇合点。这些国家更容易推行英国合法贸易、建立英国工厂，我们希望他们通过教导，可以了解比起变成奴隶，他们有更好的方式利用人口优势获得财富。"[44]

1840 年 6 月阿尔伯特亲王（Prince Albert）成为新成立的"取缔奴隶贸易推动非洲文明协会"（Society for the Extinction of the Slave Trade and Civilisation of Africa）主席。协会认为，尼日尔河是英国建立与西非腹地联系的最佳方式，为了满足"协会"迫切的需求，1841 年英国政府派出三艘船："阿尔伯特"号（Albert）、"威尔伯福斯"（Wilberforce）号和"苏丹"（Sudan）号去勘探和绘制尼日尔河和贝努埃河（Benue）情形。圣公会在巴克斯顿"教化"主义的影响下，积极投入到"协会"的这次探险队。由在塞拉利昂的传教士詹姆斯·尚恩（James Frederick Schön）代表圣公会参加 1841 年探险队，"为了确定圣公会在非洲内陆哪些国家或民族容易介绍和传播福音"以及"汇报这些非洲酋长

43　参看：MacGregor Laird and R. A. K. Oldfield, *Narrative of an expedition into the interior of Africa by the River Niger in the steam-vessels Quorra and Alburkah in 1832, 1833 and 1834*, London, Richard Bentley, 1837.

44　Parliamentary Papers of Great Britain, No. 57, Session 1849.

或首领对待传教士的态度"。[45]尚恩挑选了约鲁巴族基督徒塞缪尔·阿贾伊·克劳瑟陪同。1841 年 6 月 26 日，在他们扬帆尼日河前夕，尚恩写道："让塞缪尔·克劳瑟加入（此次探险队），对我们双方都有利。他对我们的传教工作更感兴趣，并极力提供帮助。我完全相信，在上帝的感召下，他很快就会事奉传教这项伟大事业。"[46]因此，从一开始，塞拉利昂传教团与尼日尔河传教团便建立了直接联系。圣公会自 1804 年向弗里敦派了第一批传教士以来，在西非已经形成了一定传教规模。

1841 年 6 月底，尼日尔探险队开始，尼日尔传教团随之成立，英国政府委任传教团领导与当地重要的首领协商禁止奴隶贸易事项，用与英国的"合法"取代。英国政府并不只考虑到贸易事项，在给探险队队的训令中明示要告诉非洲首领们"英国女皇和英国人民信奉基督教；基督教向所有国家和人民传播善念、和平和兄弟般的爱；基督教正在努力开启与非洲国家和民族的对话，英国政府一直以来受基督教教义引领和鼓舞。"[47]

由此可见，在尼日尔探险队中，传教士、贸易和政府紧密联系。尼日尔传教团在尼日尔河和贝努埃河汇合处耗资 4000 英镑建立一座试验农场，作为巴克斯顿"圣经与犁"思想的一次实践。1841 年 8 月，探险队队三艘船进入尼日尔河，短短几个星期，进入尼日尔河的 162 名白人有 54 名死于可怕的疟疾。同年 10 月，"阿尔伯特"号在约翰·比克罗夫特（John Beecroft）指挥下，进入费尔南多波岛（Fernando Po），彼时船上人员已经所剩无几。

1841 年探险队队以失败告终。预期巨大贸易利润并未实现，之前给予探险队队巨大支持的贸易商失去了与尼日尔地区开展贸易的热情。福音传播者被冠以"埃克塞特大厅恶魔"（devils of Exeter Hall）之称，遭受了文学批评家和商业政客猛烈的抨击。

尼日尔探险虽然失败了，但却打开了圣公会在西非的传教局面。1841 年尼日尔探险使英国传教士们意识到培养当地牧师的重要性，在尚恩写给圣公

45 K. Onwuka Dike, *Origins of the Niger Mission 1841-1891*, Ibadan: Published for the C.M.S. Niger Mission by the Ibadan University Press, 1962.

46 *Journals of the Rev. James Frederick Schön and Mr. Samuel Crowther, who with the Sanction of Her Majesty's Government, accompanied the Expedition up the Niger in 1841, in behalf of the Church Missionary Society*, London: Hatchard and Son, 1842, pp.3-4.

47 K. Onwuka Dike, *Origins of the Niger Mission 1841-1891*, Ibadan: Published for the C.M.S. Niger Mission by the Ibadan University Press, 1962.

会的尼日尔探险队的报告中，他一再强调为了避免欧洲传教士在西非因地理环境和疾病无谓牺牲，需要充分利用当地人向同胞传播福音。约鲁巴人塞缪尔·克劳瑟因在尼日尔探险队中表现出的强韧品格和卓越能力，赢得尚恩青睐，他向圣公会建议派遣克劳瑟去英国学习、按立为牧师。

尼日尔传教团的活动是英国"四 C"政策的一次实践。传教团开展贸易、传教、文明化等活动，不仅在尼日尔河流域传播福音、建立示范农场、与当地统治者签署贸易条约，也让非洲本土传教士如克劳瑟等对英国政治有了直接了解，为日后教会进入西非内陆传教和英国政府的进入奠定了基础。

综上所述，"塞拉利昂回归者"定居约鲁巴与尼日尔传教团的尼日尔河探险，为英国人了解约鲁巴兰情况提供了宝贵的经验，为日后英国殖民约鲁巴兰铺垫。更直接的影响是新教差会得以进入约鲁巴兰。卫斯理传教会于 1842 年抵达阿贝奥库塔，四年后，1846 年，圣公会传教团正式在约鲁巴兰开基。他们对待约鲁巴兰首领们的友好态度和所宣传的道义，是这些首领们接受英国统治的基础。首领们大多数对基督教及其教义一无所知，传教士们向他们传播和平福音、谴责族际战争和奴隶贸易，他们向约鲁巴兰的许多统治者宣传英国强大的政治经济军事实力，如果埃格巴、伊巴丹和埃基蒂等洲与英国建立友好联系，将会大大增强其实力。因此，传教士们是前殖民时代英国得以在约鲁巴兰产生影响的得力开路者，是推动约鲁巴兰进入英国视野、英国进入约鲁巴兰视野中间人。

第二节　基督教在香港和约鲁巴兰的初期建设

一、基督教在英国殖民统治初期（1841-1862）[48]的活动

英国占领香港的主要目的是为了加强英国在中国和远东的战略地位，香港只是这一宏大战略计划的一个据点。直到 1860 年代，在"殖民文书目录"（Colonial Office List）上仍澄明："香港的属性更多的是一个被我们委任的贸

---

48 这里采用香港史专家塞耶（Geoffrey Robley Sayer）在其两部香港研究奠基之作中提出的历史分期：即 1841-1862 年为香港的诞生、青少年和即将成年时期，1862-1919 年为香港谨慎的年代。（参见：Geoffrey Robley Sayer, *Hong Kong 1841-1862, Birth, Adolescence and Coming of Age*; *Hong Kong 1862-1919, Years of Discretion*, London: Oxford University Press, 1937.）

易基地，而不是殖民地。"[49]这就决定了港英政府的政策核心：不着力于殖民，而是以外交、军事和商业为主要导向。[50]所以，殖民初期港督把对华交涉作为首要任务。传教士因通晓中文、了解中国文化，担任香港总督或政府官员中文翻译，处理文件和华洋事务。因此，基督教与新成立的殖民政府关系紧密。传教士和基督徒以翻译和教育者身份参与殖民政府政治生活。如港英政府还未正式成立时，伦敦会马礼逊之子马儒翰担任中文秘书和翻译，负责翻译港英政府初创时期的重要文书，原崇真会后隶属英国圣公会欧德理（Ernst John Eitel）牧师担任港督中文秘书。许多官员和士兵也是基督徒。从殖民初期香港人口的构成（如下表:）来看[51]，

年　份	华　人	所占比重	非华裔	所占比重	总人口
1841	7450	100%	0	0.0%	7450
1845	22860	96.0%	957	4.0%	23817
1851	31463	95.4%	1520	4.6%	32983
1852	35517	95.8%	1541	4.2%	37058
1854	54072	97.1%	1643	2.9%	55715
1855	70651	97.3%	1956	2.7%	72607
1857	75683	98.2%	1411	1.8%	77094
1859	85280	98.1%	1661	1.9%	86941
1860	92441	97.4%	2476	2.6%	94917
1861	116335	97.5%	2986	2.5%	119231

95%以上的人口都是华人，是一个以华人为主的社会，但港英政府里懂汉语的人屈指可数。当 1854 年英国全权贸易代表团（Superintendent of Trade）迁至上海后，在香港西人群体除了传教士之外，竟无一人同时掌握汉语书面语和口语。[52]

---

49 E. J. Eitel, "Chinese Studies and Official Interpretation in the Colony of Hong Kong", *The China Review, or Notes & Queries on the Far East*, Vol. 6, No. 1, 1877, p. 2.（英国殖民地部文件，Great Britain Colonial Office, Hong Kong, 20th July, 1882. CO129/202, p. 137.）

50 Charles Collins, *Public Administration in Hong Kong*, London & New York: Royal Institute of International Affairs, 1952, p.47.

51 根据 *Historical and Statistical Abstract of the Colony of Hong Kong, 1841-1930* 整理而成。

52 E. J. Eitel, "Chinese Studies and Official Interpretation in the Colony of Hong Kong", *The China Review, or Notes & Queries on the Far East*, Vol. 6, No. 1, 1877, p. 5.

　　因此，在港英政府殖民初期，教育系统一直由教会把持，而这也是得到港督认可的。1847 年 3 月 13 日，英国驻华商务监督德庇时（John Francis Davis）给英国殖民部的信件中写道："倘若这些学校将来能够完全由受过新教的传教士所熏陶的基督徒担任教员，那就可以使得把本岛原有居民归信基督教得到最合理的展望了。"[53]1852 年，港英政府总督任命圣公会维多利亚教区主教施美夫（George Smith）为香港教育委员会（The Board of Education）主席、基督教徒奚礼尔（Hillier）担任副主席、圣公会柯达尔牧师（Rev. M. C. Odell）为委员，负责香港教育事业。1860 年，理雅各牧师担任港英政府教育咨询委员会，提出教育改革计划，建议成立中央书院，积极推动香港世俗教育事业。

　　此外，基督教新教积极著书和翻译经典，取得了突出成绩。自 1843 年至 1860 年，基督教新教在香港出版了 60 种西学书籍，与宗教相关书籍有 37 种，占 61.7%；科学相关书籍有 23 种，占 38.3%。与五大通商口岸相比，香港出版西学书籍总数仅此于上海。传教士在香港开展《圣经》翻译和出版工作，1850 年，在英国圣经公会资助下，委办本《马可福音》《马太福音》《路加福音》《约翰福音》相继由香港英华书院印刷发行，1853-1854 年《新约》和《旧约》翻译相继完成并在香港出版发行。成为中文版《圣经》翻译本的标杆，并为其它译本和各地区方言译本奠定了扎实基础。传教士还出版了大量的汉语、粤语和其它方言学习教材和词典，为来华西人汉语的教学提供了教材和教学指导。

　　除了提升其在香港的"软实力"，基督教也积极参与到港英政府的基础建设中。教会买地建楼，不仅作为教会所在地供基督徒居住，也是办公场所，还是校舍，有时也收留来华的英国军官和商人。

　　综上所述，自香港开埠至 1860 年，基督教会、传教士和基督徒活跃于香港政治、社会、文化和教育等各方面，为英国殖民管治活动做出了一定铺垫。参与了英国对香港殖民活动之中，包括：政治事件、机构设立、官员选拔和培训考核，出版大量西书和汉学研究书籍，推动了港英政府的初期建设和以香港为"基地"的中西文化交流。

---

53 阮柔：《香港教育——香港教育制度之史的研究》，香港进步教育出版社，1948 年
　　6 月，第 38 页。

二、传教士干涉约鲁巴内部战争和地方政治（1841-1861）[54]

19 世纪 40 年代，旧奥约帝国灭亡带来的统治真空时间，促使约鲁巴兰政治进入新进程。对内，伊巴丹（Ibadan）多次尝试建立地区霸权，约鲁巴其它各州对此作出不同程度的回应。约鲁巴兰战事不断。正如亲历战争的浸信会传教士所言："重建约鲁巴帝国，重现约鲁巴兰昔日辉煌，是战争爆发的根本原因。"[55]伊巴丹的计划很明确：虽拥有旧奥约帝国传统的烙印，约鲁巴兰是一个拥有不同社会特征的群体，伊巴丹希望建立横跨热带稀树草原和森林地区的"帝国"。这是约鲁巴政权第一次提出这样的政治理念。[56]对外，约鲁巴兰政治积极响应禁止奴隶贸易，1851 年英国占领拉各斯，实行十年的领事统治，沉重打击了约鲁巴兰奴隶贸易，1861 年英国吞并拉各斯彻底结束了约鲁巴兰奴隶贸易活动。[57]约鲁巴兰内外政治状况给了传教士机会。欧洲传教士与约鲁巴族传教士联手，通过美化约鲁巴兰一些地区吸引英国注意，又以与英国建立联系会对本民族利益大为有利为诱饵干涉地方政治。以最先与英国建立联系的阿贝奥库塔埃格巴（Egba）州为例，1842 年和 1846 年，英国卫斯理循道会和圣公会先后在埃格巴（Egba）建立传教据点。圣公会传教士亨利·汤森（Henry Townsend）联合圣公会约鲁巴族传教士克劳瑟在埃格巴大肆宣扬英国会保证埃格巴的真正利益。为了使英国对埃格巴状况满意，他们在递交给英国政府的报告中，通常用"埃格巴人民善良友好，却常受邻近从事奴隶贸易的城邦欺侮。埃格巴人民憎恨奴隶贸易，因此希望与英国建立联系，借以取缔令人深恶痛绝的奴隶贸易活动"等说辞来美化埃格巴。在传教士笔下，埃格巴人被描绘成"热衷基督教，渴望与英国建立合法贸易"的形象。[58]虽然在传教士进入初期，阿贝奥库塔有一些人民反对埃格巴与英国建立联系，但传教士斡旋于英国政府与埃格巴当权者之间，埃格巴当权者逐渐相信从埃格巴利益出发，势必要与英国建立联系。圣公会档案中存有一份克劳瑟的记述："阿贝奥库塔是约鲁巴兰

---

54 对基督教在约鲁巴兰的初期建设的分期依据为：1841 年尼日尔探险队和尼日尔传教团进入约鲁巴兰传播福音，1861 年拉各斯被英国吞并正式成为英国殖民地。

55 J. F. Ade Ajayi and Robert Smith, *Yoruba Warfare in the Nineteenth Century*, Cambridge University Press, 1964, pp.124-125.

56 J. D. Y. Peel, *Religious Encounter and the Making of the Yoruba*, Indiana: Indiana University Press, p. 35.

57 参看：R. S.Smith, *The Lagos Consulate, 1851-1861*, London: The Macmillan Press, 1978.

58 E.A. Ayandele, *Nigerian Historical Studies*, London: Taylor & Francis e-Library, 2005, p. 16.

唯一愿意接受英国管理的地区，他们应允禁止奴隶贸易，从事合法贸易。阿贝奥库塔当权者甚至向英国领事表明达到这一目标的最佳方式。正因为此，阿贝奥库塔已经成为那些贸易贸易城邦或地区的公敌。虽然可能还有其它原因，但与英国建立联系、接受基督教、削减和禁止奴隶贸易是阿贝奥库塔遭受达荷美（Dahomey）王国以及奴隶贸易集团攻击的核心原因。"[59]从这位约鲁巴族传教士的记述中，我们可以看出：在传教士影响下，阿贝奥库塔执政者对英国政府和政策的迎合。实际上，他们寄希望英国结束达荷美长期的侵扰。对于传教士来说，他们希望干涉埃格巴人同达荷美的对抗，巩固基督教在阿贝奥库塔的地位。传教士的努力和阿贝奥库塔的迎合赢得了英国政府的支持，本国那些支持传教士的人坚信，英国政府会帮助其打败所有从事奴隶贸易的对手（包括：拉各斯、巴达格里、伊杰布、波多诺伏、达荷美等），在埃格巴完成代表"基督教"（Christianity）、"贸易"（Commerce）和"文明"（Civilization）的英国任务。[60]因此，当埃格巴面临达荷美王国征服以及奴隶贩卖利益集团的镇压时，圣公会借助英国政府的影响力，为埃格巴赢得了道义支持和后勤支援，迫使强大的达荷美军队撤离。[61]这在当时，实际上是基督教传教团与阿贝奥库塔当权者的双赢，巩固了阿贝奥库塔的经济地位，其天然良港拉各斯的贸易地位凸显，促成了其日后西非贸易中转港地位；基督教与传教士赢得了当地民心，成功进入了约鲁巴内陆城市，也为其它国家传教团进入西非内陆奠定基础，美国南浸信会传教会（Southern American Baptist Mission of the United States）于 1850 年进入约鲁巴地区。

1851 年英国占领拉各斯后，于 1852 年 1 月 1 日与拉各斯国王阿基托耶（Akitoye）及酋长们签署条约，内容包括：禁止奴隶贸易、开展合法贸易以及允许并保护基督教的传播。其中第八条规定：（1）在拉各斯国王及其附庸地区酋长管辖的领土内，不论国籍民族，全面保护传教士或福音传播者牧师们的利益，保护其传播基督教知识和教义、推广文明成果；（2）允许并鼓励传教士们或牧师们布道事工，允许其建立私人住宅、校舍和教堂。不得阻挠或干扰他们向当地愿意或渴望了解基督教的居民传播基督教义；当地居民享有信奉基督

59　CA 2/031, "Samuel Ajayi Crowther, Journal Entry for 5 March 1851", Church Missionaciety Archives, London.

60　E.A. Ayandele, *Nigerian Historical Studies*, London: Taylor & Francis e-Library, 2005, p. 16.

61　J. F. Ade Ajayi, *Christian Missions in Nigeria 1841-1891: The Making of a New élite*, London: Longmans, 1965, pp. 71-73.

教、学习基督教义和参加宗教活动的自由，国王和酋长不得干涉或阻挠。(3) 要求拉各斯国王和酋长在距主要城镇交通便利处，划拨一片土地作为基督教墓场，尊重基督徒的葬礼仪式等。[62]这样，传教士与英国政府紧密联系和相互配合，获得了在约鲁巴兰传教的制度保障和法律规约。

约鲁巴兰的传教士也积极参与到外事活动之中。1857 年美国尼日尔河谷探险团（The Niger Valley Exploring Party）非洲特派委员马丁·德拉尼（Martin Robinson Delany）到访阿贝奥库塔。12 月 23 日阿贝奥库塔卫斯理传教会神父爱德华·比克斯得（Edward Bickersteth）致信德拉尼邀请其参加于 26 日在卫斯理堂（Wesleyan Chapel）举行卫斯理教会大会。[63]1859 年 12 月 27 日德拉尼与阿贝奥库塔八位酋长签订条约，规定：允许美国享有在阿贝奥库塔任何地方与埃格巴人签订条约的优先权。作为回报，美国向阿贝奥库塔提供教育、科学知识、农业、机器等支持。这份条约由圣公会传教士塞缪尔·克劳瑟主教的见证完成。12 月 28 日晚，阿贝奥库塔国王与其行政长官们在阿克（Ake）宫召开会议，达成一致意见，批准实行这份条约。会议结束后，国王立即骑马飞奔克拉瑟主教家中，告知其会议结果。[64]传教士在约鲁巴兰的政治地位可见一斑。因为触及英国利益，受到阿贝奥库塔英国传教士的强烈反对，加之美国内战的爆发，这份条约很快就被废除。[65]可见，传教团对殖民宗主国利益的维护，基督教活动与英国政府的配合。

本章小结

基督教得以进入约鲁巴兰，是全球环境与区域政治生态交织的结果。废除奴隶贸易运动和贸易"合法化"推动基督教进入亚非国家和地区，实现其"教化"（civilising）目的。

---

62 "Engagement between Her Majesty the Queen of England and King and Chiefs of Lagos for the abolition of the Traffic in Slaves. Signed at Lagos on board H. M. S. 'Penelope' on the 1st day of January 1852.", War and Colonial Department and Colonial Office: Africa, Confidential Print: CO 879/35 No. 411, February, 1892, pp.357-358. 该条约内容详见附录三。

63 M. R. Delany, *Official Report of the Niger Valley Exploring Party*, New York: Thomas Hamilton, No.48 Beekman Street, 1861, p.34.

64 M. R. Delany, *Official Report of the Niger Valley Exploring Party*, p.35。

65 Henry Louis Gates Jr, Emmanuel K. Akyeampong eds., *Dictionary of African Biography*, Vol. 6, Oxford University Press, 2011. pp. 177-179.

自 1841 年英国占领香港岛后，以伦敦为总部的英国主要差会陆续进入香港，在香港开展基础设施建设，教会买地建楼，不仅作为教会所在地供基督徒居住，也是办公场所，还是校舍，有时也收留来华的英国军官和商人。精通中英双语、通晓中国文化的传教士为港英殖民政府担任翻译，充当东西方沟通桥梁，为港英政府的建立和发展奠定了坚实基础。自香港开埠至 1860 年间，基督教会、传教士和基督徒活跃于香港的政治、社会、文化和教育等各方面，参与英国在香港的政治、机构设立、官员选拔和培训考核等重要事务之中，出版大量西书和汉学研究书籍，实现了港英政府的初期建设目的，并达成以香港为"基地"的中西接触的目标。

自 1841 年尼日尔探险队和尼日尔传教团进入约鲁巴兰传播福音，至 1861 年拉各斯被英国吞并正式成为英国殖民地，基督教会在殖民地约鲁巴地区的建设中发挥了重要作用。英国废除奴隶制，禁止奴隶贸易，使获释的约鲁巴奴隶在塞拉利昂弗里敦接受了基督教福音和西方教育，他们参与英国组织的尼日尔传教团和尼日尔河探险，为英国人了解约鲁巴地区诸城邦和社会风俗提供了宝贵的经验，为日后英国殖民约鲁巴兰打下基础。更直接的影响是新教差会得以进入约鲁巴兰。卫斯理传教会、圣公会传教团先后在约鲁巴兰扎根。1841-1861 年，约鲁巴兰首领们大多数对基督教及其教义一无所知，传教士们向他们传播和平福音、谴责族际战争和奴隶贸易，宣传英国强大的政治经济军事实力。传教士带来的西方武器和西方思想，在殖民政府到来前已经对约鲁巴兰上层产生了一定影响。传教士们是前殖民时代英国得以在约鲁巴兰产生影响的得力开路者，是推动约鲁巴兰进入英国视野、英国进入约鲁巴兰视野的重要因素。

综上所述，香港成为基督教进入中国的基地，约鲁巴兰成为基督教进入西非内陆的试验基地，英国政府、传教士、商人、香港和约鲁巴民族等多方利益相互交织，构成了 19 世纪中叶至一战前大英帝国在全球殖民统治的政治、经济和文化生态状况。

第三章　英国殖民统治时期基督教与香港、约鲁巴兰的社会变迁

　　在全球史研究著述中，关于全球整合的历史分期大多认为是 16 世纪和 19 世纪晚期。[1]多数历史学家认为，到 19 世纪 80 年代，跨界交往加速推进，全球已经统合为一个整体。各地整合进具有全球同步性世界的进度和速度虽不尽相同，但到第一次世界大战爆发前夕，所有社会都被整合进来，世界经历了"再领域化（re-territorialization）"。[2]从香港和约鲁巴兰来看，在英国的殖民管治或殖民，在基督教的作用下，两地的全球化进程加剧。基督教会以及传教士进入香港和约鲁巴兰后，在两地传播福音，开展基础设施建设，将西方思想、技术先于殖民政府到来前传播给两地人民。为英国殖民活动奠定了扎实基础。19 世纪 60 年代后，基督教配合英国政府对这两处进行建设和改造活动。在英国政府和基督教影响下，这两地发生了巨大的变化，改变了其政治、经济、社会的原有发展走向。

第一节　基督教与香港和约鲁巴兰的政治发展

一、香港：翻译与代理人

　　1843 年 6 月 26 日，《南京条约》换文条约在香港举行。英国驻华商务监督

---

1 Anthony G. Hopkins, *Globalization in World History*, London: Pimlico, 2002, pp. 21-46.

2 [德]塞巴斯蒂安·康拉德著，杜宪兵译：《全球史是什么》，北京：中信出版集团，2018 年，第 81 页。

璞鼎查宣誓为香港总督。港英政府的主要统治方式是港督体制，意在香港实现所谓的"直辖殖民地"的政治管理模式。基督教对香港的政治发展体现在三方面：

（一）推动公务员选拔制度制定——"官学生"计划（Cadet scheme）和推动官方翻译制度的建立

港英政府公务员系统包括：管理人员、行政人员和神职人员。[3]欧德理牧师于 1877 年在《中国评论》上发表文章《"殖民地香港"的中国研究与官方翻译》指出："香港成为英国殖民地三十多年以来政府在行政、立法、司法等方面遇到的种种问题，核心在于语言和翻译上。"[4]由此可看出，这些在港的牧师已将香港视为英国的殖民地。在港英政府成立不久，总督就意识到要由少数的英籍人统治众多的华人，一些高级英籍官员必须通晓华语，以便官民能够沟通。但直到 1854 年，除了一些牧师或传教士通晓汉语或粤语，在香港的西人竟没有人同时掌握汉语口语和书面语。[5]而神职人员的主要任务是传播福音、劝诫中国人转变信仰、教化中国人。因此从 1860 年开始，港督罗便臣（Sir Hercules Robinson）在香港推行"官学生"计划，港英政府从英国高校毕业生中考选"官学生"（Cadet student）来港，接受两年华文训练，然后派充翻译官及其他重要公职。传教士们因其出色的汉语、粤语和英语能力，参与港英政府公职人员选拔过程中，为"官学生"考核出题和培训。

为了提高在港公职人员队伍的汉语水平和建立官方翻译制度，港英政府在基督教会的配合下成立了一个翻译部（Board of Interpretation），以便更好地沟通华洋意见。1880 年 7 月 27 日，欧德理牧师向港英政府递交了一份题为《香港薪金制度对中国人以及译员紧缺的影响》（*Report on the Hongkong Pension Scheme as affecting the Chinese, and the supply of Interpreters*）的报告，在该报告中，他指出翻译部自成立以来并非无所作为，但是需要采取措施加强翻译部的作用。他提出让波大也（James Dyer Ball）[6]担任最高法院的粤语译员，

3　H. J. Lethbridge, "Hong Kong Cadets, 1862-1941", *Journal of the Royal Asiatic Society Hong Kong Branch*, Vol. 10, 1970, p. 36.

4　E. J. Eitel, "Chinese Studies and Official Interpretation in the Colony of Hong Kong", *The China Review, or Notes & Queries on the Far East*, Vol. 6, No. 1, 1877, pp. 1-13.（后被收录至英国殖民地部文件中，Great Britain Colonial Office, Hong Kong, 20th July, 1882. CO129/202, pp. 136-198.）

5　E. J. Eitel, "Chinese Studies and Official Interpretation in the Colony of Hong Kong", *The China Review, or Notes & Queries on the Far East*, Vol. 6, No. 1, 1877, p.5.

6　波大也（James Dyer Ball, 1847-1919），英国汉学家，皇家亚洲文会荣誉会员，曾担

自己（欧德理牧师）担任港英政府的翻译和中文秘书，并提出建立口译局（Interpretation Department），制定官方翻译制度。港英政府同意考虑建立翻译局，但建立翻译制度的建议被驳回，以任命欧德理为港英政府口译和笔译委员会总指导即可以解决这个问题。然而，1882 年欧德理退休后，没有人可以胜任总指导一职。港英政府翻译境况并未得到改善，除了神职人员，懂汉语的英国人微乎其微，懂英语的中国人也罕见。[7]直到 1887 年，臬署翻译波大也因病休假无人可以顶替。这导致了港英政府开始重视欧德理的建议，重视外籍官员学习中文的成绩，设立考试委员会（Board of Examiners），又附设一个学习华文监督处，考核外籍官员的水平。

（二）基督徒担任港英政府重要职务

正如前文所述，港英政府公务员系统包括神职人员。因此，许多基督教徒在港英政府担任重要职务。以上述所提及侨居香港的英国汉学家波大也家族为例，波大也出生于一个基督教新教家庭，父亲波乃耶牧师（Rev. Dr Dyer Ball，1796-1866）是美部会来华医疗传教士。1841 年跟随裨治文（E. C. Bridgman）到澳门创办诊所，1843 年将澳门诊所迁往香港。1845 年波乃耶迁居广州传教。他在广州建立一所学校和一所诊疗所，还同时布道，印发一份颇受欢迎的中英文传道日历《华英和合通书》。母亲是苏格兰传教士伊莎贝拉·罗伯森（Isabella Robertson），跟随叔未士夫人（Mrs. Shuck）在广州创办了第一所基督教女校。根据波大也自述，他的父母是广州第一批和外国人群体分开住的当地中国人同住的外国人。为了更好了解中国和学习中国文化，他的母亲经常和女校的学生们一起吃、一起住，用中文进行交流。[8]

波大也在广州接受小学和中学教育后，先后投学于伦敦大学国王学院和

任《中国评论》（*The China Review*）、《中国之友》（*The Friend of China*）等杂志主编。出版了多本粤方言教材以及关于中国宗教、风俗等著作。波大也于 1847 年出生在广州一个基督教新教家庭。（参看：Government House, Hong Kong April 3rd 1900, CO 129 注：目前学界关于 James Dyer Bal 没有专门研究，连他的名字也混乱不清经常将其与其父亲 Rev. Dyer Ball 混淆，因此将父子两人都译为波乃耶。本书认为 James Dyer Ball 中文译名为波大也，依据为 1881 年 11 月 26 日《香港政府宪报》（*The Hongkong Government Gazette*）第 413 号公告。）

7 参看殖民地部文件："Report of a Committee appointed to enquire into the question of Interpretation in the Public Service.", HongKong, 13th, March, 1900, CO129/298, pp.329-330.

8 参看《教务杂志》上刊登的波大也悼念其母亲的文章 James Dyer Ball, "In Memoriam--Isabella Ball", *Chinese Recorder*, 1910, p.165.

利物浦大学学院。完成学业后，波大也来到香港，于 1874 年在香港中央书院担任教师。1875 年供职香港裁判司署（Chief Magistrates' Court，时华人称为巡理府），任辅副传供（Acting Assistant Interpreter）和书记员（clerk），1876 年通过香港市政厅粤语、客家语考试，1878 年担任港英政府最高法院（臬署）辅副传供。凭借着粤语和客家话的深厚功底，1881 年波大也取代 Rafael Arcanjo do Rozario 担任臬署一等副传供（First Acting interpreter），其后迁至臬署和香港海事法院正传供（Chinese interpreter）和主传供（Chief Interpreter）、政府治安官（Sheriff）、登记署署长（Registrar-General）。1900-1901 年担任《中国评论》（The China Review）主编。波大也在香港为英国政府服务达 35 年之久，1908 年因此获得帝国服务勋章（Imperial Service Order）。1909 年 1 月 25 日从香港最高法院翻译主任岗位上退休。1915-1917 年担任《中国之友》（The Friend of China）[9]主编。波大也在广州成长，从小就耳濡目染中国文化，为此后其汉学研究奠定了坚实的基础，在香港工作和生活四十余年。他的儿子安东尼·代耶尔·波尔（A. Dyer Ball）也在港英政府任职。

而波大也除了是政府官员，参与香港的教育和法制建设之外，他同时兼职香港多所座堂重要职务，并撰写香港教堂史，在《教务杂志》（the Chinese Recorder）上发表多篇赞美诗和译稿，积极参与香港基督教事业。根据《孖剌报行名录》（The Directory and Chronicle for China）记录：1889 年，波大也担任臬署传供，同时兼任教会书记员。[10]1892 年，波大也担任臬署传供，同时兼任雍仁会馆（Masonic Hall）书记、维多利亚教士会（Victoria Chapter）抄写员、维多利亚教堂和女修道院（Victoria Preceptory and Vic Priory）登记员。[11]1894 年，波大也担任臬署传供，兼任大石柱礼拜堂（Union Church）财产保管人、雍仁会馆书记、维多利亚教士会书记。[12]1896 年，担任臬署传供，被港英政府委任太平绅士（Justice of Peace），担任大石柱礼拜堂财产保管人、雍仁会馆秘书、维多利亚教士会抄写员、维多利亚教堂和女修道院登记员、共济会馆

9　《中国之友》（The Friend of China）是由英国反鸦片社团于 1875 年创立。

10　The Directory and Chronicle for China, Corea, Japan, The Philippines etc..for the Year 1889, Hong Kong: Daily Press Office, p.34, p.282, p.289.

11　The Directory and Chronicle for China, Corea, Japan, The Philippines etc..for the Year 1892, Hong Kong: Daily Press Office, p.222, pp.231-232.

12　The Directory and Chronicle for China, Corea, Japan, The Philippines etc..for the Year 1894, Hong Kong: Daily Press Office, p.221, p.230，pp.239-240.

（Eothen Mark Lodge）秘书等。[13]1902 年，担任负责沟通华洋事务的华民政务司署（China Affairs Office）署长、山顶会（Peak Club）委员。[14]1908 年担任臬署正传供，和《德臣西报》（*The China Mail*）主编梅利（G. Murray）共同担任大石柱礼拜堂财产保管人。[15]

　　港英政府官员中像波大也这样情况很多，既是政府官员，也参与到教会事业之中。基督教符号渗透于这些侨居香港的英国人身上，影响着香港的政治发展。

（三）培养港英政府管理阶层，提升管理者对中国的了解

　　传教士对港英政府政治的一大贡献就是培养港英政府的管理阶层，提高管理阶层的各方面水平。以《中国评论》（*The China Review, or notes & queries on the Far East*）为阵地，一些人将他们的学习心得著书立说，以便能够帮助其他外籍人士学习中国的语言和认识中国的文化，一些人将重要的西方经典文学翻译为中文。英国汉学家骆任廷（Stewart Lockhart）于 1885 年在香港组织了一个"中文阅读俱乐部"（Chinese Reading Club），在港的许多对中国语言文学感兴趣的传教士、官员等每周三在他的家里聚会，讨论中国语言、文学相关的问题。港英政府官员利用闲暇时间，参与这些俱乐部的活动，提升对中国的认知。上述所提及的政府官员基督教徒波大也是这个俱乐部的成员之一。[16]波大也后来关于中国文学的著作，也得益于这样每周一次的聚会和讨论。倡导民族学、人类学研究 19 世纪末，在港的汉学圈积极提倡对中国的民族、民俗进行研究。19 世纪中期，人类学在西方成为一个独立学科。侨居在港的汉学家们倡议加大对中国民俗民族的研究，《中国评论》的首任主编但尼士（N. B. Dennys）在《中国评论》开卷（1872 年第一卷）中刊登启事，号召远东西方侨民收集民俗学方面的材料："本刊的编辑正在准备一系列关于中国民俗研究的论文，如果居住在条约口岸的人们能够寻找出版物所不存在的相关事实并互

13　*The Directory and Chronicle for China, Corea, Japan, The Philippines etc..for the Year 1896*, Hong Kong: Daily Press Office, p.233, p.242, p. 248, pp.251-253, p.501.

14　*The Directory and Chronicle for China, Corea, Japan, The Philippines etc..for the Year 1902*, Hong Kong: Daily Press Office, p.379, p.403.

15　*The Directory and Chronicle for China, Corea, Japan, The Philippines etc..for the Year 1908*, Hong Kong: Daily Press Office, p.1001, p.1014, p.1442.

16　参看 Chan Man Sing, *The Translation of E. J. Eitel and Others: Translation in Hong Kong in the Nineteeth Century*, see Chan Sin-wai, *Translation in Hong Kong: Past, Present and Future*, The Chinese University Press, 2001, p.2.

相交流的话，对主编的研究工作而言是大有益处的。我们欢迎有关于日、月、年、幸运数字、咒语和巫术、新年礼仪、鬼神传说等方面的材料"，[17]但尼士的倡议发出后，在港的汉学家们发表了大量关于中国民俗的文章，波大也发表了关于中国神话的 8 篇译介文章。到了 1886 年，身为英国民俗学会成员的骆任廷再一次发出倡导，希望将中国民族研究纳入到世界研究体系中。"我们现在努力的目标是尽可能多地收集中国各地所特有的民俗材料，有助于形成一个链条从中演绎出中国民俗的一般特征。""中国的民俗之所以吸引人的注意，不仅仅是因为自身的内容，更重要的是其所包含的丰富资料在经过收集和鉴别之后对比较民俗学来说也是极具价值的。"[18]

对中国民俗的研究不只是为了更好地了解中国，更是为了传播基督教。如波大也继承其父亲波乃耶牧师未竟事业，在《中国评论》上发表了 9 篇文章，[19]对中国传统神话《神仙通鉴》、《玉皇上帝》等进行翻译和讲解，并使用比较神话学的研究方法，介绍中国的神仙、道家思想、八仙观音等，参考了大量的中文文献，比照卫三畏《中国总论》、湛约翰（John Chalmers）《道德经》译本等，探讨中国的宇宙观和人类起源观，力图寻求中国传统神话与基督教教义存在的共性，进而推动基督教在中国的发展。

综上所述，1841 年英国占领香港岛后，英国政府只是把香港作为商业贸易、积累财富的基地之一，并没有打算治理香港。港督作为最高权力的代表在行政和立法方面统辖香港，迈因纳斯（Norman Miners）曾把港英政治制度称为"早期帝国政治的活化石"，[20]因为港英政治制度 100 多年几乎保持不变。早期的港督如璞鼎查、德庇时、文翰（George Bonham）等大多都是出自东印度公司，同时兼任驻华全权代表和商务监督，他们或是基督徒，或是与传教士

17　参看：N. B. Dennys, "Chinese Folk-lore", *The China Review, or notes & queries on the Far East*, Vol. 1, No.2, 1872, p.138.

18　参看：Stewart Lockhart, "Contribution to the Folk-lore of China", *The China Review, or notes & queries on the Far East*, Vol.15, No. 1, 1886, p.38.

19　James Dyer Ball and the late Dyer Ball, "Scraps from Chinese Mythology. —A Chinese Notion of Cosmology and the Genesis of Man", *The China Review, or notes & queries on the Far East*, Vol. 9, No.4, 1881, pp.195-212; Vol. 11 No. 2, 1882, pp. 69-86; Vol. 11 No.4, 1883, pp.203-217; Vol. 11 No.5, 1883, pp. 282-297; Vol.11 No.6, 1883, pp. 382-390; Vol.12 No.3, 1883, pp.188-193; Vol. 12 No.4, 1884, pp. 324-331; Vol.12 No.5, 1884, pp. 402-407; Vol.13 No.2, 1884, pp.75-85.

20　[英]迈因纳斯著，伍修册等译：《香港的政府与政治》，上海翻译出版公司，1986 年，第 1 页。

联系紧密。因此基督教会与早期港督联系甚密，或是作为翻译，或是作为"中间人"沟通华洋事务。至第八任总督轩尼诗（John Pope Hennessy）上任前，华洋隔离和种族歧视是前任总督们的治理方针。而华人作为香港的主体，如何统治和管理一直是历任总督关切的问题。因此，在华洋隔离政策实施时，基督教会和基督教徒起着中间桥梁作用，他们以传播福音为名义，吸纳华人基督徒，与华人尤其是精英阶层多有接触，对推动港英政府政策的制定和实施作出了一定贡献。

二、约鲁巴兰：传教团作为政权存在

英国对约鲁巴兰的殖民统治基本上采取两种形式，一种是直接统治，由英国总督直接治理。直接统治主要存在于约鲁巴兰沿海城市，交通便利和湿润的气候会减少英国人力财力消耗；一种是间接统治，主要存在与于殖民前就已经拥有完备政治制度的约鲁巴内陆城市，英国与奥巴们签订条约，奥巴们承认英国的宗主权，将军事与外交权交给英国，但保留内部事务的管理权。这样可以减少英国政府无谓损耗。[21]而在英国对约鲁巴兰的殖民统治中，传教团作为一个特定政权而存在，它的影响虽有限，但很明确。传教团在文化和宗教领域对约鲁巴兰产生影响的前提是它们在约鲁巴兰原有政权中又建立了自己的政权。圣公会进入约鲁巴兰后，首要计划就是在最重要的城邦和王国（ilu）设立传教基地（stations）。因此，他们积极参与到约鲁巴兰地方政治事件之中。

1851 年传教士联合英国政府帮助埃格巴击败达荷美，废黜拉各斯国王科索科（Kosoko），助力阿基托耶（Akitoye）重返拉各斯王位。该事件引起了约鲁巴兰大部分地区统治者的注意，这些当权者开始意识到传教士的作用。他们开始主动向传教士示好，希望他们参与到各自城邦政治之中。1850 年代，传教士们经常收到约鲁巴兰内陆国王们的表达问候和示好的口信，[22]国王们有时

---

21 参看：卢加德《英属热带非洲的双重统治》第一章。（F. D. Lugrard, *The Dual Mandate in British Tropical Africa*, Edinburgh and London: William Blackwood & Sons Ltd. 1929.）

22 国王们有时会随口信附上"具有象征意义的信件"（àrokò）以示对传教士们的重视。最早有记录的"àrokò"是伊费（Ife）奥尼（Ọni，"国王"）1851 年在阿贝奥库塔送给汤森牧师的"具有象征意义的信件"，附二十颗非洲可拉果，特意表达自己深受埃格巴击败达荷美事件鼓舞。（参见：Henry Townsend, Journal entry for 24 April 1851.）

也会邀请传教士与他们一起吃住。[23]1853年,在科图(Ketu)国王盛情邀请下,克拉瑟答应与其同住一段时间。传教士们深知国王的意图,"他们(约鲁巴兰当权者)需要我们,不需要我们的宗教。他们因那些'塞拉利昂回归者'而需要我们,因为他们从这些有能力的回归者身上看到了他们开辟海上商路、寻求贸易、获得精良武器装备的可能性。"通过与国王建立亲密联系,圣公会传教团在当地建立基地的计划轻易实现。[24]而答应传教团在地方设立基地的国王们也很清楚传教团的性质,他们称这些传播白人宗教的人为"*Oyinbo*"(外来闯入者)。[25]当时的约鲁巴兰地方统治者面临两个困境:一是为持续的地区战争寻找同盟;二是希望提升地方文化水平。他们认为,传教士的到来正好可以解决这两个困境。更重要的是,他们可以通过传教士更好地了解西方观点。他们不仅需要同盟和技术,更需要了解殖民者们白人到1890年代,圣公会传教团在除殖民地拉各斯及其附庸地区之外的约鲁巴兰城市中,作为自治机构而存在,他们甚至对当地掌权者行使制裁权。[26]

综上所述,欧洲传教士与约鲁巴族传教士联手,通过美化约鲁巴兰一些地区吸引英国注意,又以与英国建立联系会对本民族利益大为有利为诱饵干涉约鲁巴兰地方政治。他们也充当和平调解人,劝解各州结束战争。在获得国王和酋长信任的地方,他们充当大使以及知识传播者的角色,教授当地执政者度量、算术和读写技能。[27]约鲁巴统治者之所以接受传教士前来传教,不是因为宗教因素,而是借助传教士和英国政府力量赢得约鲁巴兰内部战争或与其它民族战争,以及传教士可以帮助他们获取武器弹药;尼日尔河三角洲的首领接受传教士到达,是因为传教士充当"中间商",有利于当地商人与欧洲商人关系的改善,从而促进尼日尔三角洲的贸易发展。

---

23 1850年代,戈尔默(Charles Andrew Gollmer)牧师收到伊莱莎(Ilesha)奥瓦(Qwa,"国王")一封精致的"具有象征性意义的信件",该信除了表示希望建立友谊之外,还希望戈尔默派一名白人前往宫廷与奥瓦同吃住。(参见:Charles Henry Vidal Gollmer, *Charles Andrew Gollmer: His life and Missionary Labours in West Africa, compiled from his journals and the Church Missionary Society's Publications*, London: Hodder and Stoughton,1889, pp. 200-216.)

24 Church Missionary Society Archives, CA2/085, "Private: Henry Townsend to Henry Venn", 14 Nov. 1850.

25 在今天的约鲁巴语中,"oyinbo"统指"欧洲人"。

26 J. D. Y. Peel, *Religious Encounter and the Making of the Yoruba*, Indiana: Indiana University Press, p.123.

27 Church Missionary Society Archives, G3A3/1884/166, "Pratt to Crowther", September 9, 1884.

然而，对约鲁巴兰统治者而言，基督教传教士的真正吸引力在于对城邦或政权建立做出的贡献。他们领悟到了宗教在切断亲属、派系和家族关系从而建立更广泛依附的重要性。基督教将约鲁巴兰社会从传统的血缘社会变成现代社会。

第二节　基督教与香港和约鲁巴兰的经济变化

一、香港中转贸易港地位的确立

1841 年英国占领香港岛后，就宣布香港为自由港。自由港政策推动了港英政府着手建立海港城市、仓库、码头等，以适应贸易日益扩大的需要。传教士立即来港择址建屋，以满足来港英国商人基督教需要。鸦片战争期间，香港的英国洋行采取转口、包销、代理等方式成为"中国—英国—印度"三角贸易[28]的中间商。而这些洋行的英国经商者都是基督徒。港英政府初期，香港被卷入资本主义世界市场，迅速发展成为以从事转口贸易为主的主要商埠。1842-1848 年，停泊香港港口船只以英国最多，船只数量和吨位数量比排名次之的美国、西班牙、丹麦和法国总和都多，1842 年英国停泊香港船只 336 只，124357 吨；1843 年，停泊香港船只 439 只，163206 吨；1844 年，停泊香港船只 463 只，168187 吨；1845 年，停泊香港船只 513 只，173540 吨；1846 年，停泊香港船只 523 只，177114 吨；1847 年，停泊香港船只 499 只，164920 吨；1848 年，停泊香港船只 457 只，146681 吨。[29]大量传教士和基督教信徒跟随英国船只来港，大量商人成为基督教信徒，捐献资金支持基督教在香港的发展，基督教符号逐渐渗透到港英政府的每一寸土地。

鸦片战争以后，香港成为鸦片走私的唯一中心，英商在香港以经营鸦片和苦力为主要贸易，1845-1849 年，从印度运往中国的鸦片，大约有四分之三先贮藏在香港，后转运至中国沿海其它城市。1847 年，香港出口总值 226130 英镑，其中鸦片占 195625 英镑。香港成为"黑色贸易港"。[30]根据海关税务司赫

---

28 印度的棉花、鸦片出口到中国，中国的茶叶、白银出口到英国和印度，英国的工业品出口到中国。（参见：谭中：《英国—中国—印度三角贸易（1771-1840）》，载《中外关系史译丛》，上海译文出版社，1985 年，第 206 页。）

29 参见英国议会文书：British parliamentary papers, China 31, "Correspondence respecting the Opium War and Opium Trade in China, 1840-1885". Ireland: Irish University Press, 1971.

30 余绳武、刘存宽主编：《十九世纪的香港》，香港：麒麟书业有限公司，1994 年，第 228 页。

德（Robert Hart）1861 年报告，运往中国的鸦片"并非至通商各口，全系先至香港。……每月由香港有火轮船四五只，装载洋药至上海"，[31]而许多传教士成为鸦片贸易利益的保护者，他们参与鸦片贸易之中，因为会说中文，甚至有些成为"中间商"。

1860 年以后，港英政府实行自由贸易政策，香港依靠优越的地理位置、天然深水良港，在航运、制造业和金融有了发展，1867 年，进港帆船 20787只，1367702 吨；1898 年，进港帆船 29466 只，1814281 吨；1890 年，欧洲轮船 8219 艘，9771741 吨通过香港（因驳运雇佣帆船 46686 只，3572079 吨）。[32]而在香港的经济发展中，英国商人和商行垄断了香港的经济命脉，并且以香港为基地，联通上海，进军中国内地。这些英商大多都是基督徒，经营贸易的同时，也参与到基督教会事业中。如从事鸦片贸易四十多年的"怡和洋行"创始人英国商人威廉·渣甸（William Jardain）为基督徒。

1860 年代后，香港华人资本逐步壮大，他们利用香港相对稳定的政治和经济环境（内地当时正爆发战争），在香港创办进出口行，充分利用香港转口港的优势，开发中国江南和华北两条贸易线的同时，也经营南北半球进出口贸易。1861 年香港华资进出口行有 75 家，1870 年增至 113 家，1881 年增至 393家。[33]虽然华资在香港发展壮大，但 1880 年代前，香港华资并不是英商竞争者，甚至是合作者或附庸。为了贸易，他们与会说中文的基督徒打交道，捐助教会兴办医院、做慈善等，更有许多皈依基督教，成为信众。华商子女们进入基督教会学校接受教育，在港华商规模不断扩大。华商的崛起，使港英政府意识到作为香港主体的华人的重要性。港英政府与基督教会配合，培养"对大英帝国怀有友好感情"的新的上层华人。

到 19 世纪末，在香港英商和华商的努力下，加之基督教隐性配合，香港在中国进口来源地和出口市场中都占据第一，发展成为中国进出口贸易中心。1880 年中港贸易额占中国进口总额 37%、出口总额 21%；1885 年增至 40% 和24%；1890 年增至 55% 和 37%。[34]到 20 世纪初，进出香港船只和吨位剧增，

---

31 贾桢等主编：《筹办夷务始末》（咸丰朝）卷 79，北京：中华书局，1979 年，第 2933 页。
32 G. B. Endacott, *An Eastern Entrepot, A Collection of Documents Illustrating the History of Hong Kong.* 1965, p. 157, p.173.
33 参看：卢受采、卢冬青著：《香港经济史》（公元前约 4000-公元 2000 年），北京：人民出版社，2004 年，第 103 页。
34 参看：卢受采、卢冬青著：《香港经济史》（公元前约 4000-公元 2000 年），北京：人民出版社，2004 年，第 116 页。

从 1861 年的 1286 只，652187 吨，发展至 1913 年 21867 只，22939134 吨。[35]
发展成为亚洲重要的转口港之一。

二、约鲁巴兰海外贸易开展及拉各斯贸易中转港地位的确立

　　前殖民时代的西非劳动生产方式比通常认为的要多样、灵活和有效，因此，用"原始"和"现代"来区分殖民前和殖民后西非经济变化有失公允。英国殖民前，约鲁巴兰社会中最重要的经济单位是"户"（ile），这种以"户"为单位的经济与家庭[36]经济并不完全相同，它更利于应情况变化而调整规模和技术。大户可以拆分为更小的单位，不论任何规模的"户"可以调用其它"户"劳动力来应付需求高峰期。在农田播种和收割的高峰时期时，约鲁巴采用联合各户的"公社劳动"（communal labor）生产方式。[37]某种程度上的专门化和职业化分工在英国殖民前已经在约鲁巴兰初现端倪，开始区分季节性作物和其它作物，男女分工是约鲁巴兰生产方式的另一显著特征，16 世纪引进、18 世纪末在约鲁巴兰广泛种植的木薯使女性卷入到农业生产之中，但她们更多的是负责销售农产品，根据市场行情的变化制定市场制，逐渐打破村落范围的限制。[38]在这种联合各户公社劳动的生产方式之下，约鲁巴兰还发展了信贷体制——"约鲁巴埃苏苏"（Yoruba Esusú）。埃苏苏是一种将一部分人的资金集中起来用以货币援助的金融体制。[39]在机构主席的安排下，在固定时间（每周）、固定地点将固定钱数分配给固定的人。而总钱数由埃苏苏组员轮流保管。这确保了穷人在没钱的情况下也可以从事一些经营。[40]约鲁巴兰制定了法律规约埃苏苏体制，地方社会制定规则规约借贷种类和归还债务的细则，保障埃苏苏在

35　G. B. Endacott, *A History of Hong Kong*, Hong Kong: Oxford University Press, 1973, p.74, p.274-275, p.290.

36　关于约鲁巴族的"家庭"（familiy）关系涉及以下几个概念："ile"（户, household）、"idile"（父亲的家庭，受家族开创者管理）、"ẹbi"（来自同一家族的成员）。

37　A. G. Hopkins, *An Economic History of West Africa*, New York: Routledge, 2014, p. 21.

38　A. G. Hopkins, *An Economic History of West Africa*, p.21, 30, 31。

39　在《约鲁巴语词典》里，将"esusú"（也可作"esú"）解释为：用来资助人们金钱事项的团体。（参见：*Dictionary of the Yoruba Language*, Lagos: C. M. S. Bookshop, 1937, p. 72.）美国人类学家威廉·巴斯科姆则认为，埃苏苏与一般意义上的团体不同，因为他们不召开会议，成员之间互相不熟悉。即使机构主席也不全然了解组员。因此他倾向于将"esusú"理解为"货币"。（参看：William R. Bascom, "The *Esusu*, A Credit Institution of the Yoruba", *The Journal of the Royal Anthropological Institute of Great Britain and Ireland*, Vol. 82, No. 1, 1952, pp.63-69.）

40　Samuel Johson, *The History of the Yorubas*, Lagos: C. M. S. Bookshop, 1921, p.119.

约鲁巴兰的实施，推动约鲁巴兰经济发展。[41]

现在并无证据证明约鲁巴这种以"户"为经济单位的生产方式效率低下，反而从上述论证可以看出，约鲁巴兰在英国殖民前经济体制完善，因此这种生产方式具有极强的韧性，直至 20 世纪在西方资本主义的强烈冲击下也未消失，它也没有阻碍约鲁巴兰经济发展，相反成为了促进新作物出口和内部贸易发展的有活力的经济单位。

传教士们进入约鲁巴兰后，建立示范农场，大力发展种植园经济，最终以失败告终。究其原因，约鲁巴兰传统的以"户"为生产方式将劳动力视为固定消耗，而不是变量。[42]而种植园经济人力将成为一个变量。因此破坏了约鲁巴根深蒂固的生产方式。但是由于受到传教士的影响，约鲁巴兰的经济发生了如下改变：

第一，开启了棕榈作物的加工和海外出口。1861 年，英国吞并拉各斯并建立领事馆后，英国政府以更好商业利益为由，直接操控约鲁巴兰的经济发展，棕榈油成为英国政府、更主要的是传教士们所希望取代奴隶贸易的主要产品。因为棕榈油是制作蜡烛和肥皂的主要原材料，也可以作为机器的润滑油。棕榈油和棕榈仁成为 19 世纪后半叶约鲁巴兰的主要出口产品。1860-1900 年，从拉各斯出口海外的棕榈油平均每年 50000 吨。[43]仅 1892 年，约鲁巴兰就有 1500 万棵棕榈树待加工用于出口海外。[44]1886-1890 年，从拉各斯出口海外的棕榈仁平均每年 37000 吨。[45]1880-1900 年，棕榈油和棕榈仁占据拉各斯出口总额 80%，成为拉各斯财政收入主要来源。[46]但是对于约鲁巴兰而言，棕榈油的影响是极为矛盾的，一方面因劳动力需求的激增，而现实情况无法提供这么多自由人，棕榈油激化了约鲁巴兰内部矛盾、引发了战事；另一方面用棕榈油换取枪支弹药成为约鲁巴兰政治经济最主要的特征。伊巴丹因此成为约鲁巴兰内部主要生产棕榈油地区，因为它是约鲁巴兰主要军事力量，对武器的需求大。但伊巴丹位于内陆，很难打进沿海地区，棕榈油的出口势必会促使沿海商

41 A. G. Hopkins, "A Report on the Yoruba", *Journal of the Historical Society of Nigeria*, Vol. 5, 1969, pp. 90-92.

42 James R. Millar, "A Reformulation of A. V. Chayanov's Theory of the Peasant Farm Economy", *Economic Development and Cultural Change*, Vol. 18, 1970, pp. 219-229.

43 A. G. Hopkins, *An Economic History of West Africa*, New York: Routledge, 2014, p. 128.

44 Royal Botanic Gardens, *Kew Bulletin*, 1892, p.208.

45 A. G. Hopkins, *An Economic History of West Africa*, New York: Routledge, 2014, p. 128.

46 A. G. Hopkins, *An Economic History of West Africa*, p. 141。

路的开辟。它的沿海竞争对手阿贝奥库塔和伊杰布发现这会严重影响拉各斯殖民地的财政收入，撼动拉各斯在约鲁巴兰的经济地位，因此，必须要发动战争，切断约鲁巴兰内陆和沿海贸易路线。[47]这造成了 19 世纪下半叶约鲁巴兰沿海帝国主义桥头堡拉各斯殖民地与约鲁巴兰内陆帝国力量伊巴丹长期的拉锯战。[48]

　　第二，传教士们使信徒们对欧洲商品、新作物和经济作物的生产有了认识和了解，约鲁巴兰引进了甘蔗、可可等作物种植，可可后来发展成为约鲁巴兰出口主导产品。[49]而基督教用这种促进经济发展方式吸引了一批信众，扩大了自己的影响。如传教士里克特（Reverent Ricketts）牧师在伊杰布种植了大片可可作物，并建立了咖啡农场，埃基蒂州的农民们在这里接受了基督教并学会了读和写。[50]在传教士们的宣传下，约鲁巴兰也开始大量向英国和欧洲其它国家进口商品，一部分的着装和生活方式逐渐欧化。除此之外，基督教传播了新的木工、砖瓦工和印刷技术，推动了一部分创办小型企业。由传统方式向现代方式转变。

　　第三，基督教会在约鲁巴兰发展海外进出口贸易，引进新作物和欧洲生产方式，间接地推动了约鲁巴兰交通运输（港口、公路和铁路）和通讯服务（电报和邮政）的现代化进程。为了更好地对原材料进行加工，将产地与港口连接起来，1907-1911 年拉各斯—卡诺铁路线修建，贯穿尼日利亚南北。此后为了便于运输锡矿石、煤等原材料，拉各斯—乔斯路线、拉各斯—埃努古等铁路线建立，由于这些铁路线的终点都在拉各斯，也进一步推动了拉各斯港口的发展。此后，多条与西非其它国家的铁路路线被开发，不仅实现了尼日利亚南北互联互通，更是形成了西非铁路网络，巩固了尼日利亚在西非的重要地位。交通运输业的发展，推动了通讯业务业的发展，为了开展贸易，约鲁巴兰内陆城市需要与拉各斯港口建立联系，电报和邮政业得以发展。[51]

47　从伊巴丹直达拉各斯的商路称为"雷默走廊"（Remo Corridor）。

48　参看：J. D. Y. Peel, *Religious Encounter and the Making of the Yoruba*, Indiana: Indiana University Press, p.35；A. G. Hopkins, *An Economic History of West Africa*, New York: Routledge, 2014, p. 135-48.

49　[美]托因·法洛拉著、沐涛译：《尼日利亚史》，上海：东方出版中心，2015 年，第 43 页。

50　Gbade Aladeojebi, *History of Yorubaland*, Africa: Partridge, 2016, p.100.

51　参见：[美]托因·法洛拉著、沐涛译：《尼日利亚史》，上海：东方出版中心，2015 年，第 72 页。

第四，传教士在英国政府和欧洲贸易商受阻时，积极建言献策。1875 年进出口市场仍仅限于约鲁巴兰几个沿海城市，在当时政治体制下，成本也无法降低，从 19 世纪末至 20 世纪初，拉各斯等地进出口贸易量（即：所谓的"合法"贸易）虽巨大，但获利微弱，而这些城市发现无法回到 18 世纪末至 19 世纪中叶的贸易方式（即：奴隶贸易）。贸易萧条加深了非洲本土生产商与欧洲公司之间的隔阂，欧洲公司制订贸易条约，一再压低本土生产商的原材料价格，而本土生产商希望提高利润，这导致二者之前的非暴力商业关系结束。皇家尼日尔公司（Royal Niger Company）企图放弃约鲁巴兰沿海城市批发商，进入内地用低价购买出口谷物。这激起了沿海城市的不满，皇家尼日尔公司遭到攻击。1880 年代，约鲁巴兰一度关闭出口市场，故意不提供原材料供应；1886-1887 年，伊策基里（Itsekiri）抬高棕榈油出口价。这些措施都是为了逼迫欧洲商人接受非洲供应商的条约。19 世纪末随着加特林机枪（Gatling gun）和马克沁机关枪（Maxim gun）的发明，欧洲商人再也不畏惧约鲁巴兰供应商的威胁。于是他们要求武力解决与非洲供应商之间的矛盾，获得了殖民政府的支持。殖民政府计划采取激进措施提高进出口贸易，增加关税收入，保障自己利益。传教士们从贸易发展和非洲基督教发展二者之间关系出发，秉持一贯思想，极力敦促殖民地政府采取积极政策，改善贸易现状。传教士们的意见在 19 世纪末非常重要，殖民地政府最终听取传教士意见，放弃激进方式，和平解决了与本地供应商之间的矛盾。[52]

第五，约鲁巴兰本土贸易与海外贸易的发展，也推动了拉各斯港口的发展，并最终奠定西非贸易中转港的地位。而这正是传教士们步步为营与英国政府配合的结果。

1842 年，英国黄金海岸总督乔治·麦克利恩（George Maclean）和卫斯理会传教士托马斯·伯奇·弗里曼（Thomas Birch Freeman），建议在阿克拉（Accra）和拉各斯之间建立若干兵站，以此禁止拉各斯港口的奴隶贸易活动。英国传教士和商人依靠埃格巴人同达荷美的对抗，来巩固自己在阿贝奥库塔的经济地位。而拉各斯港作为阿贝奥库塔的天然港，成为英国禁止西非奴隶贸易的关键，这在英国巨商托马斯·赫顿（Thomas Horton）的报告中有所体现："要迫使（达荷美国王）停止（奴隶）贸易，只有一件事还没有做，那就是占领拉各

---

52 参见：A. G. Hopkins, *An Economic History of West Africa*, New York: Routledge, 2014, pp. 154-156.

斯……"[53]1851 年，英国海军入侵拉各斯港，成为该港口的权力中心。1861 年，拉各斯王多西莫（Docemo）同意将拉各斯割让给英国、并同巴达格里酋长签订条约，支持阿贝奥库塔的英国商人和传教士发展"合法贸易"和禁止奴隶贸易的想法。这样拉各斯港逐渐发展成为进出口贸易港。[54]

拉各斯港的发展，也刺激了其腹地的生产能力。城镇生产非洲本地产品的需求和能动性大大提高。以拉各斯埃津林（Ejirin）市场 1892 年一份所售非洲产品名录为例：[55]

食　品	原材料	牲　畜	制造品
阿撒拉果（Asala nut，即：核桃）	棉花	公牛	葫芦
大豆	靛青	鸭	棉布
芝麻籽	棕榈仁	山羊	罐子
葫芦籽（*Egusi* seeds）	钾碱	珍珠鸡	肥皂
谷粉		马	纱线
野豆		鸽子	
洋槐籽		绵羊	
玉米		火鸡	
秋葵			
棕榈油			
胡椒			
牛油果			
薯蓣			
山药粉			

1892 年埃津林市场销售 31 种非洲产品，在这些产品中，棕榈油和棕榈仁为主要的海外出口产品。因为拉各斯港口的发展，非洲内部市场也因此打开，非洲本土产品的需求增加，推动了非洲乡镇村落的发展。至 19 世纪末，拉各斯港成为西非贸易中转港。

---

53 参见：[美]罗伯特·罗特伯格著，上海电影译制厂翻译组译，《热带非洲政治史》（下册），上海人民出版社，1977 年，第 473-474 页。

54 参见：[美]罗伯特·罗特伯格著，上海电影译制厂翻译组译，《热带非洲政治史》（下册）第 475-476 页。

55 参见英国殖民地部文件：Great Britain Public Office, C.O. 147/86, 4 Oct. 1892.

第三节　基督教与香港和约鲁巴兰的社会公共服务建设

一、香港社会公共服务建设

（一）建立教堂

1843 年伦敦会刚迁入香港，就购入下市场第 191 号，建立了第一所以华人为传教对象的教堂。随后买下了伦敦会香港总部旁大楼，新建西人联合教堂（Union Chapel），希望借此联合在香港不同背景差会的基督教徒，加强西人和华人信众的联系，打破当时"华洋分离"的局面。伦敦会随后在黄泥涌、赤柱等地设立布道所，发展基督教事业。

1843 年圣公会派遣士丹顿牧师到港担任"殖民地牧师"，筹划建立圣约翰座堂（St. John's Cathedral）和圣保罗书院（St. Paul's College）。[56]1849 年，花园道圣公会圣约翰座堂落成。1850 年亚厘毕道香港圣公会会督府落成。[57]1863 年，施美夫主教按立罗心源为香港首位华人会吏，并开始在他的管辖区内修筑教堂。1865 年，圣士提反堂（St. Stephen's Church）在西角（West Point）[58]开基，这是圣公会第一间华人牧区，圣公会正式进入华人社区传播福音。圣士提反堂自开基至 1914 年历任牧者：华伦牧师（Charles Warren, 1864-1868）、皮柏牧师（John Piper, 1866-1870）、贺真信牧师（A. B. Hutchinson, 1871-1879）、龚地牧师（John Grundy, 1878-1882）、何思梯牧师（John Ost, 1881-1888）、邝日修牧师（1884-1904）、霍静山牧师（1904-1918）。1871 年，圣公会在西角成立了圣彼得堂（St. Peter's Church），牧养英国海军心灵。1883 年在山顶设立山

56　第一批英国圣公会教徒来华，主要为东印度公司职员及随船的教士。他们于 1810 年代到达澳门，定居并布道。1842 年香港岛被英国殖民统治后，在士丹顿到任前，他们在香港已经有建造一座教堂的计划。

57　根据香港圣公会档案馆展出的会督府最初的土地契约，落款日期为 1850 年 4 月 19 日，地产包括：下亚厘毕道 1 号、18 号，上亚厘毕道 1 号、2 号、3 号。

58　香港圣公会圣士提反堂官方介绍只提及该堂于 1865 年在香港西区（原在荷里活道）开基（可参阅其官网），在季理斐《新教来华百年史（1807-1907）》中提到了圣士提反堂位于"West Point"（见 D. MacGillivray, *A Century of Protestant Missions in China (1807-1907): Being the Centenary Conference Historical Volume*, Shanghai: Printed at the American Presbyterian Mission Press, 1907, p.39），这个地名在香港已经消失，1845 年海军上尉柯林森绘制的《香港测量地图（包括：香港岛、九龙、南丫岛）》中第一次标记"West Point"，位于香港岛西区，大约今皇后大道和薄扶林道交界处。19 世纪西角曾是英国军营所在地。参看：香港政府档案馆藏 Hong Kong Public Records Office, WO 78/5333, MA002905, "Hong Kong From Ordinance Map Surveyed by Lieut Collinson, R. E." (Hong Kong; Kowloon; Lamma Island)

顶堂。九龙岛被割让给英国后，英国人陆续搬至九龙，在九龙的英国人日趋增多，英国圣公会意识到在九龙设立教堂的必要性，19世纪末，圣公会在九龙区陆续开堂布道。1890年，经多方筹措，圣三一座堂（Holy Trinity）在九龙旧城落成，成为圣公会在九龙区历史最悠久的圣堂。[59]1891年，何约翰牧师（Rev. John Brown Ost）在油麻地开设诸圣堂（All Saints）讲堂。[60]1904年，受保罗·遮打爵士（Sir Catchich Paul Chater）捐赠35000港币，圣安德烈堂（St. Andrew's Church）于罗便臣道（今弥敦道）及柯士甸道附近开工，1906年落成。教堂的陆续建立，促成了九龙教区的成立，圣公会的传教范围自香港岛向九龙半岛扩大。到1905年，圣公会在香港共有754名教众，其中693位受洗（包括350名基督教圣餐领受者和6名慕道者），为教堂工作共捐献2016.38美元。[61]

虽然圣公会教会在殖民初期由"殖民地部"（Colonial Office）管辖，但实际上，港英政府于1892年颁布的政策表明圣约翰座堂及维多利亚教区"不受政府资助"（disestablished and dis-endowed）。[62]因此，虽然教会在教育和社会服务工作方面仍继续受惠于政府资助，但除了诸圣堂，其他教堂都是完全"自养"模式。[63]

相比伦敦会和圣公会在香港建立教堂的顺利而言，英国循道会在香港建立教堂的情况一再受阻，一直无法找到合适的礼拜堂。1884年，循道会在香港建立了循道卫理联合教会香港堂。至1907年前，循道会还没有找到合适地

59 关于圣公会在香港设立座堂情况，本书根据香港圣公会档案馆历史简介、季理斐《新教来华百年史（1807-1907）》、丁新豹和卢淑樱所著《非我族裔：战前香港的外籍族群》整理而成。（参见：D. MacGillivray, *A Century of Protestant Missions in China (1807-1907): Being the Centenary Conference Historical Volume*, Shanghai: Printed at the American Presbyterian Mission Press, 1907, p.39.丁新豹、卢淑樱著：《非我族裔：战前香港的外籍族群》，香港：三联书店（香港）有限公司，2014年，第23-25页。）

60 诸圣堂开设之初位于油麻地今佐敦道官立小学附近，1894年迁往榕树头侧，1903年在弥敦道建立圣堂，1928诸圣堂座堂在白布街正式落成。

61 D. MacGillivray, *A Century of Protestant Missions in China (1807-1907): Being the Centenary Conference Historical Volume*, Shanghai: Printed at the American Presbyterian Mission Press, 1907, p.39.

62 参见:〈香港圣公会——浅谈早期来华的香港圣公会历史〉，香港华人基督教联会：《基督教周报》（第2622期），2014年11月23日。

63 D. MacGillivray, *A Century of Protestant Missions in China (1807-1907): Being the Centenary Conference Historical Volume*, Shanghai: Printed at the American Presbyterian Mission Press, 1907, p.39.

块建立座堂，便租了中国人的一间房用来作为临时教堂，满足 55 名会众日常礼拜需求。1907 年，循道会在香港拥有第一位本土传道师。

英国三大教会（伦敦会、圣公会和循道会）到 20 世纪初发展情况如下：

1. 伦敦会（L.M.S.）[64]

（1）开基时间：1843 年；

（2）传教士：男 4 名，女 5 名；

（3）本地代理人：正式按立牧师 0 人，布道者 5 人，基督教讲师男 10 人、女 10 人，圣经女学者 10 人；

（4）教会成员：300 人；

（5）本地信徒：320 人；

（6）主日学：2 所，学者：62 人；

（7）书院：男童：10 所、学者 597 人、学费：£56.0s.0d.，[65]女童：10 所，学习者 395 人、学费：£22.10s.0d.

（8）当地捐献：£192.3s.9d.

2. 圣公会（C.M.S）[66]

（1）本土神职人员：2 人；

（2）讲师：男性：20 人、女性：28 人；

（3）受洗基督徒：693 人；

（4）基督教慕道者：61 人；

（5）基督教圣餐领受者：350 人；

（6）受洗：成人：73 人、儿童：73 人；

（7）书院：20 所，招收男童：479 人、女童：480 人；

（8）捐赠：2016.38 美元

---

64 根据季理斐 1905 年调查数据整理，参见："Statistics of L.M.S. in China. 1905", D. MacGillivray, *A Century of Protestant Missions in China (1807-1907): Being the Centenary Conference Historical Volume*, Shanghai: Printed at the American Presbyterian Mission Press, 1907, p.19.

65 这里使用的是旧英镑（£s.d.）货币单位，£s.d.是拉丁语 libra、solidus、denarius 的缩写，表示英镑（pound）、先令（shilling）和便士（penny）。

66 根据季理斐 1906 年调查数据整理，参见："Statistics of C.M.S. South China Mission. 1906", D. MacGillivray, *A Century of Protestant Missions in China (1807-1907): Being the Centenary Conference Historical Volume*, Shanghai: Printed at the American Presbyterian Mission Press, 1907, p.19.

3. 循道会（W. M. S）[67]

（1）礼拜堂：1 间；

（2）华人布道场所：1 处；

（3）按立和拟按立传教士：英籍：2 名，华人：无；

（4）华人牧师：2 名；

（5）地方代理人：有偿：走读学校 7 名华人教师；无偿：4 名主日学英籍教师、6 名英籍地方传道者、8 名华人地方传道者；

（6）会众：正式会员：英籍 70 名、华人 57 名；考察期会员：英籍 5 名、华人 2 名；

（7）主日学：1 所，学习者 30 人——为英籍人士创办；

（8）走读学校：5 所，学习者 177 人——为华人创办

香港自开埠至 1914 年一战前，各教会座堂发展情况如下表：[68]

序号	堂　名	所属差会	成立时间	说　明
1	皇后道浸信会	浸信会	1842 年	叔未士牧师由澳门来港创办
2	街市浸信会	浸信会	1843 年	罗孝全牧师由澳门来港创办
3	西人联合教堂	伦敦会	1845 年	1865 年发展成为香港愉宁堂（也译"佑宁堂"）
4	圣约翰堂	圣公会	1849 年	史丹顿牧师创办，又称大礼拜堂
5	长洲浸信会	浸信会	1860 年	粦为仁牧师创办
6	筲箕湾崇真堂	崇真会	1862 年	
7	中华基督教会合一堂香港堂	中华基督教会	1862 年	理雅各牧师创办
8	中华基督教会湾仔堂	中华基督教会	1863 年	理雅各牧师创办前身为福音堂
9	圣士提反堂	圣公会	1865 年	维多利亚新教区（1927 年自立）施美夫为首任主教

67 根据季理斐 1905 年调查数据整理，参见："Statistics of Canton District, W.M.S., 1906", D. MacGillivray, *A Century of Protestant Missions in China (1807-1907): Being the Centenary Conference Historical Volume*, Shanghai: Printed at the American Presbyterian Mission Press, 1907, p.103.

68 本表格根据刘粤声编《香港基督教会史》、李志刚著《香港基督教会史研究》整理而成。

10	崇真会救恩堂	崇真会	1867 年	
11	圣彼得堂	圣公会	1871 年	
12	中华基督教会公理堂	公理会	1883 年	
13	循道卫理联合教会香港堂	循道会	1884 年	
14	道济会堂	道济会	1884 年	香港第一所华人自立教会
15	中华基督教会元朗堂	中华基督教会	1889 年	
16	圣三一堂	圣公会	1890 年	
17	九龙城崇真堂	崇真会	1890 年	即土瓜湾崇真会
18	诸圣堂	圣公会	1891 年	
19	中华基督教会深爱堂		1892 年	
20	英人循道会	循道会	1893 年	为满足在港英国海军而建立，因此最初称为"循道会海军堂"
21	黄宜洲崇真堂	崇真会	1896 年	
22	深水埗崇真堂	崇真会	1897 年	
23	礼贤会香港堂	礼贤会	1898 年	
24	香港浸信会	礼贤会	1901 年	
25	中华基督教会圣光堂	中华基督教会	1901 年	
26	中国基督徒会堂		1903 年	由华人伍汉持发起建立
27	中华基督教会长洲堂	中华基督教会	1904 年	
28	中华基督教会完全堂	中华基督教会	1905 年	
29	香港仔浸信会	浸信会	1905 年	
30	粉岭崇谦堂		1905 年	
31	窝美崇真堂		1905 年	
32	圣安德烈堂	圣公会	1906 年	
33	中华基督教会大埔堂	中华基督教会	1907 年	
34	香港潮人生命堂		1911 年	为满足在香港的潮州人基督教生活而建立。由在港的潮州人基督徒林之纯等创办。

35	海面传道会		1911 年	华人何丽臣等创办
36	圣玛利亚堂	圣公会	1911 年	伦义华牧师创办
37	圣保罗堂	圣公会	1914 年	
38	便以利会油麻地堂		1914 年	

从上表可以看出，1814-1914 年，香港基督教的发展可以分为两个阶段：

（1）1841 年-1883 年，香港教会主要由西人传教士治理。西人和华人基督教活动分开。除了少数规模比较大的教堂（圣公会圣约翰堂和圣士提反堂、伦敦会西人愉宁堂等）供西人礼拜外，大多数教堂，规模非常小，作为华人礼拜和向华人传教场所。也有极少数华人传教和礼拜场所附设在西人教堂之内。教会主要由西人创办和管理，少数华人传教士参与到其中，但无法掌握实质性经济和行政权。这也体现了华人在 1880 年代前的港英政府中地位低下。自香港开埠至 1877 年以前，港英政府实行"英华隔离"政策，对华人实行种族歧视政策。1870 年代末，华商崛起，在香港经济中占据重要地位。1877 年轩尼诗（John Pope Hennessy）担任香港总督，推行提高华人地位的政策。[69]

（2）到 1880 年代，华人政治经济地位提高，促进了华人教会的发展。1883 年-1914 年，华人主动组织堂会，筹款建堂，1884 年荷里活道"道济会堂"（今香港合一堂）的建立，标志着香港基督教进入华人教会成立时期。随着 1898 年《展拓香港界址专条》的签订，英国在香港界域的扩大，教会扩展至北九龙和新界地区。华人教会多集中在上环和西营盘华人地区。1914 年，"香港基督教联会"成立，[70]不仅促进了华人教会的团结，也标志着华人教会开始走向自理的过程。

总体来看，英国圣公会在港建立的教堂最多，伦敦会其次。由此可见，香港基督教的发展伴随着英国殖民活动，并相互配合。

（二）建立教会医院

香港开埠初期，医疗设备不完善、卫生环境不尽如人意，英国占领香港后，

---

69 1881 年轩尼诗向立法局提出："香港的华人显然对英国商业利益极为重要，香港的很大一部分商业由华人经营，华人是香港最富有的商人，他们拥有大量财产，他们是香港的永久性居民，香港政府岁入的十分之九是靠华人出钱。"（参看：《轩尼诗关于人口调查和香港进展的报告》，1881 年 6 月 3 日，载《英国议会文书：1862-1881 年有关香港事务文件》第 726、728 页。转引自：余绳武、刘存宽主编：《十九世纪的香港》，香港：麒麟书业有限公司，1994 年，第 160 页。）

70 一战后，更名为"香港华人基督教联会"。

非战斗性人员损耗巨大。"驻港军人中，全年共有 7893 人次入院治疗，平均每年入院 5 次。患热病 4096 人次，患腹泻 762 人次，患痢疾 497 次……自从我们占领香港后，人员消耗惨重……"[71]因此，香港的医疗卫生事业亟需展开。对于基督教会而言，福音布道与医疗传教几乎同时展开。对于伦敦会而言，在医疗传教的努力上仅次于福音传播。在许多地方，医疗传教成效、传播范围明显高于布道工作，香港就是这样。来华传教士先驱雒魏林（William Lockhart）1843 年 6 月 1 日，在伦敦会大力资助下，广东和澳门医疗传道会[72]在伦敦会传教士合信（Hobson）的领导下，在香港湾仔摩利臣山上（今海军医院所在处）建立了香港第一所教会医院。[73]根据季理斐的调查，自 1843 年合信在香港建立的第一所医院至 1907 年，伦敦会在香港共建立了四所设备完善的医院，两所医治男病人，两所医治女病人。基督教会不仅创办医院治病救人，提高香港医疗水平。更创办教学医院，指导和训练华人西医服务能力。[74]

1887 年，伦敦传道会创办了香港华人西医书院（Hong Kong College of Medicine for Chinese），开启了香港西医教育。[75]它的创办动机是"将西方医学带进中国，减轻患者的痛苦，延长华人的寿命，改善中国的卫生，希望学生们改革中国的医疗服务，成为科学的先驱。"，"把香港造成为商业以外的科学中心及散播枢纽"[76]伦敦会在香港医疗建设上早期取得的成就是欧洲传教士努力的结果，但自 19 世纪 80 年代始，香港华人基督徒开始发挥重要作用，香港医疗建设上所取得的成果应是西人传教士与华人基督徒一起努力的结果。例如伦敦会传教士何福堂之子基督徒医生何启[77]爵士参与了香港华人西医书院成

---

71 *Hong Kong Annual Administration Reports*, 1844, p.7.

72 1838 年在彼得·帕克医生的努力下，医疗传道会在广东和澳门建立了传教站。

73 E. J. Eitel, *Europe in China: The History of Hongkong (from the beginning to the year 1882)*, Hongkong : Kelly & Walsh, ld. 1895, p. 191.

74 D. MacGillivray, *A Century of Protestant Missions in China (1807-1907): Being the Centenary Conference Historical Volume*, Shanghai: Printed at the American Presbyterian Mission Press, 1907, p.9.

75 1907 年更名为"香港西医书院"，1911 年香港大学成立，并入成为首个学院。

76 巴治安：《雅丽氏何妙龄那打素医院百周年纪念特刊》，第 20 页。转引自王庚武主编：《香港史新编》（下册），香港：三联出版社，1997 年，第 763 页。

77 何启于 1859 年 3 月 21 日生于香港，其父何福堂（何进善）是中国基督教第二位被按立的华人牧师（第一位是梁发）。何福堂是中国最早期基督徒之一，年少时进入由伦敦会传教士米怜博士（Dr. William Milne）在马六甲开设的英华书院攻读英文和神学。毕业后，随伦敦会传教士理雅各到香港传道。

立事宜，[78]并于西医书院成立同年，捐助兴建了教学医院"雅丽氏利济医院"（伦敦会也捐赠了一大笔钱），为西医书院的创办和发展做出了重要贡献。雅丽氏利济医院为西医书院输送优秀师资，并提供临床教学研究设施。西医书院培养了一大批优秀学生（孙中山是西医学院的首批学生之一），为香港的西医发展做出了巨大贡献。

1898 年，英国与清政府签订《展拓香港界址专条》，香港教会开始扩展到九龙和新界，有多所新教堂建立，英国在香港界域的扩充，无形中拓宽了教会传教的范围。基督教徒们对传播福音、创办医院不遗余力。根据侨居港英政府的英国汉学家波大也的统计，截止 1905 年，所有基督教差会在广东省（含香港）共建：医院 10 所、药房 4 所，外国医生共 21 名（男 11 名，女 7 名），本地医生共 9 名（男 4 名，女 5 名），住院病人 3127 名，门诊病人 74985 人，医生出诊 3058 次，外科手术 4667 例，共治愈 81170 病例。由 3 所医院和 2 所药房提供的数据来看，病人累计花费 8552.55 美元。[79]

而在所有差会中，又以伦敦会医疗传教团在香港贡献最为明显。以伦敦会医疗传教团 1904 年统计的数据为例，具有医疗资质的传教士有 3 名；建立医院（含麻风病医院）共 3 所，拥有 85 张医院床位；收治住院病人 864 人、门诊病人 14796 人；医生出诊此数 27785 次；建立诊所 1 间、辅助治疗机构 2 所；年收人 1482 英镑 17 先令 10 便士。[80]

此外，香港医疗传教团收治的住院病人和门诊病人数量远超过其它城市，同样以伦敦会 1904 年数据为例，香港共收治住院病人 864 人，而厦门 138 人、安徽 81 人、武昌 73 人、重庆 60 人、天津 160 人、北京 30 人；香港共收治门诊病人 14796 人，而厦门 4665 人、安徽 6140 人、汉口 6109 人、武昌 1708

78　1887 年 8 月 30 日，伦敦会召集了何启、万巴德（Patrick Manson）牧师、湛约翰（John Chalmers）牧师、杨威廉（William Young）牧师、康德黎（James Cantlie）牧师等组成评议组，商讨在香港开办华人西医学校事宜。

79　参见: James Dyer Ball, "Statistics of the Missions and their work in the Canton Province including Hongkong", *The Celestial and His Religious or The Religious Aspect in China: Being a Series of Lectures on the Religious of the Chinese*, Hongkong: Messrs. Kelly and Walsh, 1906, p.240.

80　根据季理斐 1904 年调查数据整理，参见: "Statistics of L.M.S. Medical Missions for the Year 1904", D. MacGillivray, *A Century of Protestant Missions in China (1807-1907): Being the Centenary Conference Historical Volume*, Shanghai: Printed at the American Presbyterian Mission Press, 1907, p.21.

人、杭州 4184 人、重庆 2648 人、天津 2323 人、北京 9926 人。[81]

综上所述，基督教在香港的布道事工和医疗建设中取得了丰硕的成果。汉学家波大也对基督教差会从香港开埠至 1905 年在广东省（含香港）传教成果进行了总结：

（1）布道工作：传教士居住的传道站共 34 处，传教士共 199 人（男 93 人，女 106 人），按立为牧师共 26 人，本土传道师 243 人，圣经女学者 80 人，有组织的教会 62 所，布道场所 260 处，受洗婴儿 267 人，受洗成人 3048 人，教众共 16663 人，主日学 34 所，主日学学生 2167 人，本地教堂捐献共 26661.28 美元。

（2）教育工作：建立神学院 4 所，学生 101 人；女子培训学校 3 所，学生 45 人；医学院 3 所，学生 45 人；男童寄宿学校 5 所，学生 419 人；女童寄宿学校 15 所，学生 515 人。共建立 125 所学校，拥有学生 3482 人，学费总计 3436 美元。

（3）医疗工作：见上文。

（4）印刷品销售情况：卖宗教书籍小贩 52 人；销售流通版《圣经》645 本；销售《新约》和《旧约》8857 本；派发福音宣传册和传单共计 232373 张；销售印装书共 251879 本。销售收入共计 2471.69 美元[82]。

除了上述所提及建立教堂、布道传播福音、提高香港医疗环境之外，各差会也积极投入到香港社会慈善事业之中。以圣公会为例，19 世纪中期至 20 世纪初，英国圣公会的传教士在香港不仅建立中、小学校，兴办私学，传授西方科学、艺术和医疗知识，推动香港的平民教育和妇女教育。传教士和基督徒亦成为社会福利事工及慈惠事工的先驱者，其中包括为弱势群体创办学校、为老弱者开办收容所及提供免费医疗。[83]华人基督徒在其中也逐渐承担重要的角色。西人传教士与华人基督徒联合起来，设法解决一些重要社会问题，如禁止吸食鸦片、反对蓄奴、反对一夫多妻制、提高妇女地位等。

---

81 D. MacGillivray, *A Century of Protestant Missions in China (1807-1907): Being the Centenary Conference Historical Volume*, p.21。

82 参见：James Dyer Ball, "Statistics of the Missions and their work in the Canton Province including Hongkong", *The Celestial and His Religious or The Religious Aspect in China: Being a Series of Lectures on the Religious of the Chinese*, Hongkong: Messrs. Kelly and Walsh, 1906, p.240.

83 参看王庚武主编：《香港史新编》（下册），香港：三联出版社，1997 年，第 754-766 页。

（三）港澳基督教联系

自 1841 年英国占领香港岛以来，新教差会陆续在香港建立教堂、开设医院。香港的发展速度远快于中国其它城市。中英《天津条约》签订后，来华传教士才可以深入内地布道传教及建立教堂。[84]19 世纪末，欧洲和基督教的影响几乎渗透到香港的各个方面，并且这种影响还在持续扩大。以波大也《中国人民风土事物记》（*Things Chinese, or Notes Connected with China*）[85]为例，1900 年版中涉及到香港的有 147 处，包括："农业""祖先崇拜""艺术""登高""亚洲文会中国支会""竹子""银行和纸币""植物""在国外的中国人""中国人""气候""货币""帝国海关""九龙""衣着""地震""教育""刺绣""中国人笔下的英文""礼节""混血儿""治外法权""爆竹和烟花""食物""在港的外国人""猜枚""水果""地质概况""风水""姜""客家人""历史""河洛人""昆虫""犹太教""人力车""百灵和其它鸣禽""法律""麻风病""灯塔""传教团""音乐""报纸和期刊""鸦片""瘟疫""邮政""赌博游戏""铁路""暴乱""奴隶""社团""秘密社团""邮票""戏院""老虎""计时""烟草和烟斗""贸易""条约口岸""台风""牛痘和预防接种""书写""动物"。而 1904/1906 版中有 207 处，增加了 60 处："杏仁""娱乐活动""蜜蜂""人口出生""肉食主义""在国外的汉语教授""蕨类植物""青蛙""地理""政府""杀婴罪""翠

---

84 一八五八年六月二十六日（咸丰八年五月十六日）中英《天津条约》第八款规定：耶稣圣教暨天主教原係为善之道，待人如己。自后凡有传授学者，一体保护，其安份无过，中国官吏不得刻待禁阻。第十一款：……至于听便居住、赁房、买屋、租地起造礼拜堂、医院、坟莹等事，并另有取益防损诸节，悉照巴通商五口无异。（参见：王铁崖主编：《中外旧约章汇编》（第一册），北京：三联书店，1982 年，第 97-98 页。）

85 波大也搜集中国各地引人入胜的民俗资料，出版了百科全书式的《中国风土人民事物记》（*Things Chinese*）。因此他对澳门民俗的研究主要集中在该书中，该书共有五版七本：
第一版：1892 年由 London:Sampson Low, Marston 和别发洋行（Kelly&Walsh）联合发行，共有 419 页+index(xiii)，没有中文书名；
第二版：1893 年由 London:Sampson Low, Marston 和别发洋行联合发行，共有 497 页+index(xiv)，没有中文书名。在第一版的基础上扩展了 78 页，增加了 19 个词条；
第三版：1900 年由 London:Sampson Low, Marston 和别发洋行联合发行，共有 666 页+index(xxv)，没有中文书名。在第二版的基础上扩展了 169 页，增加了 19 个词条；
第四版：共有三本，体例、页数、内容完全一致：
（1）1903 年本：由别发洋行发行，共有 775 页+index（26 页）+glossary（5 页），出现中文书名《中国风土人民事物记》；
（2）1904 年本：由 New York:Charles Scribner's Sons 发行，页数内容同 1903 年本；
（3）1906 年本：组约 Charles Scribner's Sons 公司对 1904 年本重印；
第五版是波大也去世之后，1925 年倭讷（Werner）修订由别发洋行出版发行。

鸟""红树""蚊子""帕西人""风扇""蛇""鹬""土地制度"等。

在《中国人民风土事物记》序言里，波大也指出，基督教正在对中国产生重要影响，这种影响是持久和深远的。中国只有基督教化（Christianization）和文明化（Civilization）才能继续发展。英国强租香港新界，进一步扩大其殖民统治范围后，激发了人民的抗英斗争和强烈的排外情绪。中外关系非常紧张，在华的外国人遭到强烈的排斥，并且这种情绪在沿海口岸蔓延。1904 年10 月，波大也考察了香港、西江、澳门沿线中国人对外国人的态度，用其亲身考察告知在华或即将来华的西人中国正在进步、政策逐渐开放以及对待外国人日渐友好的趋势，他选择文明化程度较高的香港、澳门为例，希望借此消除西人对中国的误解，更希望基督教思想和西方文明能够继续在中国推行。此外，港澳往来日益频繁，"在一份中国自己做的人口统计中，在香港的澳门人有 10000 人左右。"[86]航运业进一步发展，多条运输航线的开发和运营使得港澳联系更加便利，推动了波大也对澳门基督教的研究。19 世纪末，澳门交通基础设施得到发展，多条航线的开辟沟通了珠江三角洲的广州、澳门和香港。波大也在《澳门：圣城——东方宝石》中介绍道，当时有多条线路沟通港澳：省港澳轮船公司（The Hongkong, Canton, and Macao Steamboat Co's. S.S.）[87]的"香山号"，每天下午 2 点从香港出发，次日早晨 7 点半或 8 点到达澳门。省港澳轮船公司的另一班次，每天清晨从澳门出发，次日到达广州；中国轮船招商局（The China Merchants' Steam Navigation Company）[88]也有一两艘船服务于同一航线，从澳门返回广州大约需要七八个小时；除了这些大型船只外，还有一艘小型观光旅游船往返于港澳，每天早晨 7 点从香港出发前往澳门，同一天再从澳门返回香港，留给游客一两个小时左右观光澳门。[89]波大也就经常选择省港澳轮船公司"香山"号往返于港澳之间，下午出发，次日返回。他对澳门基督教发展情况调研如下：

---

86 参看 James Dyer Ball, "The Höng Shán or Macao Dialect", *The China Review*, 1896, Vol.22, No.2.

87 省港澳轮船公司 1860 年由怡和洋行参与投资成立，加入香港、广州及澳门之间的航运。参看冯邦彦：《香港产业结构转型》，三联书店（香港）有限公司，香港浸会大学当代中国研究所，第 30 页。

88 中国轮船招商局 1873 年 1 月 17 日由李鸿章等人在上海成立，原名为"轮船招商公局"，1873 年 8 月 7 日改名为轮船招商总局，同年设天津、汉口、香港等 19 个分局。

89 参看 James Dyer Ball., *MACAO: The Holy City; The Gem of the Orient Earth.* Canton, The China Baptist Publication Society, 1905, pp.64-66.

1. 澳门教堂

他认为澳门是一个基督教化程度非常高的城市，基督教和天主教新建了主教座堂（大堂，The Cathedral Church）、圣老楞佐教堂（St Lawrence Church）、圣安多尼教堂（San Antonio Church）、圣若瑟教堂（St Joseph Church）、卑拿圣堂（西望洋母圣堂，Hermitage of Penha）、马礼逊教堂（The English Church）等堂。而这种基督教化过程完全由外国主导，中国人并未主动参与其中，而是被动接受。例如在介绍圣保禄大教堂时，他在最后一段特别说明"圣保禄大教堂完全由葡萄牙人和日本人所建，中国人并未参与其中。葡萄牙人也未雇佣中国人"，"中国人当时只被允许在附近兜售生活品"。[90]

2. 澳门教会医院

基督教会在澳门建立了军人医院（仁伯爵综合医院，Military Hospital (of San Janario)）、圣辣非医院（St. Rafio, or Civil Hospital）、疯麻院（The Leper Asylum）、仁慈堂（Santa Casa de Misericordia）等。由于受传教士所建的教会医院的影响，19 世纪末澳门、香港、上海等开始模仿西方教会医院建立本土医院，也开始建立一些慈善性团体，如在澳门建立了镜湖医院。但是这些本土医院都是由殖民宗主国掌权。澳门的中国本土医院受控于葡萄牙，由葡萄牙人监管，葡萄牙人坚称只有在他们的管理下医院才能维持一种干净和有益的局面。葡籍医生会定期检查和记录医院状况。医生必须要有西方教育背景才可以入职。不可否认的是，当时在西方教会医院的影响下，澳门的中国医院在医疗条件、医疗技术、卫生状况都有着明显的进步。[91]

3. 教会学校

19 世纪末澳门的教育被教会垄断，主要目的是培养中国本土牧师，当时在澳门最有名的当属圣若瑟教堂神学院。神学院教授葡萄牙语和拉丁语语法、算术、修辞学、哲学和神学等，有时也会教一些汉语、英语和法语。波大也对圣若瑟教堂神学院给予了很高的评价，他认为神学院不仅为立志成为牧师的中国年轻人提供了全面学习神学的机会，也为那些没钱读书的孩子提供了学习机会，他们不仅有机会学习纯正的葡萄牙语，自身品味也能得到提升，心灵

---

90 参看 James Dyer Ball., *MACAO: The Holy City; The Gem of the Orient Earth*.p. 20.

91 参看 James Dyer Ball., *MACAO: The Holy City; The Gem of the Orient Earth*. Canton, The China Baptist Publication Society, 1905, p.36; *The Chinese at Home or the Man of Tong and His Land*. London, The Religious Tract Society, 1911, p.358.

能得到净化。[92]波大也根据其所见，对圣若瑟神学院的教学情况进行了细致描写：

> 圣若瑟教堂神学院有许多教室和空旷的走廊。学院有两层，并且还有一个地下室。作者几年前来这里的时候，这里有 75 个男孩子，他们将要被培养成为牧师，其中 33 个是中国人，其余的都是葡萄牙人。学院有两间宿舍归葡籍孩子，每间有 25 张床，他们每人可以单独拥有一张床；有一间宿舍供中国孩子住。[93]

他对澳门教会学校的描写都是赞扬性语言。不可否认，当时澳门的教会学校确实为教育普及作出了贡献。但波大也同时也指出了在澳门，由于教育被教会垄断，以宗教教育为主要目标，而在技术教育方面很薄弱，造成了 19 世纪末 20 世纪初澳门的教育和科技的落后，而香港的发展速度和水平远胜于澳门，因此许多澳门学生甚至去香港求学。

波大也选取澳门与宗教相关的事物描写，包括教堂、教会医院、教会学校等。一方面是其多次亲身游历所感，想向西方人介绍这座充满宗教色彩的东方瑰宝圣城。他的研究目的是为了展现澳门这座城市在中西文化碰撞之下的发展变化，而这种变化是文明化过程，是在西方的统治和管理下完成的。而 19 世纪末 20 世纪初在葡萄牙的领导下的澳门，很多方面都远远落后于香港，但依旧比中国大陆发达得多。因此，当他回到香港后，他加强了对基督教的宣传工作，召开多场讲座，希望吸纳更多的教众加入。他认为基督教进入中国，是一场"西方性"（occidentalism）和"东方性"（orientalism）的相遇。基督教创办的医院、学校和慈善机构都是"基督教在华工作的副产品"（by-products of Christian work in China），它们不仅参与救治中国病人，推动中国医疗、教育的进步，也参与中国妇女解放、反鸦片等活动，西方文明和基督教新教对港澳的发展产生了积极影响，这些影响是直接的，但也是潜移默化的和深远的。这是其站在殖民国立场上得出的结论。基督教会在香港展开医疗卫生事业的初衷是减少英国军人、传教士等在内的非战斗性损耗，是对英国殖民活动的一种配合，但客观上推动了香港的医疗卫生事业，尤其是随着基督教会的发展，华人基督徒地位提高后，对香港的推动作用更为明显。

92 参看：James Dyer Ball., *MACAO: The Holy City; The Gem of the Orient Earth.* Canton: The China Baptist Publication Society, 1905, p. 23.
93 James Dyer Ball., *MACAO: The Holy City; The Gem of the Orient Earth*, p. 23.

二、约鲁巴兰社会公共服务建设

（一）建立教堂

而 19 世纪末的约鲁巴地区虽然教堂、教会学校和教会医院的发展速度并不如香港，但还是有显著发展。英国圣公会自 1806 年向塞拉利昂等约鲁巴地区派遣传教团起，便在弗里敦创办了教堂和弗拉湾学院，初衷是为了培训非洲籍教士，利于深入非洲腹地传播福音。弗拉湾学院的创办改变了许多非洲籍教士的思想，他们开始转变为"文化西化论"的倡导者。以克劳瑟为例，他认为非洲社会不具备自主发展或进步的能力，只有在文明国家的善意帮助下才能摆脱贫穷和愚昧状态。从塞拉利昂回归和阿贝奥库塔的获释奴隶推进了约鲁巴兰传教事业。欧美新教团体陆续进入约鲁巴兰沿海城市和内陆。

1. 英国卫斯理循道会

1842 年英国卫斯理循道会在传教士詹姆斯·弗格森（James Ferguson）的推动下，在传教士托马斯·伯奇·弗里曼（Thomas Birch Freeman）的帮助下，[94]在阿贝奥库塔用竹叶建立了一座极具地方特色的小教堂，这也是循道会在尼日利亚的第一座教堂。教堂成立后不久，埃格巴一些知名人士就获得受洗，这其中包括埃格巴两位酋长以及创造了"非洲节奏"（Afrobeat）的费拉·库提的祖父兰塞姆·库提（Ransome Kuti）。这座教堂在随后的四十年中影响辐射至拉各斯、巴达格里等地。[95]在拉各斯地区，塞拉利昂回归者和约鲁巴基督徒建立了拉各斯教堂（Lagos），一度拥有固定崇拜者 500 多人，因教堂承载力有限，在拉各斯岛西南部奥洛沃博沃（Olowogbowo）第二座教堂落成。到 19 世纪末，循道会在拉各斯地区全面展开传教事业，在法吉（Faji）、埃布特·梅塔（Ebute Mẹta）、雅巴（Yaba）、奥格沃博沃、奥绍迪（Oshodi）、伊路（Iru）、阿哥格（Agege）、奥古都（Ogudu）等地建堂，几乎覆盖了拉各斯岛所有地区。[96]

---

94 汤姆斯·伯奇·弗里曼（1809-1890），被誉为英国卫斯理循道会在西非的先驱者，对加纳、达荷美、尼日利亚西部传教事业做出了重要贡献。1837 年 11 月在被按立为英国循道会牧师不久后，他就被派往黄金海岸（今加纳）传播福音，他在黄金海岸建立了许多教堂和传教据点。1841 年詹姆斯·弗格森定居巴达格里后，致信塞拉利昂弗里敦循道会牧师要求派遣传教士进入约鲁巴兰腹地，这些信传至循道会英国总部，因弗里曼在黄金海岸传教突出的成果，被要求协助循道会在阿贝奥库塔的传教士事业。（参见：Gbade Aladeojebi, *History of Yorubaland*, Africa: Partridge, 2016, pp.100-101.）

95 Gbade Aladeojebi, *History of Yorubaland*, Africa: Partridge, 2016, p.100.

96 Gbade Aladeojebi, *History of Yorubaland*, Africa: Partridge, 2016, p.100.

循道会在约鲁巴兰内陆城市也有所发展，1898 年伊莱莎奥瓦（国王）阿基莫克一世（Ajimokọ I）划拨皇宫附近的大片土地给循道会修建教堂（即今伊莱莎奥塔佩特循道会教堂（Methodist Church Ọtapẹtẹ）前身），并成为循道会主教所在地。

到 1900 年，循道会在约鲁巴兰共有 6 名全职传教士、15 名非洲籍牧师，新建了 46 座教堂，拥有 7000 余名信众。[97]

2. 英国圣公会

1841 年尼日尔远征后英国圣公会就计划进入约鲁巴兰传教，但因传教士健康问题，圣公会在阿贝奥库塔建立教堂计划失败。1846 年圣公会在阿贝奥库塔建立教堂。随后，塞缪尔·阿贾伊·克劳瑟牧师、亨利·汤森牧师和戈尔默牧师成立了英国圣公会约鲁巴兰传教会（CMS Yorùbá Mission），并于 1851 年在拉各斯传播福音，建立圣保罗面包树教堂（St. Paul's Church Breadfruit），教堂成立之初是用竹子搭成的简易棚舍，选址在面包树附近是为了纪念奴隶曾在面包树下集结被运往美洲。1869 年该教堂搬至新地点并于 1880 年正式落成。[98]1869 年，拉各斯基督堂座堂（Christ Church Cathedral of Lagos，也是拉各斯教区主教座堂）和圣约翰教堂（St. John's Parish）先后建立。[99]这几座教堂的共性为：（1）教会以纪念废除奴隶贸易为名建立；（2）建立之初教堂建筑风格具有约鲁巴兰地方特色，都是用竹子或茅草搭建，这样看上去与约鲁巴兰本土宗教场所并无不同，这也是圣公会适应政策的一种体现。至 19 世纪后半期，在圣公会的推动下，在弗拉湾学院非洲籍教士的努力下，巴达格里很快建立了教堂、学校和试验农场。[100]到 1880 年，圣公会相继在拉各斯、科图、阿多-奥多（Ado-Odo）、奥克-奥丹（Oke-Ọdan）、伊杰布等地设立了 11 个传教点。

除了在沿海城市开基建站外，圣公会也打开了约鲁巴内陆城市传教局面。19 世纪中期至一战前，伊巴丹因其历史悠久、政治制度完善、城市化程度高，成为基督教传教团争取的主要城市之一。圣公会传教士欣德拉夫妇（David

---

97 Gbade Aladeojebi, *History of Yorubaland*, Africa: Partridge, 2016, p.101.

98 参看圣保罗面包树教堂官方历史介绍：http://spcbreadfruit.org/history/

99 1867 年 3 月 29 日，教堂基石落成，两年后，教堂建造完毕。http://spcbreadfruit.org/history/ p.112.

100 参看：Church Missionary Society Archive: CA3/04/784, "Crowther to Parent Committee London", 1885; 张宏明：《塞缪尔·阿贾伊·克劳瑟的思想》，《国际政治论坛》（近代非洲思想经纬），2008 年 5 月。

Hinderer & Anna Hinderer）于 1853 年 5 月在伊巴丹建立了第一个圣公会传教点。根据阿金耶勒《伊巴丹历史》（*Ìwé Ìtán Ìbádàn*）记述，圣公会在伊巴丹的基督徒先驱们与当地居民关系非常和睦，给当地人留下了特别好的印象。[101]因此，圣公会在伊巴丹地区的发展非常顺利，基督教教堂陆续建立，不断有人皈依基督教。到 1859 年，库代提（Kudeti）有 135 人成为受洗基督徒，1854 年库代提第一所教堂建立。1868 年，圣彼得堂（St. Peter's church）在阿雷莫（Aremo）落成。次年，圣詹姆斯堂（St. James church）在奥贡帕（Ogunpa）建立。至 1899 年，这三所教堂共有 400 名基督教信徒，辐射范围包括：库代提附近地区、阿拉法拉（Alafara）、拉比兰（Labiran）、奥克奥法（Oke Ofa）和阿高迪（Agodi）等伊巴丹城镇。[102]虽然信众人数不多，但是基督教对伊巴丹开始产生影响。其一，少数信念感极强的基督教徒开始只和基督教徒交流，与"异教徒和伊斯兰教"隔离，族群的分化开始产生；其二，牧师们介入约鲁巴政治之中，他们的传道和其它活动为英国殖民者进入奠定了一定基础。

基督教虽然在阿贝奥库塔、拉各斯、伊巴丹、伊杰布-奥德（Ijebu-Ode）等约鲁巴兰大部分地区设立传教基地并建立教堂，取得了一定的成就，但同时也触犯了传教宗教和伊斯兰教的利益，如循道会在伊莱莎兴建教堂的那块地，原先是用于约鲁巴族传统宗教祭祀。因而基督教在约鲁巴兰受到伊斯兰教和传统宗教的强烈抵抗。虽然克劳瑟等约鲁巴族传教士一直寻找基督教与传统宗教之间的差异，但是约鲁巴族根深蒂固和历史悠久的传统宗教及崇拜仪式与基督教仪式矛盾。约鲁巴族有自己的崇拜仪式（Ìbà）和崇拜行为（júbà）。崇拜仪式（Ìbà）具有强大的神秘力量，神圣不可侵犯。约鲁巴人信条之一是：坚持崇拜，任何不可能的事都会变可能。因此，才会有日常谚语"b'ékòló bá júbà ilè, ilè a lanu."的存在。（意为：如果蚯蚓对大地心怀崇拜，坚硬如土地也会裂开。）这种崇拜仪式是约鲁巴传统文化的象征，囊括任何人、事、物、现象。以下为他们日常崇拜圣歌（chant）：[103]

---

101 参看：Kemi Morgan, *Akinyele's Outline of History of Ibadan*, Part III, Ibadan: Caxton, 1972.

102 Toyin Falola, *Ibadan: Foundation, Growth and Change, 1830-1960*, Ibadan: Bookcraft, 2012, p. 335.

103 关于 Ìbà 仪式，参见：Wándé Abimbólá, *Ifá: An Exposition of Ifá Literary Corpus*, Ibadan (Nigeria): Oxford University Press, 1976.

（1）对自然和超自然现象的崇拜

> Mo júbà akợdá.
>
> Mo júbà aṣẹdá.
>
> Mo júbà Ọlójó.
>
> Mo júbà Arẹ̀sà.
>
> Mo júbà ọ̀kànlénirinwó irúnmọlẹ̀——
>
> Tó ti ikòlé ọ̀run bò wá sí tayé.
>
> Mo júbà àwọn ìyáa mi òṣòròngà——
>
> Ajojú-jẹmú
>
> Ajẹ̀fun èèyàn má bì.

译文：我崇拜原初。

我崇拜造物者。

我崇拜拥有白昼的人。

我崇拜拥有潟湖的人。

我崇拜（约鲁巴）401 个神明——

他们从天而降，进入尘世。

我崇拜巫师的复仇者灵魂——

他们啮咬双目鼻子

他们吞噬人类灵魂。

（2）对人体构造的崇拜

> Mo júbà pẹ́lẹ̣bẹ̣.
>
> Mo júbà pẹ̀lẹ̀bẹ̣ ẹsẹ̣;
>
> Mo júbà àtẹ́ lẹsẹ̣
>
> T'ó d'orí kodò tí kò hurun.

译文：我崇拜双手；

我崇拜双脚；

我崇拜足底

它们亲吻大地，不沾尘埃。

（3）对任何人、任何事物的崇拜

> Mo júbà ọmọdé;
>
> Mo júbà àgbà;
>
> Mo júbà ọkùnrin,

Mo júbà obìnrin.

Ìyá arúgbó eléyín welemu.

Ìbàa re!

译文：我崇拜稚子；

　　　我崇拜老者；

　　　我崇拜男子；

　　　我崇拜女子；

　　　牙齿掉光的老妪，

　　　我崇拜您！

　　由此可见，约鲁巴人将崇拜仪式（ìbà）视作社交中重要的环节。如果没有践行这种崇拜礼仪，会被视作严重扰乱和亵渎神圣的文化秩序，受到严重的道德审判。在约鲁巴语口头文学中，描绘了不践行崇拜仪式会被视作离经叛道，将会受到严重惩罚。如下：

Ewúre wolé kò kágò

Ó di mímúso;

àgùntàn wolé kò kágò

Ó di mímúso.

àgbébò adìe tó bá wolé tí ò kágò

Omitooro níí se síni lénu

译文：山羊若进入羊圈前，不做崇拜仪式

　　　就将它牢牢拴在木桩上；

　　　绵羊若进入羊圈前，不做崇拜仪式

　　　就将它牢牢拴在木桩上。

　　　雄鸡若进入鸡圈前，不做崇拜仪式

　　　就将它变为盘中餐。

　　因此，当基督教堂在约鲁巴兰落成时，当"礼拜"成为日常宗教仪式时，受到拥有 400 多个神明的约鲁巴族人民顽强抵制。19 世纪中叶至 20 世纪初，约鲁巴兰基督教信众人数并不多，到 1921 年，阿贝奥库塔、伊巴丹和奥约的基督徒信众人数不足总人口的 10%，[104]但基督教皈依者多为上层人士和受过

---

104 Toyin Falola and Akintunde Akinyemi eds, *Encycolpedia of the Yoruba*, Indiana: Indiana University Press, 2016, p. 65.

西方教育的精英（elite），因此对约鲁巴兰的发展产生了深远影响。基督教的活动为英国殖民奠定基础，英国殖民进程的推进推动了基督教在约鲁巴兰的发展。二者相辅相成，紧密联系。

（二）建立教会医院

在约鲁巴兰，人们主要依靠草药和其它本土宗教方式治疗疾病。这导致在约鲁巴兰内陆城市的传教士只好托人从英国或自己回国时带来生存所需的衣物、药品（主要是奎宁）和饮用水。如果生病，大多也是返回英国治疗或休养。因此，对于传教团而言，在约鲁巴兰发展传教事业势在必行。19 世纪末，循道会要求伊莱莎国王阿基莫克一世提供一块土地用来修建医院。国王在旧城区划拨给循道会一块地，租金为每年一便士。循道会建立了一所小诊所，为医生夫妇建立了一所房子，因为缺乏资金支持，该诊所一直没有什么成就。直到1912 年，英国卫斯理行会（Wesley Guild Society）投入资金，这座小诊所发展成拉各斯卫斯理行会医院（The Wesley Guild Hospital），这也是一战前拉各斯甚至约鲁巴兰唯一的医院。[105]基督教西式医院在约鲁巴兰发展不顺，无法获得当地酋长或首领的支持，更没有病人前往就医，难以为继。这和约鲁巴人的生命观、宇宙观以及本土传统医疗有关。

1."泛灵论"对约鲁巴兰的影响

"泛灵论"（animism）一词源自拉丁语 "anima"（意为灵魂）。这个概念是由泰勒（Tylor）[《原始文化》（Primitive Culture）]发明的，用来叙述最早的宗教形式的特征。他将"泛灵论"定义为对居住在人、动物或其他生物、植物和物体上并支配它们存在的灵魂或超自然存在的一种信仰。泰勒假设，史前人类相信有两种存在住在身体中，一种是肉体灵魂——在白天活跃，另一种是双重或自由的灵魂——在入睡和昏睡时活跃。在更广泛的意义上，泛灵论意味着相信精神存在或灵魂的存在，一些与代表真实人格的身体相关，而另一些则与确定的身体没有必要的关系[参看：奥萨布泰-阿奎兹（Osaboutey-Aguedze）]。在通常的用法中，"泛灵论"一词包括贬低人口普查报告和其他文献将传统非洲人和世界其他土著人民归为劣等宗教的观念。泛灵论被广泛用于描述传统宗教，但这个词并不指代宗教本身。相反，泛灵论是非洲传统宗教的一个方面，这个词可用于对非洲传统信仰体系的实质性描述。

---

105 Gbade Aladeojebi, *History of Yorubaland*, Africa: Partridge, 2016, p.102.

在传统非洲社会的信仰体系中，泛灵论与上帝作为宇宙中存在的等级观念的一部分的这个信仰共存。这个等级规定了上帝高于一切存在。自由的非个人的灵魂居住在天空和地下或地球上，其中一些被视为上帝的后代或亲属。灵魂有时被视为较小的神灵，人们相信，灵魂自古以来就与至高无上的存在一起存在，或者，它们作为上帝的使者而被创造出来。地球和天空的每一团灵魂控制和影响明确的和限定的存在和活动的领域。灵魂从允许和限制它们的活动和权力的上帝那里，获得代理权。这些灵魂的诡计可能会影响世界的稳定以及人类和其他实体的福祉。在一些非洲文化中，自由灵魂居住在特定的自然现象中，作为地震、洪水、冰雹、日食和干旱等事件的超自然施动者。

祖灵在众生的等级制度中占有一席之地，作为道德的守护者和活人的保护者。这些个人的灵魂被认为具有暂时或永久随意居住在某些动物和物质事物中的能力。崇拜某些动物、树木或地理特征，将其作为文化上的英雄或祖先的化身在非洲传统文化中很常见。祖宅、墓地和圣骨盒被视为祖先的灵魂的居所，他们获得了适当的葬礼的礼遇。这些仪式安抚了灵魂，反过来又被要求帮助和保护灵魂免受灌木、森林或山脉中的邪恶势力的侵害。自由的和祖先的灵魂同样赋予了某些树林、水生生物、沟壑、瀑布、火山口或鬼怪生命，它们的力量在疾病和自然现象中被感知。每个自然现象和实体都有一种与生俱来的力量，驱使它对地球和整个人类福祉产生或好或坏的后果。从这个意义上说，宇宙是由神、灵魂、人类、有生命和无生命的元素组成的层级结构，这些元素直接相互关联并且总是相互影响（马格萨）。

包括人类在内的有形实体具有不可见的方面，这些方面受到他们与遍及宇宙的精神能力或力量的相互作用的影响。人类、动物、植物和无生命物体固有的生命、呼吸或力量从至高无上的存在流向这些实体，有时通过个人祖先的灵魂流向这些实体。除了所有动物、人类和植物的呼吸或生命力之外，非洲土著人认为这些实体是灵魂存在的潜在居所，可以随意或通过操纵进入实体。动植物享有上帝赋予人类的生命的基本力量，以食物和药物的形式传递。与增强或减少人类生命力的力量相关的特定树木、植物或动物受到崇敬。然而，灵魂存在并没有取代上帝的力量，宇宙中的所有力量都必须服从于他。

泛灵论似乎为传统非洲思想中的因果关系问题提供了答案。疾病和灾难被归咎于个人或非个人的精神活动。

因果关系被认为在各个方向流动，对宇宙的生命和稳定性产生或负面或正面的影响。与自然特征、植物和动物相关的灵魂可能是公共仪式和崇拜的对象，因为不这样做被认为会激怒灵魂从而使其拒绝提供保护和恩宠。大多数仪式是在神社和被认为是神灵的居所中进行的，并且是针对神灵和小神灵的，因为它们会影响人类的日常生活。栖息在湖泊、河流、山脉、雨、雷等地理特征和自然现象中的一些神灵赋予这些地貌和现象以神圣的特质，唤起人们的崇敬和关怀的仪式态度。

总的来说，泛灵论是传统非洲信仰体系的一个方面，它假设存在一系列与共同来源相关的精神存在。这带来了传统的宇宙学，其核心是关于不可观察的个人存在和非个人权力和力量的存在的观念系统，这些权力和力量的活动支撑着日常可见的世界中的事件。非洲信仰体系和思想中的泛灵论教义与对事件因果关系的解释的追求有关。隐藏的精神存在或力量被认为赋予了有生命和无生命的实体天生的意志、力量和个性，成为它们的动力基础。泛灵论方面并没有取代上帝作为宇宙中所有灵性存在和超自然现象的控制者和存在的基础。

2. 约鲁巴人对"健康"和"疾病"的认知

"健康"与"疾病"是约鲁巴哲学中两个相对命题。在约鲁巴神话中"命运"（àyànmọ́）主宰着人类的生存，命运有好有坏。因此，在约鲁巴信仰体系中，在人类跨过分隔"他世"（Òrun）与"此世"（Ayé）之门获得新生前，就已经拥有"命运"。在"他世"中人类获得忘记一切的"命运"，只有忘掉一切，才可以转换成"此世"的肉身。而在"此世"中，某人想要获得"他世"的命运，必须要通过占卜获得。经过训练的高级占卜师可以通过占卜帮助某人"见证命运"（Ẹlẹ́rìí ìpín）。这表明，在约鲁巴生命观中，一个人的健康与否早已由他的"命运"（àyànmọ́）而定。[106]"命运主宰说"影响着约鲁巴民族的生命观，命运可以通过占卜师这类群体被感知、甚至被干涉。因此，约鲁巴人认为疾病成因有四类：（1）来自宿敌（ọta）的迫害，包括：使用巫术（àjẹ́）和妖术（osó）；（2）来自奥丽莎神（òrìsà）或先祖（ẹborà）的惩罚；（3）没有理由的自然生病（àárè）；（4）家族遗传性疾病（àìsàn ìdílé）。[107]疾病是"精神与尘世之间失

---

106 参看：O. Morakinyo, "The Yoruba ayanmo myth and mental health care", *West Africa Journal of Cultures and Ideas*, Vol. 1 No.1, pp. 61-92; N. Payne, "Towards an emancipatory sociology: abandoning universality for the true indigenisation", *International Sociology*, Vol. 3, No. 2, 1992, pp.161-170.

107 参看：Ayodele Samuel Jegede, *The Yoruba Cultural Construction of Health and Illness*, Nordic Journal of African Studies, 11(3), 2002, pp. 322-335.

衡而造成生理与精神出现状况。这种失衡状态扰乱了预期的生命流动状态。因此，肉体与形而上学的互动成为了约鲁巴神学的核心。"[108]约鲁巴人坚信占卜术、灵魂附体、献祭、祭祀等方式可以打通"人"与"灵"的世界，他们用这些解决医疗和疾病问题。在约鲁巴人宇宙观中，某人能获得治疗是至上神（Olódùmarè）赐予的礼物。约鲁巴兰传统治疗师拥有至上神赋予的医疗知识，以伊法神（Ifá）为媒介践行这些知识。在治疗和护理过程中，"灵魂附体"至关重要。因此，使用手段与伊法神相通对于诊断疾病成因和制定治疗方法非常重要。而伊法大祭司（Babaláwo）[109]不仅可以与伊法神相通，还拥有各种与超自然能力（包括药神"Òsanyìn"）沟通的方式，因而可以诊断疾病成因、治疗各种疾病。而在诸神之中，药神（Òsanyìn）享有独一无二的权威，他使用植物根茎或草药治疗疾病，尤其能够治疗因恶灵引发的疾病。[110]因此，约鲁巴兰人生病后，首先向药神祈祷，在家里自己先使用草药治疗，无果，再找伊法大祭司，很少去医院。

3. 本土宗教对约鲁巴兰医疗事业的影响

基督教进入后，约鲁巴兰出现了一种说法："我们在这个世界上首先与伊法神占卜盘相遇，与伊法神占卜器具相遇，但基督教只是最近才与我们相遇。（ayé la bá'fá, aye la ba'màle, òsán gangan nìgbagbó wọlé.）"对于他们而言，传统才是根本，而基督教和伊斯兰教都是一种"外来的宗教"（Ígbagbó）。因此，对于约鲁巴民族而言，传统宗教和传统医疗方式才是约鲁巴兰医疗事业的根本。传统信仰中，治疗疾病方式有如下三类：（1）伊法神大祭司（Babaláwo）使用占卜盘诊断、治疗疾病；（2）祖传或经过训练的男、女制药师（Oníṣègùn）使用草药、符咒和咒文，治疗身体和精神疾病；（3）灵魂附体：约鲁巴兰传统宗教观认为，人死后依旧活着，可能只是附在后辈身上。治疗师举行一些特殊的仪式，通过唱一些特殊的歌曲和跳一些特殊的舞蹈方式，驱除恶魔，唤醒祖

---

108 参看：Toyin Falola and Matthew Heaton eds, *Traditional and Modern Health System in Nigeria.*, Trenton: African World Press, 2006.

109 伊法（Ifá）是约鲁巴本土宗教中拥有智慧、知识和先知能力之神，在约鲁巴诸神中占据首要位置。"Babaláwo"被认为是通过使用一种伊法占卜盘（Ọpón Ifá）工具可以与伊法神相通的大祭司。参看：Wándé Abímbọ́lá, *Ifá: An Exposition of Ifá Literary Corpus*, Ibadan: Oxford University Press, 1976.

110 为此，约鲁巴人设立了"药神节"（Òsanyìn festival），人们以唱歌和跳舞的形式祈祷药神降临。

先灵魂，有时也通过特殊的献祭、贡品和草药药方，达到治疗疾病的目的。[111]

因此，约鲁巴人坚信自己的传统医疗方式，并不信任更无意发展西方医疗事业。约鲁巴人的生命观、宇宙观以及本土宗教对基督教和西方医疗事业的强烈冲击，决定了基督教或殖民宗主国在约鲁巴兰建立西式医院的计划无法实现。

本章小结

1841 年英国占领香港岛后，英国政府只是把香港作为商业贸易、积累财富的基地之一，香港并不是英国的殖民地，因此英国并没有打算治理香港。港督作为最高权力的代表在行政和立法方面统辖香港，迈因纳斯曾把港英政治制度称为"早期帝国政治的活化石"。[112]基督教会对港英政府政治、经济、社会发展具有一定作用。政治上，基督教会与早期港督联系甚密，或是作为翻译，或是作为"中间人"沟通华洋事务。基督教会和基督教徒不仅是在香港英国人和中国人的中间桥梁，也是东西方沟通桥梁。他们传播福音，吸纳华人基督徒，与华人尤其是精英阶层多有接触，对推动港英政府政策的制定和实施作出了一定贡献；经济上，香港的贸易发展背后体现基督教隐性因素，英国商人大多是基督教徒，有着明显的基督教特征。在这些基督教商人的影响下，香港经济飞速发展，并成为亚洲重要的贸易中转港；社会公共服务建设方面，基督教在香港建立教堂、医院，开办学校，为香港的宗教发展、医疗事业发展、人才培养做出了重要贡献。基督教创办的医院、学校和慈善机构都是"基督教在华工作的副产品"，推动中国医疗、教育的进步，促进中国妇女解放、反鸦片等活动，西方文明和基督教新教对港澳的发展产生了一定影响，这些影响是直接的，但也是潜移默化的和深远的。这是站在殖民国立场上得出的结论。基督教会在香港展开医疗卫生事业的初衷是减少英国军人、传教士等在殖民统治地区的非战斗性损耗，是对英国殖民活动的一种配合，但客观上推动了香港的医疗卫生事业，尤其是随着基督教会的发展，华人基督徒地位提高后，对香港的

---

111 关于约鲁巴兰传统医疗方式和灵魂附体说，参见：C. L. Adéoyè, *àṣà àti Ìṣe Yorùbá*. Ibadan: Ibadan University Press, 2005; N. A.Fádípè, *Sociology of the Yorùbá*. Ibadan: Ibadan University Press, 1970.

112 [英]迈因纳斯著，伍修珊等译：《香港的政府与政治》，上海翻译出版公司，1986 年，第 1 页。

推动作用更为明显。

在约鲁巴兰，基督教会和传教士的作用比在香港更大。在政治上，欧洲传教士与约鲁巴族传教士联手，游刃于英国政府和约鲁巴兰地方政府之间，干涉约鲁巴兰地方政治。他们充当和平调解人，调停城邦间和族际战争。在获得国王和酋长信任的地方，他们充当大使以及知识传播者的角色，教授当地执政者度量、算术和读写技能。[113]对于约鲁巴兰统治者而言，基督教传教士的真正吸引力在于对城邦或政权建立做出的贡献。他们意识到宗教在切断亲属、派系和家族关系从而建立更广泛依附的重要性。基督教将约鲁巴兰社会从传统的血缘社会变成现代社会。在经济上，传教士为约鲁巴兰引进新的经济作物，鼓励约鲁巴地区发展海外贸易，推动拉各斯成为西非重要的贸易港，推动了西非的进出口贸易，使约鲁巴地区进入世界经济体系之中。基督教会在约鲁巴兰建立教堂，传播福音和西方思想，培养了一批拥有西方视野的约鲁巴兰知识分子精英阶层。但在建立西方医疗机构方面，基督教会在约鲁巴兰受挫。约鲁巴人坚信自己的传统医疗方式，约鲁巴人的生命观、宇宙观以及本土宗教与基督教和西方医疗事业冲突，基督教会和英国在约鲁巴兰建立西式医院一度受挫。

综上所述，宗教是一种社会文化形态。是一种维护社会的统一、协调、系统化、整体化的文化工具。正如杜尔凯姆所认为，宗教通过加强人对神的从属感而强化个人对社会共同体的服从。1840 年代始，基督教会进入英国殖民统治下的香港和英殖民地约鲁巴兰，是全球和地区趋势交织的结果。基督教在两地建立教堂、教会医院，开办学校，使得两地都得以接受与传统文化不同的"西方"文化，是"西方"与"东方"的正面相遇，也使得这两地被动地进入世界体系之中。克劳瑟认为，反对殖民主义和欧洲人善意的帮助，非洲社会将永远无法摆脱贫穷落后的状态，这无异于是拒绝进步，抑或是自甘落后。[114]波大也认为，在葡萄牙人殖民下的澳门和在英国殖民下的香港比中国大陆要发达得多，这是一场"西方性"和"东方性"的相遇。由此看来，基督教伴随着英国海外殖民活动，其影响已经超出了纯宗教领域，对殖民统治地区或殖民地政治、社会、医疗等方面产生了重要影响。

113 Church Missionary Society Archives, G3A3/1884/166, "Pratt to Crowther", September 9, 1884.

114 参看：R.W. July, *The Origins of Modern African Thought*, London: Faber and Faber, 1968, pp. 188-189.

第四章　英国殖民统治时期基督教与香港、约鲁巴兰的文化变迁

细致的全球微观史研究，是考察全球化进程中文化生态的重要组成部分。从英国殖民统治下的香港和英殖民地约鲁巴兰来看，基基督教会不仅配合英国的殖民活动，在香港和约鲁巴兰的政治、经济、社会发展中产生了一定影响，改变了其原有走向，对这两地的文化也产生了重要影响。向新读者提供《圣经》成为开展传教活动的重要动机，在《圣经》的翻译过程中，香港的粤方言发音得以标准化，约鲁巴兰产生了规范的书面语文字，最终形成"标准约鲁巴语"，使约鲁巴语言从口头语言转向书面语言，约鲁巴地区的文化形式得以保存。《圣经》的传播和翻译过程，也成为新教投入发展教育事业的重要动机。所以19世纪中期至19世纪末，香港和约鲁巴兰教育事业以宗教教育形式展开。当殖民统治下或殖民地人民发现宗教教育弊端，基督教教会学校难以为继时，又积极寻求向世俗教育的转变。

第一节　从《圣经》翻译到对殖民统治地区语言的研究

一、《圣经》的粤方言译本与"E-B"系统

（一）《圣经》的粤方言译本

《圣经》早期汉语译本中，尤以麦都思牧师主译的《新约》（1835-1836年）、由郭实腊牧师（Rev. K. F. A. Gützlaff）主译的《旧约》（1838年）、麦都思译（经

郭实腊修订)《新约》（1840 年），这三版受英国圣经公会资助出版的译本翻译质量和流通度都较高。[1]但是香港开埠之前，《圣经》核心词语翻译问题没有展开研究，围绕《圣经》展开的宗教和文学研究更是几乎没有。香港开埠后，各传教会立即聚集香港召开首届译经会议，力图解决核心词翻译问题。这在本书第二章第一节已经说明。《圣经》翻译问题作为基督教会核心考量后，《圣经》各方言译本也随之展开。

19 世纪末，随着英国对香港的殖民加剧，香港新建教堂数量逐年增多，各差会活动也打破了过去完全依靠欧洲传教士的局面，港英政府公务人员、华人信徒等也参与进来，一起推动教会发展。尽管有排外阻力和反洋教，但是各教会利用直接布道以及开展医药、教育等方式，传教事业继续推进。英殖民政府公务人员波大也（James Dyer Ball）[2]就是其中一员。他先后在大石柱礼拜堂（Union Church）、雍仁会馆（Masonic Hall）、维多利亚会馆（Victoria Chapter）等多个会馆担任行政职务，管理教会事业发展。他将基督教义编至粤方言学习教材之中，选取了《晓初训道》（*Peep of Day*）、《述史浅译》（*Bible History for the Least and Lowest*）、《晓初再训》（*Line upon Line*）、《亲就耶稣》（*Come to Jesus*）、《神道指正》（*The King's Highway*）、《路加传问答》（*The Gospel of Luke*）、《保罗达会小书》（*The Epistle of the Apostle Paul to the Romans*）、《约翰传福音书》（*The Gospel of John*）、《天路历程》（*The Pilgrim's Progress*）、《人灵战纪土话》（*The Holy War*）等编写了一本《粤语读本》[3]。他将《圣经》翻译成粤方言，积极推进基督教传播，并企图推动粤方言的拉丁化，以达到英国对粤语的正音化和规范化的目的。他用粤方言翻译了《主祷文》，并借此说明粤方言的特征，如下：

根据波大也在这篇文章后面所列的音节表，对应汉字可能如下：

我哋个父在天，愿你个名系圣，你个国降临。你个旨意得成就，在地，好似在天一样。我哋需用个粮今日赐我。又免我哋个欠负，好似我哋免吼人欠负我个。无引我哋入试域，拯救我出罪恶。因为，国啊，权啊，荣啊，皆系你有

1 D. MacGillivray, *A Century of Protestant Missions in China (1807-1907): Being the Centenary Conference Historical Volume,* Shanghai: Printed at the American Presbyterian Mission Press, 1907, p.553-558.

2 见第三章波大也生平简介。

3 James Dyer Ball, *Readings in Cantonese Colloquial: being selections from books in the Cantonese vernacular with free and literal translations of the Chinese character and Romanized spelling*, Hong Kong: Kelly & Walsh, 1894.

至到世世。诚心所愿。[4]

THE LORD'S PRAYER.

'Ngo-ti' ko' Fü' tsôï (bet. tsoï and tsuï) t'ín,
Ngún' 'ní ko' meng haí' sáng'. 'Ni ko' kok,
k'ong' (or kong') lam. 'Ni ko' 'chí-í' tak,
snug tsau', tsôï' (bet. tsoï and tsuï) tí', 'ho-
ts'í tsôï' (bet. tsoï and tsuï) t'ín yat, yöng'.
'Ngo-ti' sü-yung' 'ko' löng kyam yat, ts'í'
'ngo. Yau' 'nín 'ngo-ti' ko' hím'-hú', 'ho-
ts'í 'ngo-ti' 'míu-háú yan hím'-hú' 'ngo ko'.
Môí' (bet. moï and muï) 'yau 'ngo-ti' yap, sí-
wák, 'ts'aug kaú' ngo ts'at, tsôï' (bet. tsoï and
tsuï) ok,. Yan-waí', kok, á', k'ün á', aug
á, káí haí' 'ni 'yau tsí' to' saí' saí'. Sang
sam 'so ngún'.

《圣经》的粤方言译本的出现、因翻译产生的译名问题，促进了西方人对基督教在中国的发展前景的讨论及中国可能存在的信仰的讨论。有了诸如波大也这些受过良好教育的公职人员参与，对基督教在中国的发展开始上升到学术性的讨论，基督教的文化作用开始体现。1905 年春，波大也为香港基督教青年会（Y.M.C.A）作了八场关于中国宗教信仰的讲座，分别为：（1）《中国"God"的原始概念和中国人最初的宗教信仰》；（2）《礼、仪、天道——儒教》；（3）《哲学堕落成为一种迷信——道教》；（4）《暗淡的佛教之光在中国》；（5）《阿拉伯先知：伊斯兰教在中国》；（6）《剩余分散的种族》；（7）《古代和中世纪在远东的基督教》；（8）《在中国的新教》。[5]这一系列讲座吸引了香港的欧洲人和中国人的聆听，在当引起了轰动。此后，波大也结合这八场讲座内容出版

---

4 译文为笔者自己对照音节表所拟，可能有不精确的地方。

5 这八场讲座的英文标题为：（1）The Primeval Conception of God in China and the Primitive Religion of the Chinese；（2）Propriety, Ceremonial, and Natural Righteousness, or Confucianism；（3）Philosophy degenerated into Superstition, or Taoism；（4）The Dim Religious Light of Buddhism in China；（5）The Arabian Prophet in China；（6）A Remnant of the Scattered Race；（7）Ancient and Medieval Christianity in the Far East；（8）Protestant Christianity in China.

了《中国人及其宗教》，并根据调研和查询档案，随书附了广东省（包括香港）的宗教团体、参教人员人数、职业等信息。通过对中国存在的宗教形式对比以及基督教在中国的发展情况。波大也希望说明基督教在中国所带来的影响是深远的，更是长期的。[6]

（二）对粤方言语音、词汇、语法的研究与"E-B"系统

为了继续推动基督教在香港的发展，为了消除语言与文化沟通之间的障碍，对粤方言的注音就显得尤为必要。从这点来说，《圣经》的粤方言翻译则在一定程度上推动了 19 世纪香港粤方言研究的展开。而从语言学史发展角度来看，19 世纪也是欧洲语言科学的黄金时期，历史比较语言学蓬勃发展，方言研究和语音研究也有长足的进步。波在这样的学术背景之下，在港传教士和港英政府基督徒公务人员编写了大量粤方言教材，使用西方语言科学的方法对香港当时所说的粤方言以及客家方言进行描写和分析，成果颇丰。这其中尤以波大也最为突出，他的教材及研究奠定了 19 世纪末至 20 世纪中叶粤拼方案基础。他的成就如下：

1. 对粤方言以及客家方言的调查、记录和研究

（1）《客家方言简明句子：附词汇》（*Easy Sentences in the Hakka Dialect with a Vocabulary*）

该书是针对客家方言初学者而编写的一本客家方言入门读本，旨在降低学习者难度，全书没有汉字。该书并未使用当时通行的莱普修斯拼音系统（Lepsius System）进行标注，而是借鉴翟理斯的《汕头方言手册》（*Handbook of the Swatow Dialect with a vocabulary*, 1877），用罗马字母进行客家标注，全书共 57 页。[7]

（2）《粤语易学》（*Cantonese Made Easy*）[8]

该书是一本粤语入门教科书，详细描写和分析了粤方言的语音、词汇和语

6　James Dyer Ball, *The Celestial and his Religions: or The Religious Aspect in China: Being a Series of Lectures on the Religious of the Chinese*, Hongkong: Messrs, Kelly & Walsh, 1906.

7　James Dyer Ball, *Easy Sentences in the Hakka Dialect with a Vocabulary*, China Mail, 1881.

8　该书完整书名为：《粤语易学：收录广东方言简明句子，配有意译和直译，旨在将英语语法形式翻译至中文中》。参见: *James Dyer Ball, Cantonese Made Easy: a book of simple sentences in the Cantonese dialect, with free and literal translations, and directions for the rendering of English grammatical forms in Chinese*, Hong Kong: China Mail, 1883/1888; Singapore: Kelly & Walsh, 1904; Hong Kong: Kelly & Walsh, 1907/1924.

法等，与《如何学说广东话》（*How to Speak Cantonese*）构成其粤语系列教材。该书前后四版，第三版分别由别发洋行新加坡分行（1904）和香港分行（1907）出版，第四版更是在波大也逝世后出版，2010 年 Nabu Press 又重印了该书，可见该书受欢迎程度。比较四版教材，在所选话题、例句书目、课文内容没有变化，但是后三版增加了大篇幅的说明部分，包括：对广东话的介绍、纯正广东话的发音以及声调及其变体。全书共 15 课，每课以 32 条日常对话形式出现，围绕中国的家庭、人伦、金钱、贸易、医药、宗教、航海、司法、教育等话题展开，课文分为四栏排列：英语意译、汉字、罗马注音和逐字直译。

（3）《粤语易学词汇表》（*The Cantonese Made Easy Vocabulary*）

该书是一本小型词典，列出口语中常出现的词和短语的中英双解，该书的特色是讲解词语如何使用，如名量搭配问题等。[9]

（4）《英粤常用词语和短语袖珍词汇表》（*An English-Cantonese Pocket Vocabulary Containing Common Words and Phrases*）

该书第一版与《粤语易学词汇表》同年发行，该书没有出现汉字和声调标记，从实用性和针对初学者的角度出发，列出适合初学者快速掌握粤方言的词汇。[10]

（5）《如何学说广东话》（*How to Speak Cantonese*）

与《粤语易学》构成波大也的粤语系列教材，《粤语易学》是入门教材，《如何学说广东话》则是进阶教材。全书包括 5 课课文和 50 段对话，编写体例同《粤语易学》，分为四栏排列：英语意译、汉字、罗马注音和逐字直译。这本书不仅在当时非常畅销，二、三版仅隔两年，一个世纪后，2013 年 1 月

---

9 该书完整书名为：《粤语易学词汇表：英粤小型词典（包含口语中所使用的单词和短语：名词后附所搭配量词，对一些词不同用法的释义可能会引起歧义）》。参见：James Dyer Ball, *The Cantonese Made Easy Vocabulary, A Small dictionary in English and Cantonese, containing Words and Phrases used in the Spoken Language, with the Classifiers indicated for each Noun, and Definitions of the Different uses of some of the Words where Ambiguity might otherwise arise*, Hong Kong: China Mail, 1886/1892; Hong Kong: Kelly & Walsh, 1908.

10 该书完整书名为：《英粤常用词语和短语袖珍词汇表：以无汉字、声调符号形式呈现，以最实用的方式用英语拼写汉语发音》。参见：James Dyer Ball, *An English-Cantonese Pocket Vocabulary Containing Common Words and Phrases: Printed Without the Chinese Characters, or Tonic Marks, the Sounds of the Chinese Words Being Represented by an English Spelling as Far as Practicable*, China Mail 1886/1894/1906.

28 日精装书出版社（Hardpress Publishing）重印了该书。[11]

（6）《广东话口语读本》（*Readings in Cantonese Colloquial*）

这是一本泛读教材，波大也选取了《晓初训道》、《幼学四字经》、《述史浅译》、晓初再训、《亲就耶稣》、《神道指正》、《路加传问答》、《保罗达会小书》、《约翰传福音书》、《天路历程》、《人灵战纪土话》、《圣谕广训》等中西读物，进行教学，从其讲解中，我们也可窥见中西文化的异同。[12]《广东话口语读本》出版后广受好评，1905 年波大也出版了一本《断章取义》[13]（注：书页内附的中文书名）（*The Pith of the Classics*）专门介绍中国古典思想，与《广东话口语读本》形成配套阅读教材。他认为，儒家经典渗透着中国思想，无论男女老少，鸿儒白丁都能随口说出儒家经典名句，因此掌握一些儒家经典名句是十分必要的。因此该书选取了儒家经典《四书》中的《论语》和《孟子》进行释义和讲解，波大也原想将其作为系列教材出版，第一本介绍《论语》和《孟子》，第二本介绍《大学》和《中庸》中的经典名句，但不知何故，第二本一直没有问世。

（7）《客语易学》（*Hakka Made Easy*）

波大也的《粤语易学》一经出版便广受好评，因此他以《粤语易学》为底本，翻译和改写了客家话课本，出版了《客语易学》一书，第一版发行于 1896年，只有 15 课；第二版于 1913 年出版，扩充至 35 课。[14]

2. 对粤方言区内部差同进行深层的比较研究

波大也对粤方言的认知并不局限于香港地区，他的视野拓宽至新会、东

---

11 该书完整书名为：《如何学说广东话：50 段广东话口语对话并附有汉字、直译、意译、罗马拼写方式（含声调和区分符号）——在此之前附有五篇含一字词、二字词和三字词短文》。参见：James Dyer Ball, *How to Speak Cantonese: fifty conversations in Cantonese Colloquial with the Chinese character, free and literal English translations, and Romanized spelling with tonic and diacritical marks, &c.- preceded by five short lessons of one, two, and three word*, Hong Kong: Kelly & Walsh, 1889/1902/1904/1912.

12 该书完整书名：《广东话口语读本：广东方言读本精选附有汉字直意译和罗马拼写方式》。参见：James Dyer Ball, *Readings in Cantonese Colloquial: being selections from books in the Cantonese vernacular with free and literal translations of the Chinese character and Romanized spelling*, Hong Kong: Kelly & Walsh, 1894.

13 按：书页内附中文名为"断章取义"，该书全名为：《断章取义：中国日常生活经典，或中国经典中口语引用》。参见：James Dyer Ball, *The Pith of the Classics: the Chinese classics in everyday life, or quotations from the Chinese classics in colloquial use*, First Series, Hong Kong: Noronha & co., 1905.

14 参见：James Dyer Ball, *Hakka Made Easy*, Hong Kong: Kelly & Walsh, 1896/1913.

莞、顺德以及澳门等地区，使用西方比较语言学理论，对粤方言进行了深层次的比较研究，如下：

（1）《新会方言》（*The San-Wúi Dialect*）

该文最初发表于《中国评论》（卷 18 第 3 期）上，而后又由德臣印字馆发了单行本，共 18 页。介绍新会语音特点，描写和分析了新会内部的三种口音（市区、东北及西南），并与粤方言的声韵调进行对比，分析二者的异同，最后列出了广东与新会方言的音节对照表（598 个音节）。[15]

（2）《东莞方言》（*The Tung-Kwún Dialect*）

该文最初发表于《中国评论》（卷 18 第 5 期）上，而后又由德臣印字馆发了单行本，共 16 页。运用比较语言学的方法，比较粤方言与东莞方言在声、韵、调、量词、语助词以及俗语等方面的异同，最后列出了广东与东莞方言的音节对照表（617 个音节）。[16]

（3）《香山或澳门方言》（*The Höng Shán or Macao Dialect*）

该文最初发表于《中国评论》（卷 22 第 2 期）上，而后又由德臣印字馆发了单行本，共 31 页。在波大也这篇文章之前，对澳门方言的研究较少，卫三畏曾在《英华分韵撮要》（*A Tonic Dictionary of the Chinese Language in the Canton Dialect*）一书中，举例说明香山话与广东话的区别，但也只是概述；裨治文的《文选》（*A Chinese Chrestomathy in the Canton*）中用了 11 行字说明澳门话语音的变化；而对澳门方言的专著研究只有一本 7 页的教理问答《问答俗话》。波大也先考察澳门的地理位置、历史、人口、语言概况，再考察古今粤音的差异，运用比较语言学的方法，比较澳门方言与粤方言在声、韵、调、用字的变化等方面的异同，并考察了界涌方言的语音变体（*The Kái Chung Variant*），附上了《俗语问答》的罗马字，最后列出了澳门方言与粤方言的音节对照表（736 个音节）。[17]

（4）《顺德方言》（*The Shun Tak Dialect*）

该文分两期发表于《中国评论》（卷 25 第 2 期，卷 25 第 3 期）上，共 31

15　参见：James Dyer Ball, "The San-Wúi Dialect" , *The China Review, or notes & queries on the Far East*, Vol.18 No.3, 1889, ; Hong Kong: China Mail, 1890.

16　参见：James Dyer Ball, "The Tung-Kwún Dialect", *The China Review, or notes & queries on the Far East*, Vol.18 No.5, 1890; Hong Kong: China Mail, 1890.

17　参见：James Dyer Ball, " *The Höng Shán or Macao Dialect*", *The China Review, or notes & queries on the Far East*, Vol.22 No.2, 1896; Hong Kong: China Mail, 1897.

页。与对澳门方言的研究方法相同，波大也先考察顺德的地理位置、居民、人口、反婚姻团体、方言的划分等概况，再运用比较语言学的方法，从声、韵、调、送气音及用字的变化等方面，考察顺德方言与粤方言的异同，该文还特别将粤方言与顺德方言的状态形容词后缀进行对比研究，得出：顺德方言更倾向于用双音节状态形容词，以表示说话者内心高度赞同的心理感觉，最后列出了顺德方言与粤方言的音节对照表（758 个音节）。[18]

正如波大也所说，在对《主祷文》的翻译中，他捕捉粤方言的特点，以西方比较语言学的视角，从声韵调三方面对广州（香港）粤方言和香山（澳门）方言进行比较，如下表：

声母（initials）		韵母（vowels）		声调（tones）	
广州（香港）	香山（澳门）	广州（香港）	香山（澳门）	广州（香港）	香山（澳门）
ch	ts	eí	í	上平（脆）	上平（略低，平）
f	h（在 u 和 ú 前）	í	a（在 k 和 ng 前）	上上	上上（起始音高等同广州方言下去，调尾等同广州方言下平）
f	k'（在 ok 和 ou 前）	ò	a（在 m 和 p 前）	上去	上去（一致）
h	k'（偶尔，在 ak 前）	öü	ü 或 úöü	上入	上入（一致）
kw	k	oí	ôí	下平	下平（音域介于音乐 sol-fa，澳门方言下平音域可以用 sol 音替代）
sh	s	u	a（在 n 和 t 前）	下上	上上
ts	Ts（在 ü、a 和 ö 前为 ch）			下去	上去

---

18 文章全名为：《顺德方言与广东话音节对照表以及在量词、句末助词等其它词方面的不同之处》，参见: James Dyer Ball, "The Shun Tak Dialect: A Comparative Syllabary of the Shun Tak and Cantonese Pronunciations, with observations on the variations in the use of the classifiers, finals, and other words, and a description of the tones, &c.", *The China Review, or notes & queries on the Far East*, Vol.25 No.2/Vol.25 No.3,1900.

y	y（但是在 í 和 ng 前声母 y 脱落，或者偶尔被 h 或 k'替代）		下入	音高略高,介于广东话中入和下入之间
z	í（韵尾辅音 final consonant）			

香山或澳门粤方言有三分之二音节同广州（香港）方言。香山话有 672 个音节，广州话有 737 个音节。他以香山方言为对比，分析两者辅音（声母）的特点及变化：（1）除了在 e、í、ö 和 ü 之前，广州话中的 ch 在香山话中都变成 ts；（2）香山或澳门方言中，在 u 和 ú 之前，声母 h 代替了广东话中的声母 f。但是也有例外，在 ok 和 on 之前，会用声母 k'取代声母 f；（3）声母 sh 在香山话中找不到，h 脱落了，只剩下声母 s，因此在香山话中，声母 s 作为声母更常见。（4）香山方言中，wú 中 w 脱落，变成 fú、hú 或 kú。wuí 变成 huöü、úöü 或 waí。而 wún 中声母 w 脱落变为 hún、hün、kún 或 k'ún。wút 变成 út。声母 y 在 í 之前脱落，用 ng 取代，这点在裨治文的《广州方言中文文选》一书中也得到佐证，"有些在广州话中为零声母的词，而在澳门方言中能听出以 ng 开头，如'二（í）'在澳门话中读作 ngí，'言（ín）'在澳门话中读作 ngín 或 ngün，'热（ít）'在澳门话中读作 ngít，'贤'（ín）在澳门话中读作 hín"。总结了广州（香港）方言和香山（澳门）方言元音特点：（1）双元音 éi 经常变为长音 í；（2）香山方言中最具特色的是跟在 k 或 ng 后的短音 a 被短音 í 取代，而广州方言不这么说；（3）香山话中的 o 和 ò 和广州话中的是一样的，但是 ò 在 m、p 前变成短音 a；（4）波大也认为，广州话中的 oi 在香山或澳门方言中很难找到相对应的发音，因此波大也设计了 ôí 符号来表示 oi 的发音，他是这样描述 ôí 的发音："在纯广州话和英语中都没有像 ôí 这样的发音，ôí 口腔开合度不如 oi 大，澳门方言中没有像 oi 的发音，而这种在广州话中较为常见……将广州话中的 kò（高）和 yí（意）快速地拼合起来，就能得到一个接近的发音，双唇再开一点，但是要注意不要发得太像广州方言中的 gai（该）。再多听澳门本地人发这个音，就能发出澳门的 kôí（该）音。"

波大也所编写的粤方言教材此后不仅作为港英殖民政府公务员考试的指定阅读书目，更是确立了 19 世纪末至 20 世纪上半叶香港粤方言拼写方式。他的这些教材与与欧德理牧师于 1877 年编写的《广东方言词典》（*A Chinese*

Dictionary in Cantonese Dialect）奠定了香港地名粤拼方案[19]"E-B"注音体系（Eitel/Dyer-Ball System），直到1960年港英政府出版的《香港、九龙、新界地名词典》（Gazetteer of Place Names in Hong Kong, Kowloon, and the New Territories）中仍提及香港地名使用的粤拼方案为"E-B"体系。[20]

从马礼逊《广东省土话字汇》（A Vocabulary of the Canton Dialect, 1828）[21]、裨治文《广东方言文选》（A Chinese Chrestomathy in the Canton Dialect, 1841）[22]、湛约翰《汉语语音学词典》（A Chinese Phonetic Vocabulary, 1855）[23]、卫三畏《英华分韵撮要》（A Tonic Dictionary of the Chinese Language in the Canton Dialect, 1856）[24]、欧德理《广东方言词典》（A Chinese Dictionary in the Cantonese Dialect, 1877）[25]至波大也《粤语易学》（Cantonese Made Easy, 1883），在一代代传教士的努力下，逐步形成今日粤方言语音拼写基础。如下：

（1）声母

马礼逊 （1828）	裨治文 （1841）	湛约翰 （1855）	卫三畏 （1856）	欧德理 （1877）	波大也 （1883）	今香港粤语 （IPA）[26]
p	p	p	p	p	p	p
p	p'	p'	p'	p'	p'	p^h

19 粤拼：又称"港拼"，"香港政府"系统拼写英文人名和地名的粤语拼音。参见：片冈新：《"香港政府粤语拼音：一个乱中有序的系统"》，《中国语文通讯》，第93卷第1期，2014年1月，第9-25页。

20 吴伟平、李兆麟：《语言学与华语二语教学》，香港：香港大学出版社，2009年，第191页。

21 中文书名为马礼逊自加。参见：Robert Morrison, A Vocabulary of the Canton Dialect, Vols.1-3, Macao: East India Company's Press, 1828.

22 参见：Elijah Coleman Bridgman, A Chinese Chrestomathy in the Canton Dialect, Macao: Samuel Wells Williams, 1841.

23 完整书名为：《汉语语音学词典：包括广东话所有常见汉字及其读音》，参见：John Chalmers, A Chinese Phonetic Vocabulary: Containing All the Most Common Characters, with Their Sounds in the Canton Dialect, Hong Kong: London Missionary Society's Press, 1855.

24 参见：Samuel Wells Williams, A Tonic Dictionary of the Chinese Language in the Canton Dialect, 2 Vols. Canton: the Office of the Chinese Repository, 1856.

25 参见：John Ernest Eitel, A Chinese Dictionary in the Cantonese Dialect, Hong Kong: Lane, Crawford & Co., 1877.

26 本书采用的是1999年埃里克·泽的国际音标体系，参见：Eric Zee, Hong Kong Cantonese, Handbook of the International Phonetic Association: A Guide to the Use of the International Phonetic Alphabet, Cambridge: Cambridge University Press, 1999, pp.58-60.

m	m	m	m	m	m	m
f	f	f	f	f	f	f
t	t	t	t	t	t	t
t	t'	t'	t'	t'	t'	t^h
n	n	n	n	n	n	n
l	l	l	l	l	l	l
ts	ts	ts	ts	ts	ts	ts
ch	ch	ch	ch	ch	ch	ts
ts	ts'	ts'	ts'	ts'	ts'	ts^h
ch	ch'	ch'	ch'	ch'	ch'	ts^h
s	s	s	s	s	s	s
sh	sh	sh	sh	sh	sh	s
y	y	y	y	y	y	j
k	k	k	k	k	k	k
k	k'	k'	k'	k'	k'	k^h
g	ng	ng	ng	ng	ng	ŋ
h	h	h	h	h	h	h
kw	kw	k	kw	kw	kw	k^w
kw	kw'	k'	kw'	k'w	kw'	k^{hw}
w	w	w	w	w	w	w

（2）韵母

马礼逊 （1828）	裨治文 （1841）	湛约翰 （1855）	卫三畏 （1856）	欧德理 （1877）	波大也 （1883）	今香港粤语 （IPA）
a	á	a	á	á	á	a
ai	ái	ae	ái	ái	ái	ai
aou	áu	aou	áu	áu	áu	au
am	ám	am	ám	ám	ám	am
an	án	an	án	án	án	an
ang	áng	ang	áng	áng	áng	aŋ
ap	áp	ap	áp	áp	áp	ap
at	át	at	át	át	át	at
ak	ák	ak	ák	ák	ák	ak
ei	ai	y	ai	ai	ai	ɐi
ǎw	au	ow	au	au	au	ɐu

ăm	am	um	am	am	am	ɐm
um	óm	om	òm	òm	òm	
un, ăn	an	a'n	an	an	an	ɐn
ăng	ang	a'ng	ang	ang	ang	ɐŋ
ap	ap	up	ap	ap	ap	ɐp
op	óp	up	òp	òp	òp	ɐp
ăt, at	at	ut	at	at	at	ɐt
ăk	ak	a'k	ak	ak	ak	ɐk
ay	é	ě	é	é	e	ɛ
eng	eng	ëing	eng	eng	eng	ɛŋ
ek	ek	ëik	ek	ek	ek	ɛk
e	í	e, ěy	í	i	éi	ei
euě	éu	ü	ù	ö	ö	œ
eong, aong	éung	eong	éung	éung	öng	œŋ
eok	éuk	eok	éuk	éuk	ök	œk
e	í	e	í	í	í	i
z(e)	z'	ze	z'	z	z	i
ew	íú	ew	íú	íú	íú	iu
eem	ím	eem	ím	ím	ím	im
een	ín	een	ín	ín	ín	in
ing	ing	ing	ing	ing	ing	iŋ
eep	íp	eep	íp	íp	íp	ip
eet	ít	eet	ít	ít	ít	it
ik	ik	ik	ik	ik	ik	ik
o	o	o	o	o	o	ɔ
oy	oi	oy	oi	oi	oi	ɔi
ow, oo	ò, u	oe, oo	ò	ò	ò	ou
oan, oăn	ón	on	on	on	on	ɔn
ong	óng	ong	ong	ong	ong	ɔŋ
oat	ót	ot	ot	ot	ot	ɔt
ok, oak	ók	ok	ok	ok	ok	ɔk
uy, ue	ui, ü, úi	oey, üy, ü	ui, ü, úi	ui, ü, úi	ui	ey
yn	un	un	un	un	un	en
ut	ut	ut	ut	ut	ut	et
oo	ú	oo	ú	ú	ú	u

ooy	úi	ooey	úi	úi	úi	ui
oon	ún	oon	ún	ún	ún	un
oot	út	oot	út	út	út	ut
ung	ung	ung	ung	ung	ung	oŋ
uk, ok	uk	uk	uk	uk	uk	ok
u	ü	ü	ü	ü	ü	y
une	ün	ün	ün	ün	ün	yn
uet	üt	üt	üt	üt	üt	yt
im	'm	'm	'm	m	m	m
ing	'ng	'ng	'ng	ng	ng	ŋ

综上所述，至 19 世纪 80 年代，在基督教会传教士和港英政府基督徒公务人员的共同努力下，香港粤拼方案基本形成。

二、《圣经》的约鲁巴语译本与"标准约鲁巴语"

约鲁巴语教育在约鲁巴兰的发展经历了三个阶段：(1) 传教士主导（1842-1882）；(2) 政府参与、传教团与政府合作（1883-1964）；(3) 政府主导（1965-至今）。[27]基督教会、传教士在第一、第二阶段发挥了重要作用，对标准约鲁巴语的确立、语言政策的制定奠定了基础。

（一）"传教时代"与《圣经》的翻译

19 世纪中叶，基督教在非洲的传教运动高涨，出现了将圣经翻译成本土语言的各种努力，这对非洲影响很大。在这样一个充满突然和困扰的变化时期内，非洲古典宗教式微，基督教提供了人们可以依赖的某种东西，成为一种选择。在英国殖民前，约鲁巴语只是一种口头语言，没有书面文字。这给传教和圣经的翻译工作都造成了巨大的困难。随着英国圣公会在约鲁巴地区传教活动的深入，约鲁巴人成为圣公会传播福音的主要目标之一，因此传教士迫切需要掌握约鲁巴语，用以布道和颁布训令。圣公会传教士发现"塞拉利昂回归者"（Sàró）是作为译员和帮手的最佳人选，但是这些人毕竟占少数，而需要了解基督教思想、教义必须要懂得本地语言。作为英国圣公会重点培养的本土传教士，克劳瑟为此做出了重要贡献。作为一位虔诚的基督教徒，他热衷于传播福

---

27 本书根据约鲁巴语权威阿博奥拉·奥洛贡德对约鲁巴语教学的分期。（参看：Agboọla Ologunde, "The Yoruba Language in Education", in Adebisi Afọlayan ed., *Yoruba Language and Literature*, University of Ifẹ, 1982, p.279.）

音，坚信"塞拉利昂一定会像古代的耶路撒冷一样成为一个中心，神的谕示将从这里传播到非洲许许多多蒙昧的部落"。[28]1843 年 6 月，按立为圣公会牧师后，克劳瑟开启了福音传播生涯，并与欧洲主要的语文学家和语言学家合作将约鲁巴共同语（Yoruba Koiné）拉丁化形成书面语，以便进行《圣经》及其它基督教书籍的约鲁巴语翻译。他先后翻译了《主祷文》（1843）、《十诫》（1843）、《路加福音》（第 18 章第 16、17 节，第 15 章第 18、19 节，1843）、《使徒行传》（1843）等。[29]1844 年 1 月 9 日，克劳瑟第一次在约鲁巴兰布道，选用《路加福音》第 1 章第 35 节，[30]他将其翻译成约鲁巴语 "*ohung ohworh ti aobih ni inoh reh li aomakpe li Omoh Olorung.*"（至高者的能力要荫庇你，因此所要生的，必称为神的儿子。）向民众讲解耶稣的诞生。[31]在克劳瑟的翻译中，他选择 "Olorung"（今日写作 "Ọlọ́run"），即创造万物统领万物的约鲁巴民族的至上神（"Olódùmarè"）来对应基督教的 "God" 一词，从他的选词我们可以看出，他将本土宗教概念杂糅进基督教翻译中，这使得约鲁巴兰人民从一开始对这一外来宗教有一种亲近感。这也是英国一直试图扶植本土传教士的原因之一。

此后，克劳瑟在圣公会的支持下，先后用约鲁巴语翻译了《摩西五经第一部——创世纪》（1853）[32]、《马太福音》（1853）[33]、《摩西五经第二部——出埃及记》（1854）[34]、《大卫的赞美诗》（1854）[35]、《箴言与〈旧约传道书〉》[36]、

---

28 理查德·韦斯特：《回到非洲去——塞拉勒窝内和利比里亚史》，上海人民出版社，1973 年，第 257 页。注：当时的约鲁巴地区也包括塞拉利昂在内。

29 Samuel Crowther, *Vocabulary of the Yoruba Language to which are prefixed the Grammatical Elements of the Yoruba Language*, London: printed for the Church Missionary Society, 1843, pp.177-181.

30 J. F. Ade Ajayi, "How Yoruba was Reduced to Writing.", *Odu*, 8, Oct. 1960, p.49.

31 今天的约鲁巴语写作：Ohun àwọn tí a ò bí ní inú rẹ ni a ń pè ní ọmọ.

32 Samuel Crowther, *The First Book of Moses, commonly called Genesis. Translated into Yoruba, for the use of the Native Christians of that Nation*, London: Church Missionary Society, 1853.

33 Samuel Crowther, *The Gospel according to St. Matthew. Translated into Yoruba, for the use of the Native Christians of that Nation*, London: Church Missionary Society, 1853.

34 Samuel Crowther, *The Second Book of Moses, commonly called Exodus. Translated into Yoruba, for the use of the Native Christians of that Nation*, London: Church Missionary Society, 1854.

35 Samuel Crowther, *The Psalms of David. Translated into Yoruba, for the use of the Native Christians of that Nation*, London: Church Missionary Society, 1854.

36 该书全名为：《约鲁巴语箴言与〈旧约传道书〉，供克劳瑟牧师国家基督徒及阿拉芬使用》。参加：Samuel Crowther, *Iwe Owe ati Iwe Oniwass, li Ede Yoruba tu awon Kristian ti ilu nan nipa Rev. S. Crowther, Alafa ti ilu nan.* London: Church Missionary Society, 1856.

《路加福音、使徒行传、雅各书、彼得前书》（1856）[37]；1857 年英国圣公会约鲁巴兰本地传教士塞缪尔·京（Samuel King）用约鲁巴语翻译了《以撒华滋的新约和旧约教义》[38]；同年，本地传教士托马斯·京（Thomas King）完成《以撒华滋第二教义书》[39]的约鲁巴语翻译，1867 年，他与克劳瑟合作翻译了《圣经》（*Bibeli Mimọ*）；1879 年两人又合作完成了《新约》（*Testimenti Mimọ*）的翻译，1890 年，克劳瑟完成圣经的全本翻译《圣经或永恒的新约》（*Bibeli Mimọ Tabi Majẹmu Lailai Ati Titun*）由英国圣经公会出版。这也标志着约鲁巴语书面语基本定型。之后的约鲁巴语语言规则的制定和修改，基本都要参照克劳瑟。

　　由于约鲁巴语是一种口头语言，所以在与英文对译过程中，有一些词比较难找到对应词语，如在圣经的翻译过程中，一些概念的内涵无法准确表达，如"圣灵"这一概念，对于约鲁巴人来说，"灵"指的是死人的"灵魂"。[40]因此，在翻译过程中，词语的选择就特别需要技巧。以《主祷文》的约鲁巴语翻译为例，如下：

Iwe Adura Yoruba

　　BABBA 'wa, ti mbeh li orung, **Ohworh** l'orukoh reh. <u>Ille-obba</u> reh de. Iffeh ti reh ni ki 'a she li aiye, bi nwong ti ngshe li orung. Fu 'wa li ongjeh ojoh 'wa li oni. Dari ehshehh 'wa ji 'wa. Mah fa 'wa, bi 'a ti dari ehshehh ji awong ti oh shehh 'wa. Mah fa 'wa si inoh idehwo, gba 'wa ni inoh (gba 'wa l'**ohwoh**) tulassin: <u>Illeh obba</u> ni ti reh, agbara ni ti reh, ogo ni ti reh, lailai. Amin.[41]

　　（我们在天上之父，愿人都尊你的名为圣。愿你的国降临，愿你的旨意行在地上，如同行在天上。我们日用的饮食，今日赐给我们。免我们的债，如同我们免了人的债。不叫我们遇见试探，救我们脱离凶恶。因为国度，权柄，荣耀，全是你的，直到永远。阿们。）

37　Samuel Crowther, *The Gospel according to St. Luke, the Acts of the Apostles; with the Epistles of St. James and St. Peter translated into Yoruba*, London: Church Missionary Society, 1856.

38　Samuel King, *Katekismu Itan ti Dr. Watts, Testamenti Lailai on Testamenti Titun*, London: Church Missionary Society, 1857.

39　Thomas King, *Katekismu Ekezi, ti Watti*, London: Church Missionary Society, 1857.

40　参见：[美]斯蒂芬·米勒、罗伯特·休伯著，黄剑波、艾菊红译：《圣经的历史：〈圣经〉成书过程及历史影响》，北京：中央编译出版社，2013 年，第 320-324 页。

41　Samuel Crowther, *Vocabulary of the Yoruba Language to which are prefixed the Grammatical Elements of the Yoruba Language*, London: printed for the Church Missionary Society, 1843, pp.181.

克劳瑟指出，在约鲁巴词汇系统里，找不到与希腊语"ἁγιασθήτω（受显扬）"相对应的词汇，他用 Ohworh 来表达"尊敬"的意思。"ohworh"在约鲁巴语的使用范围是任何人。"你的国"克劳瑟翻译为"奥巴（国王）的宫殿"（Ille-obba）。仅以这两处翻译就可以看出：克劳瑟的翻译为了适应约鲁巴兰本地特点，将其世俗化了。这种世俗化容易为国王所接受，利于基督教在约鲁巴兰传播。

正是因为在圣公会的帮助下，克劳瑟由一名奴隶变成圣公会第一位黑人主教，也是因为圣公会将克劳瑟送去英国接受教育，也才有克劳瑟日后一系列著作的诞生。正是因为传教事业的开展，非洲许多民族或国家的语言才得以书面化，许多历史得以记载。从这方面来说，英国殖民时期基督教对当地反奴隶运动、教育特别是语言产生了非常重要的作用。

到 19 世纪下半叶，印刷技术简化、印刷成本降低，《圣经》得以大规模的印制，世界范围内各语言版本《圣经》广泛传播。在传教士努力下，约鲁巴语《圣经》和赞美诗集在约鲁巴兰广泛传播，促使了当地部分居民改宗基督教。为了向新追随者传播福音，为了使新信徒能够阅读和理解《圣经》，传教士们教授他们《圣经》和其它基督教书籍。从这点来说，《圣经》的翻译提高了约鲁巴兰识字率，加速了脱盲进程。[42]

综上所述，《圣经》的翻译工作是"19 世纪最伟大的跨文化传播成果"。[43]在圣经的翻译过程中，约鲁巴语逐渐书面化、拉丁化，推动了"标准约鲁巴语"的形成。

（二）"标准约鲁巴语"的形成

标准约鲁巴语的形成实际是经历了约鲁巴阿贾米（Yoruba Anjemi）和拉丁化两者的博弈，但在基督教会的推动下，约鲁巴兰选择了欧洲字母作为标准约鲁巴语字母，并最终确立了标准约鲁巴语语音和语法体系。

1. 约鲁巴阿贾米

在传教士进入约鲁巴兰前，19 世纪初，关于选择何种文字作为约鲁巴语字母，在创造新文字、选择阿拉伯语还是罗马字母上，约鲁巴人做了多次尝试，

---

42 O. G. Tamuno, "Printing and publishing in Nigeria: a historical survey", *Nigerian Libraries*, 9 (1 and 2), 1973, p.1.

43 [德]于尔根·奥斯特哈默著，强朝晖、刘风译：《世界的演变：19 世纪史（III）》，第 1629 页。

但最终都没有成功。约鲁巴人最初尝试用阿贾米（Ajamī）[44]文字书写约鲁巴语，一度发展成为穆斯林约鲁巴语（Moslem Yorubas）。1804年，富拉尼穆斯林领袖奥斯曼·丹·福迪奥（Usman Dan Fodio）在豪萨地区发动伊斯兰圣战，圣战很快蔓延至约鲁巴兰。[45]到1820年代，约鲁巴兰伊洛林（Ilorin）成为福迪奥"吉哈德"运动向南推进计划的跳板和前线城市之一。[46]与伊斯兰教的接触，促使约鲁巴兰伊斯兰教学者采用阿贾米书写方式记录约鲁巴语，他们用约鲁巴阿贾米立传、写诗歌和记录疾病。[47]约鲁巴阿贾米书写情况如下：

	阿拉伯语	约鲁巴阿贾米	约鲁巴罗马化
1	ب	ب	b
2	م	م	m
3	و	و	w
4	ف	ف	f
5	—	ب/	p/kp
6	—	ب/	gb
7	ت	ت	t
8	د	د	d
9	ث	—	—
10	ذ	—	—
11	ظ	—	—
12	ط	—	—
13	ض	—	—
14	ل	ل	l
15	ن	ن	n
16	ج	ج	j
17	ز	—	—
18	ص	—	—
19	س	س	s

44 约鲁巴语写作：Anjemi 或 Anjami。

45 关于豪萨地区"吉哈德"运动与知识革命，参见孙晓萌：《语言与权力——殖民时期豪萨语在北尼日利亚的运用》，社会科学文献出版社，2014年，第50-52页。

46 参看：T. G. O. Gbadamosi, Chapter 3, *The Growth of Islam among the Yoruba, 1841-1908*, London: Longman, 1978.

47 有学者专门研究约鲁巴语词汇的阿拉伯语来源。参见：M. A. Mazhar, *Yoruba Traced to Arabic*, Lagos: Ahmadiyya Muslim Mission, 1976.

20	ر	ر	r
21	ش	ش	s/sh
22	ي/ی	ي/ی	y
23	ك/كك	ك/كك	k
24	غ	غ	g
25	ق	—	—
26	ع	—	—
27	ھ	ھ	h
28	ء		
29	‎ٔ	‎ٔ	a
30	‎ٖ	‎ٖ	i
31	‎ٔ	‎ٔ	u
32		ع/أي	e
33		وَ/ؤ/عَوْا	o
34		ع/يَ	ẹ
35		وَ/ؤ/غُو	ọ

2. 约鲁巴语拉丁化

自 1843 年起至 20 世纪初，在圣公会的要求和大力支持下，随着圣经的约鲁巴语翻译陆续展开，约鲁巴语词典和语法书陆续出版。约鲁巴语（èdè Yorùbá）走向拉丁化和书面化过程。奥约方言成为圣经翻译和词典的基础语言，约鲁巴语的发音、文字书写形式、语法得到明确。作为英国圣公会重点培养的本土传教士，克劳瑟为此做出了重要贡献。

1849-1859 年，克劳瑟与英国圣公会经过数十载的努力，编写了约鲁巴语教材、词汇、语法书，并在欧洲语言学家的配合下，奠定了现代标准约鲁巴语基础。奠基之作主要有：

（1）《为埃格巴人编写的约鲁巴语初阶》（*Iwe Ekinni on ni tu awon ara Egba*,1849）；

（2）《约鲁巴语词汇》（*A Vocabulary of the Yoruba Language*, 1843）：该书分为四部分：第一部分为引言，介绍约鲁巴王国历史（第 i-vii 页），包括：约鲁巴人的早期传统、约鲁巴国王等；第二部分为约鲁巴语语法结构（第 1-48 页）；第三部分是约鲁巴语词汇（英语译约鲁巴语、约鲁巴语译英语，第（1）-（176）页）；第四部分是翻译实例（第（177）-（196）页），包括：《主祷文》、

《十诫》、《路加福音》、《酋长与英国签订的条约》、《英女王对酋长与非洲人民的讲话》。[48]

（3）《约鲁巴语语法以及约鲁巴语词汇（含塞拉利昂主教维达引言）》（*A Grammar of the Yoruba Language, Also a Vocabulary of the Yoruba Language, together with Introductory Remarks by Rev. O. E. Vidal*, 1852）：该书是在 1843 年基础之上修订完成，其中，语音系统基本沿袭 1843 年版，语法部分做了较大改动。[49]

值得一提的是，当时教会尚未在约鲁巴兰建立印刷所，约鲁巴兰并不具备出版条件，克劳瑟以上著作都是在伦敦完成印刷。而出版和印刷条件对语言选择有所影响，这在后文也会提及。克劳瑟在上述著作编写和推广过程中，逐步确立了约鲁巴语语音系统和语法体系，为现代标准约鲁巴语的形成奠定了基础：

（1）约鲁巴语发音方式

在说约鲁巴语地方，有三种发音方式，分别是：首都发音方式——奥约音（Oyoh）；地方发音方式——伊巴克帕（Ibakpah）音和依博罗（Ibolloh）音。[50]克劳瑟举例说明三者不同：

单　词	奥约音	伊巴克帕音	依博罗音	按：现代标准约鲁巴语音
打开	shi	tshi	si	și
工作（动词）	shisheh	tshitsheh	siseh	șișé
做	she	tshe	se	șe

因奥约发音介于伊巴丹音与依博罗音，因此克劳瑟决定以奥约音为约鲁

48　参见：Samuel Crowther, *Vocabulary of the Yoruba Language. Part I-English and Yoruba. Part II-Yoruba and English. To which are prefixed, the Grammatical Elements of the Yoruba Language.* London: Printed for the Church Missionary Society, 1843.

49　参见：Samuel Crowther, *A Grammar of the Yoruba Language, Also, A Vocabulary of the Yoruba Language, together with Introductory Remarks by O.E. Vidal*, London: Seeleys, 1852.

50　笔者就这两个地名与北京大学约鲁巴语外教卡比尔（Olanrewaju Kabir Oladele）先生商榷，他认为 Ibakpak 可能是今天的伊巴丹。但笔者阅读伊巴丹历史书籍，并未看到伊巴丹有 Ibakpak 之称，故此处暂按音译处理。关于 Ibolloh 卡比尔先生认为不在今日尼日利亚境内，笔者根据谷歌地图，认为 Ibolloh 疑似今刚果共和国利跨拉省（Likouala region）依博罗（Ibolo）地区。

巴语标准音。[51]根据克劳瑟 1852 年在《约鲁巴语语法及词汇》中的解释，"sh"等于"ş"，[52]则我们得出结论：现代标准约鲁巴语语音基本定型于 1843 年左右。另外，需要注意的是，克劳瑟这里所说的是发音方式（modes of pronouncing）不同，而不是约鲁巴语有三种方言（dialect）。随后的欧洲传教士或语言学家在解释约鲁巴语时，认为约鲁巴语有上述三种方言，如约翰·克拉克（John Clarke）在其 1848 年出版的《语言实例：非洲语言简明词汇与非洲国家及习俗注释》[53]一书中，援引克劳瑟所举的例子，说明这是约鲁巴语三种方言，这其实是一种误解。

（2）约鲁巴语有 25 个字母

a, b, d, e, f, g, gb, h, i, j, k, l, m, n, ng, o, p(=kp), r, s, t, ts, u, w, y（其中：gb, kp, ng, ts 为四个双辅音。）[54]

a. 元音：5 个基础元音：a, e, i, o, u，每个基础元音有长音和短音之分。长元音跟在单辅音之前或之后，短元音跟在双辅音之前或之后，ah 例外；2 个变体元音：ẹ, ọ；2 个双元音：ai, oi。克劳瑟认为，5 个基础元音的发音同意大利语，但他同时列举英语和德语说明发音技巧。这是因为当时约鲁巴兰传教会有英国和德国籍传教士。他认为：变体元音 ẹ 的发音部位，介于英语"bat（球棒）"中"a"与"bait（诱饵）"中"ai 之间，而对于英国人来说，后者更贴近；或者类似于德语"Väter（父亲们）"中"ä"的发音。关于变体元音 ọ 发音介于英语元音 a 与 o 之间，近于"law（法律）"、"water（水）"、"not（不）"中"a"和"o"的发音，在瑞典语中用 å 表示。两个双元音的发音部位同英语。[55]

b. 辅音：克劳瑟在 1843 年《约鲁巴语词汇》中，并未提及辅音字母 sh 或ş。他在 1852 年《约鲁巴语词汇及语法》中增加了辅音 sh（=ş），并强调在约

51　Samuel Crowther, *Vocabulary of the Yoruba Language. Part I-English and Yoruba. Part II-Yoruba and English. To which are prefixed, the Grammatical Elements of the Yoruba Language.* London: Printed for the Church Missionary Society, 1843, p.1.

52　参见：Samuel Crowther, *A Grammar of the Yoruba Language, Also, A Vocabulary of the Yoruba Language*, London: Seeleys, 1852, p. 1.

53　参见：John Clarke, *Specimen of Dialects: Short Vocabularies of Languages: and Notes of Countries & Customs in Africa*, Berwick-Upon-Tweed: Printed by Daniel Cameron, 1848, p.73.

54　Samuel Crowther, *Vocabulary of the Yoruba Language. Part I-English and Yoruba. Part II-Yoruba and English. To which are prefixed, the Grammatical Elements of the Yoruba Language.* London: Printed for the Church Missionary Society, 1843, p.2-3.

55　Samuel Crowther, *Vocabulary of the Yoruba Language. Part I-English and Yoruba. Part II-Yoruba and English. To which are prefixed, the Grammatical Elements of the Yoruba Language.* p.3.

鲁巴语中有 6 个辅音的发音部位需要特别注意："g"是硬音；"j"是软音；"h"的发音比较独特、像一个送气音；"p"在约鲁巴语中的发音倾向于"kp"，是一个硬音；"gb"是"kp"相对应的软音；"ṣ"的发音同"sh"。而其它字母与英语发音相同。[56]

（3）声调

约鲁巴语声调分为高声调（ˊ）、低声调（ˋ）和平声调（-）。

综上所述，克劳瑟在圣公会的支持下，于 1843 年以印欧语言为基础，构建约鲁巴语语音系统和语法体系，并其后不断完善，至 1852 年出版的《约鲁巴语语音及语法》一书中，现代标准约鲁巴语语音和语法规则基本形成。约鲁巴兰传教士们很快用以传播福音和展开教育。克劳瑟的努力也引起了欧洲语言学家对约鲁巴语的关注，这其中就包括德国埃及学家和语文学家莱普修斯（Carl Richard Lepsius）。他于 1854 年用德语出版了《普通语言学字母表：外语书写系统和至今尚未在欧洲字母中被描写的语言的转换原则》，[57]在该字母表中他确立了适用于书写非洲语言的欧洲字母。这个字母表一经发行，便相继受到英国圣公会（1854）、英国卫斯理传教会（1855）、巴黎福音传教会（Société des Missions évangéliques，1855）、伦敦会（1855）、摩拉维亚差会（Morivian Missions, 1855）、巴色会（Evangelische Missions-Geseleeschaft zu Basel, 1855）、美部会（1856）推崇。[58]1855 年应各差会要求，利普修斯联合剑桥大学李教授（Professor Lee）、伦敦诺里斯（Norris）等语文学家，将 1854 年 67 页的字母表扩充至为圣公会采纳的 315 页的英语版《标准字母表：将未记录语言和外语书写系统用欧洲文字统一表示》，[59]其中规定：

56　Samuel Crowther, *A Grammar of the Yoruba Language, Also, A Vocabulary of the Yoruba Language, together with Introductory Remarks by O.E. Vidal*, London: Seeleys, 1852, p. 1.

57　因第一版畅销，1855 年再版，内容上并无差异，均为 67 页。Carl Richard Lepsius, *Das allgemeine linguistische Alphabet: Grundsätze der Übertragung fremder Schriftsysteme und bisher noch ungeschriebener Sprachen in europäische Buchstaben*, Berlin: Verlag von Wilhelm Hertz,1854&1855.

58　C. R. Lepsius, *Standard Alphabet for Reducing Unwritten Languages and Foreign Graphic Systems to a Uniform Orthography in European Letters*, Second Edition, London: William & Norgate, 1863, pp.v-x.

59　《标准字母表》1855 年出版第一版，1863 年出版第二版。C. R. Lepsius, *Standard Alphabet for Reducing Unwritten Languages and Foreign Graphic Systems to a Uniform Orthography in European Letters*, London: William & Norgate, 1855, 1863.

（1）约鲁巴语元音系统如下[60]

$$ẹ$$

$$a \quad ā$$

$$e, ē \qquad ọ, \underline{ō}, ō$$

$$i, ī \qquad\qquad u, ū$$

$$ǎ ě ǐ ǒ ǔ$$

$$ã ẽ \text{等}$$

$$au \ ai \ \underline{oi} \ ōi$$

莱普修斯依据克劳瑟 1852 年《约鲁巴语词汇》中对约鲁巴语的标音，按照元音舌位高低排列元音并明确约鲁巴语标准元音字母。但 19 世纪 50 年代时，约鲁巴兰传教会中的德国传教士和英国传教士就是否完全采用标准字母表展开争论，英籍传教士认为该字母表并不能完全为约鲁巴语采用，而要做一些特殊处理。[61]

（2）约鲁巴语辅音系统如下[62]

k	g		ṅ		h	-		-
t	d		n		š	ž		y
p	b		m		s	-		r	l
					f	-		w
		tš	dž	kp	gb			

我们可以看出，莱普修斯根据发音部分将约鲁巴语辅音进行分类，虽然在字母的选择上与克劳瑟有出入，但是却体现了西方语言科学的划分，这也促成了克劳瑟与莱普修斯的合作。

（3）约鲁巴语声调

分为高声调、平声调、低声调。

综上所述，在圣公会传教士和欧洲语言学家的努力下，约鲁巴兰最终选择

---

60 C. R. Lepsius, *Standard Alphabet for Reducing Unwritten Languages and Foreign Graphic Systems to a Uniform Orthography in European Letters*, London: William & Norgate, 1863, p. 276.

61 参见: Samuel Johnson, *The History of the Yorubas*, Lagos: C. M. S (Nigeria) Bookshops, 1921, xxiv.

62 C. R. Lepsius, *Standard Alphabet for Reducing Unwritten Languages and Foreign Graphic Systems to a Uniform Orthography in European Letters*, London: William & Norgate, 1863, p. 276-277.

了罗马字母，放弃了约鲁巴阿贾米，原因可能如下：

第一，自 19 世纪始，一些参与将亚洲和非洲语言书面化的传教士、人种学家和语言学推行了一场字母运动，呼吁使用一种全球的、统一的、标准的字母。受这场运动的影响。非洲史学家阿贾伊曾这样评论这场运动："从法国哲学家沃尔尼（Volney）提出用欧洲语言字母代替东方语言复杂的字母表开始，这场字母全球统一化运动变开始了。即使不能代替现有文字，至少也会组织大规模的不同体系的字母表出现。"[63]这场运动给约鲁巴兰的影响便是 1854 年在约鲁巴兰召开了一场国际会议，探讨欧洲语言书写体系是否约鲁巴语，会上并未达成一致意见，但是明确了约鲁巴语有必要使用一种全球通用的正字法。作为会议的集人之一圣公会在西非的总书记亨利·维恩（Henry Venn）也是这场全球字母统一运动的倡导者，他在 1848 年就要求所有非洲本土传教士采用一种标准形式的字母表。[64]1854 年会议后，克劳瑟、圣公会神职人员、欧洲语言学家展开合作，致力于开展约鲁巴语拉丁化运动。这些语言学家中就包括上文提及的莱普修斯。

虽然圣公会内部英国传教士与德国传教士就《标准字母表》的标音存在争议，但其还是成为约鲁巴语拉丁化强有力的支撑。[65]在莱普修斯等欧洲语言学家和克劳瑟等英国圣公会传教士的共同努力下，基本奠定现代标准约鲁巴语基础：以罗马字母为标准字母，以奥约方言为基础，以 a, e, ẹ, i, o, ọ, u 为基本元音，拥有三种声调。

因此以克劳瑟为实践者，在英国圣公会和欧洲语言学家的努力下，罗马字母成为标准约鲁巴语基础。

第二，正如克劳瑟 1852 年在《约鲁巴语词汇》引言中所述，英国圣公会促成约鲁巴语成为书面语的主要目的是为了更好地在约鲁巴兰传播基督教教义和典籍，使约鲁巴兰成为神圣世界一员。[66]因此，约鲁巴语正字法成为基督教传播的工具之一，而约鲁巴阿贾米与伊斯兰教联系更为紧密。此外，

63　J. F. Ade Ajayi, "How Yoruba was Reduced to Writing", *Odu*, 8, Oct. 1960, p. 50.

64　Issac Adejoju Ogunbiyi, "The Search for a Yoruba Orthography Since the 1840s: Obstacles to the Choice of the Arabic Script", *Sudanic Africa*, Vol. 14, 2003, pp. 84-85.

65　参见：P. E. H. Hair, *The Early Study of Nigerian Languages: Essays and Bibliography*, Cambridge: Cambridge University Press, 1967, p.16.

66　Samuel Adjai Crowther and Owen Vidal, *A Vocabulary of the Yoruba Language*, London: Seeleys, 1852, introduction.

为了在约鲁巴兰争取更多的基督教信众,圣公会等传教会积极促进约鲁巴语拉丁化。

更重要的是,考虑到传教士在约鲁巴兰展开教学、传播福音的便利,在约鲁巴兰使用罗马字母自然而然。正如塞缪尔·约翰逊所言,"罗马字母在约鲁巴兰的使用是一件很自然的事情,不只是因为它好认好学,更是因为它将会降低传教士传教和开展教育的困难。试想一下,如果这些传教士在承担福音传播、经院教学之前需要花费时间熟悉对于他们而言陌生的文字,是多么困难啊。"[67]传教士们几乎都接受过一种或几种欧洲语言的训练,大多数人对阿拉伯语并不熟悉,因此,使用罗马字母对于他们而言势在必行。

第三,正如前文所述,当时不论是约鲁巴语圣经,还是约鲁巴语词典或书籍,都是在英国印刷完成。因此,从节约经济成本角度出发,采用符合英国印刷技术的罗马字母,比使用阿贾米文字合算,当时大规模印刷阿拉伯语文献资料需要去近东或中东。二者比较,显然使用罗马字母对于约鲁巴兰而言,更为有利。彼时同时在塞拉利昂和约鲁巴兰传教的圣公会传教士亨利·汤森从英国带回一台手动印刷机,自诩为"印刷者",经常向教会报告因字体改变而带来的印刷成本变化。[68]圣公会西非总书记亨利·维恩同样也热衷于降低印刷成本,而使用阿贾米,无疑会加大印刷成本。

第四,语言受众决定了使用何种书写体系。在约鲁巴兰,使用约鲁巴阿贾米人数并不多。约鲁巴兰与豪萨情况不同,豪萨在殖民前已经拥有使用阿拉伯语文字书写的悠长历史。而在约鲁巴兰,即使穆利斯林群体对阿拉伯语也并不十分了解。而因传教士的进入和基督教学校的开办,英语成为学校主课之一,其它课也是用英语教授,新的改宗者和追随者对英语非常熟悉。此外,如果采用一种与英语差别很大的新的书写体系,意味着学校需要教授两种不同的书写体系,会给学校教育带来混乱。如果使用罗马字母的话,这种混乱完全可以避免。

综上所述,使用罗马字母作为标准约鲁巴语字母是在基督教传教活动、殖民宗主国的影响、19 世纪世界语言学发展总体趋势之下"自然形成"的结果,更是英国传教士与约鲁巴兰本地传教士、传教士与语言学家共同合力的结果。

---

67 Samuel Johnson, *The History of the Yorubas*, Lagos: C. M. S (Nigeria) Bookshops, 1921, xxiii.

68 P. E. H. Hair, *The Early Study of Nigerian Languages: Essays and Bibliography*, Cambridge: Cambridge University Press, 1967, p.16.

三、语言标准化和书面化的双向作用

基督教在语言标准化和书面化方面的努力，对殖民统治地区/殖民地、英国/殖民宗主国都具有重要的影响：

1. 对殖民统治地区/殖民地而言

传教士对当地语言的研究和规范化，使得殖民统治地区/殖民地的文化、历史、传统等也在欧洲得以传播，使得殖民统治地区/殖民地的历史得以书写，语言得以保存和流传，保护了文化生态的多样性。圣公会传教士对约鲁巴语的拉丁化，推动了约鲁巴兰的学术讨论，1854 年和 1875 年约鲁巴兰就约鲁巴语字母选择问题召开了两次国际会议，直接影响是约鲁巴语成为一种书面语文字，间接影响是推动了约鲁巴兰教育的兴起，教学的目标是人们通过阅读约鲁巴语文献，最终可以成为传道者或教师。这是约鲁巴语在尼日利亚教育史中黄金时代。[69]对于香港而言，华人群体在中、西两种文化杂糅之中，改变了自己文化的原有走向。

2. 对英国/殖民宗主国而言

基督教推动了约鲁巴兰文字书面化，《圣经》、基督教教义、期刊、基督教福音传播经典（如：《天路历程》）被安排到约鲁巴兰学校教育之中。英国/殖民宗主国思想、基督教思想自然渗透到殖民统治地区/殖民地之中，推动了英国对殖民统治地区/殖民地的控制和管理，促进欧洲科学、哲学、文化等在殖民统治地区/殖民地的传播和发展。对于香港而言，如何管理占主体的华人群体，是港英政府各任港督面临的问题。基督教对粤方言拼音化，有利于政府工作人员快速掌握粤语，传教士开展的各种阅读会，推动了政府人员对中国的了解。港英政府逐渐运用英语和粤语，推广各种殖民政策。

第二节　香港和约鲁巴兰的教育和新闻事业的发展

一、从宗教教育到世俗教育

（一）香港教育事业发展

在英国占领香港岛前，在黄泥涌、赤柱、石排湾、香港仔等地已经有一百多年的办学历史。这些学校平均每年大约有 50 多名学生、5 名教师。受教育

69　J. F. Ade Ajayi, "How Yoruba was Reduced to Writing.", *Odu*, 8, Oct. 1960, p.49.

人口不足香港总人口 1%。[70]学生每月学费大约为 30 个铜钱加上 4 斤米，在特定节日里也会送一些鸡蛋、水果或家禽给老师作为报答。授课内容主要为:《百家姓》、《三字经》、《千字文》。学生学到第三年后，开始学习"四书"等经典。除了阅读和记忆训练外，学生还要学习书写汉字。在客家人农忙、本地渔民渔汛期时，学校停止授课，教师们不收工资，以代人写信、算账和算命为生。[71]以上为英国进入香港前香港教育发展状况，主要以传授儒家伦理为主。1841 年英国占领香港后，传教士们纷纷从澳门转至香港，开启了香港西式教育发展时期。

1. 伦敦会创办基督教学校

1841 年英国占领香港岛后，马礼逊教育学会（Morrison Education Society）意识到将澳门马礼逊英华书院（Morrison Anglo-Chinese School）[72]迁至香港的必要性，因为"英国在香港的居留地为扩大学会活动计划提供了特别合适的机会，目前在中国，只有香港才能为实现教育学院计划提供保障。"[73]1842 年 2 月 21 日学会通过迁港决议。次日，英国驻华商务监督璞鼎查批准划拨今摩利臣山（Morrison Hill）处一块土地供学会建设学校。同年 11 月 1 日，马礼逊英华学校由澳门迁港，并带来 11 名学生。次年，马礼逊教会在摩利臣山建立马礼逊教育学会学校（The Morrison Education Society School），由来自耶鲁大学女牧师布朗夫人管理 24 名学生。驻华商务监督璞鼎查给予马礼逊教育学院每年 1200 美元的财政资助。[74]同年，在理雅各博士领导下，伦敦会创办的马六甲英华书院（Anglo-Chinese College）也迁至香港，成为中国第一所神学院，旨在培养中国本土牧师。香港英华书院的成立和经营，推动了基督教神学工作

---

70 根据欧德理统计，在英国占领香港岛前，香港受教育人口大约占总人口的 0.89% 左右，不足 1%。见: Ernst John Eitel, "Materials for a History of Education in Hong Kong", *The China Review, or notes & queries on the Far East*, Vol. 19, No.5, 1891, pp. 309-310.

71 Ernst John Eitel, "Materials for a History of Education in Hong Kong", *The China Review, or notes & queries on the Far East*, Vol. 19, No.5, 1891, pp. 309-310.

72 马礼逊教育学会与马礼逊英华学院皆为纪念伦敦会传教士马礼逊而成立。马礼逊教育学会于 1836 年 9 月成立于广州，英国鸦片商基督徒颠地（Lancelot Dent）担任会长，旨在以办学等方式推动中国教育事业。1839 年 11 月在马礼逊教育学会的倡议下，马礼逊英华书院在澳门成立。

73 Ernst John Eitel, "Materials for a History of Education in Hong Kong", *The China Review, or notes & queries on the Far East*, Vol. 19, No.5, 1891, p.310.

74 Anthony Sweething, Education in Hong Kong Pre-1841 to 1941: Fact and Opinion, Hong Kong: Hong Kong University Press, p.143.

在中国的展开，由香港经验推广至其它各地，其它地区的办学经验又传至香港。如：伦敦会借鉴香港神学院教学和管理经验，于 1868 年在厦门建立神学研究机构，开办"自养"模式的传道者培训班（Preacher's training class），旨在培养中国本土传道者。传道者培训班又推广至香港，接着推广至上海、重庆和天津。传道者培训班培养了一批中国本土牧师，推动了中国基督教神学研究，促进基督教在中国传播。据季理斐统计，伦敦会自 1843 年英华书院迁港后至 1907 年，在港的教会全日制学校里共有 990 名教职人员；英华书院发展成一所拥有 50 名教职人员记录在册的寄宿式学校；[75]伦敦会在女子教学方面也有卓有成效，1864 年，理雅各夫人成功创办了一所女子寄宿式学校——英华书院女子学校，积极推动香港女性教育。此外，伦敦会持续推行家庭教育模式，推动香港平民教育。

2. 英国圣公会华南传教团（South China Mission of the C.M.S）创办基督教学校

1843 年，圣公会派遣史丹顿牧师到港担任"殖民地牧师"，史丹顿在英国时就已经有为香港华人男孩建立一所学校的计划，并积极为之筹款。1849 年末圣保罗书院（St. Paul's College）经史丹顿多年努力正式开课，成为香港最早的中学之一。在圣保罗书院办学契约上，明确指出办院宗旨："根据英格兰和爱尔兰教会的原则，受维多利亚教区主教管辖，是一所培养牧师和传道师的机构。"[76]1850 年史丹顿将书院移交给维多利亚教区主教施美夫，由施美夫担任书院首任校长。书院招生之初，仅有 9 名学生和 1 名导师。1851 年，书院校舍正式落成。英华书院随后在文明理牧师、奥克森（M. A. Oxon）和斯图亚特牧师（Rev. A. D. Stewart）以及中国导师的扶持下，到 1905 年书院拥有 30 名学生和男童。圣公会在香港创办的另一所学校是于 1903 年在白烈士牧师（Rev. Ernest Judd Barnett）[77]领导下成立的圣士提反书院（St. Stephen's College），该校办学初衷旨在为华人精英阶层的孩子提供教育。因此学校师资配置为中国和英国两国老师。圣士提反书院发展很快，1903 年学校只有 6 名寄宿生和 1

---

75 D. MacGillivray, *A Century of Protestant Missions in China (1807-1907): Being the Centenary Conference Historical Volume*, Shanghai: Printed at the American Presbyterian Mission Press,1907, p.11.

76 见香港圣公会档案馆藏"会督府历史"。（按：因圣公会主教（会督）在香港之初兼任圣保罗书院校长，所以会督府在当时除了是历任维多利亚教区主教的住所，也是圣保罗书院所在地。所以称作"会督府"。）

77 白烈士牧师担任圣士提反书院首任校长，在任时间为：1903-1914 年。

名走读生，到 1906 年学生人数就已经超过 100 人。因学生人数不断增长，学校课程大纲相应调整，教学难度增加，要求学生毕业后可达至英国公立学校水平。圣士提反书院成立之初，采取自养模式，除了白烈士牧师的薪水之外，没有从圣公会获取任何资金支持。[78]除了上述两所书院，截止 1907 年，英国圣公会在香港还创办了 20 所供男童和女童学习的走读学校，共有 940 名学习者接受指导。在推动女性教育方面也有所作为：创办了一所女子培训学校（由艾尔女士（Miss Eyre）管理）和两所寄宿式学校（一所由女子教育传道团创立，为西角基督教女童提供教育；另一所为西九龙孤儿女童提供教育的拔萃女子训练学校（The Diocesan Native Female Training School））。[79]

3. 循道会自 1851 年进入香港，到一战前，在香港发展了五所由循道会监管、政府全力资助的具备香港地方特色的学校

尤其在 1841-1865 年，香港的教育事业以宗教教育为主，以英国为总部的基督教传教士们几乎垄断了香港的教育事业。1841-1914 年间在香港创办的教会学校如下表：

教会学校	创办时间	所属差会	说　　明
马礼逊教育学会学校	1842 年 11 月	马礼逊教育学会	由澳门迁港，1849 年关闭。[80]
英华书院	1843 年	伦敦会	由马六甲迁港，1856 年停办，
圣保罗男童书院	1843 年	圣公会	由史丹顿创办，1867 年停办
英华女学	1846 年	伦敦会	理雅各夫人主持
拔萃女学	1860 年	圣公会	施美夫主教夫人创办
拔萃男学	1869 年	圣公会	孙中山曾就读于此
诸圣堂书院	1896 年	圣公会	
圣士提反男中学	1903 年	圣公会	
圣士提反女中学	1906 年	圣公会	

---

78 D. MacGillivray, *A Century of Protestant Missions in China (1807-1907): Being the Centenary Conference Historical Volume*, Shanghai: Printed at the American Presbyterian Mission Press,1907, p.39.

79 D. MacGillivray, *A Century of Protestant Missions in China (1807-1907): Being the Centenary Conference Historical Volume*, Shanghai: Printed at the American Presbyterian Mission Press,1907, p.39.

80 马礼逊英华书院在港创办之初，时任英国驻华商务监督璞鼎查爵士（Sir Henry Pottinger）每年拨给马礼逊教育学会 1200 英镑用于办学，其继任者德庇时（John Francis Davis）认为马礼逊英华书院由美国传教士掌控，拒绝给予经费支持。

从上表可以看出，英国圣公会在香港办学最多，这些教会学校大多数存续时间很短。事实上，殖民初期，教会在香港办学并不顺畅，惨淡经营。教会学校大部分只属由传教士一人主理的书塾私学模式，而且纯粹以传播福音为目的，始终无法摆脱教会的旧有传道模式，自然也无法对中国社会产生重要影响。基督教会意识到其局限性，与港英政府合并办学。欧德理的政策是增加学校英语教学的比重。通过建立资助制度，鼓励基督教会创办世俗学校，减少公办学校的数量。1882-1896 年，公办学校由 39 所减少至 16 所，而受资助政策扶持的学校由 41 所增至 100 所。[81]在教育政策上，轩尼诗主张英语教学，包括把当时的中央书院原来各四小时的中英文教学制度，改为五小时英文教学、二小时半中文教学，同时又把英语列为必修课。从 1895 年起，规定新设立的学校若不以英语为教学媒介，便不能获得政府资助。以圣士提反书院为例，1910 年左右圣士提反书院开始接受港英政府资助，由私学转为公学。

（二）约鲁巴兰教育事业发展

19 世纪下半叶，基督教会在约鲁巴兰建立学校，开创了约鲁巴兰现代教育事业，主导了殖民时期教育的发展。1841-1914 年间，基督教教育在约鲁巴兰的发展可以分为两个阶段：

1. 教会完全主导阶段（1842-1882 年）

由基督教教会主导的西式教育在约鲁巴兰展开，该阶段受教育对象主要是平民（以基督信徒为主），教学目的主要是培养本土传教士和教师。酋长们对教会学校接受度不高，因为基督教会学校削弱了传统宗教在约鲁巴兰的影响力，而其政权合法性恰恰以此为基础。殖民初期，基督教义动摇传统宗教根基的思想在约鲁巴兰非常常见，这也是基督教会学校开展的必要性和困难之处所在。但英国圣公会还是在奥约创办了圣安德鲁学院，在伊巴丹创立了卫斯理学院。在这个阶段，教育经费完全由各差会自行负责，1879 年，英国圣公会在伊巴丹创办了两所教会学校，只有 67 名注册学生。[82]

2. 传教团与政府合作阶段（1883-1914 年）

西式教育以及市民中心的思想在受基督教教育的一部分人中得到推广，

---

81 G.B. Endacott, *A Biographical Sketch-Book of Early Hong Kong (New introduction by John M. Carroll)*, Hong Kong: Hong Kong University Press, 2005, pp. 110-111.

82 参见：Toyin Falola, *Ibadan: Foundation, Growth and Change, 1830-1960*, Ibadan: Bookcraft, 2012, p.335.

精英阶层逐渐形成。而这个阶段，政府的介入促使教育目标转变，不再是单纯培养传教士牧师，转向培养公务员、译员和办公人员。由于政府介入，差会不愿负担教育支出，而由殖民政府财政支出。为此，政府出台教育法案，只有达到一定成绩的学生才会受到政府资助。而考核科目只有两科：语言和算术。根据教育法案第十条第五款，政府只资助说英语的人，不资助说约鲁巴语者。[83]政府出台这款法律的目的可能有两点，一是限制获得政府资助的学生人数，减少财政支出；其二是培养政府所缺的约鲁巴语——英语双语人才，将政府的教育支出行之有效地转换为生产力。其结果是导致英语在约鲁巴兰地位逐渐超越约鲁巴语，基督教会需要政府财政支持，进而在学校教育中投入更多时间在英语教学之中，减少了约鲁巴语教学时间。虽然约鲁巴语地位在这个阶段降低了，但是约鲁巴兰地区西式教育在这个阶段蓬勃发展。20 世纪初，伊杰布基督教徒与传教士合作，希望在伊杰布城镇创办小学和中学，大力推广西方教育，1913 年圣公会创建了伊杰布地区第一所中学——伊杰布-奥德语法学校（Ijebu-Ode Grammar School）。[84]同年，圣公会在约鲁巴兰创办了一所中学——伊巴丹语法学校（Ibadan Grammar School）。[85]

二、报刊的创办与知识、思想的传播

（一）《中国评论》（*The China Review, or Notes and Queries on the Far East*）

关于基督教在香港创办报刊学界已有许多研究，尤其集中于《遐迩贯珍》。本书拟以英国汉学家波大也为例，说明《中国评论》在香港与中西文化交流之中所起的作用。[86]

《中国评论》为 1872 年在香港创刊的一份英语期刊，于 1901 年停办，29年内共发行 25 卷 150 期。供稿群体主要为港英政府公务员和传教士。黄文江

---

83 Agboọla Ologunde, "The Yoruba Language in Education", in Adebisi Afọlayan ed., *Yoruba Language and Literature*, University of Ifẹ,1982, p.281-282.

84 Olufemi Vaughan, *Religion and the Making of Nigeria*, Durham: Duke University Press, 2016, p.75.

85 Olufemi Vaughan, *Religion and the Making of Nigeria*, p.73。

86 关于《中国评论》的研究，主要有：王国强爬梳《中国评论》与西方汉学之间的关系；黄文江关于欧德理对"中国评论"的贡献。参见：王国强：《〈中国评论〉（1872-1901）与西方汉学》，上海：上海世纪出版集团，2010 年；Wong Man Kong, "Hong Kong and Sino-Western Cultural Interaction: Ernest Eitel and the China Review"，载《港澳与近代中国学术研讨会论文集》，台北：国史馆，2000 年。

认为该期刊"极具价值，因为它不仅见证了发生在香港的中西文化交流，还可以使我们了解十九世纪西方人眼中的中国形象。"[87]

波大也在《中国评论》上发表了 50 篇论文，居《中国评论》上供稿第五名，特别是 1900-1901 年发表了 20 篇文章，在最后一卷的"目录选集"（Collectanea Bibliographica）栏目标明波大也是主编（the editor）。他于 1900-1901 年担任《中国评论》杂志的主编，是继丹尼斯（N. B. Dennys）和欧德理之后的第三位主编。通过对波大也所发表文章的整理，如下：

年份（卷、期）	栏目	文章名	说　明
1877 年第 6 卷第 3 期	释疑	《中国钱币》（A Chinese Coin）	第 212 页
1881 年第 9 卷第 4 期	译文 1	《中国神话节选——中国的宇宙起源观及人类起源观 1》（Scraps from Chinese Mythology.——A Chinese Notion of Cosmology and the Genesis of Man）	第 195-212 页，翻译中国神话故事《神仙通鉴》
1881 年第 10 卷第 2 期	释疑	中国鸟类（Avicula (Malleus) Vulgaris）	第 145 页（1 页）
1881 年第 10 卷第 3 期	释疑	《客家方言简明句子》（"Easy Sentences in the Hakka Dialect"）	第 218-220 页
1882 年第 11 卷第 2 期	译文 2	《中国神话节选——中国的宇宙起源观及人类起源观 2》	第 69-86 页
1883 年第 11 卷第 4 期	译文 3	《中国神话节选——中国的宇宙起源观及人类起源观 3》	第 203-217 页
1883 年第 11 卷第 5 期	译文 4	《中国神话节选——中国的宇宙起源观及人类起源观 4》	第 282-297 页
1883 年第 11 卷第 6 期	译文 5	《中国神话节选——中国的宇宙起源观及人类起源观 5》	第 382-390 页
1883 年第 11 卷第 6 期	释疑	《李鸿章母亲的名字》（The Name of Li Hang Chang's Mother）	第 401 页
1883 年第 11 卷第 6 期	释疑	《汉字"氏"的奇怪用法》（A Curious use of the Word 氏）	第 402 页
1883 年第 12 卷第 3 期	译文 6	《中国神话节选——中国的宇宙起源观及人类起源观 6》	第 188-193 页

---

87 Wong Man Kong, "Hong Kong and Sino-Western Cultural Interaction: Ernest Eitel and the China Review"，载《港澳与近代中国学术研讨会论文集》，台北：国史馆，2000 年，第 120-121 页。

1884 年第 12 卷第 4 期	译文 7	《中国神话节选——中国的宇宙起源观及人类起源观 7》	第 324-331 页
1884 年第 12 卷第 5 期	译文 8	《中国神话节选——中国的宇宙起源观及人类起源观 8》	第 402-407 页
1884 年第 13 卷第 2 期	译文 9	《中国神话节选——中国的宇宙起源观及人类起源观 9》	第 75-85 页
1886 年第 15 卷第 3 期	释疑	父亲被称作"伯"（A Father called Uncle）	第 176-177 页
1886 年第 15 卷第 3 期	释疑	"女婿为半子"（A Son-in-law only half a son）	第 177 页
1886 年第 15 卷第 3 期	释疑	汉语"火烧眉毛"的一种翻译（A Chinese version of 'I think your coat tails are on fire'）	第 177 页
1886 年第 15 卷第 3 期	释疑	"榕树叶治疗眼疾"（Banian sap for bad eyes）	第 177 页
1886 年第 15 卷第 3 期	释疑	"不要浪费"（'Waste not'）	第 177 页
1886 年第 15 卷第 3 期	释疑	"中国孩子的笑"（Children's Smiles）	第 177-178 页
1886 年第 15 卷第 3 期	释疑	蝙蝠（Bats）	第 178 页
1889 年第 18 卷第 3 期	专文	《新会方言》（The San-wui Dialect）	第 178-195 页
1890 年第 18 卷第 5 期	专文	《东莞方言》（The Tung-Kwun Dialect）	第 284-299 页
1896 年第 22 卷第 2 期	专文	《香山或澳门方言》（The Hong Shan or Macao Dialect）	第 501-531 页
1900 年第 24 卷第 5 期	专文	《广东方言声调变体的使用规则》（Rules for the use of the Variant Tones in Cantonese）	第 209-226 页
1900 年第 24 卷第 6 期	新书消息	《教务杂志》（1900 年 7 月）（The Chinese Recorder and Missionary Journal. July,1900）	第 293-294 页
1900 年第 25 卷第 1 期	书评	威廉斯当东《三合会、天地会、白莲教和其它秘密结社》（Mr. William Stanton on the Triad Society, or Heaven and Earth Association, the White Lotus and other Secret Societies）	第 21-25 页
1900 年第 25 卷第 1 期	书评	"萨托爵士关于日本竹子的研究"（Sir Ernest Satow on the Bamboo in Japan）	第 39-47 页
1900 年第 25 卷第 1 期	释疑	"义和拳运动"（The Mailed Fist）	第 47-48 页

1900 年第 25 卷第 1 期	释疑	"光绪皇帝的外国玩具"（The Emperor Kwang Hsu's Foreign Toys）	第 48 页
1900 年第 25 卷第 1 期	释疑	"马建忠去世"（The death of Mr. Man Kien Cheung）	第 48 页
1900 年第 25 卷第 1 期	释疑	"深圳"（Sham Chun）	第 48 页
1900 年第 25 卷第 1 期	释疑	"在中国传教的传教士问题"（The Missionary Question in China）	第 48-49 页
1900 年第 25 卷第 1 期	释疑	"在英国的中国人"（Chinese in Great Britain）	第 49-50 页
1900 年第 25 卷第 1 期	释疑	"何天爵《真正的中国人》"（'The Real Chinaman' by Chester Holcombe）	第 51 页
		"王西里或瓦西里耶夫去世"（The Death of W. Wassiljew, or Wasselyeff）	第 51-52 页
		"约翰·安特森去世"（The Death of Dr. John Anderson）	第 52 页
1900 年第 25 卷第 2 期	论文	《顺德方言》（The Shun Tak Dialect）	第 57-68 页
1900 年第 25 卷第 2 期	释疑	"已故丹尼斯博士"（The Late Dr. N.B.Dennys）	第 94-95 页
1900 年第 25 卷第 2 期	释疑	"马克思·缪勒教授去世"（The Death of Professor Max-Muller）	第 95-96 页
1900 年第 25 卷第 2 期	释疑	"安特森教授去世"（The Death of Professor W. Anderson）	第 96 页
1900 年第 25 卷第 3	专文	《顺德方言》The Shun Tak Dialect	第 121-140 页
1900 年第 25 卷第 3 期	专文	"道格拉斯教授对'幸运的联合'（按：好述传）第一章的翻译"（Professor Douglas's Translation of the Fortunate Union——Chapter 1）	第 143-147 页
1900 年第 25 卷第 3 期	专文	"关于中国紧急流通"（Notes on a Circular in Connection with the Chinese Emergency）	第 147-149 页
1900 年第 25 卷第 3 期	书评	庄延龄新书《中国：从早期至今的历史、外交和贸易》（New Book by Mr. E. H. Parker (China: Its History, Diplomacy and Commerce from the Earliest Times to the Present Day)）	第 149-150 页
1901 年第 25 卷第 4 期	释疑	"日本亚洲文会会刊"（Transactions of the Asiatic Society of Japan）	第 197-198 页

1901 年第 25 卷第 4 期	释疑	"已故瓦特斯先生"（The Late Mr.T.Watters）	第 198 页
1901 年第 25 卷第 4 期	释疑	《翟理斯中国文学史》（Dr. Gile's History of Chinese Literature）	第 207-210 页
1901 年第 25 卷第 5 期	释疑	"日本亚洲文会会刊"	第 260-262 页
	书评	《中国危机与基督徒传教士：一种辩护》（The Chinese Crisis and Christian Missionaries: A Vindication.）	第 262 页
	释疑	"穆麟德先生去世"（The death of Mr. Von Möllendorff）	第 262 页
	释疑	"贝勒去世"（The death of Dr. E. Bretschneider）	第 262 页
1901 年第 25 卷第 6 期	释疑	"法国远东学院"（Bulletin de l'Ecole Française D'Extrême-Orient）	第 302-304 页
		"科阿韦拉州植物物种"（The Ethnobotany of the Coahuilla）	第 304 页
		"南加利福利亚的印度人"（Indians of Southern California）	第 304 页
	书评	《幼学格致要论》	第 304 页
		《绘图妇孺新读本》	第 304-305 页

　　从上述波大也发表的文章可以看出：在香港创办的《中国评论》内容聚焦关于中国本身情况（如：地理、宗教、语言文学、风俗习惯等）、外国人对中国的认识（传教士、观点、书籍等）、关于在外国的中国人等，同时还包括自然科学（如植物）等。形式多以释疑为主，编者与读者形成良好的互动。

　　作为西方世界第一份真正的汉学期刊，《中国评论》体现了以香港为中心的传教士和港英政府工作人员的专业素养，为西方汉学界徐诶书信息提供了一个良好的交流平台，对欧美汉学交了解中国的发展起到桥梁作用，同时也推动了香港学者与欧美学者的学术互动，如何启等在通过与欧德理、波大也等基督教徒兼汉学家的互动过程中，为香港的发展做出了重要贡献。而欧美学者则通过该报纸了解远东地区的学术发展以及中国的宗教国情等。因此，《中国评论》是沟通中西文化交流的重要平台。

（二）《埃格巴人民新闻报纸》（Ìwé Ìròhìn Fún àwọn Ará Ẹgbá）

　　1851 年，圣公会传教士亨利·汤森（Henry Townsend）从英国带回一部手动印刷机，开启了其在约鲁巴兰传教计划之一，创办一份报纸。在自学了印刷机使用方法后，他在阿贝奥库塔传教基地开办了一所印刷学院。招聘当地男童为学徒，随着学徒数量不断增加，汤森购得的印刷设备增多，印刷学院开始尝试一些常规的印刷工作，如：出版赞美诗集、教义问答集和祈祷文等，有时也承担一些装帧工作。[88]自 1841 年传教士进入约鲁巴兰以来，西式教育得以在约鲁巴兰传播，阅读群体逐渐形成。对于那些从国外学成返回约鲁巴的人来言，加纳在 1800 年前就有报纸，而约鲁巴兰迄今尚未有报纸是件不可思议的事。因此在亨利·汤森的推动下，约鲁巴兰乃至尼日利亚第一份报纸《埃格巴人民新闻报纸》（Ìwé Ìròhìn Fún àwọn Ará Ẹgbá，以下简称《报纸》）1859 年 12 月 3 日第一次出现在阿贝奥库塔街头。该报纸创刊之初为约鲁巴语，1860 年开始增加英语版面，两周一期，每份报纸（含约鲁巴语和英语版面）共八页，售价为 120 贝币，英文版可单独出售，售价为 1 便士。该报纸创办初衷是报道教区居民基督教会以及远近各州每周动态，聚焦阿贝奥库塔及其周围城邦的宗教活动、人口出生死亡情况和政治活动。[89]由于创办时期印刷设备和技术不充分，该报纸最初采用油印方式，页面通常以两栏形式排版，没有图片，只有文字。

虽然汤森创办《报纸》的主要目的是鼓励埃格巴及约鲁巴其它地区的民众养成阅读习惯，但是他间接地将宗教因素引入约鲁巴兰的新闻报业之中。《报纸》极力拥护当时英国的反奴隶贸易运动，成为英国在约鲁巴兰的宣传前哨，也使其创办者汤森成为阿贝奥库塔有影响力人物之一。《报纸》还涉及当时给埃格巴带来影响的政治事件和问题，刊登来自埃格巴重要政治人物的重要观点，它成为 19 世纪中叶埃格巴政治观点讨论的重要阵地。

《报纸》不仅向埃格巴及附近其它地区提供了教会新闻，更是通过历史和政治类说教文章教化日益增长的阅读群体，成为新脱盲群体重要的信息来源。传教士们认为，《报纸》的出版和发行，可以满足当时已经拥有 3000 多人的圣公会学校的需要，可以作为学校的辅助教材。[90]

---

88 J. F. Ade Ajayi, *Christian Mission in Nigeria, 1884-1891, the Making of a New Elite*, London: Longman, 1965, p.158.

89 该报纸于 1867 年停办，于 1886 年恢复发行，语言为英语单语；于 1960 年 3 月恢复约鲁巴语和英语双语报纸。报纸垂直分为两栏，一栏提供约鲁巴语文章，另一栏提供相同内容的英语文章。

90 G. O. Alegbeleye, "Newspapers presentation and access with particular reference to university libraries in Nigeria", *Libri*, Vol. 38, No.3, 1988, p.191.

随着《报纸》的不断发展，超越了初始在埃格巴和约鲁巴地区传播福音、教化人民和制造阅读氛围的功能，促进了当时卷入政治之中的埃格巴人和约鲁巴人的文化觉醒，《报纸》逐渐成为反奴隶贸易批评者的阵地，他们为将人变为机器辩护。因此，有学者认为细读《报纸》会发现它自成立之初，就是打着基督教和仁爱的幌子。《报纸》对约鲁巴兰的真正影响是对当地政治造成的影响，而非福音传播和教育。《报纸》不过是汤森在埃格巴地区实现其政治计划和操纵政权的主要武器。因此，招致拉各斯殖民征服的强烈不满，殖民政府指责其激化了英国与约鲁巴兰的外交矛盾。[91]1867 年在埃格巴人的起义中，虽然他们的目标不是《报纸》，而是将所有欧洲人赶出埃格巴，但是他们最终还是摧毁了汤森创办的印刷社，导致了《报纸》的停办。

虽然汤森可能因其政治目的而创办了《报纸》，但从客观上来说，《报纸》在 1859-1867 年这八年内，发挥着宗教、政治和经济功能。不仅向圣公会教区人民、阿贝奥库塔本地居民、定居者（克里奥尔人）和欧洲人提供传教士活动、约鲁巴兰社会政治情况，发挥其宗教和政治功能之外，还向读者以及沿海的非洲和欧洲贸易商提供商业消息和贸易信息，发挥其经济功能。"该报纸有效地监测沿海贸易情况，每个月至少有一版刊登阿贝奥库塔和沿海贸易的商品价值和行情。"[92]例如 1861 年 11 月 25 日《报纸》提供了如下信息：

产　品	价　格
奴隶	12-14 磅或 30 串钱币可以购买 20 个奴隶
棕榈油	10 个奴隶可以买 10 加仑棕榈油
棕榈仁油	6 个奴隶可以买 10 加仑棕榈仁油
棉花	每包 6-7 串钱币
劳动力工资	每年 12000 贝币

通过《报纸》，欧洲和非洲的贸易商了解市场需求，知道自己应该进行什么贸易和生产什么。此外，在 1860 年后，《报纸》引入了西方报纸中的广告，用以发布招聘学徒、职员、男仆及其它空缺岗位信息，[93]从这点来说，《报纸》

91 L. Odunlami Oso, *Press and Politics in Nigeria: on Whose Side?* Inaugural Lecture from the Adebola Adegunwa School of Communication (AASOC), not published, Lagos State University.

92 O. B. Oduntan, "Iwe Irohin and the Representation of the Universal in Nineteenth Century Egbaland History in Africa", *African Studies Association*, Vol.32, pp. 295-305.

93 J. F. Ade Ajayi, *Christian Missions in Nigeria 1841-1891, The Making of a New élite*, London: Longmans, 1965, p. 128.

推动了当地就业。

在随后的数年里，大家纷纷效仿汤森在约鲁巴兰较大的城镇创办若干印刷所，这些印刷所规模都不大，通常只有一间屋子，但使用的印刷技术都源于圣公会和汤森。由此可见，亨利·汤森和圣公会所使用的印刷技术、《报纸》的成功发行推动了约鲁巴兰（尤其拉各斯地区）新闻业的发展。1860-1914 年间，大量报纸于约鲁巴兰创刊发行，如下：

报　纸	存续时间	说　明
《英国风的非洲人》（Anglo-African）	1863-1864 年	为拉各斯发行的第一份报纸，由罗伯特·坎贝尔（Robert Campbell）创办。（印刷设备来自于阿贝奥库塔圣公会印刷所）[94]
《拉各斯时报》（The Lagos Times）	1880-1885 年	
《拉各斯观察者》（Lagos Observer）	1882-1890 年	后与《黄金海岸广告报》（Gold Coast Advertiser）合并
《拉各斯鹰与批评家》（Lagos Eagle and Critic）	1883-1888 年	
《镜报》（The Mirror）	1887-1888 年	
《拉各斯每周纪录》（Lagos Weekly Record）	1891-1915 年	
《拉各斯回声》（Lagos Echo）	1894-1896 年	
《拉各斯标准》（The Lagos Standard）	1903-?年	
《尼日利亚纪事报》（The Nigerian Chronicle）	1908-1915 年	
《尼日利亚时报》（Nigerian Times）	1910-?	
《尼日利亚先驱》（Nigerian Pioneer）	1914-1936 年	

这些报纸具有以下共同特点：（1）几乎都是在拉各斯创办，这说明当时拉各斯政治、经济和文化辐射作用及其重要的地位；（2）这些报纸存在的时间都很短暂，原因可能是因为印刷设备不够、印刷成本太高，其次是学徒人数不够，难以为继；此外殖民政府征税较高，给报纸的生存带来沉重压力；（3）这些报纸的核心内容是旨在通过接受西方知识体系后，旨在反思和对照非洲自身知识体系的发展。

94　参见：Church Missionary Archives, "Harrison to Venn, 1 September 1863", CA2/045.

在传教士的努力下，约鲁巴兰掀起了一股办报热潮，培养了一批新的阅读群体，推动了约鲁巴书籍需求，塑造了一种有别于约鲁巴传统文化的阅读口味，为新阶层的兴起奠定基础。

本章小结

德国历史学家甘恩（Lewis Henry Gann）和杜伊格南（P. Duignan）对欧洲殖民主义有着如下认识，"我们不同意将殖民主义与剥削划等号这一人们广泛接受的假设，我们将欧洲在非洲的帝国主义解释为文化变革与政治统治的动力。"[95]这说明欧洲殖民主义列强期望通过殖民主义在破坏或改变殖民统治地区原有经济基础的同时，为改造其上层建筑提供了条件。英国在殖民统治地区香港和殖民地约鲁巴兰需要建立一套适合自己发展的新的文化教育统治体制，基督教配合英国殖民活动，对香港和约鲁巴兰的文化变迁产生了一定影响。为殖民统治地区/殖民地构建语言系统，发展殖民统治地区/殖民地的教育事业，促使殖民统治地区/殖民地新闻出版业的发展，引起殖民统治地区/殖民地的思想和社会领域广泛变革。

语言及文字并非一个孤立系统，处在一个更大的共时与历时的社会、文化、背景之中，语言及文字的产生、发展以及变化受到共时与历时的政治、经济、社会和民族交往的影响。从人类学角度来看，语言系统本身就是一种文化。传教士通过对《圣经》的翻译，展开了粤方言和约鲁巴语的研究。间接推动了粤方言的正音和规范化。英国圣公会确立了"标准约鲁巴语"，使约鲁巴语成为一种可书写的语言。语言标准化和书面化具有双向作用。对英国/殖民宗主国而言：推动了英国/殖民宗主国对殖民统治地区/殖民地的控制和管理，促进欧洲科学、哲学和思想在殖民统治地区/殖民地的传播和发展；对殖民统治地区/殖民地而言，传教士对当地语言的研究和规范化，使得殖民统治地区/殖民地的文化、历史、传统等也在欧洲得以传播。

福音的传播和基督教的活动，推动了香港和约鲁巴兰的教育和新闻事业的发展：1. 在教育方面：传教士在香港创办的圣保罗书院、中央书院等，圣公会在约鲁巴兰创立的圣安德鲁学院（奥约）和威斯利学院（伊巴丹）。殖民初

---

95 L. H. Gann and P. Duignan, Burden of Empire: an Appraisal of Western Colonialism in Africa South of the Sahara. New York: Praeger, 1967, p. 105.

期的教育基本处于教会势力的控制和影响之下，推行宗教教育，以培养本土牧师为主，使学校成为传教和巩固殖民统治秩序的辅助手段。香港自 19 世纪 60 年代这些学校开始向宗教教育转向世俗教育，约鲁巴兰是 19 世纪末开始这种转向。这种转向源自英国自 19 世纪 30 年代开始的改革，但却将这两个地区卷入现代化的进程中。2. 在新闻报业方面：香港和约鲁巴兰在传教士的努力下，开始创办报刊。以侨居香港的传教士、外交官为供稿主体的英文和中文报纸的创立，对香港的知识传播、政治和经济产生了一定的影响，塑造了一批贯通中西的中国知识分子精英阶层。传教士在约鲁巴兰创立的报纸，影响更为深远，不仅对殖民地的知识传播、政治、经济、精英阶层塑造有着重要影响，更是提高了约鲁巴兰民众的识字率，形成了约鲁巴兰民众阅读习惯和阅读口味，客观上促成了约鲁巴文化的保存、发展、传播和转向。

第五章　基督教活动对香港和约鲁巴兰现代化进程的影响

　　基督教配合英国政府的殖民活动，在英国殖民统治下的香港和英殖民地约鲁巴兰的政治、经济、社会、文化领域实现其"双重使命"，旧的社会根基被摧毁，属于东方社会的经济体系、文化体系遭到了强烈的冲击，被迫卷入资本主义世界体系。基督教会在这两地推广西方教育、创办报刊，将西方知识和价值观输入香港和约鲁巴兰，客观地培养了大批近代知识分子，将基督教和资本主义社会的功利观念、平等观念、个人主义等思想带入这两地，香港和约鲁巴人民接受了西方知识和理念后，以此作为武器，要求平等地位，反对英国殖民主义，促进了香港和约鲁巴兰民族意识的觉醒，客观地推动了地方民族主义的启蒙。

第一节　香港和约鲁巴兰被迫卷入资本主义世界经济体系

一、香港的苦力贸易

　　中国奴婢制度产生由来已久，至清末发展成为"猪仔"或"妹仔"。"妹仔"（即婢女）买卖，在英国占领香港岛后一直存在。"猪仔"又称为"契约移民"（Contract Emigration）或"苦力移民"（Coolie Emigration）。[1]苦力贸易实际上

1　李志刚：《香港基督教会史研究》，香港：道声出版社，1987 年，第 131 页。

与非洲废奴贸易紧密相关，自废奴贸易后，欧美各国深感人力短缺，于是转向中国招聘华工，运往世界各国从事苦力劳动，"苦力贸易"（Coolie Trade）由此产生，并与鸦片贸易通过《天津条约》获得合法化。苦力的主要来源为中国沿海无正业、无家室、无固定产业人士，他们被诱导签署协议，运往南洋、欧洲、非洲、美洲等地。其中，香港、澳门为 19 世纪贩卖"猪仔"最大集散地。[2]1870年新法例颁布，限制苦力劳工只得招往英属殖民地，禁止去其它地方。[3]1873年港英政府禁止港口停泊苦力贸易，但并未执行。仅 1876-1898 年，经香港转往马尼拉或海峡殖民地的苦力就有 818967 人。[4]1883-1898 年，经香港外出华工累计达 991568 人，从国外经香港回内地累计 1570332 人，每年携带上千万元甚至更多财富过境，促进了香港经济繁荣。[5]香港也由此卷入世界资本主义经济体系之中。

关于香港苦力贸易与蓄养奴婢陋习，在港基督教会一直持强烈反对态度，1894 年，女传教士布施礼（Dr. Katharine Bushnell）与女教士安德烈（Mrs. Elizabeth Andrew）发表《异教徒奴隶们与基督教统治者们》（*Heathen Slaves and Christian Rulers*）一书[6]，该书的发表引起港英政府及香港各界人士对存在于香港的"猪仔"与"妹仔"陋习的关注。无论对于香港社会、对于当时中国、对于世界的文明而言，这种苦力制度都是与"文明"进程相悖的，而基督教与港英政府则一直以"文明化"香港和中国内地自居。英国当时舆论为："英国是一个进步开明的国家，早已禁止奴隶贸易，香港既是英国属土，依理应该切实执行英国律法，不能有损英国令誉。无论基于法律，基于人权，'猪仔'和'妹仔'制度都是不合理的"，[7]在基督教会尤其是英国圣公会兄弟协会（The Church of England Men's Society）、反奴隶协会（Anti-Slavery Society）的响应和压力下，[8]英国下议院多次勒令港英政府取消"猪仔"和"妹仔"制度。基督教会

2　参见：陈瀚笙等编：《华工出国史料》第四辑，北京：中华书局，1988 年，第 518-543 页。

3　参见：陈瀚笙等编：《华工出国史料》第四辑，第 279 页。

4　余绳武、刘存宽主编：《十九世纪的香港》，香港：麒麟书业有限公司，1994 年，第 262 页。

5　余绳武、刘存宽主编：《十九世纪的香港》，第 263 页。

6　Condr.& Mrs. H. L. Haslewood, Child Slavery in Hong Kong, The Mui Tsai System, p.5.

7　李志刚：《香港基督教会史研究》，香港：道声出版社，1987 年，第 134 页。

8　Condr.& Mrs. H. L. Haslewood, Child Slavery in Hong Kong, The Mui Tsai System, pp. 48-49.

的反苦力贸易和反蓄婢运动不仅触及了港英政府希望借苦力贸易增加财富的目的，也触及了香港华人士绅的利益。他们认为"妹仔"不属人口贩卖，而只是养女（育女）的方式之一，并且中国政府尚未颁行禁止买卖婢女的法律。基于这些理由，香港士绅成立了保护婢女会、保留婢制会（The Society for Protection of Mui-Tsai），与基督教会的反对蓄婢会[9]对抗。

苦力贸易与反对苦力贸易，蓄婢与反对蓄婢，则是 19 世纪末 20 世纪初香港社会面临中西文化冲击的集中体现，这个阶段也是华人新旧思想冲击的时代，苦力贸易将香港卷入世界资本主义体系的同时，也引发了香港一次社会变革。虽然香港当时是受英国管治的地区，但对于既定法律制度，对于接受中国律法的士绅，其实并非轻而易举可以改变。而在这场社会变革之中，香港基督教会一直活跃在最前线，最终推动了港英政府反蓄婢法律的制定与实施，改变了香港的法律、改变了港人观念，并对中国内地也造成了一定影响。随后佛山等地也取消了蓄婢制度。

二、约鲁巴兰的奴隶贸易

1510 年 1 月 22 日，当西班牙国王费迪南德批准将 50 名在西班牙和葡萄牙被奴役的非洲人送往西印度群岛时，将非洲、欧洲和美洲在文化、经济和社会上紧密联系了近四百年的大西洋奴隶贸易开始了。1510 年 2 月 14 日，费迪南德再次授权西班牙海事官员将 200 名被奴役的非洲人从西班牙运送到圣多明各。

巴托洛梅·德拉斯·卡萨斯教士（Fray Bartolomé de las Casas）和其他人对美洲原住民的粗暴剥削的反对，以及对种植甘蔗、靛蓝和烟草等作物以及采矿和其他劳动密集型活动的劳动力需求不断增加，这加强了在美洲奴役非洲人的情形。从 1517 年开始，西班牙王室向有影响力的西班牙人和葡萄牙人颁发的许可证或向美洲出口奴隶的权利[10]将会增加。

1518 年，西班牙著名商人佩雷斯·奥索里奥（Perez Osorio）向西印度群岛签发了一份"阿西恩托"，将 400 多名被奴役的非洲人送往西印度群岛。这件事以及几位投资西印度群岛甘蔗种植和蒸馏的西班牙银行家购买了"阿西恩托"，进一步增加了西印度群岛对非洲人的奴役需求。1530 年，仅波多黎各

9　香港反对蓄婢会于 1921 年发起，至 1938 年结束。

10　正式名称为"阿西恩托"（asiento，意为：奴隶专营权）

就有大约 3000 名被奴役的非洲人。1530 年代，非洲奴隶经营着圣多明各的所有 34 家甘蔗厂。因此，在上述时期，约有 15 万非洲人在西属西印度群岛被奴役。1524 年，300 名非洲人在古巴被奴役，在那里的金矿工作。

1529 年至 1537 年间，西班牙王室授予了 360 多个许可证，可以在秘鲁、危地马拉和智利进口被奴役的非洲人。结果是，拉丁美洲在 1566 年至 1625 年间进口了大约 20 万非洲奴隶。随着美洲印第安人人口的减少以及对耕种作物和对美洲自然资源开发的劳动力需求的增加，这一数字将显著增加。

葡萄牙和西班牙在 1530 年代左右统治着奴隶贸易，但法国、英国和荷兰在 1539 年成为了他们的竞争对手。在 1540 年至 1578 年期间，大约有 200 艘法国船只参与了贸易。其中一些船只将他们的人类货物从西非和中西非海岸运往巴西和美洲的其他殖民地。据说约翰·霍金斯（John Hawkins）开启了英国人加入奴隶贸易的历史。他和他的船员于 1562 年抵达西非海岸，并在 6 艘葡萄牙船只上俘获了 300 名奴隶。他将俘获的奴隶运到伊斯帕尼奥拉岛（Hispaniola），并用他们换取当地生产的物品。1564 年，他返回西非，和以前一样，从葡萄牙人及其半西化的非洲盟友手中俘获了 400 名非洲奴隶。他将这些奴隶运往委内瑞拉并在那里拍卖他们。

荷兰参与奴隶贸易的时间可以追溯到 1590 年代，当时有 20 艘荷兰船只，后来与荷兰东印度公司联系在一起，每年航行至西非和中西非海岸。当荷兰西印度公司于 1607 年成立时，增强了荷兰人加入奴隶贸易的底气。该公司仅在 1619 年至 1623 年之间就将 15000 千多名被奴役的非洲人运往巴西。英国皇家非洲公司，继皇家非洲冒险家 1672 年运送奴隶之后，尤其在 1700 年代，运送了数百万被奴役的非洲人。

对非洲人的奴役在 1700 年代达到顶峰。据估计，仅在 1700 年代，英国人、丹麦人、荷兰人、法国人、葡萄牙人、西班牙人和其他欧洲人拥有的公司就向他们各自在美洲的殖民地出口了超过 600 万被奴役的非洲人。总体而言，从 1510 年到 1888 年，超过 1100 万非洲人被奴役在美洲。这个数字不包括在从非洲到美洲的航行中丧生的 200 万非洲人，也不包括在西非和中西非捕获过程中丧生的数百万非洲人。

在这种背景下，奴隶贸易的影响可以被理解。尽管奴隶贸易显然为其欧洲发起者带来了巨大的物质财富和社会力量，但它同时也给它所影响的西非和中西非的大部分地区带来了大量的死亡和混乱。在俘获过程中许多非洲人被杀害，大约 1100 万大部分健康的年轻非洲人被奴役在美洲，这破坏了非洲的农业和其他体力活动。例如，在 1700 年代，曾盛产稻米的上几内亚南部和西非迎风地区成为稻米进口地区。劳动力稀缺和贪婪迫使西非沿海和中非内陆西化和半西化的非洲人为大多在海岸等待的欧洲奴隶主捕捉奴隶。家庭奴役，是西非族群如瓦伊（Vai）、克鲁（Kru）、门德（Mende）、克佩尔（Kpelle）、洛马（Loma）、基西（Kissi）、戈拉（Gola）、格本迪（Gbendi）、巴萨（Bassa）和许多其他民族的社会制度的一部分，为了满足奴隶贸易的需要，家庭奴役制度得到修改。与他们的欧洲同行一样，上述族群的奴隶贩子将他们的奴隶视为可销售的物品，尤其是在 1700 年代。

中西非和中非某些地区的法律机制是根据奴隶贸易的需要量身定做的。在奴隶贸易之前的时代，被捕的罪犯必须为他们实施犯罪的对象工作。但随着奴隶贸易的开展，那些为不端行为负责的人被卖给了欧洲奴隶贩子。这就解释了为什么在 1700 年代奴隶贸易高峰期间因违法而被捕的人数显著增加。

奴隶贸易还使得西非和中西非某些地区的普通男性可以实现一夫多妻制婚姻，因为在奴隶贸易初期从这些地区奴役的大多数非洲人都是男性。因为被奴役的男性人数超过了女性人数，以前做梦都想不到会拥有超过一位妻子的普通男人现在可以拥有几个妻子。而且，男性被迫迁移也意味着他们以前完成的任务现在必须由女性完成。

奴隶贸易产生的另一个影响是种族主义，简单来说，就是因为人们皮肤的颜色而分离或压迫人民的意识形态。它被用来证明对非洲人的奴役和在美洲继续压迫他们的后代的合法性。而且，通过大西洋奴隶贸易，非洲的文化和社会价值观与欧洲人和在美洲的原住民的价值观相融合，这反过来又导致了美洲清楚的新的文化和社会形态。正如著名的历史学家，如：大卫·戴维斯（David B. Davis）、邓肯·麦克利奥德（Duncan J. Macleod）、尤金·吉诺维斯（Eugene D. Genovese）、赫伯特·克莱因（Herbert S. Klein）、富兰克林·奈特（Franklin W. Knight）、科林·帕尔默（Colin Palmer）、莱斯利·劳特（Leslie Rout, Jr.）、格温多林·霍尔（Gwendolyn M. Hall）、埃尔蒙德·摩根（Elmund S. Morgan）、约翰·富兰克林（John H. Franklin）、约翰·布拉辛格姆（John Blassingame）、戈登·伍德（Gordon S. Wood）、彼得·伍德（Peter Wood）和其他许多人所阐释的那样，非洲人作为贸易产品在美洲的奴役导致了美洲的许多奴隶起义；它还影响了美国独立战争、独立宣言、美国宪法和内战，以及发生在西印度群岛和拉丁美洲的类似事件。因此，奴隶贸易的主要遗产是今天在美洲存在超过一亿非洲人的后裔，他们的祖先在美洲被跨大西洋奴隶贸易奴役。

尽管有许多直接和间接的影响，但奴隶贸易从根本上来说仅仅是一个经济体系，其主要目的是为了最大限度地提高其西方发起者及他们的大部分半西化的非洲盟友的物质和社会利益，以牺牲数以百万计的非洲人为代价，他们丧生于在非洲和穿越大西洋的抓捕过程中，以在美洲过 1100 万非洲人被奴役为代价。

非洲奴隶贸易使非洲很早就进入了世界资本主义体系之中。麦克尼尔在《全球史：从史前到 21 世纪的人类网络》中指出，"世界性网络第一次重要的海上扩张就波及了非洲。1450 年，位于地中海沿岸的非洲、埃塞俄比亚和苏丹统治的区域以及东非海岸已是旧大陆网络体系的一部分，但非洲大陆的其余地方则还是外化之地……这种情形一直延续得到 1800 年。"在非洲绝大多数地区，对世界网络参与的增强趋势主要是以奴隶贸易方式完成的。奴隶贸易对约鲁巴地区的经济发展和社会形成起到非常重要的作用。[11]18 世纪 80 年代，欧洲的奴隶贸易需求大幅度增长，西非奴隶贸易达到顶峰。根据统计，1880 年代，西非地区在大西洋奴隶贸易情况如下：[12]

塞内冈比亚（Senegambia）：2200 人；

塞拉利昂：2000 人；

谷物和象牙海岸（Grain and Ivory Coast）：4000 人；

黄金海岸：10000 人；

奴隶海岸至贝宁：12500 人；

尼日尔三角洲至喀麦隆：22000 人；

总计：44500 人

---

11 许多学者如安东尼·霍布金斯、罗伯特·史密斯、罗宾·劳和克里斯汀·曼恩等都强调奴隶贸易对约鲁巴兰的深刻影响：拉各斯从 16 世纪贝宁战争集中营中兴起和发展成为 1790 年代大西洋奴隶贸易主要的港口，以及最终成为尼日利亚的政治和经济首都，与奴隶贸易紧密相关。（参见：A. G. Hopkins, "Property Rights and Empire Building: Britain's Annexation of Lagos, 1861", *Journal of Economic History*, Vol. 40 Issue 4, 1980, pp.777-798; Robert Smith, *The Lagos Consulate, 1851-1861*, London: Macmillan, 1978; Robin Law, "Trade and Politics Behind the Slave Coast: The Lagoon Traffic and the Rise of Lagos, 1500-1800", *Journal of African History*, Vol. 24 Issue 3, 1983, pp. 343-348; Kristin Mann, *Slavery and the Birth of an African City: Lagos 1760-1900*, Indiana: Indiana University Press, 2007.）

12 A. G. Hopkins, *An Economic History of West Africa*, New York: Routledge, 2014, p. 102.

　　1790 年后，约鲁巴兰成为主要的奴隶贸易地区，到 19 世纪，约鲁巴兰的奴隶贸易量仅次于中非，成为非洲重要的奴隶出口地区。被奴役的约鲁巴人遍及大西洋世界，尤以塞拉利昂、古巴、巴西、特立尼达居多。[13]奥约成为从北到南的奴隶贸易的一个主要转运商。但是，奥约的统治者对奴隶贸易的过分依赖产生了很多负面影响。18 世纪 90 年代，欧洲由于英法战争削减了奴隶贸易，奥约阿拉芬失去了主要的收入来源。奴隶供应者所获的财富回报越来越少，农民的负担变得更加沉重。18、19 世纪之交，随着王室权力的下降，许多地区都爆发了叛乱。19 世纪早期，奥约帝国与约鲁巴其它诸国，面临着来自北部穆斯林的来袭。内忧外患情况下，奥约帝国的奴隶贸易暂时减缓。

　　但是对于从事奴隶贸易的欧洲商人来说，跨大西洋非洲奴隶贸易只是贸易体系的一部分。对于英国而言，正如商人马拉基·博斯特怀特（Malachi Postlethwayt）所总结，非洲决定了大英帝国"美洲贸易"和"海军力量"这两个上层建筑。[14]1701-1810 年欧洲三大主要力量（英国、法国和葡萄牙）从西非出口奴隶人数为：英国：2009700 人，法国：613100 人，葡萄牙 611000 人，总计：3233800 人。[15]英国占总数的三分之二，比法国和葡萄牙总和还多得多。可见，英国在跨大西洋奴隶贸易中的绝对优势和领头地位。

　　1451-1870 年，从西非输入美洲和欧洲的奴隶情况如下：[16]

　　1451-1600 年：274900 人；

　　1601-1700 年：1341100 人；

　　1701-1810 年：6051700 人；

　　1811-1870 年：1898400 人；

　　总计：9566100 人。

　　直到 1860 年代，在威达（Whydah）和拉各斯，奴隶贸易在和"合法贸易"的较量中仍然更胜一筹。通过奴隶贸易，沿大西洋的非洲各海岸地区已进入世界网络之中。非洲海岸地区的奴隶主们通晓各种欧洲语言，而且一些奴隶主还

---

13 Olatunji Ojo, "The Organization of the Atlantic Slave Trade in Yorubaland. ca.1777 to ca.1856", *The International Journal of African Historical Studies*, Vol. 41 No. 1, 2008, pp. 77-78.

14 Eric Williams, *Capitalism and Slavery*, The University of North Carolina Press, 1944, p.52.

15 Philip D. Curtain, *The Atlantic Slave Trade: a Census*, University of Wisconsin Press, 1969, p.211.

16 Philip D. Curtain, *The Atlantic Slave Trade: a Census*, p.268.

采纳了欧洲的服饰和生活习俗。各种贸易商品和粮食作物从全球各地输入大西洋非洲地区。通过奴隶贸易，非洲内陆地区对这个网络的参与程度也在不断扩展。

跨大西洋奴隶贸易也许是欧洲在非洲最深刻的活动。有 900 万到 1300 万非洲人通过奴隶贸易离开了非洲。[17]欧洲人一直争辩说，非洲早已存在奴隶制，并以此来证明奴隶制是正当的。但奴隶贸易对非洲和非洲人的影响是惊人的。奴隶贸易创造了一个允许剥削的环境，通过战争、技术停滞、农业生产疲软、对外贸的依赖以及在全球政治中的地位受到削弱，使非洲大陆变得不发达。[18]此外，跨大西洋奴隶贸易这种创伤性贸易改变了非洲的经济、文化和心理状态。欧洲人和非洲人之间的接触导致了社会分层、语言、宗教、文化和经济实践的重大变化，因为一些非洲人适应了这种贸易并充当了欧洲贸易商的中间人。这些中间人虽然人数少，却有一定的影响力，他们身上体现了非洲人与欧洲人持续交流的效果，他们是西方文化、政治经济思想的试验品。[19]

正如欧洲人创造并控制了贸易一样，他们也决定了贸易的终结。1807 年，大英帝国宣布奴隶贸易为非法贸易，1834 年，全大英帝国的奴隶获得自由。其他欧洲国家紧随其后，法国于 1848 年废除奴隶制。到 1888 年，巴西成为最后一个参与奴隶贸易并废除奴隶制的国家。在英国政府和传教士的互相配合下，奴隶贸易在 1860 年代后在西非渐渐减少。在约鲁巴兰废奴隶贸易中，那些从弗里敦返回的获释基督徒奴隶起到尤为重要的作用。他们与塞拉利昂保持着紧密的联系。将他们的孩子送去弗里敦的弗拉湾学院接受基督教育，与塞拉利昂基督徒合作推进约鲁巴兰的废奴运动。[20]但西非统治者们企图通过回归

---

17 关于此数据及影响，参见：Philip Curtain, Atlantic Slave Trade, Madison: University of Wisconsin Press, 1972; Philip Curtain, Economic Change in Precolonial Africa: Senegambia in the Era of the Slave Trade. Madison: University of Wisconsin Press, 1975; Paul Lovejoy, Transformations in Slavery: A History of Slavery in Africa, Cambridge: Cambridge University Press, 1983.

18 Walter Rodney, *How Europe Underdeveloped Africa*. Washington D.C.: Howard University Press, 1974.

19 参见：Sandra Greene, *Gender, Ethnicity, and Social Change on the Upper Slave Coast*, Portsmouth: Heinemann, 1996; James F. Searing, *West African Slavery and Atlantic Commerce:The Senegal River Valley*, 1700-1860, Cambridge: Cambridge University Press, 1993; Randy Sparks, *The Two Princes of Calabar: An Eighteenth Century Atlantic Odyssey*, Cambridge: Harvard University Press, 2004.

20 Daniel J. Paracka, *The Athens of West Africa: A History of International Education at Fourah Bay College, Freetown, Sierra Leone*, London & New York: Routledge, 2005, p.32.

殖民前和前工业化时代的政府运作模式积累财富，即凭借武力攻打邻邦，掠夺财富，或者是逼迫邻邦朝贡。因此，达荷美国王屡次进犯约鲁巴兰。约鲁巴内部各城邦也发生了多次战争。常年战争，使约鲁巴兰土地荒废。传教士和英国政府鼓吹的"合法"贸易，使得 19 世纪后半叶约鲁巴兰一些地方一度陷入政治和经济危机中，即如何调和传统与现代的生产方式之间的矛盾。但是最终在传教士的帮助下，他们结束了内外战争，最终决定摒弃旧制度，和平接纳工业化世界。[21]

三、香港的城市化进程

1841 年英国占领香港岛时，港岛人口有 7450 人；[22]1845 年，香港华民政务司首次发表人口调查报告，港岛共有人口 23817 人（不包括驻军），华人有22860 人，欧洲人 595 人，印度人 362 人。[23]在接下来的数年间，香港的人口增长、华裔与非华裔人数情况如下表：[24]

年　份	华　人	非华裔	总人口
1841	7450	—	7450
1845	22860	957	23817
1851	31463	1520	32983
1852	35517	1541	37058
1854	54072	1643	55715
1855	70651	1956	72607
1857	75683	1411	77094
1859	85280	1661	86941
1860	92441	2476	94917
1861	116335	2986	119321
1865	121497	4007	125504
1866	111482	3616	115098
1869	114280	7699	121979
1872	115564	6421	121985

21 A. G. Hopkins, *An Economic History of West Africa*, New York: Routledge, 2014, p. 143.
22 见《香港钞报》（*The Hongkong Gazette*）1841 年 5 月 15 日，《中国丛报》（*The Chinese Repository*）1841 年 5 月第 10 卷第 289 页。
23 英国殖民地部档案：CO129/12, June 24, 1845。
24 该表根据:《十九世纪的香港》、《香港经济发展百年史》、《香港政府宪报》等整理。

1876	130168	8976	139144
1881	150690	9712	160402
1886	171290	10412	181720
1889	183650	10832	194482
1891	210963	6973	217936
1901	356810	12176	368987

从上表中，我们可以看出 1840-1860 年代，香港人口增长较快，主要原因一是在英国殖民统治下的香港的建设需要人力资源，由广东前往香港谋生人数增加。1852-1854 年因受太平天国运动影响，华南地区社会动荡，广东一带居民避难至香港，香港人口呈直线上升趋势。1860 年，英国割占九龙，九龙5105 位居民"人随地归"，计入香港人口范围。[25] 1866-1869 年香港人口增长缓慢，原因是受世界经济影响，香港经济陷入低谷，对劳动力需求减少，不少由广东前来的劳动力返乡。进入 1870 年代后，香港经济恢复繁荣，人口又持续增长。1898 年，英国强租新界，新界 8500 余人归至港英政府管理。

人口增长的同时，香港人口地区的分布呈现集中化、城市化的趋势。1841年，英国占领香港岛时，在香港岛已经形成了一个摊贩云集的贸易中心，它是"维多利亚城的雏形"。随着港英政府发展，香港城乡人口逐渐发生变化。根据余绳武、刘存宽的统计，1841-1881 年香港城乡华人人口统计如下：

		1841	1851	1861	1871	1881
人口总数		5450	17835	77284	90100	118991
维多利亚城		1100	12601	66069	79593	102385
农 村	香港岛	4350	5234	6110	5946	7585
	九 龙			5105	4561	9021
城镇人口所占百分比		20.2%	70.7%	85.5%	88.3%	86%

从上表可以看出，香港至 19 世纪末，香港已经高度城市化。究其原因，除了经济发展之外，还有一个重要因素就是：基督教会在城镇建立学校、医院等公共设施，保障了城市的正常运作，居民享有教育和医疗条件。但是随着殖民的深入，这些教育和医疗资源逐渐也展现了其排华性质。

---

25 余绳武、刘存宽主编：《十九世纪的香港》，香港：麒麟书业有限公司，1994 年，第 301 页。

如何管理香港华人这一庞大群体，如何控制日益增长的人口，除了是港督考虑的问题，也是基督教会考虑的问题。基督教会不仅协助港英政府沟通华洋事务，更是发展本地传教士和教师，而这些人又独立发展华人基督教会，这些中国人不仅推进了香港基督教事业的发展，也充当了随后的反英反殖民的先锋者。

四、约鲁巴兰的城市化进程——以拉各斯为例

与香港不同，约鲁巴兰在英殖民前城市化程度就相当高。自 17 世纪始，约鲁巴兰城市就已经开始发展，前殖民时期约鲁巴兰城市化程度最高的是伊莱-伊费（Ilé-Ifè），该地在约鲁巴神话中被认为是约鲁巴文化发祥地。考古研究已经表明伊莱-伊费在 17 世纪就已经具有成熟的城镇体系。除了伊莱-伊费、奥约、科图、阿贝奥库塔在英国殖民前就已经高度城市化。在前殖民期的约鲁巴兰，市场通常设置在权力中心（如王宫、宗教或仪式中心）附近，形成贸易网络，连接本地贸易与国际贸易。

19 世纪，约鲁巴兰已经高度城市化，许多城镇人口已经超过 20000 人，最大的城镇伊巴丹（Ibadan）有 70000 多人。[26]"镇"（town）和"大的村落"（large villages）是前殖民时代西非地缘政治中普遍特征，但是工业化之后的城市化才是西非的"传统"与"现代"分界的显著标志之一。[27]而影响这一时期约鲁巴兰城市化的主要因素有二：

第一，19 世纪跨大西洋奴隶贸易的结束，被派往美洲、加拿大和巴西的约鲁巴兰奴隶获释，纷纷返回约鲁巴兰。在塞拉利昂的奴隶也回到约鲁巴兰。这些人数推动了约鲁巴兰的城市化。在塞拉利昂接受了基督教教育后，作为接受西方教育的先驱者，他们在约鲁巴兰传播西方文化。此外，他们还是手艺精湛的手工业者、石匠、木匠、瓦匠、建筑师、裁缝、厨师、服装设计师等。因此，他们不仅推动了约鲁巴兰社会文化生活繁荣，也推动了约鲁巴兰物质建设。

第二，基督教传教士的推动了约鲁巴兰城市化建设。自 1840 年代始，基督教在约鲁巴兰沿海城市传播福音，随后深入约鲁巴兰腹地，并在伊巴丹、阿

---

26 William R. Bascom, "Urbanism as a Traditional African Pattern", *Sociological Review*, 7, 1959, pp. 29-43.
27 A. G. Hopkins, *An Economic History of West Africa*, New York: Routledge (Taylor & Francis Group), 2014, p. 19.

贝奥库塔、巴达格里、伊杰布-奥德等地定居。他们在这些地方建立学校、医院、诊所、医疗中心、职业培训中心等，并且建立具有西方特色的基督教教堂。这些努力促使了乡村人口大量涌向城市，推动了约鲁巴兰城市化进程。

下面将以约鲁巴兰重要的城市拉各斯为例，说明约鲁巴兰的城市化进程。拉各斯（英语：Lagos，约鲁巴语：èkó，意指"农庄"）曾是尼日利亚的首府和最大港口城市，目前是尼日利亚最大的城市，也是非洲人口第二多的城市。位于国境西南端，几内亚湾沿岸。由奥贡河河口地 6 个小岛和大陆组成。面积 907 平方公里。主岛拉各斯岛为城市中心，与伊科伊岛、维多利亚岛及大陆之间有桥梁相连。城市区域由联邦政府通过拉各斯市议会直接管理，直到 1967 年拉各斯州成立。截至 2022 年 1 月，拉各斯市区人口为 1530 万人。截至 2018 年，拉各斯特大城市区（megacity）的总人口约为 2350 万，是非洲最大的城市区。拉各斯是非洲主要的金融中心，也是拉各斯州和整个尼日利亚的经济中心。拉各斯也是世界上发展最快的城市前十名之一。[28]这座特大城市的国内生产总值在非洲排名第四，并拥有非洲大陆最大和最繁忙的海港之一。拉各斯特大城市区是撒哈拉以南非洲的主要教育和文化中心。[29]拉各斯最初作为西非约鲁巴人阿沃里（Awori）族群的家园出现的，后逐渐发展成为港口，1670-1850 年葡、英等殖民者在此贩运奴隶。20 世纪初始建港口和连接内陆地铁路。1861 年英国殖民者的占领和 1960 年尼日利亚的独立，将拉各斯的历史分为三个时期：英国殖民统治前的拉各斯、殖民地时期的拉各斯、尼日利亚独立后的拉各斯。这里详述英国殖民统治前后拉各斯的变化。

（一）英国殖民统治前的拉各斯

最早来到拉各斯的居民是西非约鲁巴人。约在 16 世纪前，约鲁巴人为躲避战乱，陆续迁居到拉各斯岛上，以农耕和捕鱼为生，他们称拉各斯岛为"伊考"（èkó），在约鲁巴语里意为"庄园"、"农庄"。16 世纪中叶，东面的贝宁王国武力征服了拉各斯岛，贝宁人进驻拉各斯，开始向贝宁王国纳贡称臣，这一状况一直维持了两个多世纪。总的说来，早期的拉各斯地位低下，它只不过是贝宁王国的一块不很重要的农业属地而已。到了十九世纪，拉各斯的地位才开始发生较大变化。这与葡萄牙殖民主义者的奴隶贸易活动有很大的关系。

---

28 "Lagos: City, Population, and History, Britannica". www. britannica.com, retrieved 25 January 2022.

29 "These cities are the hubs of Africa's economic boom", *Big Think*, 4 October 2018.

15 世纪，葡萄牙人来到贝宁湾的一个河口（即今尼日利亚沿岸），发现两个大岛卧在一个平静的湖面上，便顺口称呼这里是"拉格—德—库拉莫"（Lago de Curamo），葡语即是"潟湖"（lagoon）之意，后来口口相传，便简化成了拉各斯（Lagos），终被英国人所接受，一直沿用至今。早期的葡萄牙人传教活动在贝宁地区展开，葡萄牙传教士在贝宁建立教堂。但早期的传教活动只是附带，主要依附于葡萄牙与贝宁的奴隶贸易、商业活动和政治活动。[30]贝宁王奥巴[31]只是为了传教士提供的弹药而允许其传教，传教士与商人合作推动了葡萄牙的奴隶贸易和胡椒贸易。1570-1733 年，基督教得以在贝宁和拉各斯地区传播，但只限于宫廷，受众只有国王和王子们，臣民为了取悦国王自称基督教徒，而国王和王子并非因为信仰而选择基督教，只是为了借传教士力量解决内政问题，这就决定了传教根基不稳。1733 年后随着葡萄牙势力衰退，在贝宁的贸易减少，统治阶级开始反对基督教在贝宁的传播。[32]基督教将传教重点转向瓦里（Warri），从 16 世纪始，瓦里奥鲁（Olu）[33]希望借助葡萄牙实力使瓦里从贝宁独立，允许基督教在瓦里传播，并随着奴隶贸易区域的转移，圣奥古斯丁修士在瓦里建立定居点，在随后的两百年里基督教在瓦里和尼日尔河沿岸传播，然而因自然环境恶劣、热带疾病肆虐、语言不通、交通不便、传教士人数不足、缺少传播机会，基督教一直在贝宁、瓦里、约鲁巴地区无法广泛传播，更重要的是，基督教受到来自伊斯兰教的强人阻力，伊斯兰教因拥有一大批非洲信徒使其得以顺利进入非洲各主要国家。自 14-15 世纪伊斯兰教进入博尔努（Bornu）和豪萨（Hausa）之处，为了适应当地君主制度和社会习俗而制定了一套宗教崇拜思想，这种思想逐渐和宫廷、军队、商业和文人结合成为一种范式，从北部沿尼日尔河而下进入努佩（Nupe）和伊加拉（Igalla），穿过尼日尔河进入约鲁巴。[34]由于拉各斯面临大西洋，又有河流同贝宁的水道相连，海上和陆上的交通都非常便利；同时，拉各斯的北面又是人口稠密的约鲁巴地区。

---

30 参见：Jacob Eghareuba, *A Short History of Benin*, Ibadan: Ibadan University Press, 1968。

31 贝宁国王称为"奥巴"（Oba）。

32 A. F. C. Ryder, "The Benin Missions and Missionary Activity in the Kingdom of Warri to the Early Nineteenth Century", *Journal of the Historical Society of Nigeria*, Vol.2, No.2, 1961, p. 242.

33 瓦里国王称为"奥鲁"（Olu）。

34 伊斯兰教在西非的传播参见：J. Spencer Trimingham, *A History of Islam in West Africa*, Oxford University Press, 1970.

随着葡萄牙人的到来，奴隶贸易也在拉各斯兴盛起来。18 世纪初，葡萄牙的奴隶贩子就把这里变为贩卖奴隶的市场和奴隶屯集所。仅在这一世纪，殖民主义者从尼日利亚运走的奴隶就达 220 万之多。在 19 世纪上半叶达到顶峰，买卖奴隶成为这里唯一的商业活动，拉各斯人的信条是做商人，他们乘船到内地城镇，在那里购买奴隶，有的还充当中间商，将奴隶转手卖给欧洲人，从欧洲人那里换取纺织品、火药、五金和酒等。

到 19 世纪，拉各斯已初具城市规模，人口达到五千左右，其范围已包括了拉各斯岛、伊多岛和一些大陆边缘地区。拉各斯的殖民地性质已逐渐显现。

（二）近代殖民地城市的形成

19 世纪中叶，英国借口禁止奴隶贸易干涉尼日利亚事务，1861 年占领拉各斯，建立了殖民地。英国对拉各斯的殖民统治基本上采取两种形式，一种是直接统治，由英国总督直接治理。直接统治主要存在于沿海地区，交通便利和湿润的气候会减少英国人力财力消耗；一种是间接统治，主要存在与于殖民前就已经拥有完备政治制度的城市地区，英国与酋长国王签订条约，后者承认英国的宗主权，将军事与外交权交给英国，但保留内部事务的管理权。这样可以减少英国政府无谓损耗。[35]

1851 年传教士联合英国政府帮助埃格巴击败达荷美，废黜拉各斯国王科索科（Kosoko），助力阿基托耶（Akitoye）重返拉各斯王位。该事件引起了约鲁巴兰大部分地区统治者的注意，这些当权者开始意识到传教士的作用。他们开始主动向传教士示好，希望他们参与到各自城邦政治之中。1850 年代，传教士们经常收到约鲁巴兰内陆国王们的表达问候和示好的口信，[36]1862 年，英国确立了在拉各斯的殖民统治，这是该城市发展的第二个阶段，在此期间拉各斯城市规模扩大和人口增长经历了三次高潮。第一次大增长是在英国人占领拉各斯的初期。1901 年时，拉各斯的人口从英国占领前的五千多人增长到四

---

35 参看：卢加德《英属热带非洲的双重统治》第一章。(F. D. Lugrard, *The Dual Mandate in British Tropical Africa*, Edinburgh and London: William Blackwood & Sons Ltd. 1929.)

36 国王们有时会随口信附上"具有象征意义的信件"（àrokò）以示对传教士们的重视。最早有记录的"àrokò"是伊费（Ife）奥尼（Qni，"国王"）1851 年在阿贝奥库塔送给汤森牧师的"具有象征意义的信件"，附二十颗非洲可拉果，特意表达自己深受埃格巴击败达荷美事件鼓舞。（参见：Henry Townsend, Journal entry for 24 April 1851.）

万一千多人，主要是因为移民的增加。拉各斯的人口构成主要由约鲁巴人、赛诺人、阿马诺人和欧洲人组成。约鲁巴人是拉各斯最早和最主要的居民，占总人口的 70%左右；塞诺人是英国在禁止奴隶贸易时期，从塞拉利昂遣返回拉各斯的释放奴隶，1865 年他们占拉各斯总人口的 20%；阿马诺人是指从巴西和古巴遣返的非洲奴隶，二者都是被贩运出去的约鲁巴人；拉各斯的欧洲人主要来自英、德、法、意等国，数量较少，主要是殖民官员、商人和传教士。

1914 年拉各斯成为尼日利亚首府，1960 年尼日利亚独立后成为首都。1991 年首都迁往阿布贾。到 20 世纪 20-30 年代，拉各斯出现了第二次人口大增长。50 年代又出现了第三次大增长。拉各斯人口增长的主要原因是由于城市化步伐的加快，第二次世界大战期间以及战后，大批农民哟年第流入。拉各斯已经具备了城市人口高度聚焦的特点。

在英国统治时期，拉各斯城市面积得到了显著扩展。19 世纪末，拉各斯的面积仅为 4 平方公里，后来由于铁路的开通已经码头的兴建，拉各斯的城区面积日益扩大，1950 年已接近 70 平方公里。

为了便于掠夺尼日利亚的资源，英国殖民当局开展了大规模贯通拉各斯内外交通，其中最突出的是 1962 年兴建了阿帕帕码头，极大地提高了拉各斯港的货物吞吐量。英国殖民当局还进行了大量的整治配套工程，如拓宽疏浚航道、修筑防波堤等。此外，还修建了拉各斯—伊巴丹—卡诺铁路，拉各斯—哈尔科特港—乔斯铁路。后，拉各斯成为尼日利亚的交通枢纽。

英国殖民当局在拉各斯还进行了大量的市政建设工作，如建成了著名的卡特大桥和丹顿大桥，开凿了马克·格列戈尔运河，整治了街道，用新型材料修建了大批欧式建筑，还开办了运河等，从而奠定了现代拉各斯城的规模和基础。

英国为了建立拉各斯与非洲内地良好的商业联系，极力发展港口经济，确立拉各斯贸易中转港的地位。这是拉各斯作为一座典型的殖民地城市的主要表现。

1861 年，英国在拉各斯建立领事馆后，英国政府以更好商业利益为由，直接操控约鲁巴兰的经济发展，棕榈油成为英国政府希望取代奴隶贸易的主要产品。因为棕榈油是制作蜡烛和肥皂的主要原材料，也可以作为机器的润滑油。棕榈油和棕榈仁成为 19 世纪后半叶约鲁巴兰的主要出口产品。1860-1900

年，从拉各斯出口海外的棕榈油平均每年 50000 吨。[37]仅 1892 年，约鲁巴兰就有 1500 万棵棕榈树待加工用于出口海外。[38]1886-1890 年，从拉各斯出口海外的棕榈仁平均每年 37000 吨。[39]1880-1900 年，棕榈油和棕榈仁占据拉各斯出口总额 80%，成为拉各斯财政收入主要来源。[40]但是对于约鲁巴兰而言，棕榈油的影响是极为矛盾的，一方面因劳动力需求的激增，而现实情况无法提供这么多自由人，棕榈油激化了约鲁巴兰内部矛盾、引发了战事；另一方面用棕榈油换取枪支弹药成为约鲁巴兰政治经济最主要的特征。伊巴丹因此成为约鲁巴兰内部主要生产棕榈油地区，因为它是约鲁巴兰主要军事力量，对武器的需求大。但伊巴丹位于内陆，很难打进沿海地区，棕榈油的出口势必会促使沿海商路的开辟。它的沿海竞争对手阿贝奥库塔和伊杰布发现这会严重影响拉各斯殖民地的财政收入，撼动拉各斯在约鲁巴兰的经济地位，因此，必须要发动战争，切断约鲁巴兰内陆和沿海贸易路线。[41]这造成了 19 世纪下半叶约鲁巴兰沿海帝国主义桥头堡拉各斯殖民地与约鲁巴兰内陆帝国力量伊巴丹长期的拉锯战。[42]

基督教会在约鲁巴兰发展海外进出口贸易，引进新作物和欧洲生产方式，间接地推动了约鲁巴兰交通运输（港口、公路和铁路）和通讯服务（电报和邮政）的现代化进程。为了更好地对原材料进行加工，将产地与港口连接起来，1907-1911 年拉各斯—卡诺铁路线修建，贯穿尼日利亚南北。此后为了便于运输锡矿石、煤等原材料，拉各斯—乔斯路线、拉各斯—埃努古等铁路线建立，由于这些铁路线的终点都在拉各斯，也进一步推动了拉各斯港口的发展。此后，多条与西非其它国家的铁路路线被开发，不仅实现了尼日利亚南北互联互通，更是形成了西非铁路网络，巩固了尼日利亚在西非的重要地位。交通运输业的发展，推动了通讯业务业的发展，为了开展贸易，约鲁巴兰内陆城市需要与拉各斯港口建立联系，电报和邮政业得以发展。[43]

---

37 A. G. Hopkins, *An Economic History of West Africa*, New York: Routledge, 2014, p. 128.

38 Royal Botanic Gardens, *Kew Bulletin*, 1892, p.208.

39 A. G. Hopkins, *An Economic History of West Africa*, New York: Routledge, 2014, p. 128.

40 A. G. Hopkins, *An Economic History of West Africa*, p. 141。

41 从伊巴丹直达拉各斯的商路称为"雷默走廊"（Remo Corridor）。

42 参看：J. D. Y. Peel, *Religious Encounter and the Making of the Yoruba*, Indiana: Indiana University Press, p.35; A. G. Hopkins, *An Economic History of West Africa*, New York: Routledge, 2014, p. 135-48.

43 参见：[美]托因·法洛拉著、沐涛译：《尼日利亚史》，上海：东方出版中心，2015年，第 72 页。

传教士在英国政府和欧洲贸易商受阻时，积极建言献策。1875 年进出口市场仍仅限于拉各斯沿海地区，在当时政治体制下，成本也无法降低，从 19 世纪末至 20 世纪初，拉各斯等地进出口贸易量（即：所谓的"合法"贸易）虽巨大，但获利微弱，而这些城市发现无法回到 18 世纪末至 19 世纪中叶的贸易方式（即：奴隶贸易）。贸易萧条加深了非洲本土生产商与欧洲公司之间的隔阂，欧洲公司制订贸易条约，一再压低本土生产商的原材料价格，而本土生产商希望提高利润，这导致二者之前的非暴力商业关系结束。皇家尼日尔公司（Royal Niger Company）企图放弃约鲁巴兰沿海城市批发商，进入内地用低价购买出口谷物。这激起了拉各斯的不满，皇家尼日尔公司遭到攻击。1880 年代，拉各斯一度关闭出口市场，故意不提供原材料供应；1886-1887 年，拉各斯抬高棕榈油出口价。这些措施都是为了逼迫欧洲商人接受非洲供应商的条约。19 世纪末随着加特林机枪（Gatling gun）和马克沁机关枪（Maxim gun）的发明，欧洲商人再也不畏惧拉各斯供应商的威胁。

约鲁巴兰本土贸易与海外贸易的发展，也推动了拉各斯港口的发展，并最终奠定西非贸易中转港的地位。而这正是传教士们步步为营与英国政府配合的结果。1842 年，英国黄金海岸总督乔治·麦克利恩（George Maclean）和卫斯理会传教士托马斯·伯奇·弗里曼（Thomas Birch Freeman），建议在阿克拉（Accra）和拉各斯之间建立若干兵站，以此禁止拉各斯港口的奴隶贸易活动。英国传教士和商人依靠埃格巴人同达荷美的对抗，来巩固自己在阿贝奥库塔的经济地位。而拉各斯港作为阿贝奥库塔的天然港，成为英国禁止西非奴隶贸易的关键，这在英国巨商托马斯·赫顿（Thomas Horton）的报告中有所体现："要迫使（达荷美国王）停止（奴隶）贸易，只有一件事还没有做，那就是占领拉各斯……"[44]1851 年，英国海军入侵拉各斯港，成为该港口的权力中心。1861 年，拉各斯头领多西莫（Docemo）同意将拉各斯割让给英国、并同巴达格里酋长签订条约，支持阿贝奥库塔的英国商人和传教士发展"合法贸易"和禁止奴隶贸易的想法。这样拉各斯港逐渐发展成为进出口贸易港。[45]

19 世纪的欧洲，由于电和石油还未被广泛应用，棕榈产品成为重要的能

---

44 参见：[美]罗伯特·罗特伯格著，上海电影译制厂翻译组译，《热带非洲政治史》（下册），上海人民出版社，1977 年，第 473-474 页。

45 参见：[美]罗伯特·罗特伯格著，上海电影译制厂翻译组译，《热带非洲政治史》（下册），上海人民出版社，1977 年，第 475-476 页。

源消费品。从拉各斯出口的棕榈产品自然成为西方国家掠夺的重要目标，其中英国是最大的掠夺者。拉各斯港的发展，也刺激了其腹地的生产能力。城镇生产非洲本地产品的需求和能动性大大提高。拉各斯埃津林（Ejirin）市场 1892 年销售 31 种非洲产品，在这些产品中，棕榈油和棕榈仁为主要的海外出口产品。[46]因为拉各斯港口的发展，非洲内部市场也因此打开，非洲本土产品的需求增加，推动了非洲乡镇村落的发展。至 19 世纪末，拉各斯港成为西非贸易中转港。

1887 年后，拉各斯又成为英国从尼日利亚内地输出可可的转运站。当时，欧洲已发现可可是制造饮料和一些高级营养品的重要原料。1889 年，拉各斯出口的可可仅有一吨左右，时隔 60 多年，到 1951 年已高达 12.15 万吨。除了棕榈、可可这两项大宗商品外，经拉各斯出口的商品还有棉花、象牙、橡胶等。

拉各斯以进出口贸易为其主要经济活动，因而港口功能表现的异常突出，直到独立，这种现象有增无减。随着进出口贸易在拉各斯经济中占据显著地位，拉各斯的海关收入在拉各斯的经济收入中也占绝对优势。在英国占领初期，海关收入仅占拉各斯收入的 43%，此后不断上升，1900 年高达 91%，以后虽有所下降，但也超过了 70%。

英国治理下的拉各斯是地地道道的外国商品市场，当地工业受到排挤而得不到发展。拉各斯被迫从英、法、德、意等西方国家进口各种生活消费品，如纺织、五金、食品、酒、建筑材料、汽车等，其中进口总量的 50%-60% 是从英国进口的。拉各斯的这种单一经济结构，从属依赖的局面，因果的殖民统治和殖民掠夺负有不可推卸的责任。

英国在拉各斯上百年的殖民统治将其变为西方文化教育和传播的中心。这是拉各斯作为典型殖民地城市的又一种主要表现。

英国主要是通过基督教的传播和培养"维多利亚式"即英国化的黑人知识分子来实现的。英国占领拉各斯后，基督教传教士们或组织宗教团体，或以个人身份纷至沓来，其中行动最早、最活跃的传教组织是教会传教团（Church Mission Society）。早在 1852 年，教会传教团的牧师戈尔曼就前往拉各斯作了一次考察性的访问，当时的拉各斯头领将五块面积不算大的地方赠送给戈尔曼，作为他们传教的基地。除教会传教团外，在拉各斯传教的还有美以美教会、浸礼会、卫理公会等传教团体。

---

46 参见英国殖民地部文件：Great Britain Public Office, C.O. 147/86, 4 Oct. 1892.

　　1842 年英国卫斯理循道会在传教士詹姆斯·弗格森（James Ferguson）的推动下，在传教士托马斯·伯奇·弗里曼（Thomas Birch Freeman）的帮助下，[47]在阿贝奥库塔用竹叶建立了一座极具地方特色的小教堂，这也是循道会在尼日利亚的第一座教堂。教堂成立后不久，埃格巴一些知名人士就获得受洗，这其中包括埃格巴两位酋长以及创造了"非洲节奏"（Afrobeat）的费拉·库提的祖父兰塞姆·库提（Ransome Kuti）。这座教堂在随后的四十年中影响辐射至拉各斯、巴达格里等地。[48]在拉各斯地区，塞拉利昂回归者和约鲁巴基督徒建立了拉各斯教堂（Lagos），一度拥有固定崇拜者 500 多人，因教堂承载力有限，在拉各斯岛西南部奥洛沃博沃（Olowogbowo）第二座教堂落成。到 19 世纪末，循道会在拉各斯地区全面展开传教事业，在法吉（Faji）、埃布特·梅塔（Ebute Mẹta）、雅巴（Yaba）、奥格沃博沃、奥绍迪（Oshodi）、伊路（Iru）、阿哥格（Agege）、奥古都（Ogudu）等地建堂，几乎覆盖了拉各斯岛所有地区。[49]

　　1846 年圣公会在阿贝奥库塔建立教堂。随后，塞缪尔·阿贾伊·克劳瑟牧师、亨利·汤森牧师和戈尔默牧师成立了英国圣公会约鲁巴兰传教会（CMS Yorùbá Mission），并于 1851 年在拉各斯传播福音，建立圣保罗面包树教堂（St. Paul's Church Breadfruit），教堂成立之初是用竹子搭成的简易棚舍，选址在面包树附近是为了纪念奴隶曾在面包树下集结被运往美洲。1869 年该教堂搬至新地点并于 1880 年正式落成。[50]1869 年，拉各斯基督堂座堂（Christ Church Cathedral of Lagos，也是拉各斯教区主教座堂）和圣约翰教堂（St. John's Parish）先后建立。[51]这几座教堂的共性为：（1）教会以纪念废除奴隶贸易为名建立；（2）建立之初教堂建筑风格具有约鲁巴兰地方特色，都是用竹子或茅草搭建，

47　汤姆斯·伯奇·弗里曼（1809-1890），被誉为英国卫斯理循道会在西非的先驱者，对加纳、达荷美、尼日利亚西部传教事业做出了重要贡献。1837 年 11 月在被按立为英国循道会牧师不久后，他就被派往黄金海岸（今加纳）传播福音，他在黄金海岸建立了许多教堂和传教据点。1841 年詹姆斯·弗格森定居巴达格里后，致信塞拉利昂弗里敦循道会牧师要求派遣传教士进入约鲁巴兰腹地，这些信传至循道会英国总部，因弗里曼在黄金海岸传教突出的成果，被要求协助循道会在阿贝奥库塔的传教士事业。（参见：Gbade Aladeojebi, *History of Yorubaland*, Africa: Partridge, 2016, pp.100-101.）
48　Gbade Aladeojebi, *History of Yorubaland*, Africa: Partridge, 2016, p.100.
49　Gbade Aladeojebi, *History of Yorubaland*, Africa: Partridge, 2016, p.100.
50　参看圣保罗面包树教堂官方历史介绍：http://spcbreadfruit.org/history/
51　1867 年 3 月 29 日，教堂基石落成，两年后，教堂建造完毕。Gbade Aladeojebi, *History of Yorubaland*, Africa: Partridge, 2016, p.112.

这样看上去与约鲁巴兰本土宗教场所并无不同，这也是圣公会适应政策的一种体现。至 19 世纪后半期，在圣公会的推动下，在弗拉湾学院非洲籍教士的努力下，巴达格里很快建立了教堂、学校和试验农场。[52]

据 1886 年的统计，在拉各斯共建立了十六个基督教堂，信仰伊斯兰教的人数已达五千之多。基督教教徒与穆斯林的和睦相处。约鲁巴兰本土基督教徒与穆斯林和平共处、互相研究对方教义。本土基督教徒发现伊斯兰教自立、自助的方法值得效仿。约鲁巴族詹姆斯·约翰逊牧师在 1878 年拉各斯教会众这样说道："在我游历期间，有一件事令我印象深刻，那就是非洲和约鲁巴的伊斯兰教徒比基督徒拥有更强的传教能力……原因是他们自力更生。"[53]传教士威廉·艾伦（William Allen）1887 年这样形容在阿贝奥库塔和拉各斯的穆斯林，"他们举止得当友好，身上并没有土耳其穆斯林那种狂热宗教情感。"[54]伊斯兰教的平等主义、健全的道德标准和宽容慷慨的教义吸引了约鲁巴族牧师和基督教徒。他们开始与欧洲传教士之间发生分歧。白人传教士的歧视和不平等对待伊斯兰教的自助、自立精神推动了约鲁巴族基督教徒宗教的自立，他们意识到自己的民族特质和特性，开始寻求教会独立，摆脱英国传教士对教会的垄断。

为进一步扩大传教活动，各传教机构还开始逐步实现基督教的"非洲化"和本地化。教会传教团在 1860 年任命约鲁巴人塞缪尔·克劳瑟为第一个土著牧师。1881 年拉各斯有七所教会传教团的教堂，其中六所就有土著牧师。

传教士们传教的内容，除基督教的一般教义、教规外，着重宣扬的是黑人愚昧低下，欧洲白人给黑人带来了文明与进步，并要求黑人甘当上帝（实际上是白人殖民主义者）的奴仆等，以此来麻醉非洲人民的斗争意志。经过近百年的传教，到二十世纪五十年代，基督教超过伊斯兰教成为拉各斯信奉人数最多的宗教。

19 世纪末，循道会要求伊莱莎国王阿基莫克一世提供一块土地用来修建医院。国王在旧城区划拨给循道会一块地，租金为每年一便士。循道会建立了

52 参看: Church Missionary Society Archive: CA3/04/784, "Crowther to Parent Committee London", 1885; 张宏明：《塞缪尔·阿贾伊·克劳瑟的思想》,《国际政治论坛》（近代非洲思想经纬），2008 年 5 月。

53 G. O. Gbadamosi, *The Growth of Islam among the Yoruba 1841-1908*, New Jersey: Humanities Press, 1987, p. 134.

54 Lamin Sanneh, *West African Christianity: The Religious Impact*, New York: Orbis Books, 1983, p.221.

一所小诊所，为医生夫妇建立了一所房子，因为缺乏资金支持，该诊所一直没有什么成就。直到 1912 年，英国卫斯理行会（Wesley Guild Society）投入资金，这座小诊所发展成拉各斯卫斯理行会医院（The Wesley Guild Hospital），这也是一战前拉各斯甚至约鲁巴兰唯一的医院。[55]

英国还通过创办学校来培养大批深受西方文化影响的知识分子。1884 年拉各斯的二十四所初级学校、五所中等学校均由教会创办。1908 年，尼日利亚第一所技术学校测量学校在拉各斯建立。[56]1932 年，英国殖民当局在拉各斯创立了尼日利亚第一所技术学院——亚巴（Yaba）高等学院，开启了尼日利亚高等教育的历史，但该校直到 1934 年才得到正式的授权，为尼日利亚人民提供高等教育的机会。[57]但直到 1942 年，拉各斯 99%的学校被控制在教会手中。这些学校统一使用英语教学，强制向学生灌输西方文化价值和道德规范。

教育的发展推动了拉各斯地区新闻业的发展。1860-1914 年间，大量报纸在拉各斯创办发行，例如：《英国风的非洲人》（Anglo-African，1863-1864 年）[58]、《拉各斯时报》（The Lagos Times，1880-1885 年）、《拉各斯观察者》（Lagos Observer，1882-1890 年）[59]、《拉各斯鹰与评论》（Lagos Eagle and Critic，1883-1888 年）、《镜报》（The Mirror，1887-1888 年）、《拉各斯每周纪录》（Lagos Weekly Record，1891-1915 年）、《拉各斯回声》（Lagos Echo，1894-1896 年）、《拉各斯标准》（The Lagos Standard，1903-? 年）、《尼日利亚纪事报》（The Nigerian Chronicle，1908-1915 年）、《尼日利亚时报》（Nigerian Times，1910-? 年）、《尼日利亚先驱者》（Nigerian Pioneer，1914-1936 年）。

但在传教士的影响下，拉各斯掀起了一股办报热潮，培养了一批新的阅读群体，推动了尼日利亚书籍需求，塑造了一种有别于传统文化的阅读口味，为新阶层的兴起奠定基础。

---

55 Gbade Aladeojebi, *History of Yorubaland*, Africa: Partridge, 2016, p.102.

56 该校于 1926 年迁至伊巴丹，于 1934 年迁至奥约。

57 1945 年，英国殖民政府的伊利亚特（Elliot）高等教育委员会提议，将拉各斯的亚巴高等学院改为技术学院，以满足尼日利亚经济发展对技术人才的需求。因此，亚巴高等学院也提供医学、农业、工程和教师培训方面的课程，从某种角度而言，它也是尼日利亚最早的技术学院。亚巴高等学院于 1947 年 12 月停办。

58 为拉各斯发行的第一份报纸，由罗伯特·坎贝尔（Robert Campbell）创办，印刷设备来自于阿贝奥库塔圣公会印刷所。参见：Church Missionary Archives, "Harrison to Venn, 1 September 1863", CA2/045。

59 后与《黄金海岸广告报》（Gold Coast Advertiser）合并。

　　精英阶层与拉各斯的独立教会运动兴起了。英国殖民当局正是通过类似的西方教育培养了一批维多利亚式的拉各斯人。因为他们在思想和生活方式上已经英国化了，这批人被称为"精英"或"黑色英国人"。他们之中90%左右的人都受过中等以上教育，许多人还在国外完成了高等教育。如著名学者托马斯·金，他在英国的爱丁堡大学完成学业，回国后成为拉各斯的第一位医生。拉各斯的第一位律师塞潘拉·威廉，也是在英国完成学业的。

　　当然，英国人培养精英的姆斯，主要是为其殖民统治服务的。例如，1905年拉各斯民政部门雇佣了405名非洲人，而欧洲人仅为187人。有的"精英"还担任了高职，最有名的是亨利·卡尔博士，他曾任殖民政府教育部部长；其他如代理殖民秘书、助理司库，以及邮政局长等职，也时常由"精英"担任。尽管如此，"精英"中的许多人仍不满英国殖民统治和掠夺政策，尤其是当他们的前途因肤色受到歧视时，就会表现出坚定的反英殖民主义斗志，违背了殖民当局的本来愿望，成为争取民族独立斗争的领导人和骨干。被誉为"尼日利亚民族主义之父"的赫伯特·麦考利就是一个突出的例子。另外，尼日利亚独立后的第一任总理纳姆迪·阿齐克韦也是活跃在拉各斯政治舞台上的著名民族主义领袖。

　　综上所述，在英国殖民统治的百年时间里，拉各斯成了一座从属于西方的殖民地城市，城市功能单一，城市经济畸形发展，英国人想以基督教和西方文化来奴化拉各斯人，但具有讽刺意味的是，正是这些西方文化的"精英"，成了推翻英国殖民统治的主要领导力量。

　　1870 年代，在约鲁巴邻近的塞拉利昂，非洲本土代理者在教会中拥有主动权和领导权。而在约鲁巴兰，教会的主导权和领导权掌握在欧洲传教士手中。以拉各斯为例，至 1873 年，英国甘立宗在拉各斯共建立了 5 所教堂，这5 所教堂的牧师职务全由欧洲传教士承担，约鲁巴本地人只能承担辅助工作。[60]与在塞拉利昂的欧洲传教士不同，在约鲁巴地区的欧洲传教士们人认为他们是约鲁巴兰基督教会的开创者，因此他们视本地皈依者和神职人员为刚从"迷信"（superstition）和"野蛮"（barbarism）中走出来的"雏子"（infant），视自己为约鲁巴兰的"家长"、"导师和管理者"。[61]但是在约鲁巴兰，"塞拉利昂回

60 E. A. Ayandele, *Holy Johnson, Pioneer of African Nationalism, 1836-1917*, Oxon: Frank Cass & Company Limited, p. 99.
61 "Bishop Cheetham to R. Lang", 29/4/1884,CMS G3/A2/02.

归者"（Sàró）们已经通过西方教育，拥有自信、判断力和魄力，强烈要求欧洲传教士平等对待他们，他们开始要求拥有教会管理权。1873 年 10 月 1 日，在欧洲传教士事先不知的情况下，尼日利亚首个以政治为目的的跨地方组织"拉各斯宗教和教育推进协会"（Society For the Promotion of Religion and Education）成立。该协会由 108 位非洲籍神职人员和杰出的世俗人员组成，旨在推进非洲人承担起拉各斯的传教和教育工作，减少拉各斯欧洲传教士，并逐步将他们赶出拉各斯。[62]1873 年，约鲁巴人詹姆斯·品森·拉布洛·戴维斯（James Pinson Labulo Davies）船长[63]首先在拉各斯教会（Lagos Church）采取行动，成为教会的世俗管理者；1874 年约鲁巴人约翰·奥古都斯·奥屯巴·佩恩（John Augustus Payne）[64]成为伊杰布基督教会（Christ Church）的教会执事（Church Warden）；同年，约鲁巴人查尔斯·福赛斯（Charles Forsythe）[65]与戴维斯一起担任拉各斯面包树教会（Bread Church）的领导人。[66]从这三例可以看出，因为不满白人的歧视和对教会的垄断，约鲁巴族世俗人员首先发起对教会欧洲传教士的挑战，他们夺回了基督教会的领导权。

自 1841 年传教士进入约鲁巴兰至一战前，废除奴隶贸易、转向原材料交易（即所谓的"合法贸易"）成为英国与约鲁巴兰的经济联系的主要内容。许多欧洲公司开始与约鲁巴兰建立联系，其中对约鲁巴兰影响最大的是皇家尼

62　E. A. Ayandele, *Holy Johnson, Pioneer of African Nationalism, 1836-1917*, Oxon: Frank Cass & Company Limited, p. 101.

63　詹姆斯·品森·拉布洛·戴维斯（1848-1896），19 世纪拉各斯著名的商人、水手、海军军官，实业家。其父母为派往新世界的约鲁巴奴隶，经英国获释后返回塞拉利昂。戴维斯在塞拉利昂出生，并在那里的圣公会语法学校（CMS Grammar School）接受教育，1856 年随父母定居拉各斯，1862 年被欧洲传教士兰姆牧师（Rev. J. A. Lamb）选中，参与调停埃格巴与伊巴丹之间爆发的伊贾耶战争，1863 年公开发文批评拉各斯总督亨利·斯坦厄普·弗里曼（Henry Stanhope Freeman）反对伊杰布、支持科索科的政策。戴维斯从事冈比亚与拉各斯之间贸易，其后其贸易领域拓展至尼日尔。

64　约翰·奥古斯都·奥屯巴·佩恩（1839-1906），其父为伊杰布-奥德王室成员。他是拉各斯圣公会语法学校最早一批学生之一。曾任拉各斯治安官、行政官，拉各斯最高法院的首席登记官等。（佩恩对伊杰布教会的影响，参见：J. D. Y. Peel, "Conversion and Tradition in Two African Societies: Ijebu and Buganda", *Past & Present*, No. 77, November 1977, pp. 108-141.）

65　查尔斯·福赛斯，律师，曾在拉各斯殖民政府财政部工作过一段时间，担任过拉各斯立法委员会书记。

66　E. A. Ayandele, *Holy Johnson, Pioneer of African Nationalism, 1836-1917*, Oxon: Frank Cass & Company Limited, p. 99.

日尔公司。1886 年，皇家尼日尔公司获得皇家特许状，获得在西非贸易垄断权。这导致了受西方教育的本地贸易者被迫退出被皇家尼日尔公司垄断的拉各斯贸易区。对于遭受排挤的约鲁巴兰本地贸易者为了重新获得贸易控制权只能进行反殖民活动。而此时基督教会（如英国圣公会）选择配合皇家尼日尔公司垄断政策，限制本地教会的自立与发展，并将教会中的非洲籍主教或教士清除。1885 年，尼日尔地区 26 处传教基地被皇家尼日尔公司占领，于 1857-1883 年间建立的 15 处基督教基地中，有 8 处已经空置，原因是非洲本土主教或教士被解雇。[67]这其实是基督教会、英国公司与英国政府已经意识到这些受过西方教育的精英阶层民族意识已经崛起，他们能够阅读、参与和领会民族主义，进而会采取保护本族利益的措施。为了更好地实现殖民统治，势必要将他们排除在英殖民统治阶层之外。克劳瑟也未幸免。

在被欧洲传教士边缘化的背景下，19 世纪末，约鲁巴族传教士和牧师开展教会独立运动。在约鲁巴族牧师詹姆斯·约翰逊（James Johnson）的领导下，1891 年 9 月"非洲联合教会"（United African Church）在拉各斯建立。1901 年"非洲反国教教会"（African Bethel Church）在拉各斯建立。[68]精英阶层逐渐成为香港和约鲁巴兰变革的先驱者，他们逐渐投入于反殖民事业中。到 19 世纪末，这些接受过西方教育的精英阶层迅速应对社会的变革，他们开始反对不加鉴别的西方化，[69]讨论民族主义问题、表达民族意识的舆论越来愈多。1890-1918 年，约翰·佩恩·杰克逊在拉各斯，利用其创办的报纸《拉各斯每周要闻》呼吁要增强民族意识、号召约鲁巴兰各城邦要打破彼此间的壁垒，团结起来，与英国进行斗争。[70]

拉各斯经历了城市的早期、殖民时期和独立后时期，从而发展成为西非第一大城市，总体而言，就有以下三点显著特征：

首先，作为一座城市，拉各斯的形成和发展不同于西方城市。在西方，城市的发展一般是直生型的，即在其发展之初到现代化大都市，其间没有受到过外界因素的决定性干扰和影响。而拉各斯在其发轫之初便受到外界葡萄牙，特

---

67 "Bishop Crowther, A Brief Review of the Niger Mission since 1857", CMS G3/A3/02.
68 O. Kalu, The History of Christianity in West Africa, London: Longman, 1980, p. 337.
69 Kehinde Olabimtan, Samuel Johnson of Yorubaland, 1846-1901, Peter Lang AG, International Academics Publishers, 2013, p. 15.
70 [美]托因·法洛拉著、沐涛译：《尼日利亚史》，上海：东方出版中心，2015 年，第 79 页。

别是英国的巨大干扰和影响。因此，拉各斯基本上是一种异质性城市，它主要是英国殖民主义统治和掠夺的产物。拉各斯也是西非众多沿海城市发展的一个缩影。

其次，与西非众多遭受殖民征服和统治的沿海城市一样，拉各斯无法摆脱畸形发展的命运。其政治、经济、社会、文化等均被打上了强烈的殖民地印记，成为为西方殖民国家服务的依附性城市。

最后，殖民地城市都在为摆脱其殖民地性质方面付出了沉重的代价。伴随着旧的城市殖民地特征的消退，作为新兴城市快速成长，但又出现了许多新的问题，而这些问题是艰巨使命，它影响城市的发展命运。

第二节　香港和约鲁巴兰的地方民族主义兴起

李安山（2001）认为在非洲研究中用"地方民族主义"代替"部族主义"更为合适。他对地方民族主义的定义为："地方民族主义是指在一个国家范围内占据（或曾经占据过）某一特定地理疆域的族体为维护和促进本族体的自身利益和提高本组族体在权力中心的地位而表达出来的一种心理情感、思想意识和实践活动。"[71]本书认为，这个定义不仅适用于非洲研究，也适用于对港英政府中华人群体的研究。

一、精英阶层与独立教会的兴起

英国在香港实行殖民主义政治体制和资本主义经济制度，基督教在香港推行西方教育，传播西方文化，改变了香港原有的社会性质和社会结构，建立了一个华洋共处的独特社会，推动了香港华人精英阶层的兴起。而19世纪末，这些精英阶层意识到华人在港英政府的地位之低，香港政权由人数极少的英殖民者掌控，而人数占主体的华人却备受歧视，毫无地位可言，激发了民族矛盾。而这些精英阶层在香港经济增长中积累了财富，希望改善生存环境、争取平等地位、获取发言权。1884年，圣公会按立邝日修为首任华人牧师，自主管理华人传教事务，标志着香港华人治会的肇端。[72]根据李志刚（1987）整理，

71 李安山：《试析非洲地方民族主义的演变》，《世界经济与政治》，2001年第5期，第44页。
72 李志刚：《香港基督教会史研究》，香港：道声出版社，1987年，第164页。

自 1884-1914 年，香港共有 25 所华人教会成立。[73]

1841-1914 年间，传教士、贸易商、欧洲管理者三类群体进入约鲁巴兰，正如阿严德拉所说，基督教对约鲁巴兰产生的影响最大，不仅因为传教士首先进入约鲁巴兰，更因为他们深入人群之中。[74]由于欧洲传教士在西非的高死亡率以及 16-18 世纪基督教在约鲁巴兰传播的失败，使得传教士倾向于采取通过本地传教士的间接传教方式。欧洲传教士最主要的目标是"教化"（civilising）约鲁巴人，将西方思想渗入其中。正如第一位派往约鲁巴兰传教的浸信会传教士汤姆斯·杰弗逊·鲍恩（Thomas Jefferson Bowen）在其 1857 年的报告中所说："我们（按：传教士）在非洲的活动设计和希望不仅是使尽可能多的人获得基督教知识，我们更希望将福音深深播种于非洲人心中、灵魂中、社会生活中。这样，在没有外国传教士的情况下，真理（truth）和正义（righteousness）依旧存在于非洲并蓬勃发展。然而没有'文明'（civilization），这无法达到。要在他们中间传播福音，必须使他们拥有《圣经，因此必须使他们有钱或有赚钱的技能购买《圣经》。他们必须阅读《圣经》，这意味着'教导'（instruction）。"[75]

为了在约鲁巴兰实现上述目标，传教士从三方面做出了努力：（1）提高约鲁巴兰识字率；（2）训练本土传教士，培养本土代理人；（3）对约鲁巴兰部分人群进行技能培训。因此，自 19 世纪中期基督教进入约鲁巴兰，约鲁巴兰的跨撒哈拉奴隶贸易和大西洋奴隶贸易被种植和买卖经济作物的"合法贸易"取代。福音主义者巴克斯顿的"圣经与犁"观点在约鲁巴兰传播，通过基督教教育，被视作"文明"的西方文化开始传播，产生了一批拥有不同世界观和道德规范的约鲁巴新阶层。此外，在基督教会的推动下，约鲁巴语作为一种独立的

---

73 分别为：循道卫理联合教会香港堂（1884）、中华基督教会元朗堂（1889）、圣三一堂（1890）、九龙城崇真堂（1890）、诸圣堂（1891）、中华基督教会深爱堂（1892）、西人循道会（1893）、黄宜洲崇真堂（1896）、深水埗崇真堂（1897）、礼贤会香港堂（1898）、香港浸信会（1901）、中华基督教会圣光堂（1901）、中国基督徒会堂（1903）、中华基督教会长洲堂（1903）、中华基督教会完全堂（1905）、香港仔浸信会（1905）、粉岭崇谦堂（1905）、窝美崇谦堂（1905）、圣安德烈堂（1906）、中华基督教会大埔堂（1907）、香港潮人生命堂（1909）、海面传道会（1911）、圣玛利亚堂（1911）、圣保罗堂（1911）、便以利会油麻地堂（1914），参见：李志刚：《香港基督教会史研究》，香港：道声出版社，1987 年，第 158-159 页。

74 E. A. Ayandele, *The Missionary Impact on Modern Nigeria, 1842-1914: a political and social analysis*, London: Longmans, 1966.

75 T. J. Bowen, *Adventures and Missionary Labours in Several Countries in the Interior of Africa*, Charleston: Southern Baptist Publication, 1857, p.321.

书面语言被明确，在字母选择上，基督教会放弃阿贾米文字，选用罗马字母，形成了"约鲁巴语"与"豪萨语"两种不同的语言形式。这正是李安山在《非洲民族主义》一书中所阐明的标准语的确定确立了"一种与其他民族共同体相区别的地域范围，从而形成了独立后影响极大的约鲁巴地方民族主义的基础"。[76]传教士与受西方教育的获释奴隶、约鲁巴兰酋长联系紧密，间接推动了约鲁巴兰民族主义的兴起。

1870 年代，在约鲁巴邻近的塞拉利昂，非洲本土代理者在教会中拥有主动权和领导权。而在约鲁巴兰，教会的主导权和领导权掌握在欧洲传教士手中。以拉各斯为例，至 1873 年，英国甘立宗在拉各斯共建立了 5 所教堂，这 5 所教堂的牧师职务全由欧洲传教士承担，约鲁巴本地人只能承担辅助工作。[77]与在塞拉利昂的欧洲传教士不同，在约鲁巴地区的欧洲传教士们人认为他们是约鲁巴兰基督教会的开创者，因此他们视本地皈依者和神职人员为刚从"迷信"（superstition）和"野蛮"（barbarism）中走出来的"雏子"（infant），视自己为约鲁巴兰的"家长"、"导师和管理者"。[78]但是在约鲁巴兰，"塞拉利昂回归者"（Sàró）们已经通过西方教育，拥有自信、判断力和魄力，强烈要求欧洲传教士平等对待他们，他们开始要求拥有教会管理权。1873 年 10 月 1 日，在欧洲传教士事先不知的情况下，尼日利亚首个以政治为目的的跨地方组织"拉各斯宗教和教育推进协会"（Society For the Promotion of Religion and Education）成立。该协会由 108 位非洲籍神职人员和杰出的世俗人员组成，旨在推进非洲人承担起拉各斯的传教和教育工作，减少拉各斯欧洲传教士，并逐步将他们赶出拉各斯。[79]1873 年，约鲁巴人詹姆斯·品森·拉布洛·戴维斯（James Pinson Labulo Davies）船长[80]首先在拉各斯教会（Lagos Church）采取

76　李安山：《非洲民族主义研究》，中国国际广播出版社，2004 年，第 239 页。

77　E. A. Ayandele, *Holy Johnson, Pioneer of African Nationalism, 1836-1917*, Oxon: Frank Cass & Company Limited, p. 99.

78　"Bishop Cheetham to R. Lang", 29/4/1884,CMS G3/A2/02.

79　E. A. Ayandele, *Holy Johnson, Pioneer of African Nationalism, 1836-1917*, Oxon: Frank Cass & Company Limited, p. 101.

80　詹姆斯·品森·拉布洛·戴维斯（1848-1896），19 世纪拉各斯著名的商人、水手、海军军官，实业家。其父母为派往新世界的约鲁巴奴隶，经英国获释后返回塞拉利昂.戴维斯在塞拉利昂出生，并在那里的圣公会语法学校（CMS Grammar School）接受教育，1856 年随父母定居拉各斯，1862 年被欧洲传教士兰姆牧师（Rev. J. A. Lamb）选中，参与调停埃格巴与伊巴丹之间爆发的伊贾耶战争，1863 年公开发文批评拉各斯总督亨利·斯坦厄普·弗里曼（Henry Stanhope Freeman）反对伊杰布、

行动，成为教会的世俗管理者；1874 年约鲁巴人约翰·奥古都斯·奥屯巴·佩恩（John Augustus Payne）[81]成为伊杰布基督教会（Christ Church）的教会执事（Church Warden）；同年，约鲁巴人查尔斯·福赛斯（Charles Forsythe）[82]与戴维斯一起担任拉各斯面包树教会（Bread Church）的领导人。[83]从这三例可以看出，因为不满白人的歧视和对教会的垄断，约鲁巴族世俗人员首先发起对教会欧洲传教士的挑战，他们夺回了基督教会的领导权。

自 1841 年传教士进入约鲁巴兰至一战前，废除奴隶贸易、转向原材料交易（即所谓的"合法贸易"）成为英国与约鲁巴兰的经济联系的主要内容。许多欧洲公司开始与约鲁巴兰建立联系，其中对约鲁巴兰影响最大的是皇家尼日尔公司。1886 年，皇家尼日尔公司获得皇家特许状，获得在西非贸易垄断权。这导致了受西方教育的本地贸易者被迫退出被皇家尼日尔公司垄断的拉各斯贸易区。对于遭受排挤的约鲁巴兰本地贸易者为了重新获得贸易控制权只能进行反殖民活动。而此时基督教会（如英国圣公会）选择配合皇家尼日尔公司垄断政策，限制本地教会的自立与发展，并将教会中的非洲籍主教或教士清除。1885 年，尼日尔地区 26 处传教基地被皇家尼日尔公司占领，于 1857-1883 年间建立的 15 处基督教基地中，有 8 处已经空置，原因是非洲本土主教或教士被解雇。[84]这其实是基督教会、英国公司与英国政府已经意识到这些受过西方教育的精英阶层民族意识已经崛起，他们能够阅读、参与和领会民族主义，进而会采取保护本族利益的措施。为了更好地实现殖民统治，势必要将他们排除在英殖民统治阶层之外。克劳瑟也未幸免。

在被欧洲传教士边缘化的背景下，19 世纪末，约鲁巴族传教士和牧师开展教会独立运动。在约鲁巴族牧师詹姆斯·约翰逊（James Johnson）的领导下，

支持科索科的政策。戴维斯从事冈比亚与拉各斯之间贸易，其后其贸易领域拓展至尼日尔。

81 约翰·奥古斯都·奥屯巴·佩恩（1839-1906），其父为伊杰布-奥德王室成员。他是拉各斯圣公会语法学校最早一批学生之一。曾任拉各斯治安官、行政官，拉各斯最高法院的首席登记官等。（佩恩对伊杰布教会的影响，参见：J. D. Y. Peel, "Conversion and Tradition in Two African Societies: Ijebu and Buganda", *Past & Present*, No. 77, November 1977, pp. 108-141.）

82 查尔斯·福赛斯，律师，曾在拉各斯殖民政府财政部工作过一段时间，担任过拉各斯立法委员会书记。

83 E. A. Ayandele, *Holy Johnson, Pioneer of African Nationalism, 1836-1917*, Oxon: Frank Cass & Company Limited, p. 99.

84 "Bishop Crowther, A Brief Review of the Niger Mission since 1857", CMS G3/A3/02.

1891 年 9 月"非洲联合教会"（United African Church）在拉各斯建立。1901 年"非洲反国教教会"（African Bethel Church）在拉各斯建立。[85]精英阶层逐渐成为香港和约鲁巴兰变革的先驱者，他们逐渐投入于反殖民事业中。

约鲁巴兰基督徒在 19 世纪末开始形成独立的教会和教派。虽然早期活动记录难以找寻，但可以明确的是，约鲁巴兰独立的非洲基督教会在大约 1914 年到 1925 年间大量成立，从 1930 年代到 1950 年代出现了第二波增长，从 1970 年代开始出现了第三波增长。这些时期中的每一个时期都与非洲的多种变化有关，反映了在现代化的显著指示下聚集的基本的经济和社会变化。

约鲁巴兰宗教的本土化（包括接受、适应和化身）涉及将教会植根于约鲁巴兰的社会、文化和宗教现实（伊多乌）。呼吁本土化的神学家认为，非洲的宗教思想应纳入基督教神学和实践（穆拉戈）。穆拉戈认为，引入非洲的宗教和文化理念"必须是同化、化身，但重要的是解放、提升、变形、超自然、一种新的存在方式，在基督内和由基督掌控，在教会内和由教会掌控。"基督教传统除了满足基督徒的心理需求外，是一种与个人和文化的相遇，必须融入所在国文化的思想形式（瓦利戈；迪克森）。本土化超越了"三自"——自治、自传和自养——亨利·维恩（Henry Venn）首次提出将非洲人的文化、宗教和哲学思想形式纳入其中。劳伦蒂·马格萨（Laurenti Magesa）[《本土化剖析》（Anatomy of Inculturation）]认为，从希伯来圣经开始，希伯来和后来的基督教传统总是从其他文化中借用和改编思想。本土化也意识到"非洲身份认同和福音身份认同都在内部具有不可简化的神圣特征，因为它们都享有神圣的起源"（《本土化剖析》）)。福音派神学家拜杨·卡托（Byang Kato）在《非洲的神学陷阱》（Theological Pitfalls in Africa）一书中，认识到有限的语境化的重要性，但他也强调了不变的圣经信仰的重要性，因为对非洲神学的强调可能会引入折中论/融合论（syncretism）并削弱非洲教会。另一位福音派神学家提德·提耶鲁诺（Tite Tieno）[《非洲教会的神学任务》（The Theological Task of the Church in Africa）]呼吁神学家谨慎对待本土宗教，尽管他们相信基督教福音已经给了非洲人他们所需要的一切。

独立基督教会的发展首先应该被视为约鲁巴人试图使基督教本土化的尝试，既包括社会动员，更拥有对欧洲霸权的抵抗；其次，它们的发展是由于传道会未能充分处理非洲人的主要问题，例如：疾病、健康、财富和灾难；第三，

---

85 O. Kalu, The History of Christianity in West Africa, London: Longman, 1980, p. 337.

约鲁巴兰独立教会的成立也常常与非洲人认为传道会偏爱欧洲人有关。在相互竞争的传教会中，罗马天主教会最重视高等教育和对当地神职人员的培训。然而，在英国圣公会中，由英国捐款资助的传道会与当地支持的所谓本土英国圣公会之间存在区别。尽管放弃欧洲国籍的圣公会传教士的生活水平很节俭，但约鲁巴兰圣公会神职人员及其家人的物质生活更加贫困。这在非洲神职人员中引起了广泛的不满。其他新教教派对当地男性的任命较慢；这看起来像是试图保持对教会事务的控制是欧洲的特权。这些发展的总体结果是，许多非洲神职人员脱离了母教会，建立了自己的教会，在那里他们可以拥有权力和树立权威。

约鲁巴兰基督教会通常对从外部而来的基督教创新进行独特的改造，进行地方化地塑造和适应，以提供精神重生、物质改善的潜力和新群体精神的成长。在神学方面，许多约鲁巴兰基督教会在坚持圣经作为无可指责的神学来源的同时，还宣扬体验信仰的有效性、圣灵的中心地位、言语不清和信仰治疗的精神恩赐以及神迹的效力。约鲁巴兰基督教会的世界观也经常通过个人皈依作为对基督是"主人和救世主"的信仰的独特体验（也就是说，在接受新的精神生活的意义上"重生"）。约鲁巴兰基督教会也经常关心帮助有类似皈依经历的其他人。与许多前传道会在一定程度上仍然依赖外国捐助不同，大多数非洲基督教会主要依靠成员自己的捐款来维持生活。

约鲁巴兰基督教会的成员通常具有强烈的道德主义世界观：撒谎、欺骗、偷窃、行贿（或受贿）、通奸和出轨是不被允许的。由于教会成员清楚区分对与错，他们倾向于反对公共腐败。他们有一种强烈的感觉，社会的福祉高度依赖于良好的个人道德标准。约鲁巴兰基督教会中的一些社会互动的性质也有助于重新定位传统的性别关系，并在此过程中，性别政治也发生了转变。虽然一些教会继续提倡女性顺从的教义，但许多教会并没有这样做。这通常似乎是此类教会的主要吸引力之一——例如，在拉各斯的年轻城市女性中。尤其是在婚姻、家庭和性领域，人们发现一些非洲基督教会的教义和实践极大地改变了性别关系。

1914 年以后，数以万计的约鲁巴人加入了非洲基督教会，原因有很多：许多非洲基督教会提供的祈祷体验的强度，提供一个极具吸引力的简单易懂的信息，似乎在许多人认为他们可以从周处的混乱中走出来的意义，道德提供指导和复苏群体价值观的准则，以及集体团结感，这体现在个人追随者经常互相称对方为"兄弟"和"姐妹"。除了精神和社会目标之外，非洲基督教会的成员经常对于一些人来说，繁荣的希望是教会的主要吸引力之一，这导致指责他们对于希望的信息只不过是对个人物质幸福的盲目和以自我为中心的呼吁。

首先，对于那些寻求宗教和社会体验的人来说，这样的教会通常可以作为一种替代，而以前的传道会往往似乎无法提供；许多非洲基督教会成员以前隶属于罗马天主教会和各种新教教派。其次，他们的许多追随者是年轻人；第三，关于他们的神学，虽然需要更多的研究，但很明显，"健康和财富"的信仰福音是许多人，也许是大多数人的核心追求。非洲基督教会成员经营着自己的餐饮公司、医院、幼儿园、唱片公司等。他们首先向同一教派信徒提供就业机会，因为他们被认为可能是诚实的并能努力工作。

信仰福音最初是由新闻传道者在 1950 年代和 1960 年代设计的美国教义。然而，非洲的许多传统宗教一直关注生育、健康和富裕。目前尚不清楚这样的福音在多大程度上仍然是一个可识别的美国教义，或者它现在是否已在非洲基督教会内部完全非洲化。非洲基督教会的阶级构成是多种多样的：他们不只是为穷人、中产阶级或其他一些有身份的社会群体服务，而是从所有社会阶级中寻找追随者。非洲基督教会另一个重要的神学特征是对教会中圣灵的理解。就像"健康和财富"的概念一样，精神是非洲宗教文化的重要组成部分。

非洲基督教会的追随者通常关心社会问题，包括共同分享恐惧、疾病、工作、希望和物质成功。世俗的失败通常被认为是缺乏信仰的结果。上帝会奖赏真正的信徒。这些信徒似乎相信人们的救赎掌握在他们自己手中（或者更确切地说是在上帝和个人手中），而期望政府能够或应该满足所有甚至大多数人的需求并解决他们的问题的期望是错误的。

总的来说，非洲基督教会在智力和物质上都对之前的传道会的基督教提出了挑战。这就是对追随者流血牺牲的担忧，以至于主流基督教会从两个方面攻击他们。一方面，非洲基督教会被指责只比美国原教旨主义教会的特洛伊木马多一点用处（如果有的话）。然而，一些非洲基督教会受到富有的外国（尤其是北美）牧师的庇护这一事实可能有助于向许多追随者证明宗教与个人发达之间的理想联系。另一方面，主流教会急于将语言、信仰治疗和大量圣经典故纳入他们的教会服务中。

二、宗教间的对话与冲突：民族主义启蒙意识的觉醒

基督教与伊斯兰教之间的对话与冲突，推动了约鲁巴兰民族主义启蒙意识的觉醒。基督教与伊斯兰教的关系经历了从竞争到对话的转变过程。

19 世纪基督教在约鲁巴兰发展、英国在约鲁巴地区建立霸权的同时，伊斯兰教也在约鲁巴兰积极寻求扩张。基督教与伊斯兰教为了争取皈依者，二者关系十分紧张。19 世纪 40 年代，当基督教在约鲁巴兰开始福音传播工作时，伊斯兰教已占据先机在约鲁巴已建立巩固的伊斯兰教团体。穆斯林尽一切可能与约鲁巴地区酋长建立联系，部分酋长皈依伊斯兰教，打击了基督教传教会在约鲁巴地区，如伊沃、伊莎因和埃佩等地建立传教基地的计划。[86]被驱逐出约鲁巴兰的基督教传教士的传教热情被点燃，他们依据非洲现实状况，修正基督教自中世纪以来视伊斯兰教为主要威胁的观点，这推动了 19 世纪下半叶约鲁巴地区基督教与伊斯兰教宗教间对话的局面，成为约鲁巴兰基督教发展的显著特征。圣公会在约鲁巴兰的传播历史最能说明这点。

圣公会作为约鲁巴地区历史最悠久、最大的基督教传教团体，在传教之初，他们最大的担忧便是伊斯兰教已经抢占先机。1870 年代始，圣公会与约鲁巴兰伊斯兰教接触的典型特征是"对话"，英国传教士对约鲁巴兰穆斯林没有丝毫敌意。这与圣公会在印度殖民地与伊斯兰教对抗的态度迥然不同，伊斯兰教将圣公会的反应视为基督教在约鲁巴兰的总体态度。1875 年，圣公会约鲁巴族牧师詹姆斯·约翰逊提出本地神职人员需要学习阿拉伯语以期与穆斯林对话，为基督教信仰进行辩护。圣公会随后雇佣穆斯林学者对本土基督教牧师进行拉丁语和伊斯兰教义的培训，其结果是本土牧师对伊斯兰教义了如指掌。如：科尔（M. S. Cole）将《古兰经》翻译成约鲁巴语，这也是《古兰经》第一本约鲁巴语译本；奥贡俾伊（A. J. Ogunbiyi）用约鲁巴兰语和英语撰写《默罕默德教义》（约鲁巴语版为：*Asoro Kukuru*；英语版为：*Tracts for Mohammedans*）。[87]基督教牧师的工作促使伊斯兰教学者对基督教义进行研究。

约鲁巴兰本土基督教徒与穆斯林和平共处、互相研究对方教义。本土基督教徒发现伊斯兰教自立、自助的方法值得效仿。约鲁巴族詹姆斯·约翰逊牧师在 1878 年拉各斯教会众这样说道："在我游历期间，有一件事令我印象深刻，

86 Akintunde E. Akinade, *Christian Response to Islam in Nigeria, A Contextual Study of Ambivalent Encounters*, New York: Palgrave Macmillan, 2014, p.105.

87 Akintunde E. Akinade, *Christian Response to Islam in Nigeria, A Contextual Study of Ambivalent Encounters*, New York: Palgrave Macmillan, 2014, p.107.

那就是非洲和约鲁巴的伊斯兰教徒比基督徒拥有更强的传教能力……原因是他们自力更生。"[88]传教士威廉·艾伦（William Allen）1887 年这样形容在阿贝奥库塔和拉各斯的穆斯林，"他们举止得当友好，身上并没有土耳其穆斯林那种狂热宗教情感。"[89]伊斯兰教的平等主义、健全的道德标准和宽容慷慨的教义吸引了约鲁巴族牧师和基督教徒。他们开始与欧洲传教士之间发生分歧。白人传教士的歧视和不平等对待伊斯兰教的自助、自立精神推动了约鲁巴族基督教徒宗教的自立，他们意识到自己的民族特质和特性，开始寻求教会独立，摆脱英国传教士对教会的垄断。

约鲁巴兰基督教与伊斯兰教的相遇与"对话"，为本土传教士和福音传播者提供了建立本土教会的契机，推动了本土精英阶层的自立自助和民族意识的觉醒。以下以约鲁巴黑人传教士塞缪尔·约翰逊（Samuel Johnson，1846-1901）为例说明这个问题。

塞缪尔·约翰逊体现了 19 世纪努力定义非洲身份和未来的思想的多样性。在长达 30 多年的传教士、神职人员和政治代理人的职业生涯中，约翰逊斡旋在英国殖民地拉各斯和约鲁巴各州之间竞争激烈的知识分子领域，出版了第一本也是最著名的关于尼日利亚历史的著作。他的《约鲁巴的历史：从最早的时代到英国保护领》（*History of the Yorubas from the Earliest Times to the Beginning of the British Protectorate*）（以下简称：《历史》）既是历史叙述，又是文化阐述，以及对非洲种族主义描绘的富有想象力的驳斥。在这部著作以及他的日记和通信中，约翰逊阐明了一种世界观，即将非洲视为人类文明的重要的和令人骄傲的一部分，将约鲁巴人视为一种独特的文化身份。

他的背景突出了早期受过西方教育的非洲知识分子所面临的困境，塑造了这一时期的思想潮流。约翰逊出生在黑斯廷斯（塞拉利昂），父母是拥有约鲁巴血统的被解放了的奴隶，他是第一代年轻的塞拉利昂人，他们没有经历过奴隶制，但必须对解放心存感激。由于身份错位，他们与父母一样对他们一无所知的祖屋感到恐惧和渴望，同时生活在西非海岸尚未形成的泛文化和日益国际化的身份中。被解放的奴隶渴望与疏远的亲人团聚。1858 年，与父母一起返回约鲁巴兰后，约翰逊在伊巴丹的教会学校接受了小学教育，并在阿贝奥

88 G. O. Gbadamosi, *The Growth of Islam among the Yoruba 1841-1908*, New Jersey: Humanities Press, 1987, p. 134.

89 Lamin Sanneh, *West African Christianity: The Religious Impact*, New York: Orbis Books, 1983, p.221.

库塔的圣公会差会培训学院接受了进一步的传教训练，一直到 1866 年。他将自己的写作和智力技能归功于他在教会学校接受的广泛的通识教育。他充满好奇的头脑及思维过程显示了更广泛的影响。

塞缪尔·约翰逊于 1866 年在伊巴丹开始了他的校长和传教士的职业生涯，并成为奥约的教士和牧师，他一直担任该职位一直到他去世。他的教会事工与 19 世纪约鲁巴兰的重大事件重合，并将他推向了这些重大事件。1838 年，吉哈德圣战后，奥约帝国的崩溃使该地区陷入持续的战争状态，直到英国殖民统治才结束。作为传教士和英国传教士在伊巴丹（这些州中最强大的州）的门徒，在他的传教旅程中，约翰逊认识并受到交战约鲁巴州统治者的追捧。这样一来，他很快就成为了这些交战州之间的使者和传教士和平倡议的箭头。英国殖民地拉各斯任命他为和平行动和解决约鲁巴内战的特使和政治代理人。穿越约鲁巴兰的旅行使约翰逊能够进一步获取对约鲁巴的知识，并进一步发展他长期以来的兴趣，即通过记录约鲁巴人的文化和历史，将他们置于 19 世纪复杂的知识潮流中。由于他的这些活动，他被同时代人和殖民地官员认可为关于约鲁巴的权威。他的洞察力对英国在约鲁巴兰的干预和殖民政策至关重要。

《约鲁巴的历史》由两个主要部分组成。第一部分——"人民、国家和语言"——描述了约鲁巴人的早期历史和文化，包括对他们的性格和举止、宗教、仪式、名字、语言和政治的想法。第二部分为奥约政治历史中的约鲁巴的战争提供了一个解释，约鲁巴战争以富拉尼的征服为中心，破坏了稳定和进步的长期历史。该书叙述的基础是他恢复和平、团结、稳定和进步的希望。

约翰逊既是他那个时代的创造者，也是发出反对声音的人。他所接触和发挥作用的维多利亚文化具有双重性质。它将全球人文中纳入非洲的基督教与在闪米特假说以及社会达尔文主义和人类学中提倡的种族主义排斥相结合。在《历史》中，约翰逊声称约鲁巴人拥有古老的和基督教的根源和未来。因此，他将约鲁巴神话与古埃及、希腊、中东和圣经历史联系起来，并强调约鲁巴文化实践与基督教方式之间的相似之处。尽管这种普遍主义的模式通常包括用于诋毁非洲人而被诅咒的闪米特假说，但对约翰逊来说，它还有其他的学术目的。首先，它肯定了非洲人的共同人性和古老的根源以及他们对基督教的共同继承。这种联系也有效地反驳了知识分子的作品，这些作品通常认为非洲人是劣等种族，在他们发展出能够做到这一点的心理和文化能力之前，他们无法完全理解基督教或成为现代人。

因此，约翰逊的《历史》是对种族主义史学和伪科学的驳斥。与将非洲人描述为不道德、懒惰、野蛮和嗜血的种族主义描述相比，他从积极的角度描述了约鲁巴人。"顽强的毅力和决心是伊杰布（Ijebu）人的特征，热爱安逸和迅速适应新思想是埃格巴（Egba）人的特征、伊杰萨（Ijesa）人和埃基蒂（Ekiti）人拥有惊人的体力、非凡的温顺和简单的举止。"当殖民发动者将约鲁巴的战争描述成是对奴隶和战利品的野蛮追求时，约翰逊将冲突描述为革命或保持权力平衡的机制。将军们以无所畏惧的战略家、国家建设者和英雄的形象出现。他将非洲假定的黑暗视为欧洲自己经历过的基督教目的论的常规过程。

尽管这种民族主义思想和倾向在那个时期受过教育的非洲人中很常见，但塞缪尔·约翰逊以比一般反驳更具体的方式表达了这些论点。他对约鲁巴人的关注基于直接的观察，对种族主义进行了更详细、基于证据的回应。他坚持非洲的差异以及欧洲知识体系无法理解或解释非洲的特性。从这个意义上说，他对非文字资料的广泛使用预示着后来的历史学家努力将口述传统确立为非洲历史的可靠来源。同样重要的是，他没有将非洲人或约鲁巴人视为与欧洲人毫无差异的对立面。对他来说，不能简单地倒置非洲从而进入真实的非洲。他的《历史》也凸显了约鲁巴人之中的社会和政治紧张局势。然而，尽管如此，他还是设想了一种文化和政治的统一。他的基督教不是欧洲的，而是基于约鲁巴人的文化体验，他的现代性概念也不是以欧洲为中心的。相反，约翰逊提倡文化复兴是非洲未来的关键。

约翰逊对约鲁巴兰被英国殖民的历史事件的暗示掩盖了学术界对他作为非洲主义者和民族主义者的学术贡献的关注。约翰逊提倡英国干预是结束约鲁巴战争的唯一有效工具，但他作为殖民辩护者的表现很糟糕。后来的历史学家将他和他那个时期其他受过教育的非洲人称为欧洲统治的先驱。此外，他更多地为人所记住是因为他对奥约霸权的狭隘宣传，而不是他所代表的约鲁巴统一，他的书一直提供了知识基础。然而，约翰逊的持续遗产仍然是他坚持的非洲的历史自豪感和他所知道的历史对人类文明的贡献，以及他对复兴约鲁巴文化的赌注。

三、反殖民主义与民族身份建构

港英当局不仅是西方殖民者的政治代表，也是香港多行业最早、最大的雇主，集民族压迫者与压迫者于一身。[90]19 世纪 80 年代起，随着华人经济地位提高，华人要求政治、经济权利、平等地位的要求不断提及，在香港掀起了反对英国殖民活动。

但是，由于香港社会环境、政治体制与内地不同，随着香港华人经济的发展，以及西方国家近代社会思潮的影响，深受西方教育影响的精英阶层身上的中国传统文化烙印减弱，其发展方式逐渐由传统模式向近代化方向演化，开始建立日益完善的组织结构，组织程度也日益提高，组织形式多样化，自立教会、创办中华会馆、华商公局等。[91]而这种中西文化杂糅的结果是"香港人"（Hongkongnese）这一概念的产生，其价值观念和社会规范体系不同于大陆。

19 世纪以前，约鲁巴兰由各自独立的王国组成。在约鲁巴兰中部，有奥约、奥乌、伊杰布、科图、萨贝、伊费、伊杰莎、翁多、奥沃等中央集权王国；在约鲁巴兰其它地区，存在着诸如阿可可（Akoko）、卡巴（Kabba）、伊卡莱（Ikale）、伊拉杰（Ilaje）等稍微小一点的政治单位。即使奥约帝国如此强大，也未能在约鲁巴兰建立统一政权。因此，在英国进入之前，约鲁巴地区尚未有"约鲁巴"、"约鲁巴人"的意识，自我定位与自我认知局限于各自王国或城邦。19 世纪约鲁巴兰发生了改革性的巨变。从内部看，自 1830 年代奥约帝国衰亡后，各王国之间战乱不断，新的重要权力中心，如伊巴丹、阿贝奥库塔和伊贾耶（Ijaye），在 19 世纪上半叶产生，这也推动了人口从北方沙漠地区向南方雨林地区的大迁移。新的权力中心产生以及人口的迅速增加，导致了约鲁巴兰政治经济格局的变化。而从外部环境看，19 世纪上半叶，随着欧洲各国废除奴隶制和禁止奴隶贸易的政策，被解放的黑奴接受了基督教福音及由传教士推行的西方教育，返回约鲁巴兰。至 19 世纪中叶，这些皈依基督教的前奴隶们形成了约鲁巴兰新知识分子（intelligentsia）群体，在热带非洲具有重要的领导作用。[92]

随着基督教的渗入、新知识分子群体的形成，基督教、英国政府与约鲁巴本地人民三者之间的关系日趋复杂。以埃格巴为例，1843 年英国传教士定居

---

90 余绳武、刘存宽主编：《十九世纪的香港》，香港：麒麟书业有限公司，1994 年，第 358 页。

91 余绳武、刘存宽主编：《十九世纪的香港》，香港：麒麟书业有限公司，1994 年，第 360-378 页。

92 Toyin Falola, *Yoruba Gurus: Indigenous Production of Knowledge in Africa*, Trenton: Africa World Press, 1999, p.2.

阿贝奥库塔时，埃格巴人对英国人的到来表示欢迎。但自 1861 年拉各斯成为英国殖民地时，他们对英国人的情感完全改变。受居住在阿贝奥库塔的新知识分子的影响，埃格巴人意识到英国在拉各斯设立领事馆是为了占领拉各斯。埃格巴人和英国政府指摘欧洲传教士的作为。英国政府认为传教士充当约鲁巴本地权威的顾问，干涉英国在拉各斯的内政事务，激发埃格巴人对英国殖民的愤怒情感。1865 年英国外交部监督奴隶贸易处负责人王尔德（Wilde）给议会作证时，曾说"我认为传教士们一意孤行，充当本地有权势的人的顾问"。[93]埃格巴人则认为传教士过度干预其政治和司法事件，鼓励新教徒漠视约鲁巴兰国王或酋长。

到 19 世纪末，这些接受过西方教育的精英阶层迅速应对社会的变革，他们开始反对不加鉴别的西方化，[94]讨论民族主义问题、表达民族意识的舆论越来愈多。1890-1918 年，约翰·佩恩·杰克逊在拉各斯，利用其创办的报纸《拉各斯每周要闻》呼吁要增强民族意识、号召约鲁巴兰各城邦要打破彼此间的壁垒，团结起来，与英国进行斗争。[95]

因此，19 世纪末至 1914 年英国合并南尼日利亚殖民领地和北尼日利亚保护领，在受基督教育影响的精英阶层推动下，各城邦逐渐团结起来，"约鲁巴人"（Yorubas）这个概念在约鲁巴兰形成。

李安山在《非洲民族主义研究》一书中提到，在民族建构的过程中，生活于一个国家的不同文化和族体在处理相互关系时可经历六个层次或阶段，其中包括"6C"，即：共处（Coexistence）、接触（Contact）、竞争（Competition）、征服（Conquest）、妥协（Compromise）和聚合（Coalescence）。由此可见，国家民族建构的最高层次和最理想的结果就是民族聚合。这事实上扩大了民众的认同对象，形成新的国家民族的认同。[96]事实上，对于香港和约鲁巴兰而言，1841-1914 年只经历了前五个阶段，民族意识刚觉醒，民族主义刚萌芽。而深受基督教会影响形成的这批精英分子既推动了反殖民活动，建立民族意识，也

93　[英]艾伦·伯恩斯，上海师范大学《尼日利亚史》翻译组译：《尼日利亚史》，上海：上海人民出版社，1974 年，第 195-196 页。

94　Kehinde Olabimtan, Samuel Johnson of Yorubaland, 1846-1901, Peter Lang AG, International Academics Publishers, 2013, p. 15.

95　[美]托因·法洛拉著、沐涛译：《尼日利亚史》，上海：东方出版中心，2015 年，第 79 页。

96　参见：李安山：《非洲民族主义研究》，中国国际广播出版社，2004 年。

成为 20 世纪民族主义运动兴起的主力军。在此以"尼日利亚民族主义之父"赫伯特·巴宾顿·麦考利（Herbert Babington Macauley）为例说明。

赫伯特·巴宾顿·麦考利，生于 1864 年 11 月 14 日，是一位尼日利亚民族主义者、记者和政治家，从 20 世纪头十年开始，他在定义和动员反殖民主义原民族主义力量和战略方面发挥了重要作用。1891 年至 1894 年间，麦考利在英格兰学习土地测量和土木工程。返回尼日利亚后，他加入了拉各斯的殖民政府，担任皇家土地测量员。1898 年，他显然对公务员中存在的种族歧视感到不满，于是辞去职务，以执业测量师的身份进入私人执业。

他也开始成为反对英国在尼日利亚统治的声音。他成为拉各斯传统权利的主要倡导者。1923 年，当他建立了尼日利亚的第一个政党——尼日利亚民族民主党（the Nigerian National Democratic Party）时，他的政治生涯不可估量地发展起来。他的政治倡议、他对知识工具和社会政治渠道的把握以及他的勇气和信念将为在整个黑人世界传播他的信息和影响力的政治和社会行动奠定基础。这些为他赢得了诸如"克尔斯滕庄园的巫师"（Wizard of Kirsten Hall）和"本土权利的捍卫者和斗士"（Defender and Champion of Native Rights）等荣誉。当他于 1946 年 5 月 7 日在拉各斯去世（享年 82 岁）时，他已经成为众所周知的杰出的非洲之子和模范政治家，毕生致力于他的人民的政治解放。

赫伯特·麦考利因其才智、魅力和政治睿智而受到敬佩。他是一位强大的活动家、作家和散文家，表达了非洲主义者的观点，并将其一生致力于政治和城市问题，并最终致力于政治意识和活动的创造。他利用他的报纸《拉各斯每日新闻》（*The Lagos Daily News*）反对英国殖民主义并支持他的人民的事业。赫伯特·麦考利近三十年来影响了尼日利亚和黑人世界其他地区的政治舞台。他最伟大的工具仍然是采用社会、政治、意识形态和哲学理想和概念，以动员他的人民围绕在民族主义和泛非主义的价值观下。赫伯特·麦考利是伟大的部长和学校行政人员托马斯·巴宾顿·麦考利牧师（Reverend Thomas Babington Macauley，拉各斯圣公会文法学校的创始人）的儿子，也是尼日尔第一位非洲黑人主教塞缪尔·阿贾伊·克劳瑟主教（Bishop Samuel Ajayi Crowther）的孙子。1890 年，麦考利的年龄足以对克劳瑟主教在被迫辞去主教职务时所遭受的屈辱感到愤慨。这无疑有助于加深他对殖民政府的不满情绪。作为社会和政治精英阶层的杰出成员，麦考利将作为社会正义、人权和经济发展的改革运动参与者，为其他人设定可模仿的标准。他参与了若干诉讼案件，例如 1921 年著名的阿帕帕（Apapa）土地案、埃舒格巴伊·艾莱科（Esugbayi Eleko）与尼日利亚政府对峙案——一个见证了艾莱科（拉各斯国王）被废黜和流放的土地使用权案——以及其他几个土地问题案件。

他在他的著作中清楚地表达了他对泛非主义的强烈立场以及对每个黑人的角色的看法。马库斯·加维（Marcus Garvey）一封发表在《黑人世界》（*The Negro World*）日期为 1919 年 4 月 25 日的信，这是针对其所提议的"黑星航线"（Black Star Line，航运公司的一项倡议）致所有"黑人种族同胞"的一封信，作为回应，赫伯特·麦考利确认了每个黑人的隐含义务，部分偿还他对国家和种族的债务，尽其所能实现加维提出的崇高和值得称赞的目标。对他来说，在平等的机会和类似的优势下，黑人在智力上并不逊于任何其他种族的人。他终结种族歧视的策略也将贯穿他的写作：

> 目前我们唯一明显缺乏的是观念的结合，这种人类心灵的显著现象，必须建立在情感的统一以及对象的统一之上；因此，我们现在真正希望看到快速发展的是种族与健全的国家组织的团结。（麦考利论文，伊巴丹大学）

赫伯特·麦考利对尼日利亚的工会主义和宪政主义产生了强烈的影响。他坚信工会主义只有在公正和公平的气氛中才能茁壮成长。他还将工会主义者的成功归功于坚不可摧的团结、无畏的分析和关于工业问题的真相，以及促进正义和鼓励生产和贸易各方之间理解的决心。他认为"雇主和被雇佣者以及执政者，都必须采用理性的仲裁，从而找到合理的解决方案，以避免通过采用宪法方法来避免不受欢迎的革命的可能性"（麦考利论文，伊巴丹大学）。

赫伯特·麦考利在推动文化复兴方面也发挥了关键作用，1910 年 8 月 30 日，在私人律师兼立法委员会成员萨帕拉·威廉姆斯（C.A. Sapara Williams）的事件中，他召开了拉各斯反奴隶制和原住民保护协会辅助组织（the Lagos Auxiliary of the Anti-Slavery and Aborigines Protection Society）成立大会。该辅助组织与传统和现代精英的强大的联盟为麦考利在传统阶级和现代精英之间建立富有成效的联盟提供了基础，以期产生民众对殖民做法的反对。1912 年至 1913 年间，他担任拉各斯反奴隶制和原住民保护协会辅助组织的发言人。早在 1911 年 4 月，该协会就参与了土地问题，以抗议滨海裁决（the Foreshore decision），该决定指出，由于 1861 年的《割让条约》，英国王室拥有拉各斯的所有土地。该协会认为，1861 年的割让不可能将拉各斯的土地交给英国王室，因为这些土地理所当然地属于白帽酋长（White Cap Chief），而不是属于将土地割让给英国的多孙姆国王（King Dosunmu）。作为辅助土地委员会（the Auxiliary Lands Committee）主席，麦考利于 1912 年 6 月 13 日率领一个辅助代表团前往副州长那里，并发表了一个半小时的讲话，抗议拉各斯最高法院的滨海裁决。1913 年，辅助土地委员会派代表团前往伦敦，在西非土地委员会面前提供他们的证言。

他所努力的政治意义也在准民族主义团体的形成和动员中产生了共鸣。他支持那些渴望反对他认为令人反感的政策和做法的组织和机构，这些政策和做法违反了特别是尼日利亚人和一般非洲人的利益。他是英属西非国民大会最杰出的支持者之一。他还支持西非司法和立法机构的改革，以及引进西非上诉法院。1920 年，麦考利陪同奥卢瓦酋长（Chief Oluwa）前往英国枢密院，为殖民政府获得的阿帕帕土地而战。奥卢瓦酋长赢得了官司。作为尼日利亚民族民主党旗下报纸《拉各斯每日新闻》的主编，他利用该平台激发了数百万人对新生活的期待，他的思想理念是：由女人生出来的男人，并非注定永远处于奴役状态。

1944 年，麦考利成为 1944 年 8 月 26 日成立的尼日利亚第一个普世政党尼日利亚和喀麦隆全国委员会（the National Council of Nigeria and the Cameroons）的第一任主席。他是一个为非洲解放献出生命的人，他拥护基于正义和平等的民主自治学说。在他去世几十年后，他于 1978 年被宣布为民族英雄，并出现在尼日利亚货币上纪念他为"尼日利亚民族主义之父"。

直到 19 世纪，西非和中非抵制传教的活动一直收效甚微，持续的传教活动伴随着奴隶贸易的废除以及欧洲在非洲的政治和商业扩张。非洲的福音化成为欧洲各个殖民政府所谓的文明使命的延伸。英国圣公会差会（The Church Missionary Society）、卫斯理教会（the Wesleyans）、圣灵教父（the Holy Ghost Fathers）、海外福音传道会（the Society for the Propagation of the Gospel）、巴色会（the Basel Missionary Society）、非洲传教协会（Society for African Missions）和其他一些组织开始在非洲开展福音传播计划。在最初的抵制传教活动之后，非洲人对基督教传教的态度软化了，许多非洲人在殖民后期接受了基督教。

西方教育对基督教在 19 世纪和 20 世纪在非洲的扩张起到了一定的作用。西方教育为非洲人的社会经济进步提供了机会。在某些情况下，传教工作伴随着医疗工作,这也有助于非洲人接受传教士及其宗教。传教教育和皈依基督教导致了受过教育的精英阶层的产生,并在许多情况下扰乱了非洲社会,因为传教士破坏了非洲的宗教、礼仪和信仰。同时,非洲人在 19 世纪和 20 世纪的传教努力在基督教传播中的关键作用不容忽视。非洲人在推动传教事业方面担任传教士、教师和口译,尤其是在欧洲人在非洲的死亡率非常高的时候。然而,20 世纪中叶的种族主义、歧视和文化傲慢导致了非洲宗教运动或埃塞俄比亚运动的形成,导致了新的非洲化基督教会的形成。这些教会分布在西非、东非和中非。

尽管新的非洲精英在很大程度上接受了基督教(尤其是作为西方教育的来源的基督教),但其他人寻求使基督教适应当地的关注和需求,而不是受白人控制。在西非,阿拉杜拉(*Aladura*)教会成为新的独立基督教教会的缩影。阿拉杜拉运动的奠基人之一是阿比奥顿·阿金索瓦(Abiodun Akinsowa),她是一位年轻女性,最初是一名英国圣公会教徒。阿拉杜拉教会调和了约鲁巴和基督教的宗教思想;据说它的祭司从天使那里得到启示。

本章小结

基督教对英国殖民统治下的香港和英殖民地约鲁巴兰民主进程的影响主要体现在两方面:

第一,香港和约鲁巴兰卷入资本主义世界经济体系。在传教士的配合下,英以废除奴隶制、取消奴隶贸易运动为由,在约鲁巴兰,传教士推行"圣经与耕地"政策,即改宗与商业相结合,由此产生一个拥有不同世界观和道德标准的新非洲阶层,通过种植和买卖经济作物从事"合法贸易",引进和出口经济作物,发展企业。香港由英国殖民统治初期到 19 世纪 60 年代世界上最大的贩运苦力的贸易中心,转变成为世界贸易中转港。香港和约鲁巴兰被迫卷入到资本主义世界体系中。

第二,香港和约鲁巴兰的民族主义活动兴起。尼日利亚史研究学者詹姆斯·科尔曼(James Coleman)曾在《尼日利亚民族主义背景》一书中,区分了"传统民族主义"(Traditional Nationalism)和"现代民族主义"(Modern Nationalism)两个概念,他认为,"传统民族主义"包含对英国早期入侵和占领尼日利亚地区的抵抗运动、以及对早期外来政治和经济高压统治的反抗;

"现代民族主义"包含对尼日利亚独立后作为一个主权国家的情感、活动和组织发展。[97]基于这个定义，本章通过研究发现，自 19 世纪中期开始，香港和约鲁巴兰产生了传统民族主义。受基督教会和西方教育的影响，香港和约鲁巴兰产生了一个新的精英阶层，新的阶层意识到平等和自由，他们开始不满白人传教士的歧视政策以及对基督教会的垄断，反抗西方殖民主义，民族意识启蒙，通过身份建构、语言的标准化，使殖民地人民确立了一种与其他民族共同体相区别的地域和文化范围，从而推动了地方民族主义的兴起。"约鲁巴人"的意识在基督教传教结果下产生，促进了约鲁巴民族身份建构。宗教间的对话与冲突，约鲁巴兰基督教与伊斯兰教关系的转变，也间接推动了约鲁巴兰民族主义的兴起。

---

97 James S. Coleman, *Nigeria: Background to Nationalism, California*: University of California Press, 1958, pp. 169-170.

结　论

由于"帝国"这一复杂的政治组织超越了单一的、以民族为划分标准的政治单位，进而推动了历史研究向跨国视角和全球视角转变。因此，本论文在全球史的框架之下，关注在历史的推演变化发展过程中各空间（即世界各地区）内以及空间之间的发展进程，以全球微观史研究理论为指导，以香港和约鲁巴兰为入手点，以基督教为视角，考察基督教在这两个空间的发展进程中所发挥的作用，这一进程体现了英国殖民统治地区/英殖民地的现代化进程，即由英国的帝国扩张发展中的殖民微观史透视全球一体化发展进程。这不仅是英国帝国发展的重要阶段，也是全球史的重要组成部分。

1841-1914年，作为欧洲（尤其是英国）获得对世界大部分地区的霸权时期，在世界历史进程中具有重要地位。英国在文艺复兴、宗教改革、技术发展、资本主义企业的建立、国家建设和海外扩张的基础上，实现了科学革命、工业革命和政治革命。这些革命带来的影响在19世纪英国帝国史发展进程中得到显著的体现：科学为19世纪西方在智力方面的优势提供了基础，使英国在技术上对世界的霸权成为可能；工业革命以世界性的规模有效地利用了人力资源和自然资源，使生产率得到了史无前例的提高，英国首先受到这方面的影响，其国家资本从"1800年的15亿英镑，增至1833年的25亿英镑、1865年的60亿英镑"。[1]财富的增长和对原材料的需求，推动了英国对亚洲和非洲部分国家建立了有效控制，实现了其"日不落"帝国的伟大宏业。但英帝国的兴

1　[美]斯塔夫里阿诺斯著，吴象婴、梁赤民、董书慧、王昶译：《全球通史：从史前史到21世纪》（下），北京大学出版社，第498页。

起根源并不完全是经济性的，也不完全与工业革命相关，其背后还有一个重要因素，即：基督教新教的发展。

宗教是人类社会发展到一定历史阶段的产物，社会文化生活的各个方面和各个领域，政治、法律、伦理、风俗习惯、人性、人格、人的生活态度以及决定它的终极价值观念都与宗教密切相关。[2]宗教在人类社会生活和文化体系中的这种重要作用在 19 世纪中叶 20 世纪初的英国海外殖民进程中体现得尤为明显。本书基于基督教在香港和约鲁巴兰的发展情况，以 1841-1914 年为时间段，探讨基督教对英国殖民统治的作用与影响。得出以下结论：

第一，基督教进入香港和约鲁巴兰并获得发展，是全球环境与区域政治生态交织的结果。首先，从"空间之间"看，维多利亚时代是英国的发展全盛时期，英国在政治、经济、宗教方面的改革，推动了海外殖民地的拓展和基督教新教发展。福音传播者将废除奴隶贸易运动与贸易"合法化"相结合，试图进入并"教化"（civilising）亚非国家。香港成为基督教进入中国的基地，约鲁巴兰成为基督教进入西非内陆的试验基地，英国政府、传教士、商人、香港和约鲁巴民族等多方利益相互交织，构成了 19 世纪中叶至一战前大英帝国在全球殖民的政治、经济和文化生态状况。其次，从"空间之内"看，鸦片战争、太平天国运动等内外战争造成的人口流动和迁移，不仅推动了内地、香港、澳门的紧密联系，也推动了三地基督教发展的联系，传教士在澳门传教成就，为基督教在香港的传播奠定坚实的基础，基督教在香港的发展，又为基督教在内地传播提供了指导和借鉴；圣公会在 19 世纪开辟了约鲁巴兰传教基地，基督教在约鲁巴兰的发展，实质上是英国人全面介入约鲁巴民族政治、经济、社会等各方面的过程，这个过程与约鲁巴与周边城邦之间以及内部各民族的复杂关系交织在一起，呈现出约鲁巴基督教发展区别于其它西非地区的显著特征：约鲁巴人离开弗里敦、接受基督教福音以及英国人的生活方式，但并未去约鲁巴化（de-Yorubaized），[3]约鲁巴基督徒结合自己的民族特质，从巴达格里和拉各斯深入约鲁巴内陆传播基督教福音和西方生活方式。

第二，基督教对英国海外殖民活动、英帝国的形成、英帝国在全球一体化发展过程中的地位起到非常重要的作用。基督教配合了英国在香港和约鲁巴

2　吕大吉：《宗教学通论新编》（下），北京：中国社会科学出版社，1998 年 12 月，第 689-700 页。

3　Adrian Hastings, The Church in Africa 1450-1950, Oxford: Clarendon Press, 1994, p. 341.

兰的活动。在殖民初期，基督教开基传教，为英国殖民进入香港和约鲁巴兰奠定基础。在殖民时期，基督教推动了香港和约鲁巴兰的社会变迁和文化变迁：

1. 传教士作为翻译与代理人（香港），甚至是作为一个独立的政权存在（约鲁巴兰），介入英国殖民统治地区的政治发展，并对香港和拉各斯中转贸易港的确立起到重要的推动作用，促使约鲁巴兰生产方式的转变，增加作物的进出口。推动香港和约鲁巴兰的政治和经济转型。

2. 基督教充分发挥其传道、教育、慈惠等宗教功能，在香港和约鲁巴兰建立教堂、传播福音，开设学校、传播西方教育，开办医院，嘉惠贫苦。推动了香港和约鲁巴兰的现代基础设施、教育、医疗事业的发展，使两地跟随殖民宗主国一起从传统社会转向现代社会。

3. 在《圣经》翻译和传播福音过程中，在基督教传教士努力下，粤语拼音方案实现了标准化和规范化，约鲁巴语实现了标准化和书面化。此外，基督教在香港和约鲁巴兰创办报刊，培养阅读群体，促进知识传播，推动文化交流。

在基督教影响和推动下，英国的工业、技术、思想、文化在殖民管治地区香港和殖民地约鲁巴兰得以传播，这种传播过程不是单线的，殖民管治地区/殖民地与英国/殖民宗主国在政治、经济、思想文化方面的互动，共同推进全球一体化进程。

第二，基督教在香港和约鲁巴兰发展过程中具有推动作用，这种推动作用的结果是：

1. 促进了英国的"帝国"建构，使英国构建起全球范围内的庞大帝国，推进了殖民地的民族建构，更推动了全球一体化进程。全球化并不意味着消解所有历史文明之间的差异。全球化的过程实际上更加突出了不同民族的"文明属性"。文明、文化、民族、族群等特点都在全球化进程中得以体现。香港和约鲁巴兰的独特属性在基督教及英殖民"无形帝国"的影响（知识、文化、技术、医疗等）下得以呈现。

2. 赋予了当地文化的多样性，对于香港而言，在原有中国传统文化基础上，文化内容杂糅了西方文化，从而改变了原有的文化走向，形成了一种独特的文化体系。对于约鲁巴兰而言，英国圣公会赋予约鲁巴语的书面形式，欧洲人和约鲁巴本民族使用约鲁巴语书写历史，进行相关研究，使约鲁巴文化得以保存并得以提升。

3. 促进了民族意识觉醒，推进了当地的民族建构。在基督教和西方教育的影响下，香港和约鲁巴兰知识分子精英阶层得以形成。新阶层尝试在传统社会价值观与基督教进入和殖民后所形成的社会价值之间寻找平衡点，寻找自身的身份认同，从而产生了"约鲁巴人"的民族意识，确立了殖民地约鲁巴人民的身份建构。通过身份建构、语言的标准化，使殖民地约鲁巴人民确立了一种与其他民族共同体相区别的地域和文化范围，从而推动了地方民族主义的兴起。

4. 基督教会与殖民活动相互配合，瓦解了殖民统治地区/殖民地自给自足的自然体系。殖民前的香港和约鲁巴兰以农业、手工业为主的自给自足的自然经济模式，基督教会的进入带来了新的经济作物和机器化生产方式，使得香港和约鲁巴兰从自然经济模式转向港口出口经济模式，推动了香港成为亚洲贸易中转港、约鲁巴兰拉各斯成为西非重要的贸易港口，使这两地卷入世界资本主义经济体系，进入全球一体化进程之中。

第四，从"马克思双重使命论"角度理解基督教会与英国殖民在香港和约鲁巴兰的活动，"破坏性使命"和"建设性使命"中都既有消极方面，也有积极方面。我们既要认识到殖民主义的罪恶一面，破坏了殖民地主权、对殖民地人民的不平等对待，殖民遗留问题影响着今天的约鲁巴地区和香港的发展，但也需要注意殖民主义客观上的影响。基督教活动与英国殖民主义开启了香港和约鲁巴兰的现代化进程。另外，也需要分时段看待基督教与英国殖民活动。在英国资本原始积累时期，基督教会与英国政府分别以宗教教义和强大的国家实力在香港和约鲁巴兰从事苦力贸易和奴隶贸易活动，以期获得原材料和劳动力；在英国自由资本主义时期，基督教会与英国政府配合，禁止苦力贸易活动、废除奴隶制，推动了香港和约鲁巴兰的政治、经济和社会发展。在帝国主义时期，英国与欧洲列强对亚洲和非洲进行疯狂瓜分，对香港和约鲁巴兰的发展带来了毁灭性打击。正如英国殖民史学者菲尔德豪斯（David Kenneth Fieldhouse）所言，"对殖民主义不应该像以往那样赞扬或责备……殖民主义有着深远的经济后果，既有好的，也有坏的。"[4] 本书以香港和约鲁巴为例，说明基督教在英国殖民统治地区香港和殖民地约鲁巴兰发展中既有建设性作用，也有破坏性作用，需要客观看待基督教与英国殖民活动。

第五，从殖民史角度来说，英国在香港希望建立"直辖殖民地"（Crown

4　D. K. Fieldhouse, *Colonialism 1870-1945: An Introduction*, London: Palgrave Macmillan, 1983, p. 105.

Colony）的管理模式，并在约鲁巴兰也建立了"直辖殖民地"，即由总督直接管治这两地。轩尼诗（Sir John Pope Hennessy）、卢加德（Lord Frederick John Lugard）等既担任过港英政府总督，也担任过约鲁巴地区的总督。因此，两地在殖民政策的制定和实施上拥有高度的一致性，总督拥有殖民管治的最高权力。这两地只是英国殖民政策的一小部分，但却为英国提供了一种殖民模式的参考。本书通过研究发现：英国吸取了印度殖民地的经验教训，在亚洲和西非，希望通过建立直辖殖民地的方式，拓展本国领土、增加财富积累，确立英帝国世界地位。在直辖殖民地的建设过程中，基督教会、传教士与英帝国之间的关系十分复杂，殖民地建设初期，基督教会和传教士发挥着先驱者作用，为英国殖民地的发展奠定坚实基础。英国政府、总督与教会、传教士之间相互依赖，总督与殖民地缔结条约，保障教会与传教士各项权利。教会、传教士通过传播福音，将英国殖民思想和西方文化浸入殖民地人民心中，调和英国与殖民地矛盾，为英国殖民扫清障碍。随着英国殖民进程的推进，英国政府和总督与教会和传教士之间矛盾不断出现，英国政府与总督认为教会与传教士充当本地人民顾问，过度地干预了殖民政府的政治、经济发展中，激化了英国政府与殖民地人民之间不可调和的矛盾，造成了殖民地人民反英情绪的高涨，不利于英国殖民地的发展。因此，殖民政府与基督教会之间的复杂关系也是研究英国殖民史中一个非常重要的议题。

综上所述，1841-1914 年是英国实现第一帝国向第二帝国转型的重要时期，也是其实现政治、经济、文化优势，建立全球霸权的时期，在世界历史上具有重要的地位。它的霸权不仅表现在政治领域，以一种"有形的帝国"形式呈现——大英殖民帝国，也表现在其经济和文化的输出上，以一种"无形的帝国"形式呈现——对殖民地社会、思想、文化的影响。这种影响不仅改变了殖民地的生活方式，更是渗透到殖民地人民的思维方式之中。塑造了殖民地特殊群体——深受西方文化和本国传统文化冲击的"精英阶层"的同时，也促进了殖民地民族意识觉醒，为 1914 年后世界格局的变化埋下伏笔。

英帝国史实际是以英国为切入点的全球史。英国的殖民活动及其背后的基督教国家特征对其在亚洲和非洲的殖民地的政治、经济和文化产生了深远影响，使这些国家和地区逐步形成政治文化生态的趋同和混杂，建立相互关联，彼此交融。本书以亚洲中国香港在非洲尼日利亚约鲁巴地区为个案，通过梳理英国在基督教影响下在香港和约鲁巴兰的活动，可以鲜明地看出香港和约鲁巴兰在英国殖民前所呈现出的本民族特征和属性，又因英国的殖民活动和基督教的影响，由分散走向整体，并逐步进入全球体系，实现全球一体化进程与现代化社会的转向。

参考文献

一、档案

（一）香港大学图书馆：英国殖民地部文件（**Colonial Office. Series 129. Original Correspondence: Hong Kong**）

1. CO129/213 Study of Chinese by Cadets, 1883, pp. 105-119.
2. CO129/226 Study of the Cantonese Language, 1886pp.344-366.
3. CO129/243 Violation of Colonial Territory by Cantonese Authorities, 1889, pp.313-316.
4. CO129/298 Imperial Steam Navigation of Chinese Waters,1900, pp.202-207.
5. CO129/298 Report of a Committee Appointed to Enquire into the Question of Interpretation in the Public Service, 1900, pp.319-355.
6. CO129/299 Church Missionary Society's Application for a Piece of Land for Girl's Rescue Home near to Kowloon City, 1900, pp.168-178.
7. CO129/316 Application and Map of the Site for Church Missionary Society, 1903, pp.429-436.
8. CO129/317 Grant of Land to Church Missionary Society, 1903, pp. 565-567.
9. CO129/359 Course of Cantonese by Military Officers, 1909, pp.473-476.

（二）香港政府档案馆档案

1. File HKRS149-2-1018 Bond for James Dyer Ball's due performance of duties of sheriff. 19.08.1882.

2. File HKRS149-2-1393 Letter of authorization: authority for T. Sercombe Smith to receive salary of James Dyer Ball. 05.06.1889.

3. File HKRS149-2-1562 Bond: between Mr. James Dyer Ball and his surety and Her Majesty the queen for the entitlement to an allowance with a security. 18.07.1892.

4. File HKRS149-2-1880 Agreement: between crown agents and James Dyer Ball for repayment of an advance. 14.07.1898.

5. File HKRS119-1-92-9 Notes on Chinese Customs and Festivals in Hong Kong and the New Territories. 1903.

（三）香港殖民地文书及报刊

1. *Hong Kong Blue Book*

2. *Hong Kong Government Gazette*

3. *Hong Kong Hansard*（1890-1941）

4. *Hong Kong Sessional Papers*（1884-1940）

5. *Hong Kong Administrative Reports*（1879-1939）

6. *China Mail*

7. *The China Review, or Notes and Queries on the Far East*

8. *The Friend of China*

9. *Iwe Irohin Fun awon ara Egba ati Yoruba*（1859-1867）

10. *The Nigerian Gazette*

（四）亚当·马修（**Adam Matthew**）历史档案之英国圣公会差会期刊模块

1. CMS:CA3/04/784, Crowther to Parent Committee London, 1885.

2. *The Church Missionary Gleaner*

（五）英国外交部解密档案：非洲，1834-1966（Confidential Print: Africa, 1834-1966）中英国殖民地部文件

1. CO 879/28 African (West) No.355 Further Correspondence respecting respecting Territorial Questions in the Neighbourhood of Lagos and Proposed Negotiations with France on Various West African Matters.War and Colonial Department and Colonial Office: Africa, Confidential Print: Nos. 351 to 356.

2. CO 879/33 African (West) No.399. Lagos: Correspondence respecting Native African Affairs and Mr Alvan Millson's Mission to the interior. War and Colonial Department and Colonial Office: Africa, Confidential Print: Nos. 393, 394 and 396 to 403.

3. CO 879/51 African (West) No.545. Papers relating to the West African Frontier Force. July 1897 to March 1898. War and Colonial Department and Colonial Office: Africa, Confidential Print: Nos. 543 to 547.

4. CO 879/113 African (West) No.1005. Correspondence (May 15, 1913 to January 27,1914) relating to the Amalgamation of Northern and Southern Nigeria. War and Colonial Department and Colonial Office: Africa, Confidential Print: Nos. 1003 to 1010.

二、图书

（一）中文图书

1. 艾周昌、郑家馨主编：《非洲通史·近代卷》，上海：华东师范大学出版社，1995 年。

2. 艾周昌、舒运国主编：《非洲黑人文明》，福建：福建教育出版社，2008 年。

3. 陈晓律：《1500 年以来的英国与世界》，北京：生活·读书·新知三联书店，2013 年。

4. 丁又：《香港初期史话》，北京：生活·读书·新知三联书店，1983 年。

5. [德]奥斯瓦尔德·斯宾格勒著，齐世荣、田农等译：《西方的没落》，北京：商务印书馆，2001 年。

6. [德]马克斯·韦伯著，阎克文译：《新教伦理与资本主义精神》，上海：上海人民出版社，2012 年。

7. [德]塞巴斯蒂安·康拉德著，陈浩译：《全球史导论》，北京：商务印书馆，2018 年。

8. [德]塞巴斯蒂安·康拉德著，杜宪兵译：《全球史是什么》，北京：中信出版集团，2018 年。

9. [德]于尔根·奥斯特哈默著，强朝晖、刘风译：《世界的演变：19 世纪史（III）》，北京：社会科学文献出版社，2016 年。

10. 董欣洁:《巴勒克拉夫全球史研究》,北京:中国社会科学出版社,2017年。

11. [法]费尔南·布罗代尔著,唐家龙、吴模信译:《菲利普二世时代的地中海和地中海世界》(上下卷),北京:商务印书馆,1996年。

12. [法]费尔南·布罗代尔著,杨起译:《资本主义的动力》,北京:三联书店,1997年。

13. [法]费尔南·布罗代尔著,顾良、施康强译:《15 至 18 世纪的物质文明、经济和资本主义》(三卷),北京:生活·读书·新知三联书店,2002年。

14. [法]费尔南·布罗代尔著,常绍民等译:《文明史:人类五千年文明的传承与交流》,北京:中信出版社,2014年。

15. 方美贤:《香港早期教育发展史 1842-1941》,香港:中国学社,1985年。

16. 高晋元:《英国——非洲关系史略》,北京:中国社会科学出版社,2008年。

17. 葛佶主编:《简明非洲百科全书》,北京:中国社会科学出版社,2000年。

18. 顾章义:《崛起后的非洲》,北京:中国青年出版社,1999年。

19. 顾长声:《传教士与近代中国》,上海:上海人民出版社,2013年。

20. 顾卫民:《基督教与近代中国社会》,上海:上海人民出版社,2010年。

21. 郭家宏:《从旧帝国到新帝国——1783-1815 年英帝国史纲要》,北京:商务印书馆,2007年。

22. 郭卫东主编:《近代外国在华文化机构综录》,上海:上海人民出版社,1993年。

23. 霍启昌:《香港与近代中国》,香港:商务印书馆(香港)有限公司,1992年。

24. [加纳]A.A.博亨主编,屠尔康等译:《非洲通史》(第七卷:1880-1935 年殖民统治下的非洲),北京:中国对外翻译出版公司,2013年。

25. 李保平、马锐敏主编:《非洲:变革与发展》,北京:世界知识出版社,2002年。

26. 李安山:《非洲民族主义研究》,北京:中国国际广播出版社,2004年。

27. 李安山主编:《中国非洲研究评论 2011》,北京:北京大学出版社,2012年。

28. 李安山:《非洲现代化历程(非洲卷)》,南京:江苏人民出版社,2013年。

29. 李志刚：《香港基督教教会史》，香港：道声出版社，1987 年。

30. 林天蔚、萧国健：《香港前代史论集》，台北：台湾商务印书公司，1985 年。

31. 刘成、胡传胜、陆伟芳、傅新球著：《英国通史》（第五卷：光辉岁月——19 世纪英国），南京：江苏人民出版社，2016 年。

32. 刘鸿武：《从部落社会到民族国家——尼日利亚国家发展史纲》，昆明：云南大学出版社，2000 年。

33. 刘粤声主编：《香港基督教会史》，香港：道声出版社，1941 年。

34. 陆庭恩、艾周昌：《非洲史教程》，上海：华东师范大学出版社，1990 年。

35. 陆庭恩：《非洲与帝国主义（1914-1939)》，北京：北京大学出版社，1987 年。

36. 陆庭恩、刘静：《非洲民族主义政党和政党制度》，上海：华东师范大学出版社，1997 年。

37. 陆庭恩、宁骚、赵淑慧编著：《非洲的过去和现在》，北京：北京师范学院出版社，1989 年。

38. 罗伟虹：《中国基督教》，北京：五洲传播出版社，2004 年。

39. 罗伟虹主编：《中国基督教（新教）史》，上海：上海人民出版社，2014 年。

40. 罗香林：《香港与中西文化之交流》，香港：中国学社，1961 年。

41. 罗香林：《一八四二年前之香港及其对外交通：香港前代史》，香港：中国学社，1963 年。

42. 吕大吉：《宗教学通论新编》（上下册），北京：中国社会科学出版社，1998 年。

43. [美]哈理·盖莱著，蔡百铨译：《非洲史》（下册），台北：国立编译馆出版，1995 年。

44. [美]杰里·本特利、赫伯特·齐格勒著，魏凤莲、张颖、白玉广译：《新全球史：文明的传承与交流》（第三版），北京大学出版社，2007 年。

45. [美]凯文·希林顿著，赵俊译：《非洲史》，上海：东方出版中心，2012 年。

46. [美]克莱顿·罗伯茨、戴维·罗伯茨、道格拉斯·R.比松著，潘兴明等译：《英国史》（下册：1688 年-现在），北京：商务印书馆，2013 年。

47. [美]斯蒂芬·米勒、罗伯特·休伯著，黄剑波、艾菊红译：《圣经的历史》，北京：中央编译出版社，2013 年。

48. [美]斯塔夫里阿诺斯著，吴象婴、梁赤民、董书慧、王昶译：《全球通史：从史前史到 21 世纪》（第 7 版/修订版），北京：北京大学出版社，2006 年。

49. [美]托因·法洛拉著，沐涛译：《尼日利亚史》，上海：东方出版中心，2015 年。

50. [美]威廉.R.麦克尼尔著，孙岳、陈志坚、于展等译：《西方的兴起：人类共同体史》，北京：中信出版社，2015 年。

51. [美]约翰·R·麦克尼尔、威廉·R·麦克尼尔著，王晋新等译：《全球史：从史前到 21 世纪的人类网络》，北京：北京大学出版社，2017 年。

52. [尼日利亚]J.F.A.阿贾伊主编，张文淳等译：《非洲通史》（第六卷：1800-1879 年的非洲），北京：中国对外翻译出版公司，2013 年。

53. 钱乘旦、许杰明著：《英国通史》，上海社会科学院出版社，2012 年，第 294 页。

54. 庆学先、罗春华：《西非三国》，成都：四川人民出版社，2006 年。

55. [上沃尔特]J.基-泽博：《非洲通史》（第一卷：编史方法及非洲史前史），北京：中国对外翻译出版有限公司，2013 年。

56. 苏联科学院非洲研究所编，顾以安、翁访民译：《非洲史（1800-1918)》（上下册），上海：上海人民出版社，1977 年。

57. 孙晓萌：《语言与权力：殖民时期豪萨语在北尼日利亚的运用》，北京：社会科学文献出版社，2014 年。

58. 孙文芳：《英伦今昔与帝苑沧桑》，北京：时事出版社，1991 年。

59. 陶飞亚：《边缘的历史——基督教与近代中国》，上海：上海古籍出版社，2005 年。

60. 陶飞亚：《冲突的解释——基督教与近代中国政治》，桂林：广西师范大学出版社，2011 年。

61. 陶飞亚、杨卫华：《基督教与中国社会研究入门》，上海：复旦大学出版社，2009 年。

62. 王庚武主编：《香港史新编》，香港：三联出版社，1997 年。

63. 王美秀：《中国基督教史话》，北京：社会科学文献出版社，2011 年。

64. 王觉非主编：《近代英国史》，南京：南京大学出版社，1997 年。

65. 汪敬虞：《十九世纪西方资本主义对中国的经济侵略》，北京：人民出版社，1983年。

66. 王铁崖：《中外旧约章汇编》（第一册），北京：生活·读书·新知三联书店，1957年。

67. 吴义雄：《在宗教与世俗之间：基督教新教传教士在华南沿海的早期活动研究》，广州：广东教育出版社，2000年。

68. 吴义雄：《开端与进展——华南近代基督教史论集》，台北：宇宙光全人类关怀机构，2006年。

69. 吴于廑、齐世荣主编：《世界史·近代史编》（上下卷），北京：高等教育出版社，2004年。

70. 萧国健：《香港前代社会》，香港：中华书局，1990年。

71. [匈]西克·安德烈著，上海新闻出版系统"五·七"干校翻译组译：《黑非洲史》（第一卷）（上下册）、第二卷（上册），上海：上海人民出版社，1973年。

72. 邢福增：《文化适应与中国基督徒（1860-1911）》，香港：建道神学院，1995年。

73. 杨人楩：《非洲通史简编——从远古至一九一八年》，北京：人民出版社，1984年。

74. 姚民权、罗伟虹：《中国基督教简史》，北京：宗教文化出版社，2000年。

75. [英]艾伦·伯恩斯著，上海师范大学《尼日利亚史》翻译组译：《尼日利亚史》，上海：上海人民出版社，1974年。

76. [英]艾瑞克·霍布斯鲍姆著，王章辉等译：《革命的年代：1789-1848》，北京：中信出版社，2014年。

77. [英]艾瑞克·霍布斯鲍姆著，贾士蘅译：《帝国的年代：1875-1914》，北京：中信出版社，2014年。

78. [英]巴兹尔·戴维逊著，舒展、李力清、张学珊译：《现代非洲史：对一个新社会的探索》，北京：中国社会科学出版社，1989年。

79. [英]彼得·狄肯斯著，涂骏译：《社会达尔文主义：将进化思想和社会理论联系起来》，长春：吉林人民出版社，2005年。

80. [英]C.A.贝利著，于展、何美兰译：《现代世界的诞生：1780-1914》，北京：商务印书馆，2013年。

81. [英]弗兰克·韦尔什著，王皖强、黄亚红译：《香港史》，北京：中央编译出版社，2007 年。

82. [英]乔治·威尔斯、[美]卡尔顿·海斯著：《全球通史：从史前文明到现代世界》，北京：中国友谊出版公司，2017 年。

83. [英]汤因比、萨默维尔著，郭小凌译：《历史研究》，上海人民出版社，2010 年。

84. [英]托尼·本尼特著，王杰、强东红等译：《本尼特：文化与社会》，桂林：广西师范大学出版社，2007 年。

85. [英]约翰·达尔文著，冯宇、任思思、李昕译：《未终结的帝国：大英帝国，一个不愿消逝的扩张梦》，北京：中信出版社，2015 年。

86. [英]R.H.托尼著，赵月瑟、夏镇平译：《宗教与资本主义的兴起》，上海：译文出版社，2013 年。

87. 于沛主编：《全球化和全球史》，北京：社会科学文献出版社，2007 年。

88. 余绳武、刘存宽主编：《十九世纪的香港》，北京：中华书局，1994 年。

89. 赵国忠主编：《简明西亚非洲百科全书》，北京：中国社会科学出版社，2000 年。

90. 郑家馨主编：《殖民主义史·非洲卷》，北京：北京大学出版社，2000 年。

91. 中国社会科学院近代研究所翻译室编：《近代来华外国人名词典》，北京：中国社会科学出版社，1981 年。

92. 中国非洲史研究会编：《非洲史论文集》，北京：生活·读书·新知三联书店，1982 年。

93. 周海金：《非洲宗教的传统形态与现代变迁研究》，北京：中国社会科学出版社，2017 年。

94. 卓新平主编：《中国基督教基础知识》，北京：宗教文化出版社，1999 年。

（二）外文图书

1. Adeyẹmi, M.C., *Iwe Itan Ọyọ-Ile ati Ọyọ Isisiyi abi Agọ-d'Ọyọ*, London: Church Missionary Society, 1914.

2. Ajayi, J. F.A., *Christian Missions in Nigeria, 1841-1891:The Making of a New Elite*, Evanston: Northwestern University Press, 1969.

3. Aladeojebi, Gbade, *History of Yoruba Land*, Partridge Africa, 2016.

4. Awolalu, J.O.and R. A. Dopamu, *West African Traditional Religion*, Ibadan:

Onibonoje Press & Book Industries, 1979.

5. Ayandele, E.A., *The Missionary Impact on Modern Nigeria, 1842-1914: a political and social analysis*, London: Longmans, 1966.

6. Bailey, C. Schonhardt, *From the Corn Laws to Free Trade: interests, ideas, and institutions in historical perspective*, Massachusetts: The MIT Press, 2006.

7. Ball, James Dyer, *Cantonese Made Easy:a book of simple in the Cantonese dialect, with free and literal translations, and directions for the rendering of English grammatical forms in Chinese*, Hong Kong: Kelly & Walsh, 1883/1888/1904/1907/1924.

8. ——.*Things Chinese, or Notes Connected with China*, Hong Kong: Messrs, Kelly & Walsh, etc., 1892/1893/1900/1903/1904/1906/1925.

9. ——. *Readings in Cantonese Colloquial: being selections from books in the Cantonese Vernacular with Free and Literal Translations of the Chinese Character and Romanized Spelling*, Hong Kong: Kelly & Walsh, 1894.

10. ——. *How to Speak Cantonese: fifty conversations in Cantonese Colloquial with the Chinese character, free and literal English translations, and Romanized spelling with tonic and diacritical marks, &c.-preceded by five short lessons of one, two, and three word*, Hong Kong: Kelly & Walsh, 1902/1904/1912.

11. ——. *MACAO: The Holy City; The Gem of the Orient Earth*, Canton: The China Baptist Publication Society, 1905.

12. ——. *Five Thousand Years of John Chinaman*, Hong Kong: Kelly & Walsh, 1906.

13. ——.*The Celestial and his Religions: or The Religious Aspect in China: Being a Series of Lectures on the Religious of the Chinese*, Hongkong: Messrs, Kelly & Walsh, 1906.

14. ——. *Is Buddhism a Preparation or a Hindrance to Christianity in China?*, Hong Kong: St Paul's College, 1907.

15. ——. *The Cantonese Made Easy Vocabulary*, Hong Kong: Kelly & Walsh, 1908.

16. ——.*The Chinese at Home or the Man of Tong and His Land*, London :

Religious Tract Society, 1911.

17. Baker, Ernest, *The Ideas and Ideals of the British Empire*, London: Cambridge University Press, 1941.

18. Beazley,Charles Raymond, *Prince Henry the Navigator: The Hero of Portugal and of Modern Discovery 394-1460*. Whitefish Mont: Kessinger Publishing, 2007.

19. Bernal, Martin, *Black Athena*, Piscataway NJ: Rutgers University Press, 1991.

20. Boyd, Charles W., *Mr. Chamberlain's Speeches*, Boston and New York: Houghton Mifflin Co., 1914.

21. Bridgman, E.C., *A Chinese Chrestomathy in the Canton Dialect*, Macao: S. W. Williams, 1841.

22. Chalmers, John., *English and Cantonese Dictionary*, Hong Kong: Kelly & Walsh Ltd, 1907.

23. Chiu, T. N., *The Port of Hong Kong*, Hong Kong University Press, 1973.

24. Crowther, Samuel, *Vocabulary of the Yoruba Language to which are prefixed the Grammatical Elements of the Yoruba Language*, London: printed for the Church Missionary Society, 1843.

25. ——. *A Grammar of the Yoruba Language*, London: Seeleys, Fleet Street, and Hanover Street, 1852.

26. Eitel, E. J., *Europe in China:The History of Hong Kong from the Beginning to the Year 1882*, London: Luzac & Company, Hong Kong: Kelly & Walsh, ltd., 1895.

27. Falola, Toyin, *Britain and Nigeria: Exploitation or Development*, London and New Jersey: Zed Books Ltd., 1987.

28. ——. *Yoruba Gurus: Indigenous Production of Knowledge in Africa,* Trenton: Africa World Press, 1999.

29. ——. *Nationalism and African Intellectuals*, Suffolk: University of Rochester Press, 2001.

30. Curtain, Philip, *Atlantic Slave Trade*, Madison: University of Wisconsin Press, 1972.

31. ——. *Economic Change in Precolonial Africa: Senegambia in the Era of the*

Slave Trade, Madison: University of Wisconsin Press, 1975.

32. Falola, Toyin and Genova, Ann, *Yorùbá Identity and Power Politics*, Suffolk: University of Rochester Press, 2006.

33. Falola, Toyin and Oyeniyi, Bukola Adeyemi, *Nigeria*, Oxford: ABC-CLIO, LLC, 2014.

34. Falola, Toyin and Akinyemi,Akintunde ed., *Encyclopedia of the Yoruba*, Indiana: Indiana University Press, 2016.

35. Frederick, Lugard, *The Dual Mandate in British Tropical Africa*, 2nd edition, London: William Blackwood & Sons Ltd., 1923.

36. George, Olakunle, *African Literature and Social Change: Tribe, Nation, Race*, Indiana: Indiana University Press, 2017.

37. Gerard, Albert S., *African Language Literatures: An Introduction to the Literary History of Sub-Saharan Africa*, Washington D.C.: Three Continents Press, 1981.

38. Greene, Sandra, *Gender, Ethnicity, and Social Change on the Upper Slave Coast*, Portsmouth: Heinemann, 1996.

39. Hair, P. E. H., *The Early Study of Nigerian Languages: Essays and Bibliography*, London: Cambridge University Press, 1967.

40. Hopkins,Anthony G., *Globalization in World History*, London: Pimlico, 2002.

41. Howe, Stephen, Afrocentrism:*Mythical Pasts and Imagined Homes*, London: Verso, 1998.

42. Johnson, Samuel, *The History of the Yorubas:From the Earliest times to the Beginning of the British Protectorate*, Lagos: C.M.S (Nigeria) Bookshops, 1921.

43. King, Samuel, *Katekismu Itan, ti Dr. Watts, Testamenti Lailar on Testamenti Titun. & Katekismu Ekezi, ti Watti*, London: Church Missionary Society, 1857.

44. Korie,Chima et al., Missions, States and European Expansion in Africa, New York: Routlcdgc, 2007.

45. Lanctot, Benoni, *Chinese and English Phrase Book: with the Chinese pronunciation indicated in English: specially adapted for the use of merchants, travelers and families*, San Francisco: A. Roman & Company, 1867.

46. Lethbridge, Henry, *Hong Kong: Stability and Change*, Hong Kong:Oxford University Press, 1978.

47. Lovejoy, Paul, *Transformations in Slavery: A History of Slavery in Africa*, Cambridge: Cambridge University Press, 1983.

48. Marshall, P. J., *The Cambridge Illustrated History of the British Empire*, Cambridge: Cambridge University Press, 1996.

49. Mbiti, J .S. , *Concepts of God in Africa*, London: SPCK, 1970.

50. Norton-Kyshe, J. W., *The History of the Laws and Courts in Hong Kong* (2 Vol.), London: T. Fisher Unwin, Hong Kong: Noronha and Company, 1898.

51. Page, Jesse, *The Black Bishop Samuel Adjai Crowther*, London: Hodder and Stoughton, 1908.

52. Peel, John David Yeadon, A*ladura: A Religious Movement Among the Yoruba*, Oxford University Press, 1968.

53. Peel J.D.Y, *Christianity, Islam, and Orisa Religion: Three Traditions in Comparison and Interaction*, California: University of California Press, 2016.

54. Ray B. C. , *African Religions*, Englewood Cliffs: Prentice Hall, 2000.

55. Rev. G. H. Bondfield and J. Dyer Ball, *A History of Union Church*, Hong Kong: China Mail, 1903.

56. Rodney,Walter, *How Europe Underdeveloped Africa*. Washington D.C.: Howard University Press, 1974.

57. Sayer, Geoffrey R., *Hong Kong 1841-1862: Birth, Adolescence and Coming of Age*, London: Oxford University Press, 1937.

58. ——. *Hong Kong 1862-1919: Years of Discretion* (edited and with additional notes by D. M. Emrys Evans), Hong Kong: Hong Kong University Press, 1975.

59. Searing, James F., *West African Slavery and Atlantic Commerce:The Senegal River Valley*, 1700-1860, Cambridge: Cambridge University Press, 1993.

60. Sparks, Randy, *The Two Princes of Calabar: An Eighteenth Century Atlantic Odyssey*, Cambridge: Harvard University Press, 2004.

61. Schön,Frederick & Crowther, Samuel, *Journals of the Rev. James Frederick Schön and Mr. Samuel Crowther Accompanied by Expedition up the Niger*, London: Hatchard and Son, 1842.

62. Stokes, Gwenneth, *Queen's College, 1862-1962*, Hong Kong: The Standard Press, 1962.

63. Teng, Ssu-yu and Fairbank John K., *China's Response to the West: A Documentary Survey 1839-1923*, Cambridge: Harvard University Press, 1954.

64. Ogunsheye, F. Adetowun, *Bibliographical Survey of Sources for Early Yoruba Language and Literature Studies (1820-1970)*, Ibadan: Ibadan University Press, 2001.

65. ——.*Religious Encounter and the Making of the Yoruba*, Bloomington: Indiana University Press, 2000.

66. Vaughan, Olufemi, *Religion and The Making of Nigeria*, Durham and London: Duke University Press, 2016.

三、论文

（一）中文论文

1. 包茂红：《论非洲的族际冲突》，《世界历史》，1999 年第 1 期，第 79-87 页。

2. [德]汉斯·梅迪克著，董欣洁译：《转向全球？微观史的扩展》，《史学理论研究》，2017 年第 2 期，第 132-139 页。

3. 董欣洁：《巴勒克拉夫对欧洲历史的解读》，《史学理论研究》，2006 年第 2 期，第 90-103 页。

4. 董欣洁：《杰弗里·巴勒克拉夫对全球史理论与方法的探索》，《史学理论研究》，2007 年第 3 期，第 64-74 页。

5. 董欣洁：《杰弗里·巴勒克拉夫全球史的宏观阐释框架》，《世界历史研究所学术文集》5，2007 年，第 257-274 页。

6. 董欣洁：《变动世界中的全球史及其多样性——读〈全球史的全球观点：连通世界中的理论与方法〉》，《史学理论研究》，2012 年第 2 期，第 140-145 页。

7. 董欣洁：《西方全球史中的帝国主义》，《史学理论研究》，2014 年第 2 期，第 115-125 页。

8. 董欣洁：《变动世界中的世界史编纂》，《史学理论研究》，2015 年第 2 期，第 55-63 页。

9. 董欣洁：《西方全球史的方法论》，《史学理论研究》，2015 年第 2 期，第 55-63 页。

10. 董欣洁：《中国全球史研究的理论与方法》，《贵州社会科学》，2018 年第 8 期，第 64-70 页。

11. 高岱：《西方学术界殖民主义研究评析》，《世界历史》，1998 年第 2 期，第 83-91 页。

12. 高晋元：《论英国在非洲的"间接统治"》，《西亚非洲》，1989 年第 3 期，第 21-30 页。

13. 顾云深：《全球史研究在中国：传承与创新——以复旦历史系世界史学科发展为例》，《澳门理工学报》，2014 年第 3 期，第 185-188 页。

14. 郭佳：《基督教会在非洲国家政治危机中的角色评析——基于刚果（金）的个案研究》，《世界宗教文化》，2018 年第 3 期，第 35-42 页。

15. 郭佳：《"一带一路"倡议实施中的宗教风险探析——非洲基督教的视角》，《世界宗教文化》，2017 年第 3 期，第 27-31 页。

16. 黄长著：《非洲语言概况》，《当代语言学》，1978 年第 2 期，第 2-14 页。

17. 黄文江：《十九世纪香港西人群体研究：愉宁堂的演变》，《香港社会与文化史论集》，2002 年，第 37-56 页。

18. 蒋俊：《从多元到聚合：尼日利亚约鲁巴民族的历史透视》，《世界民族》，2015 年第 4 期，第 54-62 页。

19. 李安山：《论西非民族知识分子的形成及其发展》，《西亚非洲》，1985 年第 6 期，第 40-53 页。

20. 李安山：《浅谈十九世纪欧洲商业资本在非洲的活动及其对瓜分的影响》，《史学月刊》，1986 年第 1 期，第 99-104 页。

21. 李安山：《论伊巴丹历史学派——其形成、发展及批判》，《世界史研究动态》，1990 年第 3 期。

22. 李安山：《关于亚非研究中若干理论问题的思考》，《西亚非洲》，1997 年第 1 期，第 45-49 页。

23. 李安山：《20 世纪中国的非洲研究》，《国际政治研究》，2006 年第 4 期，第 108-129 页。

24. 李文刚：《试析尼日利亚国家民族建构过程中的语言问题》，《西亚非洲》，2008 年第 6 期，第 58-63 页。

25. 李文刚：《尼日利亚伊斯兰教什叶派初探》,《世界宗教文化》, 2017 年第
3 期, 第 51-57 页。

26. 李维建：《当代非洲宗教生态》,《世界宗教文化》, 2017 年第 3 期, 第 32-
42 页。

27. 刘曼容：《英国统治香港的"主权在英"原则述评》,《武汉大学学报》(人
文科学版), 2006 年, 第 59 卷第 4 期。

28. 陆庭恩：《非洲国家的殖民主义历史遗留》,《国际政治研究》, 2002 年第
1 期, 第 49-57 页。

29. 沐涛：《非洲历史研究综述》,《西亚非洲》, 2011 年第 5 期, 第 14-18 页。

30. 宁骚：《非洲的语言和文字》,《西亚非洲》, 1983 年第 5 期, 第 51-54 页。

31. 吴义雄：《自立与本色化——19 世纪末 20 世纪初基督教对华传教战略之
转变》,《中山大学学报（社会科学版)》, 2004 年第 6 期, 第 124-132 页。

32. 杨祥银：《试论香港殖民政府的早期医疗服务》,《社会科学战线》, 2009
年第 2 期。

33. [英]巴利·博赞撰, 任东波、董欣洁译：《世界秩序：旧与新》,《史学集
刊》, 2000 年第 1 期, 第 1-12 页。

34. 张广智：《汤因比史学的当代意义》,《云南大学学报》(社会科学版), 2017
年第 2 期, 第 57-59 页。

35. 张宏明：《论黑非洲国家部族问题和部族主义的历史渊源——黑非洲国家
政治发展中的部族主义因素之一》,《西亚非洲》, 1995 年第 5 期, 第 44-
51 页。

36. 张象、姚西伊：《论英国对尼日利亚的间接统治》,《西亚非洲》, 1986 年
第 1 期, 第 26-35 页。

37. 郑家馨：《关于殖民主义"双重使命"研究》,《世界历史》, 1997 年第 2
期, 第 87-97 页。

38. 周海金：《关于非洲传统宗教的若干问题研究》,《世界宗教文化》, 2017
年第 3 期, 第 43-50 页。

（二）外文论文

1. Ajayi J. F. A., "How Yoruba was Reduced to Writing", *Odu:A Journal of Yoruba, Edo, and Related Studies*, 8(1960), pp.49-58.

2. Ajala Aderemi Suleiman, "Cultural Nationalism, Democratization, and

Conflict in Yoruba Perspectives: Focus on O'odua Peoples' Congress in Nigerian Politics", The Journal Studies of Tribes and Tribals, 2006.

3. Awoniyi, Timothy A., "The Yoruba Language and the Formal School System: A Study of Colonial Language Policy in Nigeria, 1882-1952", The International Journal of African Historical Studies, Vol. 8, No.1(1975), pp.63-80.

4. Bell, Duncan. "Empire and Imperialism". In *The Cambridge History of Nineteenth Century Political Thought*, Jones, G.S. ed, Cambridge University Press, 2011, pp. 864-892.

5. Blyden, Edward W Christianity, Islam and the Negro Race. New ed., London: Edinburgh University Press, 1967.

6. Boesak, Allan. Farewell to Innocence. Maryknoll, N.Y.: Orbis Books, 1977.

7. Bongmba, Elias Kifon. Facing a Pandemic: The African Church and the Crisis of AIDS. Waco, Tex.: Baylor University Press, 2007.

8. Bongmba, Elias Kifon. The Dialectics of Transformation in Africa. New York: Palgrave, 2006.

9. Bother, Pieter J. J. "Theology after Babel: Pluralism and Religious Discourse" In The Relevance of Theology for the 1990s, edited by J. Mouton and B. C. Lategan. Pretoria, South Africa: Human Sciences Research Council, 1994.

10. Boulaga, Fabien Eboussi. Christianity Without Fetishes: An African Critique and Recapture of Christianity. Trans, from the French by Robert Barr. Maryknoll, N.Y: Orbis Books, 1981.

11. Bujo, Benezet. African Theology in Its Social Context. Maryknoll, N.Y.: Orbis Books, 1992.

12. Chielozona, Eze, "Rethinking African Culture and Identity: the Afropolitan Model", *Journal of African Cultural Studies*, Vol.26, No.2(2014), pp.234-247.

13. Cohen, Paul, "Christian missions and Their Impact to 1900". In *The Cambridge History of China*, Cambridge University Press, Vol. 10, Part 1(1978), pp. 543-590.

14. Jenkins, Paul. "The Church Missionary Society and the Basel Mission: An Early Experiment in Inter-European Cooperation". In *The Church Missionary*

Society and World Christianity 1799-1999, Ward, Kevin & Stanley, Brian ed, Grand Rapids, Mich.: Erdmans, 2000, pp. 43-65.

15. Miller, Jon. "Class Collaboration for the Sake of Religion: Elite Control and Social Mobility in a 19th Century Colonial Mission". *Journal for the Scientific Study of Religion*, Vol. 29, No. 1 (Mar. 1990), pp. 35-53.

16. Taylor, F.S., *Hong Kong as a Factor in British Relations with China, 1834-1860*, Master Phil. Thesis, London, 1967.

17. Toyin Falola, "Pre-colonial Origins of the National Question in Nigeria: The Case of Yorubaland", Paper Presented at the National Seminar on "*The National Question in Nigeria: Its Historical Origin and Contemporary Dimensions*", Abuja, 1986.

18. Waterman, Christopher A., "Our Tradition is a Very Modern Tradition: Popular Music and Construction of Pan-Yoruba Identity", *Ethnomusicology*, Vol. 34, No. 3, 1990.

附录一　香港伦敦传道会致港英政府首任港督璞鼎查[1]

爵士阁下，

　　伦敦传道会领导者们已经在 1842 年 12 月 31 日的信件中，要求在中国、巴达维亚和马六甲海峡的代理人尽早在香港聚集，以便协商采取必要措施，将英华学院从马六甲迁至香港岛；并在协商后，向英国政府申请划拨一块适合的土地，供英华学院兴建一所教学大楼、供两位或更多传教士居住的宅邸、以及一间印刷所。

　　英华学院的初衷未曾改变，包含两方面：培养同时精通中英文学者，以及传播耶稣基督福音。第一个目标的实施是为了推动第二个目标的实现。

　　伦敦传道会领导者们多年来一直充分意识到他们在马六甲的行动存在不足，一直急于抓住最佳时机将英华学院迁至更有利于伦敦传道会发展的地方。他们一了解到阁下与中国皇帝缔结和平的、有利的条约后，就聚集在一起，向他们的传教士发出了上面提到的训令。

　　为在香港岛推行教会计划做准备时，我们认为应该对迄今为止所实施的计划作出相当大的改动和扩展。

　　为了获得英国政府以及在中国的外国教会团体的信任，我们建议成立一个委员会，管理港岛教会事务，外国教会团体的诸位成员应与伦敦传道会传教士联系在一起。并且英华学院创始人之子马儒翰（J. R. Morrison）先生无论如

1　Letter from London Missionary Society members in Hong Kong to Sir Henry Pottinger, CO 129/2, pp. 258-263.

何都应该是该委员会的成员，理雅各博士（Dr. James Legge）将继续担任英华学院校长一职，我们建议尽快从英格兰派遣可以承担自然科学学部的同事，加入到理雅各博士负责的英华学院之中。

为了确保中国学生数量不断，我们建议建立一个与英华学院直接相关联的预科学校，其学习者的中英文水平在达到一定程度后，即有资格成为英华学院的学生。

无论伦敦传道会的传教士在华北哪个通商口岸建立学校，这些学校都将继续作为英华学院的预备学校，皈依基督教的中国人，在他们的同胞中传播真实的神学知识的人才，将转至英华学院，接受神学训练（主要以他们自己的语言为媒介）。

其它学校拥有必需才能的男童和青年、或经私人推荐者也可以立即进入英华学院学习。

并非只有中国人可以享受伦敦传道会带来的好处。来自欧洲和世界其他地区的人们，只要他们遵守内部法规，并且有学习汉语的迫切需求，我们也会在英华学院为他们提供居所。父母是欧洲国家或其它国家的孩子已经达到了自由教育阶段特定程度的话，将被允许进入英华学院学习。倘若有申请入学却未达到目前所需程度的儿童，我们建议建立预备学校，为他们补充之前所欠缺的训练。

我们希望，在香港建立这样一所神学教育学院，将会成为广泛传播完备知识和真实的基督教的手段之一，并最终依靠在英华学院接受教育的本土代理人，借助英华学院直接的、即时的努力，促使大批中国人对英国居留香港后的这种自由氛围充满感谢。

英国伦敦会传道会
1843 年 8 月 18 日

附录二　19 世纪英国与约鲁巴地区所签条约[1]

序号	条约双方	内　容	签订日期
1	女王陛下与拉各斯国王及酋长	废除奴隶出口贸易	1852 年 1 月 1 日
2	女王陛下与埃格巴酋长	废除奴隶出口贸易	1852 年 1 月 5 日
3	女王陛下与达荷美国王及酋长	废除奴隶出口贸易	1852 年 1 月 13 日
4	女王陛下与波多诺伏国王及酋长	废除奴隶出口贸易； 英国臣民享有自由贸易权利； 废除活人献祭制度； 保护传教士权利	1852 年 1 月 17 日
5	女王陛下与杰布国王及酋长	废除奴隶出口贸易； 英国臣民享有自由贸易权利； 废除活人献祭制度； 保护传教士权利	1852 年 2 月 25 日
6	女王陛下与巴达格里酋长	废除奴隶出口贸易； 英国臣民享有自由贸易权利； 废除活人献祭制度； 保护传教士	1852 年 3 月 18 日
7	科索科（Kosoko）与英国驻拉各斯领事本雅明·坎贝尔（Benjamin Campbell）	科索科放弃夺回拉各斯领地； 废除奴隶出口贸易； 保护贸易者； 重新开放杰布市场	1854 年 9 月 28 日

1　根据殖民地部文件 CO 879/35 整理。见：War and Colonial Department and Colonial Office: Africa, Confidential Print: CO 879/35 No. 411, February, 1892, pp. 355-395.

8	女王陛下与波多诺伏国王及酋长	英国人享有自由贸易、购买土地的权利； 制定解决英国人与本地人之间纠纷的条款（序号 4 的补充条约）	1861 年 5 月 16 日
9	女王陛下与拉各斯国王多西莫（Docemo）[2]	拉各斯移交给英国女王陛下商量英女王给多西莫的年金数额	1861 年 8 月 6 日
10	多西莫与亨利·斯坦厄普·弗里曼（Henry Stanhope Freeman）	确定英女王给多西莫的年金为 1200 袋贝币	1862 年 2 月 18 日
11	科索科与弗里曼	宣布拉各斯领土向东扩展至帕尔玛（Palma）和莱基（Leckie）潟湖	1863 年 2 月 7 日
12	弗里曼与埃佩酋长珀苏（Possoo）	珀苏承认埃佩酋长无权管理帕尔玛与拉各斯之间、潟湖以南的领域； 珀苏应允禁止绑架奴隶	1863 年 3 月
13	女王陛下与阿多（Addo）国王及酋长	英国在阿多建立保护领	1863 年 5 月 1 日
14	女王陛下与波克拉（Pocra）[3]国王及酋长	英国在波克拉建立保护领	1863 年 6 月 29 日
15	女王陛下与奥克奥丹（Okeodan）国王及酋长	英国在奥克奥丹建立保护领	1863 年 7 月 17 日
16	女王陛下与巴达格里国王及酋长	巴达格里割让给英国	1863 年 7 月 7 日
17	女王陛下与奥克奥丹国王及酋长	奥克奥丹土地让渡给英国	1863 年 7 月 17 日
18	女王陛下与达荷美国王	英国与达荷美王国建立和平友好关系； 实现自由贸易； 禁止奴隶出口贸易； 国王赔款	1877 年 5 月 12 日
19	女王陛下与马辛（Mahin）国王阿玛佩涂（Amapetu）	割让马辛海滩	1885 年 10 月 24 日

2 阿基托耶之子，在英方文件中写作 Docemo（多西莫），在约鲁巴语中写作 Dosunmu（多苏木）。

3 即伊波基亚（Ipokia）。

20	女王陛下与马辛国王阿玛佩涂	英国与马辛建立友好保护关系	1885 年 10 月 24 日
21	女王陛下与马辛（Mahin）国王阿玛佩涂（Amapetu）	割让马辛海滩	1885 年 10 月 24 日
22	女王陛下与奥约、伊巴丹、伊莱莎、奥辛、伊费、莫达开开（Modekeke）、伊杰布当局	约鲁巴诸地停战、保持和平；开展贸易；诸地争议由拉各斯总督协调	1886 年 7 月 4 日
23	女王陛下与巴达格里国王及酋长	界定 1863 年 7 月 7 日所签条约的领土割让范围	1886 年 7 月 19 日
24	女王陛下与伊费国王	英国与伊费王国建立和平友好关系、开展贸易	1886 年 11 月 2 号
25	女王陛下与科图国工	英国与科图王国建立和平友好关系、开展贸易	1888 年 5 月 29 日
26	女王陛下与奥约国王	英国与奥约王国建立和平友好关系、开展贸易	1888 年 7 月 23 日
27	女王陛下与奥约阿拉芬及所属约鲁巴王国国王和酋长	寻求英国保护；英国调停诸王国间战争	1890 年 4-6 月

附录三　拉各斯国王阿基托耶与圣公会传教士戈尔默缔结协约[1]

　　拉各斯国王阿基托耶及酋长将下述土地让与圣公会代表查尔斯·安德鲁·戈尔默传教士，用以建造教堂、学校、传教士及其所雇本地代理的住宅。

1. 坐落在拉各斯地区巴西城、与巴达格里河口奥萨（Ossa）相对、近拉各斯河处一块叫奥考法吉（Okofagi）的土地，面积如下：自南向北长 200 码，自东向西宽 130 码。

2. 一块以生长面包树闻名的土地，位于奥考法吉以东：自东向西长 66 码，自南向北宽 41 码。

3. 一块叫利莫（Limo）的地方，距前酋长塔帕（Tapa）家不远：自东向西长 96 码，自南向北宽 55 码。

4. 离水边很近的一块叫（Elrite Ero）的地方：自南向北长 70 码，自东向西宽 23 码。

5. 在拉各斯上升地区的一块叫作"奥乔吉姆"（Ojogim）土地，位于国王宫殿背面，距离市场不远处：自东向西长 33 码，自南向北宽 23 码。

　　为了圣公会的发展，阿基托耶国王将上述土地无条件、无偿、无时间限制让与戈尔默牧师。

拉各斯，1852 年 3 月 1 日

1　British and Foreign State Papers 1853-1854, vol. 44, pp. 1207-1208.

《基督教文化研究丛书》

主编：何光沪、高师宁

（1-9 编书目）

初 编 （2015 年 3 月出版）

ISBN：978-986-404-209-8

定价（台币）$28,000 元

册 次	作 者	书 名	学科别（／表示跨学科）
第 1 册	刘 平	灵殇：基督教与中国现代性危机	社会学／神学
第 2 册	刘 平	道在瓦器：裸露的公共广场上的呼告——书评自选集	综合
第 3 册	吕绍勋	查尔斯·泰勒与世俗化理论	历史／宗教学
第 4 册	陈 果	黑格尔“辩证法”的真正起点和秘密——青年时期黑格尔哲学思想的发展（1785 年至 1800 年）	哲学
第 5 册	冷 欣	启示与历史——潘能伯格系统神学的哲理根基	哲学／神学
第 6 册	徐 凯	信仰下的生活与认知——伊洛地区农村基督教信徒的文化社会心理研究（上）	社会学
第 7 册	徐 凯	信仰下的生活与认知——伊洛地区农村基督教信徒的文化社会心理研究（下）	社会学
第 8 册	孙晨荟	谷中百合——傈僳族与大花苗基督教音乐文化研究（上）	基督教音乐
第 9 册	孙晨荟	谷中百合——傈僳族与大花苗基督教音乐文化研究（下）	基督教音乐

册次	作者	书名	学科别
第 10 册	王 媛	附魔、驱魔与皈信——乡村天主教与民间信仰关系研究	社会学
	蔡圣晗	神谕的再造，一个城市天主教群体中的个体信仰和实践	社会学
	孙晓舒 王修晓	基督徒的内群分化：分类主客体的互动	社会学
第 11 册	秦和平	20 世纪 50－90 年代川滇黔民族地区基督教调适与发展研究（上）	历史
第 12 册	秦和平	20 世纪 50－90 年代川滇黔民族地区基督教调适与发展研究（下）	
第 13 册	侯朝阳	论陀思妥耶夫斯基小说的罪与救赎思想	基督教文学
第 14 册	余 亮	《传道书》的时间观研究	圣经研究
第 15 册	汪正飞	圣约传统与美国宪政的宗教起源	历史／法学

二 编 （2016 年 3 月出版）

ISBN：978-986-404-521-1　　　　　　　　定价（台币）$20,000 元

册　次	作　者	书　名	学科别（／表示跨学科）
第 1 册	方 耀	灵魂与自然——汤玛斯·阿奎那自然法思想新探	神学／法学
第 2 册	劉光順	趋向至善——汤玛斯·阿奎那的伦理思想初探	神学／伦理学
第 3 册	潘明德	索洛维约夫宗教哲学思想研究	宗教哲学
第 4 册	孙 毅	转向：走在成圣的路上——加尔文《基督教要义》解读	神学
第 5 册	柏斯丁	追随论证：有神信念的知识辩护	宗教哲学
第 6 册	李向平	宗教交往与公共秩序——中国当代耶佛交往关系的社会学研究	社会学
第 7 册	张文舉	基督教文化论略	综合
第 8 册	赵文娟	侯活士品格伦理与赵紫宸人格伦理的批判性比较	神学伦理学
第 9 册	孙晨薈	雪域圣咏——滇藏川交界地区天主教仪式与音乐研究（增订版）（上）	基督教音乐
第 10 册	孙晨薈	雪域圣咏——滇藏川交界地区天主教仪式与音乐研究（增订版）（下）	
第 11 册	張 欣	天地之间一出戏——20 世纪英国天主教小说	基督教文学

三 编 （2017 年 9 月出版）

ISBN：978-986-485-132-4　　　　　　定价（台币）$11,000 元

册 次	作 者	书 名	学科别（／表示跨学科）
第 1 册	赵 琦	回归本真的交往方式——托马斯·阿奎那论友谊	神学／哲学
第 2 册	周兰兰	论维护人性尊严——教宗若望保禄二世的神学人类学研究	神学人类学
第 3 册	熊径知	黑格尔神学思想研究	神学／哲学
第 4 册	邢 梅	《圣经》官话和合本句法研究	圣经研究
第 5 册	肖 超	早期基督教史学探析（西元 1~4 世纪初期）	史学史
第 6 册	段知壮	宗教自由的界定性研究	宗教学／法学

四 编 （2018 年 9 月出版）

ISBN：978-986-485-490-5　　　　　　定价（台币）$18,000 元

册 次	作 者	书 名	学科别（／表示跨学科）
第 1 册	陈卫真 高 山	基督、圣灵、人——加尔文神学中的思辨与修辞	神学
第 2 册	林庆华	当代西方天主教相称主义伦理学研究	神学／伦理学
第 3 册	田燕妮	同为异国传教人：近代在华新教传教士与天主教传教士关系研究（1807～1941）	历史
第 4 册	张德明	基督教与华北社会研究（1927～1937）（上）	社会学
第 5 册	张德明	基督教与华北社会研究（1927～1937）（下）	
第 6 册	孙晨荟	天音北韵——华北地区天主教音乐研究（上）	基督教音乐
第 7 册	孙晨荟	天音北韵——华北地区天主教音乐研究（下）	
第 8 册	董丽慧	西洋图像的中式转译：十六十七世纪中国基督教图像研究	基督教艺术
第 9 册	张 欣	耶稣作为明镜——20 世纪欧美耶稣小说	基督教文学

五　编 　（2019 年 9 月出版）

ISBN：978-986-485-809-5 　　　　　　　　定价（台币）$20,000 元

册　次	作　者	书　名	学科别（／表示跨学科）
第 1 册	王玉鹏	纽曼的启示理解（上）	神学
第 2 册	王玉鹏	纽曼的启示理解（下）	
第 3 册	原海成	历史、理性与信仰——克尔凯郭尔的绝对悖论思想研究	哲学
第 4 册	郭世聪	儒耶价值教育比较研究——以香港为语境	宗教比较
第 5 册	刘念业	近代在华新教传教士早期的圣经汉译活动研究（1807～1862）	历史
第 6 册	鲁静如 王宜强 编著	溺女、育婴与晚清教案研究资料汇编（上）	资料汇编
第 7 册	鲁静如 王宜强 编著	溺女、育婴与晚清教案研究资料汇编（下）	
第 8 册	翟风俭	中国基督宗教音乐史（1949 年前）（上）	基督教音乐
第 9 册	翟风俭	中国基督宗教音乐史（1949 年前）（下）	

六　编 　（2020 年 3 月出版）

ISBN：978-986-518-085-0 　　　　　　　　定价（台币）$20,000 元

册　次	作　者	书　名	学科别（／表示跨学科）
第 1 册	陈倩	《大乘起信论》与佛耶对话	哲学
第 2 册	陈丰盛	近代温州基督教史（上）	历史
第 3 册	陈丰盛	近代温州基督教史（下）	
第 4 册	赵罗英	创造共同的善：中国城市宗教团体的社会资本研究——以 B 市 J 教会为例	人类学
第 5 册	梁振华	灵验与拯救：乡村基督徒的信仰与生活（上）	人类学
第 6 册	梁振华	灵验与拯救：乡村基督徒的信仰与生活（下）	
第 7 册	唐代虎	四川基督教社会服务研究（1877～1949）	人类学
第 8 册	薛媛元	上帝与缪斯的共舞——中国新诗中的基督性（1917～1949）	基督教文学

七　编　（2021 年 3 月出版）

ISBN：978-986-518-381-3　　　　　　　　定价（台币）$22,000 元

册　次	作　者	书　名	学科别（／表示跨学科）
第 1 册	刘锦玲	爱德华兹的基督教德性观研究	基督教伦理学
第 2 册	黄冠乔	保尔. 克洛岱尔天主教戏剧中的佛教影响研究	宗教比较
第 3 册	宾静	清代禁教时期华籍天主教徒的传教活动（1721～1846）（上）	基督教历史
第 4 册	宾静	清代禁教时期华籍天主教徒的传教活动（1721～1846）（下）	
第 5 册	赵建玲	基督教"山东复兴"运动研究（1927～1937）（上）	基督教历史
第 6 册	赵建玲	基督教"山东复兴"运动研究（1927～1937）（下）	
第 7 册	周浪	由俗入圣：教会权力实践视角下乡村基督徒的宗教虔诚及成长	基督教社会学
第 8 册	查常平	人文学的文化逻辑——形上、艺术、宗教、美学之比较（修订本）（上）	基督教艺术
第 9 册	查常平	人文学的文化逻辑——形上、艺术、宗教、美学之比较（修订本）（下）	

八　编　（2022 年 3 月出版）

ISBN：978-986-404-209-8　　　　　　　　定价（台币）$45,000 元

册　次	作　者	书　名	学科别（／表示跨学科）
第 1 册	查常平	历史与逻辑：逻辑历史学引论（修订本）（上）	历史学
第 2 册	查常平	历史与逻辑：逻辑历史学引论（修订本）（下）	
第 3 册	王澤偉	17～18 世紀初在華耶穌會士的漢字收編: 以馬若瑟《六書實義》為例（上）	语言学
第 4 册	王澤偉	17～18 世紀初在華耶穌會士的漢字收編: 以馬若瑟《六書實義》為例（下）	
第 5 册	刘海玲	沙勿略：天主教东传与东西方文化交流	历史
第 6 册	郑媛元	冠西东来——咸同之际丁韪良在华活动研究	历史

册次	作者	书名	学科别
第 7 册	刘影	基督教慈善与资源动员——以一个城市教会为中心的考察	社会学
第 8 册	陈静	改变与认同：瑞华浸信会与山东地方社会	社会学
第 9 册	孙晨荟	众灵的雅歌——基督宗教音乐研究文集	基督教音乐
第 10 册	曲艺	默默存想，与神同游——基督教艺术研究论文集（上）	基督教艺术
第 11 册	曲艺	默默存想，与神同游——基督教艺术研究论文集（下）	
第 12 册	利瑪竇著、梅謙立漢注孫旭義、奧覓德、格萊博基譯	《天主實義》漢意英三語對觀（上）	经典译注
第 13 册	利瑪竇著、梅謙立漢注孫旭義、奧覓德、格萊博基譯	《天主實義》漢意英三語對觀（中）	
第 14 册	利瑪竇著、梅謙立漢注孫旭義、奧覓德、格萊博基譯	《天主實義》漢意英三語對觀（下）	
第 15 册	刘平	明清民初基督教高等教育空间叙事研究——中国教会大学遗存考（第一卷）（上）	资料汇编
第 16 册	刘平	明清民初基督教高等教育空间叙事研究——中国教会大学遗存考（第一卷）（下）	

九 编 （2023 年 3 月出版）

ISBN：000-000-000-000-0　　　　　　　　　定价（台币）$56,000 元

册 次	作 者	书 名	学科别（／表示跨学科）
第 1 册	郑松	麦格拉思福音派神学思想研究	神学
第 2 册	任一超	心灵改变如何可能？——从康德到齐克果	基督教哲学
第 3 册	劉沐比	論趙雅博基本倫理學和特殊倫理學之串連	基督教伦理学
第 4 册	王务梅	论马丁·布伯的上帝观	基督教与犹太教

第 5 册	肖音	明末吕宋之中西文化交流（上）	教会史
第 6 册	肖音	明末吕宋之中西文化交流（下）	
第 7 册	张德明	基督教五年运动与民国社会（上）	教会史
第 8 册	张德明	基督教五年运动与民国社会（下）	
第 9 册	陈铃	落幕：美国新教在华传教事业的终结（1945～1952）	教会史
第 10 册	黄畅	全球史视角下基督教在英国殖民统治中的作用——以 1841～1914 年的香港和约鲁巴兰为例	教会史
第 11 册	杨道圣	言像之辩：基督教的图像与图像中的基督教	基督教艺术
第 12 册	張雅斐	晚清聖經人物漢語傳記研究——以聖經在華接受史的視角	基督教艺术
第 13 册	包兆会	缪斯与上帝的相遇——基督宗教文艺研究论文集	基督教文学
第 14 册	张欣	浪漫的神学：英国基督教浪漫主义略论	基督教文学
第 15 册	刘平	明清民初基督教高等教育空间叙事研究——中国教会大学遗存考（第二卷：福建协和神学院）	资料汇编
第 16 册	刘平、赵曰北主编	传真道于中国——赫士及华北神学院百年纪念文集（第一册）	论文集
第 17 册	刘平、赵曰北主编	传真道于中国——赫士及华北神学院百年纪念文集（第二册）	
第 18 册	刘平、赵曰北主编	传真道于中国——赫士及华北神学院百年纪念文集（第三册）	
第 19 册	刘平、赵曰北主编	传真道于中国——赫士及华北神学院百年纪念文集（第四册）	
第 20 册	刘平、赵曰北主编	传真道于中国——赫士及华北神学院百年纪念文集（第五册）